Aloys Eiling

Mythen, Götter und Gelehrtes

Ein Reboot der Vorgeschichte der Menschheit

History Faction

Die deutsche Nationalbibliothek verzeichnet diese Publikation in der Deutschen Nationalbibliographie. Detaillierte bibliographische Daten sind im Internet über http://d-nb.de abrufbar.

ISBN 978-3-945058-12-1

Lektorat: Christina Nolden, Klaus Lerch

Buchgestaltung: Klaus Lerch

Herstellung: Books on Demand GmbH, Norderstedt

Mythen, Götter und Gelehrtes

Sapere aude!

Immanuel Kant

Ebensowenig wie die Logiker können die Physiker das Paradoxe vermeiden.

Im Paradoxen erscheint die Wirklichkeit.

Friedrich Dürrenmatt

Vorwort

Das vorliegende Buch lenkt die Aufmerksamkeit auf eine Option für eine alternative Historie, die einerseits mit der an den Schulen gelehrten Frühgeschichte bricht und die andererseits kein Sammelsurium von Fragen und wirren Ideen ist, wie manche Verschwörungstheoretiker sie propagieren. Mit wissenschaftlichem Anspruch und Methodik werden Hypothesen für alternative Erklärungsoptionen formuliert und geprüft. Daher nehmen naturwissenschaftliche Erläuterungen mehr Platz und einen höheren Stellenwert ein als das Nacherzählen von interpretationsbedürftigen Mythen und das Beschreiben obskurer Artefakte. Mancher Leser mag diese umrahmenden Ausführungen als Längen oder als schwierig empfinden; um jedoch dem Anspruch zu genügen, den geänderten Blickwinkel technisch, wissenschaftlich zu begründen, sind sie beweisführend und somit unverzichtbar.

Für ein Sofortverständnis wird ein Wissen in Astronomie, Physik, Chemie und Mathematik vorausgesetzt, das einem gehobenen populärwissenschaftlichen Niveau entsprechen dürfte. Vorkenntnisse sind jedoch keine zwingende Voraussetzung für Lesespaß, und ihr Fehlen sollte nicht davon abschrecken, das Buch zur Hand zu nehmen. Auch mit wenig oder fachspezifisch selektivem Vorwissen sollten die Argumente und Erklärungen verständlich sein. Wer sich mit schwerverdaulichen Passagen und Erklärungen schwertut, sollte sich dadurch nicht beirren lassen weiterzulesen. Manches Fachwort und manches scheinbar ad hoc Eingeführte klärt sich in Folgekapiteln oder erschließt sich dem Leser aus einem späteren Gesamtzusammenhang.

Die Kapitel sind weder chronologisch noch thematisch geordnet. Diese Gliederung mag anfangs verwirren, umso schöner, wenn sich im Lesefortschritt das Bild rundet. Die vielen Zitate sollten den ersten Lesefluß nicht behindern. Wer Vertiefung und eigene Prüfung anstrebt, sollte sich der Mühe, Verweise nachzuschlagen, erst nach Abschluß des ersten Durchlesens unterziehen.

Aloys Eiling

Inhaltsverzeichnis

Gehör heisch ich
heilger Sippen,
hoher und niedrer
Heimdallssöhne;
Du willst Walvater,
daß wohl ich künde,
was alter Mären
der Menschen ich weiß.

Die Edda: Der Seherin Gesicht

Sein und Bewußtsein

Die Suche nach Wissen ist so alt wie die Menschheit selbst, möglicherweise das Markenzeichen des Menschseins schlechthin. Seit der Mensch über sein Dasein, die Welt und die Umwelt reflektiert, flickt er fehlendes Wissen und fehlendes Verstehen mit Naturgeistern, höheren Mächten und Mysterien. Die Lücken in seinem Wissen schmerzen dennoch. Er heilt sein intellektuelles Unbehagen, indem er das Unverstandene zum Unerklärbaren erhebt, Religion zu einem Weltbild mit Ziel und Zweck überhöht. [Religion verstanden als Synonym für philosophisch (und machtpolitisch) aufgehübschte Mythen.] Das Mysterium heißt nun Wunder und bedarf keiner Erklärung mehr. Wer hinreichend naiv glaubt, kennt alle Antworten und erklärt schon das Hinterfragen zum Frevel; ersetzt Wissen durch Ideologie und Dogmen.

Beim Versuch, der Menschheit und ihrer Geschichte Verborgenes zu entlocken und Rätselhaftes zu entschlüsseln, wollen wir uns nicht in theologische Abgründe stürzen, um darin umzukommen, sondern einen Pragmatismus walten lassen, der mythische Nachrichten und antike Schriftsteller möglichst buchstabennah beim Wort nimmt, Wunder aber ausschließt. Entgegen dem ersten Anschein durchaus kein gegenstandsloses Unterfangen. Aus vorschriftlicher Vergangenheit der Menschheit haben es Botschaften bis in unsere Zeit geschafft, die von Wundern und Göttern[1] berichten, die Anfang und Ende von Welten – Weltzeitalter – beschreiben. Wenn wir sie heute als Mythen wahrnehmen, vielleicht als Märchen belächeln, sie waren einst prägendes Weltbild, waren die Basis und der Ausdruck von Kultur und Zivilisation. Von besonderer Bedeutung war das Geschehen am Himmel, dorthin verpflanzten die Alten ihre Götter und sahen dort ihr Schicksal vorbestimmt. Unverstandene Veränderungen am Firmament, der Lauf der Gestirne, möglicherweise aber auch Angst und Schrecken verbreitende kosmische Ereignisse erhoben Sonne, Sterne und Planeten in einen Gottstatus. Mythen um Kosmologie, Zeichen und Ungeheuer am Himmel zählen zu den Archetypen früher und frühester Kulturen. Lag ihr Ursprung wirklich nur im Staunen? Die manische Beschäftigung schon der ältesten Zivilisationen mit dem Himmel wirft die Frage auf, ob nicht reales Himmelsgeschehen hinter der Vergöttlichung von Sonne, Mond, Sternen und Planeten stand, ob nicht seltsame Erscheinungen oder gar furchteinflößende Veränderungen am Himmel Astronomie, Astrologie und Kalenderwissenschaft ins Leben riefen. Gewaltige Bauwerke, von Teotihuacan bis Stonehenge, beeindrucken nicht allein durch die bloße Wucht der Bauwerke und Materialien, sondern in nicht minderem Ausmaß durch die dem Bauplan zugrundeliegende Erkenntnistiefe.

Die Alten waren nicht blöd. Die Geistesgrößen der Antike blickten auf die Welt mit einem Realitätssinn und einer kritischen Distanz, die Staunen machen. Kaum weniger aufgeklärt und kritisch als die Forscher der Neuzeit lenkten Zweifel am Übernatürlichen und die Suche nach rationalen Erklärungen ihre Überlegungen. Vergleichbar dem europäischen Mittelalter gewannen in dunklen Zwischenzeitaltern wiederholt das Mystische und der Aberglaube die Oberhand; aber nie ging alles Wissen verloren. Wie eng Astronomie und Theologie in ihrem Entstehen verwoben sind, hat wohl nicht erst Aristoteles durchschaut. Ihm zufolge repräsentierten die Planeten die Götter seiner Zeit, und der Rest, sagt er, sei Menschenwerk. In dieser Tradition und dem vorgegebenen Gedanken folgend haben neuzeitliche Altertumsforscher ihre Theorien zum Entstehen und zu den Botschaften von Mythen entwickelt. Als Leitfiguren für

[1] Im gesamten Text werden wir zwischen den Göttern der Mythen und GOTT unterscheiden. Götter sind nicht GOTT, sondern Extraterraner.

die eigenen Überlegungen seien Franz Xaver Kugler und Hertha von Dechend genannt, in deren Mythenerklärungen Astronomie und kosmische Vorgänge der Schlüssel zu allem werden.

Gehen wir mit Ihnen zurück zu den Anfängen der Geschichte und prüfen unter wissenschaftlichem Gesichtspunkt: Wie viel Wahrheit und Wissen steckt – könnte stecken – in Mythen und Religionen?

Menschliche Neugier und präzise Wissenschaft haben Natur und Naturereignisse, die den Vorfahren als Wunder erschienen, enträtselt und Maschinen geschaffen, die Muskel- und neuerdings auch Geisteskraft potenzieren. Noch vor wenigen Generationen hätten technische Geräte, die uns heute wie selbstverständlich umgeben, den Betrachter an Zauberei glauben lassen. Trotz allen Fortschritts, was die Welt im Innersten zusammenhält, konnte die Wissenschaft bislang nicht klären. Wie in einer inversen Matrjoschka wartet hinter jeder Schale des Erkenntnisfortschritts eine nächste, größere Frage. Und so wird es weitergehen. Es wird und kann kein Ende geben. Kurt Gödel[2] bewies mit seinem Gödelschen Unvollständigkeitssatz: Soweit unser Wissen auch vordringt, die Wand zur letzten Erkenntnis ist undurchdringbar. Letzte Wahrheit ist uns verschlossen, ein Rest von Unerklärtem wird bleiben. Eine Einsicht, die außer Demut nichts Tröstliches vermittelt. Was die Wissenschaft nicht zu leisten imstande ist und bewiesenermaßen nicht zu leisten imstande sein wird, Ideologie und Religion konstruieren die letzte Gewißheit, die entgegen ihrem Anspruch bisher immer nur auf Zeit galt und die wohl auch in Zukunft nur auf Zeit gelten wird. Scheitert diese ‚Gewißheit' an inneren Widersprüchen und an ihrer Maßlosigkeit, ist im Nachhinein leicht zu konstatieren, daß die Gewißheit nur vermeintlich, nur Wahn und Fehleinschätzung war. Trotz allem Scheiterns, das Verlangen nach Leitbild und der Wunsch, dem Dasein mehr Sinn als nur Fortpflanzung zu geben, generieren in und für jede Epoche ihren Wahn, der als Zeitgeist die perverseste moralische Verirrung nach sich ziehen kann und sie doch für seine Zeit legitimiert.

Auch wenn Zeitgeist in der Rückschau als geistige Verwirrung oder gar als Makel der Menschheitsgeschichte erscheint, Zeitgeist ist jedem in die

---

[2] http://www.uni-konstanz.de/philosophie/files/goedel.pdf

Wiege gelegt, wird durch Umwelt geprägt und anerzogen. Ob Kinder Moloch geopfert, ganze Völker massakriert oder Hexen zu Tode gefoltert wurden, Zeitgeist hinterfragte nicht. Überwunden ist der Wahnsinn nicht: Steinzeitkommunisten und Salafisten sind aktuelle Schläge ins Gesicht der Aufklärung. Tröstlich ist allein der historische Nachweis, daß Verblendung keinen Bestand hat. In der Rückschau ist diese Erkenntnis kein Trost für die, die Opfer waren, Opfer sind oder Opfer werden. Die Hoffnung – hoffentlich nicht nur die Illusion – bleibt, daß langfristig die Vernunft obsiegen wird. Für die Jetztzeit können wir nur hoffen, daß Wissenschaft und Technik Wohlstand und Frieden fördern und uns nicht in den nächsten moralischen Sumpf führen, etwa indem sie Mordmaschinen weiter perfektionieren und den Orwellschen Überwachungsstaat installieren.

Verglichen mit früheren Generationen hat die wissenschaftliche Neugier unser Weltbild entmythologisiert und rationalisiert sowie die Bedeutung von Religion für die Welterklärung – geistig arme Fanatiker unbeachtet gelassen – relativiert und zugleich die Stellung des Menschen im Universum zu einem Nichts schrumpfen lassen. Zeitgeistiger Materialismus als Ausweg aus dieser Verzwergung des Menschen ist intellektuell eher kläglich, liefert er doch keine Antwort auf die Sinnfrage, da ihm jedweder philosophische Überbau fehlt. Schön ist die Reduktion des Daseins auf Geld nicht, im schlimmsten Fall aber wahr.

Uns wird erzählt und die meisten von uns glauben wohl auch zuversichtlich, daß Fortschritt und Innovationen den gegenwärtigen Zeitgeist prägen. Wieviel aktueller Zeitgeist ist Wunschdenken? Was wurde tatsächlich unter dem Dach der aktuellen Wissenschaftsideologie erreicht? Die Bilanz kann sich objektiv sehen lassen: In weniger als 300 Jahren – setzen wir Newton an den Anfang – erschloß die Wissenschaft ein profundes Wissen, das von den Superstrukturen des Universums über den Bauplan des Lebens bis zu den Elementarteilchen reicht. Viele Geheimnisse sind enträtselt und vermessen, wurden Funktion und Formel. Apparate schärfen und ergänzen unsere Sinne. Nach Wissen und Erreichbarkeit schrumpfte die Erde zum Dorf, und wie zum Ausgleich stieß unser Wissen um das Universum in neue Dimensionen vor. Im Kleinsten messen wir Längen von 10^{-20} m, und Signale aus der Tiefe des Weltalls erreichen uns aus 10^{26} m Entfernung. (Die Zehnerpotenzen reduzieren die Abmessungen auf Zahlen, für den menschlichen Verstand sind sie weder nach unten noch nach oben faßbar.) Das vormals Überschaubare ist ins Uferlose gewachsen. Die Menschheit ist angesichts der Dimension von Zeit und Raum auf einen Tropfen im Ozean zurückgeworfen und lebt in einer veränderten Welt, die sie mehr beherrscht, als sie ahnt und sich eingesteht. Maschinen produzieren, speichern und bereiten das Wissen der Welt auf und herrschen. Alles und alle laufen Gefahr, zum Opfer von Algorithmen zu werden, die uns analysieren und für uns entscheiden – und das nicht nur beim Aktienkauf.

Ein mächtiger Geist ist aus der Flasche, ihn zu kontrollieren, besser noch ihn zu beherrschen, bleibt Herausforderung. Pflegen wir Optimismus und verorten Technik und Naturwissenschaften auf einem Pfad, den wachsendes Wissen ausleuchtet und der uns – trotz Gödels Satz – zeitlose Wahrheiten erschließt. Einen vergleichbaren Fortschritt und die Möglichkeit zur Objektivierung durch Messung können die Geisteswissenschaften (die Mathematik schlagen wir dreist den Naturwissenschaften zu) nicht vorweisen. Sie waren und sind meinungs- und somit zeitgeistgesteuert.

Die wissenschaftlichen Scheuklappen der Meinungswissenschaften variieren von Fach zu Fach. Modische Pseudowissenschaften wie Pädagogik, Theaterwissenschaften, Soziologie, Politologie und andere zeitgeistbestimmte Fächer ausgeklammert, ist kein Wissenschaftler des klassischen Kanons dem Zeitgeist stärker unterworfen als der Historiker. Merkwürdigerweise wartet diese subjektivste aller alten Wissenschaften regelmäßig mit finalen Erklärungen auf. Die Damen und Herren können auch gar nicht anders, da der Konflikt im wissenschaftlichen Anspruch intrinsisch angelegt ist. Wahre Wissenschaft will sich nicht mit Deskription begnügen, gefordert wird vielmehr das Aufdecken von Struktur-Wirkungsbeziehungen. In der Geschichte funktioniert diese geforderte ‚wenn' → ‚dann' Beziehung aber prinzipiell nicht. Eine Geschichtswissenschaft mit dem Anspruch, aus der Vergangenheit für die Zukunft zu lernen, ist infolge der Vielzahl der Parameter und des Chaos der Wechselwirkungen im menschlichen Miteinander reine Illusion. Eine erkenntnistheoretische Tatsache, die entweder übersehen oder willentlich ausgeblendet wird. Aufgrund des Verfehlens dieses Anspruchs ist Geschichte eigentlich aus dem Wissenschaftskanon auszusortieren. Behält sie den Anspruch aufrecht, jagt sie einem Trugbild nach.

Aufgrund ihres Eingesperrtseins durch den Zeitgeist paßt auf den Wissenschaftsbetrieb der Historiker Platons Höhlengleichnis heute so gut wie vor zweieinhalbtausend Jahren. Platons Erkenntnis, daß wir in einer Zeitgeist-Welt nur Schatten der Wirklichkeit wahrnehmen und uns auch dann noch an diese Schatten klammern, wenn wir der Realität begegnen, ist in Geschichtswissenschaften (und Politik) die Regel. Damit eingeübte Schatten verjagt werden und ein neues Licht andere Schatten wirft, muß das herrschende System kollabieren. Es braucht Revolution; evolutionär funktioniert der Wandel von Schattenwelten nicht.

Religion löst Widersprüche und Unzulänglichkeiten der Schattenwelt ebenso brutal wie elegant. Glaube versetzt nicht nur Berge, er ersetzt Wissen. Die Annahme einer transzendenten Realitätsebene schützt vor Fatalismus, erschafft eine Logik, die es dem Menschen ermöglicht, mit den Fehlern und Unstimmigkeiten seiner zeitgeistigen Konditionierung umzugehen. Der Realität wird eine außerweltliche Schattenwelt als Schutzschale übergestülpt. Der Glaube an die Normalität des Unerklärbaren und die Akzeptanz verordneter Weltbilder schaffen Ordnung in den neuronalen Unpäßlichkeiten des Bewußtseins. Fehlen die aufoktroyierten Rettungsleinen als glättendes Gitter und Anker in der Neuronensuppe, hat das Gehirn ein Problem. Wahnsinn oder Revolution sind die Folge, richtiger: der Ausweg.

Weder sollten wir uns dem bequemen (Gedanken-)Gitter freiwillig hingeben noch den allwaltenden Zeitgeist kritiklos akzeptieren. Entpuppen sich die Schatten als Vexierbilder gänzlich anderer Realität, und wird die Manipulation unverkennbar, ist die Zeit für den Umbruch im Weltbild gekommen. Widerstand gegen den Zeitgeist wird zur Pflicht.

Eine andere Deutung des Vexierbildes unserer Schattenwelt zu erwägen, ist dann zulässig, wenn die neue Sichtweise logischer und umfassender ist als die herrschende Meinung, indem sie das falsche oder unzulängliche Weltbild, auf das die Einführung (und spätere Verfremdung) der herrschenden Schattenwelt gründet, aufdeckt und die Widersprüche im derzeitigen Weltverständnis behebt. Der Wechsel des

Blickwinkels kann historische wie aktuelle Mysterien und Mythen enträtseln. Pseudo-Mysterien und politisch gestylte Wahrheiten, die durch Propaganda wohl auch zur Pfründensicherung gestrickt wurden, ver- und behindern die Entlarvung zeitgeistiger Schattenwelten. Als Begründung für den Erhalt etablierter Schattenwelten werden von den Nutznießern des Systems Lügen bemüht und (angeblich) komplizierte Sachverhalte vorgeschoben, die dem Publikum – am besten zeitgeistig und politisch korrekt – erst nach Reduktion bis zur Unkenntlichkeit zugemutet werden können.

Werden Fakten unterdrückt oder gefälscht, sind wir bei der Manipulation, dem gesteuerten Zeitgeist, angelangt. Jemand, der unwissend bleiben möchte, lebt seine Freiheit; jemand, der unwissend gehalten wird, ist Opfer. Protagonisten des letztgenannten Vorgehens bevölkern die Regierungsbänke und Konzernzentralen. Nicht nur Politik und Wirtschaft, auch Technik und Wissenschaft praktizieren für Renommee und Pfründe unethisches Verhalten. Nur Infragestellen und Hinterfragen von allem Offiziellen leistet dem Trommelfeuer von Propaganda, Lügen und Gewöhnung wirklichen Widerstand. Alternativ hilft auch Fatalismus, der mit Sicherheit verbreitetste Strohhalm. Und selbst dann treibt uns noch Sorge um, kettet uns an das, was wir haben und kennen, eben an die Zustände und Gegebenheiten, wie wir sie – vorgeblich alternativlos – vorfinden. Einmal eingerichtet in Platons Schattenwelt, ist sie bequem, entwickelt Beharrung, da sie Sicherheit suggeriert. Schon die Kyniker wußten: Wirklich frei ist nur, wer nichts zu verlieren hat.

Anspruch und Anliegen dieses Buches ist allerdings nicht eine Auseinandersetzung mit der Jetztzeit mit all ihren Widersprüchlichkeiten und Mängeln, sondern mit der fernen Vergangenheit. Mythen und Mysterien einer unerklärten bis kryptischen Vorgeschichte wollen wir darauf abklopfen, ob sie Märchen sind oder infolge realer Ereignisse in die Welt kamen. Technik und Naturwissenschaften geben uns die Werkzeuge an die Hand, mit denen wir Mythen, nicht zuordenbare Artefakte, Kulte und Sagen untersuchen und verstehen können. Gelangen wir zu einem naturwissenschaftlich plausiblen und widerspruchsfreien Modell, können wir in seinem Rahmen die dunklen Nachrichten einordnen und so Kult und Mythos einer objektiv begründeten Deutung zuführen, die sich möglicherweise als alternativ oder gar als im Widerspruch zur aktuellen

Lehre stehend erweist. Wir wollen und werden Mythen bei diesem Vorgehen zwar als dunkle aber dennoch als Nachrichten realer Ereignisse deuten, jedoch mit Vorsicht und vor allem ohne unbegründbare Spekulationen zu bemühen, d. h., keine These ohne Fakten. Ein durchaus ambitioniertes Unterfangen. Denn nicht jedes Phänomen, das vormals als Wunder und Zeichen Gottes durchging, ist so einfach zu verstehen und der Schattenwelt zu entreißen wie der Regenbogen. In ihm sehen wir heute nicht mehr das Zeichen des neuen Bundes, sondern die Brechung von Licht an Regentropfen. Dieses Beispiel ist besonders einfach, aber doch lehrreich und beispielgebend für die folgenden Analysen, in denen wir in vergleichbarer Stringenz mit Hilfe naturwissenschaftlicher Betrachtung kryptische Nachrichten aus grauer Vorzeit entschlüsseln, beziehungsweise rationale Erklärungsoptionen (Betonung auf Option!) aufzeigen werden.

Die Interpretation verworren klingender Nachrichten und kryptischer Zeichnungen gewinnt durch einen naturwissenschaftlichen Ansatz oftmals eine neue und bislang unerkannte Qualität. Unsere Betrachtungen spannen einen Bogen über Zeiten und Wissensgebiete, der von der Erschaffung des Menschen bis zum Einfang des Erdmondes reicht. Gewiß ist: Die Ergebnisse und Schlußfolgerungen der alternativen Deutungen werden nicht jedem Schattenkrieger des beamteten Wissenschaftszirkus gefallen.

Auf ein Neues! Schon naht die Morgenröte.
Schaffen wir jene, die uns erhalten und ernähren.
...
Laßt uns denn ein Wesen schaffen, das gehorsam sei und ergeben
und uns nährt und erhält.

Popol Vuh

Homo Sapiens

Gibt es Größeres aufzuklären als die Frage, wie der Mensch in die Welt kam? Nichts Geringeres ist die Absicht, als in diesem Kapitel aufzuzeigen, daß das bisher an den Schulen Gelehrte und weitgehend als bewiesen Geglaubte besser seinen Platz mit dem bisher für unwahrscheinlich Gehaltenen tauschen möge. Wir untersuchen und werden beantworten: War es wirklich allein die Evolution, die uns schuf, oder war da mehr?

In einem gegebenen kulturellen Umfeld eingebettet, gelten einige Erklärungen als final richtig. Die Evolutionstheorie Darwins darf im aufgeklärten Europa diesen Grad an Akzeptanz für sich beanspruchen. Zweifel an ihr zu äußern, ist ketzerisch bis anrüchig, fast durch Denkverbot untersagt. Entsprechend vorsichtig rüttelt die Forschung zur Epigenetik an dieser Grundfeste der Genetik.

Was hat unsere Kultur und unser Denken am stärksten geprägt und die Schatten in Platons Höhle zu gefühlten Fakten verfestigt? Es sind nicht die Herrscher und Nationen, es sind Philosophie und Religion mit der Sinnfrage: Was ist Zweck und Ziel unseres Seins? Wo kommen wir her, wo gehen wir hin?

Die Bibel berichtet: Gott schuf die Welt, und er schuf den Menschen – nach seinem Bilde. Ähnliche Berichte von einem Schöpfungsakt finden wir in anderen Religionen und Kulturkreisen. Ein Gott oder die Götter formen stets aus einfachen Rohstoffen den Menschen. Die heutige

Wissenschaft lehrt anderes: Der wahre Schöpfer des Menschen ist die Zeit – in Gestalt der Evolution, die durch Zufall und Auslese neben Mücke und Blauwal eben auch den Menschen hervorbrachte.

Wer ausreichend fest an die Evolution glaubt, der hat seine Erklärung gefunden und wird die Herkunftsfrage als geklärt abheften. Wer vom Wirken der Evolution weniger überzeugt ist, oder wer sich nicht als Marotte der Natur einsortiert sehen möchte, gar einen Gott als Schöpfer vorzieht, zweifelt – entgegen dem Zeitgeist und klugen Argumenten – an einer Lehre, die die Evolution als einzig richtiges Modell verordnet. Zeitgeistgemäß ist die Schar der Zweifler bunt. Neben Verschwörungstheoretikern und bibeltreuen Christen finden wir durchaus auch Fachkundige, deren skeptische Haltung zur Evolutionstheorie nicht Unwissen speist.

Kreationisten und naives Religionsverständnis halten das Argumentationsniveau flach, indem sie auf Beweise verzichten und Glauben einfordern. Überzeugender stünde die Alternative zur Evolutionslehre mit einem Fundament da, das sich vom generellen Unbehagen und Hirngespinsten abgrenzt und mindestens so viel Substanz vorweisen kann wie die gelehrte evolutionäre Entwicklungsgeschichte des Menschen. Das Anliegen, trotz einer in Grund und Boden verdammten Sichtweise ein alternatives Fundament legen zu wollen, klingt verwegen, riecht nach Kreisquadriererei. Wir werden aufzeigen, dieses Verdikt ist mindestens voreilig.

Der eingeübte Evolutionist schmunzelt bei dem Gedanken an ein solches Vorhaben und noch mehr über denjenigen, der nach Indizien, möglicherweise gar validen Argumenten für einen Schöpfungsakt sucht. Vosicht! Unter zurate ziehen schriftlicher Zeugnisse werden wir entdecken, Nachrichten aus der Vorzeit stützen die Schöpfungstheorie weit stärker, als bislang bekannt und zugestanden. Wir gehen über Indizienhinweise hinaus und werden die auf Absurditätsniveau heruntergewirtschaftete Ansicht, daß der Mensch ein Kunstwesen sei, auf Beweisniveau aufwerten. Nachrichten aus der Vorzeit warten mit schwerlich abweisbaren Indizien für die Erschaffung des Menschen auf. Das übliche Argument der Kritiker, die Nachrichten seien nicht hinreichend faktenbasiert, sondern wilde Spekulation, trifft in ihrem Fall nicht zu. Die für den Nachweis unserer alternativen These herangezogenen Nachrichten sind sehr alt, konkret, zutiefst wissenschaftlich und in schriftlicher Form überliefert. Den richtigen Erklärungsansatz gewählt, tritt der fachliche Inhalt der Dokumente eindeutig zutage. Wenngleich mehrfaches Kopieren in Zeiten verlorenen Wissens die Urnachrichten verfremdet hat, ist die Spur zur Wahrheit verwischt, aber doch so klar erhalten, daß die umstürzlerische Schlußfolgerung, einen Schöpfungsakt zu postulieren, nicht aus versprengten Zitaten und überinterpretierten Bildchen zusammengestoppelt werden muß.

Die herangezogenen Quellen sind seit Jahrhunderten bekannt. Ihre Botschaften waren kryptisch, als man sie fand, und sie sind in Fortschreibung der unzulänglichen Erstinterpretation kryptisch geblieben. Fehlendes Wissen der Entdecker schloß ihre richtige Einordnung aus, und eine, wie wir sehen werden, beibehaltene, fragwürdige Interpretation erkannte bis heute die tatsächliche Nachricht nicht. Die Quellen verlieren ihr Rätselhaftes und erschließen sich vollumfänglich, sobald wir sie nicht klassisch als Wiedergabe obskurer Kulthandlungen, sondern als wissenschaftliche Beschreibungen interpretieren. Diesen Faden der Deutung aufnehmend, entdecken wir in ihnen die ersten schriftlichen Zeugnisse, die mit konsistenten und wissenschaftlich exakten Beschreibungen Auskunft geben über die wahre Herkunft des Menschen.

Damit der fachfremde Leser die folgenden Ausführungen nachvollziehen kann, sei einleitend ein kurzer Abriß zur Genetik und Evolutionstheorie eingeschoben.

Bei der Klärung der Frage, wie Leben funktioniert, konnte die Wissenschaft in den vergangenen Jahrzehnten rasante Fortschritte verzeichnen. Kaum fünfzig Jahre sind vergangen, seit die DNA[3] als Träger für den Code des Lebens erkannt und ihr Bauplan molekularstrukturell aufgeklärt wurde. Diese Tür einmal aufgestoßen, verzeichneten Genetik und Biochemie einen kontinuierlichen Bedeutungszuwachs, der sie an die

[3] DNA englisch für **d**eoxyribo**n**ucleic **a**cid, in parallel verwendeter deutscher Bezeichnung DNS für **D**esoxyribo**n**uklein**s**äure.

Spitze des Wissenschaftsbetriebs führte und damit einhergehend eine kommerziell bedeutende und industrielle Großtechnologie begründete.

Das genetische Programm des Lebens, seine Codierung, sein Ein- und Auslesen bis hinunter zum molekularen Baustein wurden Atom für Atom aufgeklärt und kartiert. Leben wurde zurückgeführt auf das Wechselspiel weniger Moleküle, von denen die einen als Nachrichtenspeicher und die anderen als Baumaterial dienen. Die chemische Einheitlichkeit der DNA aller Lebewesen – vom Mammutbaum bis zum Bazillus – belegt das Entstehen des differenzierten irdischen Lebens aus einem einmaligen Ur-Ereignis. Die Variabilität des Zusammenbaus und des Zusammenwirkens der Grundbausteine sowie die dadurch gewonnene Flexibilität sind Voraussetzung für ihre Anpassungsfähigkeit an Umwelt und Konkurrenz, machen Evolution erst möglich. Gattungen und Rassen entstehen nach Darwin durch evolutionäre Anpassung. Evolution optimiert Leben für ein Überleben in einer gegebenen Umwelt, indem sie den genetischen Code durch Versuch und Irrtum anpaßt. Die Überlebens- und damit die Fortpflanzungschancen für zufällig (!) besser angepaßte Nachkommen wachsen. Die Anpassung an die Umwelt erfolgt nach Darwin somit nicht gezielt, sondern als Auswahl unter zufällig erfolgten Genveränderungen. Über Generationen verändert sich der Genpool, indem wettbewerbsfähigere Mutationen neue ökologische Nischen besetzen oder in ihrer Nische mit Umweltbedingungen und -änderungen besser zurechtkommen als früheres oder konkurrierendes Leben. Eine natürliche, statistische Mutationsrate treibt die Dynamik und sorgt dafür, daß in der Entwicklung kein Stillstand eintritt.

Die DNA trägt die Information für das Programm, nach welchem jedes Lebewesen funktioniert. Am Anfang des Lebens gab es allerdings noch kein Programm, sondern alles fing an mit dem Baumaterial, den Aminosäuren, die die Bausteine des Lebens bilden, aber kein Leben hervorbringen. Erst das später hinzugekommene DNA-Programm schafft komplexe Lebewesen; es steuert die Verknüpfungen von Aminosäurebausteinen zu Proteinen, bringt Ordnung und Abfolge ins Chaos chemischer Reaktionen und weist den aus Aminosären gebildeten Proteinen Funktion und Aufgabe zu. Vergleichbar einem Plan, der aus einem Haufen Steine ein Haus entstehen läßt, verknüpft und ordnet die DNA

Aminosäuren zu oligo- und polymeren Ketten, am Ende zum Verbund in einem funktionierenden Lebewesen.

Mit unserem Wissen um die Funktion der DNA und die Bedeutung der Aminosäuren sind wir noch lange nicht bei einer Erklärung von Tier oder Pflanze. Völlig unberührt gelassen haben wir das Zustandekommen der alles zusammenhaltenden und strukturgebenden makroskopischen Infrastruktur von Organen, Blutgefäßen, Knochen und Zellen. Hier ruht eines der großen Geheimnisse der Biologie. Der Schritt von der Polymerisation der Aminosäuren zu Proteinen hin zum Organ, hin zum Lebewesen ist unverstanden. Diese Situation läßt seriöse Wissenschaftler[4] über morphogenetische Felder spekulieren, die im Hintergrund als unsichtbare Attraktoren wirken und die die Formen und Funktionen von sich entwickelnden Objekten bestimmen sollen. Wenn schon die Entstehung der Morphologie im Großen Rätsel aufgibt, die Verdichtung der DNA im Kleinen ist ein noch größeres. Der Grad der Verdichtung einer linearen Kette zu einer dichten Packung liegt beim zehn- bis fünfzigtausendfachen.[5] Die entropische Kraft, die dieser Verdichtung anstelle einer statistisch ungeordneten Verknäuelung entgegenwirkt, kann nur überwunden werden, weil Histone – ‚Spulen' aus Proteinen, um die sich die DNA-Kette windet – DNA falten und kompaktieren. Der Begriff ‚Wunder' erfaßt nur unzureichend, was auf molekularer Ebene vorgeht. Um durch Versuche etwas Ähnliches zu erfinden, würde selbst bei 1 Experiment pro Sekunde, das Alter des Universums nicht hinreichen, um dieses Wunder der Natur nachzuerfinden.

Das höhere Lebewesen noch außen vorgelassen, ist die Selbstreplikation komplizierter Moleküle die Grundvoraussetzung für Leben. Ohne Ordnung und permanente Regulation führt die Selbstreplikation jedoch bestenfalls zu einem Molekülhaufen. Verweisen wir morphogenetische Felder ins Reich der Phantasie, verleiht allein die Information der DNA einem Molekül- und auf der nächsten Hierarchieebene einem Zellhaufen Gestalt und Funktion. Dies vorausgeschickt, enthält die DNA-Kette grundsätzlich alle Information, die ein Organismus benötigt, um sich zu

---

[4] Rupert Sheldrake, ‚Der Wissenschaftswahn', Droemer Taschenbuch (2015).
[5] Ein Blatt Papier, auf diese Flächengröße gefaltet, wäre 5 m dick.

entwickeln, zu leben und sich zu reproduzieren. Beim Heranwachsen, wie im ausgewachsenen Zustand steuert die DNA die Synthese von Makromolekülen, läßt Organe wachsen und schaltet die spezifischen Funktionen für das Zusammenwirken von Zellen ein und wieder aus. Seit dieses von Eltern auf ihre Kinder vererbte Programm den chaotischen Molekülhaufen sortiert und seine Informationsbytes – Codons in der Sprache der Biochemie – Aminosäuren gezielt zu Proteinen verknüpfen, gibt es Lebewesen.

Trotz der vielen Jahrmillionen, die es dauerte, bis die Herausbildung derart komplexer und sich selbstreplizierender Moleküle vollzogen war, bleibt Leben ein Wunder. Schon die Länge eines DNA-Strangs, der abgewickelt 2 Meter mißt, macht sprachlos, zumal angesichts der Tatsache, daß jede einzelne Zelle den vollständigen Strang in sich trägt.

Bildeten, völlig anders als die DNA, die Proteine anfangs nur kurze Molekülketten, sind in den Molekülketten heutiger Lebewesen bis zu einigen tausend Aminosäure-Einheiten verknüpft. Verglichen mit dem DNA-Strang sind sie aber immer noch sehr, sehr kurz!

Als Bausteine der Proteine verwendet das Leben nur zwanzig (essentielle) Aminosäuren, die funktionsspezifisch in einer durch die DNA vorgegebenen Reihenfolge und Länge verknüpft werden. Morphologie und Funktion von Leben gründen auf der Verknüpfung von diesen zwanzig Basismolekülen zu Ketten. So einfach die Grundstruktur der Einzelmoleküle ist, Komplexität herrscht in ihrem polymeren Aufbau in der umgebenden Chemie von Enzymen (makromolekulare, proteinbasierte Katalysatoren) und Vitaminen, die für ein reibungsloses Funktionieren des Stoffwechsels sorgen. Hier klafft die Lücke im Verstehen, die die hypothetischen morphogenetischen Felder füllen sollen. Vermutlich sind wir auf derart Geheimnisvolles und Unsichtbares wie morphogenetische Felder doch nicht angewiesen. Die neue Forschungsrichtung der Epigenetik (επι (altgr.) = bei, in der Nähe von) bringt gerade Licht in das Dunkel der Aktivierung bzw. Stummschaltung von DNA-Abschnitten und weist früher als überflüssigen Ballast eingestuften DNA-Abschnitten nun doch eine wichtige Rolle zu.

Essentiell und für die Evolutionstheorie revolutionär, hat die Epigenetik nachgewiesen, DNA ist im Laufe des Lebens einer Pflanze oder eines

Tieres keineswegs unveränderbar, sondern interagiert weit dynamischer mit dem Umfeld, als bis vor Kurzem gedacht. Sie reagiert sensitiv auf Lebensweise und -umstände und verändert sich dadurch. Diese situationsgetriebenen DNA-Modifikationen wirken bis in die Chromosomen und werden somit vererbt.

Sicherlich zum Ärger der sozial Überbewegten und Betroffenheitsexperten ist in einem gewissen Grad jeder seines eigenen und seiner Familie Glückes Schmied. Eine Eigenverantwortung, über die eigene Generation hinaus, existiert; legt Aufstieg und Abstieg an. Die Zukunft ist weder allein Schicksal noch liegt sie allein an äußeren, unbeeinflußbaren Umstanden oder der bösen Gesellschaft, die allerdings verrottet dem Abstieg Bahn schaffen kann. Genetische Degeneration kann das Scheitern von Gesellschaften verursacht haben und verursachen.

Aller Flexibilität zum Trotz – oder gerade wegen ihr – sind alle Lebewesen miteinander verwandt. Diese Verwandtschaft – jedenfalls soweit es die Erde angeht – spiegelt die Unwahrscheinlichkeit der Entstehung von Leben wider. Leben entstand auf der Erde in einigen Milliarden Jahren nur ein einziges Mal! Aus einer ersten Aminosäurekette und einem ersten DNA-Strang erwuchs so Unterschiedliches wie das Hefebakterium und der Mensch.

Der gemeinsame Ursprung allen irdischen Lebens beweist weder eine still unterstellte Linearität der Entwicklung mit dem Menschen als – eingebildetes – Ziel und Krone der Schöpfung, noch daß der Mensch zur Gänze ein Produkt der Evolution ist. Die weiterhin zulässige Frage zum Auftreten des Menschen als Geschöpf stellt sich nur einschränkender: Ist der Mensch das unverfälschte Produkt der Evolution, oder hat es einen künstlichen Eingriff in das Genom seiner Vorfahren gegeben?

Obwohl die bisherige Lehrmeinung von infomationsleeren Genabschnitten inzwischen in Zweifel steht, lange Segmente des Genoms ähneln zugemüllten Buchseiten, beschrieben mit Buchstabenchaos und bestenfalls wirrem Gestammel. Der einzige Daseinszweck dieser leeren Seiten scheint ihre Fortpflanzung als Parasit der informationstragenden Abschnitte zu sein.

Angesichts der vielen und anscheinend verzichtbaren Buchseiten im Genom verwundert es nicht, daß die Größe eines Genoms nicht mit der Entwicklungsgeschichte oder -stufe einer Art korreliert. So ist das Genom des Teichmolchs zehnfach größer als das des Menschen. Ich vermute, der Mensch möchte sich aufgrund seiner bescheidenen Genomgröße nicht als das niedere Wesen eingestuft wiederfinden. Und selbst der Teichmolch könnte sich beleidigt fühlen, wenn er erfährt, daß einige Algenarten das größte Genom überhaupt tragen. Die Größe des verzichtbaren beziehungsweise unausgeschöpften Informationsspeichers verdeutlicht, um ein Kunstwesen zu erschaffen, sind nur Bruchteile des Genoms zu verändern, wenigstens gilt dies, solange es einem bereits existierenden Lebewesen verwandt bleibt. Die enge Verwandtschaft der menschlichen DNA mit der eines Schimpansen (die bis vor kurzem angenommene Übereinstimmung beträgt 98,5 %)[6] legt nahe, welche Tierart als Haupt-Genlieferant für einen Homunculus in Frage kommt. Einen Evolutionsschritt kürzer gesprungen, war der Neandertaler ein nochmals näherer Verwandter des modernen Menschen. Um aus ihm den Homo Sapiens zu formen, hätte eine geringere Veränderung ausgereicht, als das Schimpansengenom sie einfordert.

Eine vererbbare gentechnische Manipulation wäre als Sprung in der Genomentwicklung auffällig aber retroperspektiv schwer zu unterscheiden von einer natürlichen, evolutionären Genomveränderung.

Kommen wir zu den beiden Optionen: Ist der Mensch reine Evolution oder (auch) Schöpfung? Um Option 2 dem Verdikt der Absurdität zu entreißen, bedarf es beweiskräftiger Indizien für Manipulationen am genetischen Code einer verwandten Art. Weiche Argumente für eine Schöpfung des Menschen finden sich mühelos. Ohne bibelhörigen Kreationisten das Wort reden zu wollen, das plötzliche Auftreten des modernen Menschen vor einigen zehntausend Jahren überrascht. Die

---

[6] http://www.nature.com/nature/journal/v429/n6990/full/nature02564.html
http://genome.imb-jena.de/news/download/news/c22_040527-comm.html
Dieser Artikel legt dar, daß die Übereinstimmung überschätzt wurde. Die bisherige Forschung war von der irrigen Annahme ausgegangen, daß keine großen Unterschiede in den Protein-kodierenden Genen existieren. Der oben zitierten Arbeit zufolge kodieren jedoch 83% von 231 Genen eine verschiedene Aminosäuren-Sequenz. 20% zeigen sogar einen signifikanten Unterschied. Vermutlich ist – wie immer – alles komplizierter als zu Anfang gedacht.

vergleichsweise schwächliche Gestalt in einer rohen Umgebung paßt als Entwicklungsschritt schlecht in das Erklärungsmuster vom Umweltdruck als Treiber der Evolution. Beim Stelldichein mit dem Säbelzahntiger hilft mehr Gehirn statt Konstitution und Schnelligkeit nur bedingt weiter. Nun bevölkern die Erde nicht nur Killerwale und Elefanten, was uns lehrt, der Wettbewerb im Kampf ums Überleben ist vielschichtig. Jede Spezies, ob groß oder klein, intelligent oder tumb lebt in ihrer Nische. Wenn allerdings die Evolution einige 100 Millionen Jahre verstreichen ließ, bevor sie der Intelligenz gegenüber anderen Fähigkeiten den Vorzug einräumte, zeigt dies ihre begrenzte Bedeutung als Selektionskriterium. Langfristig mag Intelligenz von Vorteil sein, aber keine Mutation wird bereits mit einer Waffe in der Hand geboren. Schnelle Beine und große Zähne sind erst einmal vorteilhafter.

Mag die Gestalt des Homo Sapiens erstaunen, mögen die kulturellen Hinterlassenschaften prähistorischer Gesellschaften – etwa filigrane Höhlenmalereien – beeindrucken, sie beweisen keine Genmanipulation. Trotz tatsächlicher oder vermeintlicher Lücken im Evolutionspfad des modernen Menschen würde kein Wissenschaftler mit solch kläglichen Indizien es wagen, eine Erschaffung des Menschen auch nur in Erwägung zu ziehen. Jedenfalls dann und solange nicht, wie ihm an seiner Reputation gelegen ist, oder er der Bekanntschaft mit der Zwangsjacke aus dem Weg gehen möchte.

Die Evolution in Frage zu stellen, fällt dann leichter beziehungsweise ist erst dann erlaubt und seriös, wenn Beweise präsentiert, statt Hinweise und Zweifel geäußert werden. Siehe für fachlich leere Spekulationen etwa das Buch von Hartwig Hausdorf.[7]

Bisherige Protagonisten, die die Erschaffung des Menschen durch Götter propagierten, haben ihre Argumentation auf Kulte, Religionen und Mythen mit ihren Schöpfungsgeschichten gestützt. Diese Argumentationsbasis ist zu schwach, um zu überzeugen und als Alternative gegen die Evolutionslehre zu bestehen. Statt dieser dünnen Basis können wir dicke Bretter vorweisen. Denn bemerkenswerterweise haben bislang weder in ihrer Bedeutung erkannte noch in dieser Hinsicht analysierte

[7] Hartwig Hausdorf, Götterbotschaft in den Genen; Langen Müller Herbig (2016).

urkundliche Schriften ein Wissen überliefert, das prähistorische Biochemie und in diesem Kontext die Erschaffung des Menschen zur Tatsache erhebt. Argumentativ vorgreifend werden wir aufbauend auf der starken Hypothese von einer Erschaffung des Menschen diese Dokumente interpretieren und die Hypothese Schritt um Schritt bis zum konsistenten Beweis erhärten.

In den Dokumenten, die wir im Folgenden für den Nachweis heranziehen werden, wurde uns uraltes Wissen überliefert. Angesichts der Zeit, in der der Ursprung dieser Dokumente datiert und die nach Jahrtausenden zählt, finden wir keine Erstausgaben – und können auch keine Originale erwarten –, sondern Abschriften. Uns liegen Kopien von Kopien vor. Von den eigentlichen Wissensträgern fehlt jede Spur. Zu unserem Glück, der Bedeutung des Themas angemessen, dauerte das Kopieren fort, als das technische Wissen verdämmert war, die Wissensträger sich zurückzogen hatten oder umgekommen waren, und aus Wissen längst Kult und Mythos geworden war. Irgendwann verstanden die Kopisten nicht mehr, was sie kopierten, aber die Tradierung eines tabuisierten Kults wirkte dennoch als Bewahrer. Wie in der Bibel und im Koran durfte – einmal festgeschrieben – an der Nachricht kein Jota geändert werden. Immer näher an der Jetztzeit und somit immer spätere Kopisten malten aus zerfallenden Büchern nur noch ab, änderten zwar nicht aber verfremdeten bei ihrem Tun Zeichnungen nach eigenem kulturellen Hintergrund und Verstehen. Wenn auch die Zeichnungselemente verfremdet wurden, die Kopien blieben getreue Träger der Information.

Abgesehen von der Verfremdung infolge mehrfachen Kopierens und verstärkt durch das Wirken von Laien-Kopisten, kann die vorgefundene Fremdartigkeit der Darstellungen ohnehin nicht überraschen. Die Deutung des wissenschaftlichen Inhalts verlangt fachliches Vorverstehen. Da die alten Zeichnungen trivialerweise eine andere Formelsprache verwenden als die heutige Wissenschaft, springt die Botschaft nicht sofort ins Auge. Die andere Form der Darstellung kann nicht überraschen, denn so wenig, wie wir griechische Buchstaben in (hypothetischen!) prähistorischen Physikformeln erwarten würden, so wenig können wir erwarten, in alten Dokumenten Biochemie in heutiger Formelsprache mit unseren standardisierten Molekülzeichnungen vorzufinden. Selbst wenn wir eine Schreibkonvergenz für eine wissenschaftliche Formelsprache annehmen, würde die Schreibweise zur heutigen Form divergieren. Auf ein physikalisches Beispiel übertragen: Wenn in einem antiken Lehrbuch zur Quantenmechanik die Schreibweise der Schrödinger-Gleichung unverständlich bliebe, Bilder der Kugelflächenfunktionen[8] der Atomorbitale überzeugten ebenso, würden sie doch das zugrundeliegende Wissen gleichwertig nachweisen. Formale Unterschiede ergeben sich mithin zwangsläufig, beim Inhalt der Nachricht dürfen wir hingegen keine Abweichung zulassen oder Abstriche machen. Denn eine verlorene prähistorische Chemie kann sich nicht von heutiger Chemie unterscheiden; Moleküle und Reaktionen sind naturgesetzmäßig gleich. Den richtigen Erklärungsansatz gewählt und den Faden einer andersartigen Formelsprache aufgenommen, erschließt sich auch bei formaler Verfremdung aus den Dokumenten der wissenschaftliche Inhalt zweifelsfrei.

Tatsächlich und wohl motiviert durch den Leitbildcharakter der Bibel rankt sich die bisherige Diskussion zur Erschaffung des Menschen vorrangig um Überliefertes aus dem Vorderen Orient.[9] Diese Nachrichten haben durchaus einen Wert, sind jedoch, wie ihre Nichtbeachtung durch die etablierte Wissenschaft – berechtigterweise – kundtut, zu faktenarm, um zu überzeugen. Was der Vordere Orient an Bildern und Mythen – die Genesis des Alten Testaments eingeschlossen – überliefert hat, könnten religiös motivierte Märchen ohne realen Hintergrund sein.

Die Latte für die Beweisführung liegt sehr hoch. Hochgelegt durch eine diskreditierte alternative Prähistorie, die in der Regel gespickt mit zu viel Vereinfachung, zu vielen Irrtümern und zu viel Halbwissen aufwartet. Mancher ‚Beweis', wie ihn alternative Prähistoriker vorlegen, ist erkennbare Vergewaltigung von archäologischen Funden und alten Texten. Jede Schlange, jedes gewundene Symbol wird zur DNA hochstilisiert. Weltweit werden alsbald religiöse Motive, wie das Caduceus-Symbol (ein Stab mit zwei Schlangen), das den Ägyptern,

---

[8] http://www-ekp.physik.uni-karlsruhe.de/~deboer/html/Lehre/Atomphysik_2013/VL11_Hatom_QM1_sw.pdf

[9] http://gott.es/wissen/genesis1.htm

Griechen und Kelten gemeinsam war, sowie gewundene Zeichen auf Reliefs aus Sumer und Akkad als DNA-Darstellungen vereinnahmt. Um die Schöpfungsthese als glaubhaft abzuleiten, muß Überzeugenderes aufgeboten werden als interpretationsbedürftige Einzelbildchen und interpretations-überfrachtete Textanalysen. Ein revolutionärer Neuanfang ist notwendig, der mit härteren Fakten dem unzulänglichen, verknoteten Ballast stereotyper Argumente ein Fundament verleiht und sie im ersten Schritt am besten gänzlich unbeachtet läßt.

In dem übel beleumdeten Modell zur Erschaffung des Menschen und trotz verbrannter Erde einen neuen Ansatz aufzudecken, gelingt, indem wir einen Ortswechsel vornehmen. So trivial es klingt: Wer am falschen Ort suchte, konnte nichts finden! Erst Nachrichten aus Kulturen und Ländern außerhalb der – nach europäischer Sicht – klassischen Frühkulturen schaffen den eingeforderten Neuanfang und führen zu Quellen, die schriftlich festgehalten haben, wie der Mensch in die Welt kam: Als Kunstwesen und Sklave der Götter.

Den Beweis für die Erschaffung des Menschen durch Genmanipulation entdecken wir in Codices, auf die die Konquistadoren in Mittelamerika stießen. Wir kennen sie als Maya- oder Azteken-Codices. Obgleich nur beklagenswert wenige Werke der mittelamerikanischen Hochkulturen christliche Missionierung und Versklavung der Ureinwohner überdauert haben, erschließen uns die Blätter dieser Codices[10] eine vergessene Wissenswelt. Uralte Zeichnungen erteilen uns eine Lehrstunde in Gentechnik, Chemie und Biologie auf höchstem Niveau.

Während die Bedeutung einiger Codices für die Kalenderwissenschaft bestens erforscht und verstanden ist, firmiert der Inhalt anderer Codices, oder in anderen nur der Inhalt einiger Seiten unter dem nichtssagenden Etikett: Kultdarstellungen. Das Unwort Kult stimmt zwar immer, ist faktisch aber steril. Wir werden den vermeintlichen Kultdarstellungen Ursprung und Inhalt verleihen. Danach ist es möglicherweise zwar immer noch Kult aber von gänzlich anderer Art, nämlich nicht mehr erklärungsleer, sondern ein Kult, den wir in seiner Entstehung und Bedeutung verstehen. Einmal den großen Beweis geführt, fügen sich die zuvor als unzureichend verworfenen Indizien des Mittleren Ostens in

---

[10] http://www.famsi.org/research/graz/index.html

das Bild einer alternativen Menschheitsgeschichte ein, gewinnen doch noch Gewicht und Wahrheit.

In der Diskussion zur Erschaffung des Menschen sind die Codices aus Mittelamerika – meiner Kenntnis nach – als wissenschaftliche Beschreibung der Schöpfung des Menschen bislang unbeachtet. Ihre gängige Interpretation schreibt den ursprünglichen Ansatz der Geschichtsforschung des 19. Jahrhunderts fort, der in ihnen Kult verortete, ohne dem Schlagwort mehr als eine deskriptive Bildbeschreibung folgen zu lassen. Diese Beschreibung als Kult war zum Zeitpunkt der wissenschaftlichen Erstinterpretation die einzig mögliche, da der frühe Forscher den Gedanken, eine Darstellung der Grundlagen des Lebens vor sich zu haben, gar nicht fassen konnte. Dies war nicht sein Versagen; ihm und seiner Zeit fehlte schlichtweg das für ein Erkennen des tatsächlichen Inhalt erforderliche Wissen. Die Sentenz vom ‚verlorenen Wissen' und infolgedessen eines ebenso verlorenen Forschers trifft exakt auf ihn und seine Zeit zu. Eine 200 Jahre spätere Neubetrachtung geht von anderen Voraussetzungen aus, kann Zusammenhänge und den wissenschaftlichen Gehalt in vormals unverstehbaren Zeichnungen erkennen.

Die vollständigste Darstellung und damit die klarste Botschaft zur Erschaffung des Menschen überliefert der Codex Borgia[11]. Die künstlerische Qualität dieses Codex korrespondiert zu seinem Weltbild-umstürzenden Inhalt; in ihm finden wir Form und Inhalt auf das Wunderbarste vereint. Man nimmt an, daß die erhaltenen Blätter des Codex Borgia einige Jahrzehnte vor Ankunft der Spanier entstanden. Zum einen weisen die Zeichnungen nach Expertenmeinung[12] noch keinerlei europäischen Einfluß auf, und zum anderen spricht der relativ gute Erhaltungsgrad des Codex gegen eine deutlich frühere Entstehung. Unabhängig davon, ob nun deutlich vor, kurz vor oder kurz nach der Eroberung Mexikos durch die Spanier, diese Unsicherheit in ihrer Entstehung tangiert die Neuinterpretation der Codices in keiner Weise.

---

[11] http://www.famsi.org/research/graz/borgia/index.html

[12] The Codex Borgia – A Full-Color Restoration of the Ancient Mexican Manuscript; G. Díaz und A. Rodgers; Dover Publications, Inc. (1993).

Im 16. Jahrhundert hätte Europas Wissen null und nichts zu Biochemie und Gentechnik beitragen können.

Die Rettung dieses Codex fordert Dankbarkeit, wo doch Missionare und die beamtete Kirche ihr Bestes gegeben haben, ohne Verstand und Toleranz Götzen-Idole und zum Christentum konkurrierendes Weltverständnis auszumerzen. Ist der Codex Borgia deshalb seiner Zerstörung entgangen, weil er ein Werk von solch beeindruckender Kunstfertigkeit repräsentiert, daß vor seiner Zerstörung selbst eifernde Missionare zurückschreckten? Vielleicht überdauerten dieser und die wenigen anderen erhaltenen Codices aber auch nur aufgrund von Zufall oder der Schludrigkeit der heiligen Ignoranten. So sehr wir das Wüten der Eroberer und Missionare beklagen, sie sind nicht die allein Schuldigen am Verlust altamerikanischer Dokumente; auch die Natur leistet ihren Beitrag zum Verfall und Vergessen. Die klimatischen Verhältnisse des Tropenklimas hätten weiter an den Büchern aus vorkolonialer Zeit genagt. Am gleichen Ort verblieben und ohne museales Verwahren, wären sie inzwischen verrottet. Die Verbringung nach Europa hat – ungewollt – einen entscheidenden Beitrag zur Konservierung geleistet. Der alterungs- und klimatischbedingte Zerfall der Codices erklärt im Übrigen trivial, warum wir keine Originale vorfinden können, sondern uns glücklich schätzen müssen, wenn diese Kopien von Kopien erhalten sind.

Das künstlerische Niveau des Codex Borgia hat schon Alexander von Humboldt beeindruckt. Einige Skizzen, die er von Blättern des Codex kopierte, übernahm er sogar in eines seiner Bücher.[13] Ihn begeisterte die Kunstfertigkeit, seine Interpretation der Zeichnungen blieb – dem Stand des damaligen Wissens geschuldet (!) – zwangsläufig deskriptiv. Von damals bis in unserige Zeit wird stets und probat „Kult“ zur Bilderklärung aus dem Hut gezaubert. Verschärfend hat die Kalendermanie der altamerikanischen Kulturvölker a priori als Leitgedanke für jegliche Interpretation gewirkt, und die Inhalte auf diesen Sachverhalt verkürzt bzw. für ihn zurechtgebogen. Die gängige Deutung des Codex Borgia als Kalender ist ganz wesentlich motiviert durch die Anzahl von

[13] Pittoreske Ansichten der Cordilleren und Monumente americanischer Völker; Alexander von Humboldt (http://biolib.mpipz.mpg.de/humboldt/atlas/tafel_15.html)

Glyphen, die die Kalenderapologeten zu 20 bestimmen und damit entsprechend der Zahl der Tage des Mayamonats. Daß die Zahl 20 auch einen anderen Hintergrund haben kann und im Codex tatsächlich mehr als 20 verschiedene Glyphen vorkommen, scheint nicht zu bekümmern, wird nicht gewußt, übergangen und wohl auch, da unschön, verdrängt.

Die klassischen Ausführungen zum Codex sind trauriges Beispiel trostloser Bildbeschreibung und steriler Ideenlosigkeit, da sie keinerlei Erklärungen anbieten und wohl meinen, mit einer Benamung der dargestellten Götter Abschließendes geleistet zu haben. Geradezu verwegen gerät die Kalendertheorie, wenn im ganzen Codex Borgia keine einzige Zahl, kein einziges Datum auftaucht. Einen ganzen Codex ohne irgendein Datum als Kalenderdarstellung zu deuten, entbehrt angesichts seiner Entstehung in einer mathematisch gebildeten Zivilisation jeglicher Logik. Das Fehlen von Zahlen und Kalenderdaten im Codex Borgia macht die Kalenderthese auch deshalb zweifelhaft, weil dies zu anderen Codices wie dem Codex Dresdensis[14] kontrastiert, der von Zahlen überquillt und der zweifelsfrei kalendarischen Hintergrund und kalendarische Relevanz hat.

Die trotz der Widersprüche ungebrochen fortgesetzte klassische Erstinterpretation des Codex Borgia kann beispielhaft dafür gelten, wie Forschung sich verirren und in Sackgassen festrennen kann. In diesem Zusammenhang sei insbesondere auf das dreibändige, umfangreiche Werk von Eduard Seler hingewiesen, in dem er die Kalenderinterpretation im Detail ausformuliert und das in seiner Voluminösität eine unantastbare Deutungshoheit suggeriert.[15] Wie wir zeigen werden, es geht auch anders, vor allem kürzer und konklusiver: Mit einem gentechnischen Interpretationsansatz als Wegweiser finden wir in den Bildern des Codex Borgia Botschaften, welche in der vorgeblichen Kultmalerei die Darstellung einer Gentechnik sichtbar werden lassen, die nach Wissen und technischem Können die heutige Biochemie überstiegen hat.

---

[14] http://www.slub-dresden.de/sammlungen/handschriften/maya-handschrift-codex-dresdensis

[15] Dr. Eduard Seler, Codex Borgia – Eine altamerikanische Bilderschrift der Bibliothek der Congregatio de Propanda Fide (Berlin 1894), Im Internet abrufbar unter: www.famsi.org/spanish/research/loubat/.../Seler_Borgia_1.pdf mit x = 1, 2, 3.

Bild A
Seite 20 des Codex Borgia[16]
Oberer Bildteil: Ansetzen eines Synthese-Bades für biochemische Reaktionen
Unterer Bildteil: Technische Prinzipien und Prozedere des Schöpfungsaktes

Beginnen wir die Sichtung und Interpretation der Blätter des Codex mit dem intuitiv einfachsten Bild, um uns dann zu komplexeren Zeichnungen mit biochemisch anspruchsvollerem Inhalt vorzuarbeiten. Diesem Gedanken folgend, werden wir – in Auswahl der für die aktuelle

[16] https://commons.wikimedia.org/wiki/File:Codex_Borgia_page_20jpg

Diskussion relevanten Zeichnungen – die Bildseiten des Codex in eine aufbauende und fachlich abgestufte Reihenfolge bringen.

Eröffnen wir die Diskussion mit der versprochenen starken Hypothese vom biochemischen Inhalt und stellen den Bezug zur DNA her. Als Einstieg fokussieren uns auf die Seite 20 des Codex Borgia, gezeigt als Bild A. Die Zusammenstellung erhellt die Symbolik der Zeichnungselemente, die naive Veranschaulichung mit wissenschaftlicher Substanz verbindet. In der unteren Bildhälfte sind einige Motive zusammengestellt, denen wir außer im Codex Borgia auch in anderen Codices begegnen werden: Der Gott in prächtigem Ornat, das nackte Menschenkind, ein Glyphenband und die Schlange. Die Schlange und die Zeichnung ihres Körpers erfahren in der Gentechnikhypothese sofort triviale Deutung. In den zerteilten, abgegrenzt gezeichneten Segmenten des Schlangenkörpers erkennen wir die Gliederung des Genoms in Gensequenzen. Das Herauswachsen von zwei Strängen an Kopf und Schwanz der Schlangen veranschaulicht die chemische Struktur der DNA mit ihrer charakteristischen Doppelsträngigkeit.

In dem gewählten biochemischen Ansatz beschreiben die Zeichnungselemente einen präparativen Prozeß. Zerschnittene DNA, wird in einen Bottich (für uns ein chemisches Bad) gegeben, in dem bereits Segmente eines Schlangenkörpers, sprich DNA-Abschnitte, schwimmen. Im Bad verbinden und ordnen sich die Segmente zu einem Doppelstrang, der als Stamm aus dem Bottich wächst. Das Bild beschreibt – in symbolhafter zeichnerischer Übersetzung – die Kernpunkte einer Genmanipulation als nahtlosen Handlungsstrang: Ausgangs-DNA wird segmentiert und anschließend zu einem neuen Genom sequenziert.

Neben dem präparativen Vorgehen zeigt das Bild auch das Ergebnis und die Zukunft der Schöpfung. Auf dem Bottich hockt ein Mensch, eine nackte Frau mit angedeuteten Brüsten, die auf den herauswachsenden Stamm und auf einen Topf schaut, aus dem soeben ein Menschenkind hervorkriecht. Aus dem Blickwinkel der gentechnischen Interpretation deuten wir die Frau als die zukünftig Gebärende. Der Topf symbolisiert den technischen Ersatzuterus, repräsentiert den Brutsack, in dem die ersten Menschenzüchtungen heranwachsen. Aus dem Topf spritzt aus einem angedeuteten Leck eine rote Flüssigkeit: Blut. Sein Spritzen begleitet uns durch den ganzen Codex, hebt die zentrale Rolle von Blut als Lebenselixier hervor, und steht bei unserer Sichtweise für rote Gentechnik.

Auffällig trägt das aus dem Topf kriechende Kind eine Locke auf dem Kopf, die wir vergleichbar auf einem Rollsiegel in einer schlichten mesopotamischen ‚Schöpfungsdarstellung' [17] bei einem Säugling wiederfinden, den die sumerische Muttergöttin Ninhursanga hält. Beide Darstellungen, sowohl die mexikanische als auch die mesopotamische, warten wohl wegen seines Symbolcharakters mit diesem gleichen Detail auf: Der geschaffene Mensch verliert bis auf sein Haupthaar das Haarkleid des Affen. Eine erstaunliche Parallele in der Darstellung eines Details, die zwei Schöpfungsmythen in zwei geographisch weit entfernten Regionen verbindet.

Blutig geht es im oberen Teil dieses Blattes zu, in dem das chemische Bad angesetzt wird. Unter Leitung eines Ausehers wandern neben zerstückelten Schlangen und allerlei Flaschen, gemeint sind wohl eher deren Inhalte, blutende Tiere in einen Bottich. Bei gewähltem Interpretationsansatz liefern die Tiere die Genabschnitte für ein hybrides Kunstwesen.

Bis hierhin hat Blatt 20 noch nicht den versprochenen wissenschaftlichen Tiefgang; die Einordnung als Gentechnik bedarf (noch) der präjudizierenden Sichtweise. Für den wissenschaftlichen Nachweis der Zulässigkeit unserer biochemischen Interpretation jedoch bedeutsam, teilen zwei Bänder aus standardisierten Glyphen die Seite. Als Glyphen treten stilisierte Köpfe, Tiere sowie abstrakte Zeichen auf. Die Glyphen mögen verspielt und arabesk gezeichnet erscheinen, sind aber keineswegs Zierrat oder eine Art kalligraphischer Schmuck. Aus der Verwendung der Glyphen im Codex, ihrer Anzahl und ihrem Auftreten in Verbindung mit anderen Zeichen und Apparaten schließen wir, die Glyphen repräsentieren als Formelzeichen die Moleküle der Lebensbausteine. In nachfolgender Interpretation werden wir in ihnen chemische Moleküle erkennen, und sie zu einem essentiellen Argument für die Schlüssigkeit der vorgeschlagenen Interpretation aufwerten.

---

[17] http://www.bibliotecapleyades.net/sitchin/planeta12/12planeteng_12.htm

D. h., für uns ist jede Glyphe Symbol für eine der zwanzig Aminosäuren, aus denen sich die Proteine irdischen Lebens aufbauen.

Einen ersten Hinweis auf die Stichhaltigkeit unserer Interpretation leiten wir ab, wenn wir entweder 20 – oder in einigen Übersichten auch 23 – unterschiedliche Glyphen zählen. Ein erstes Argument, der biochemischen gegenüber der Kalenderinterpretation den Vorzug zu geben, folgt aus dem Auftreten von 23 verschiedenen Glyphen. Wie wir noch erklären werden, ist die Anzahl 23 in der Aminosäurenhypothese erklärlich. Sie ist aber nicht verträglich mit der Kalenderinterpretation[7]. Die zur Kalenderthese unpassende Anzahl von 23 Glyphen wird von den klassischen Interpreten kommentarlos übergangen. Angesichts der intendierten Interpretation ein nur allzu nachvollziehbares Übergehen.

Neben den 23 Glyphen, die wir den Aminosäuren zuordnen, die die Proteine des irdischen Lebens aufbauen, tauchen in vielen Bildern parallel weit einfachere Piktogramme auf, hauptsächlich Kugeln, die in 4 unterschiedlichen Farben und oft zu Ketten gereiht dargestellt sind. Wie die Anzahlen 20 und 23 gehört die Anzahl 4 zu den Grundmengen der Biochemie. Steht sie doch für die Anzahl der Nukleotide, die die Informationsbytes in der DNA kodieren. Jeder Aminosäure ist eine eindeutige Abfolge von 3 Nukleotiden zugeordnet. Jedes Byte des DNA-Codes liegt als Sequenz (Fachbezeichnung: Codon) der 4 Nukleotide Adenin, Thymin, Guanin und Cytosin vor. Die Abfolge der Nukleotide in der DNA kodiert das Anknüpfen (Polymerase) einer Aminosäure an den sich aufbauenden Polymerstrang eines Proteins, siehe hierzu auch die graphische Veranschaulichung des Polymerisationsprozesses in Bild B. Eine Vierer-Anzahl für sich allein genommen, bleibt wieder ein zu schwaches Indiz, um den sicheren Schluß auf einen biochemischen Hintergrund des Gesamtwerkes zu ziehen. Die Anzahl Vier kann Zufall sein oder kann etwas völlig anderes bedeuten als Biochemie. Erst das gemeinsame Auftreten mit den 20 bzw. 23 Glyphen wiegt als Argument schwer.

Eine Dreiergruppe von 4 verschiedenen Nukleotiden könnte $4^3 = (4 \times 4 \times 4) = 64$ verschiedene Aminosäuren kodieren. Tatsächlich beträgt die Zahl der essentiellen Aminosäuren jedoch nur 20, so daß der Codeumfang für die Aminosäurenzuordnung nur unvollständig genutzt wird, aber zugleich in der DNA Codes für andere Funktionen und Steuerbefehle frei bleiben. Bekannt, übernehmen etwa einige Sequenzen der DNA die Start-/Stopp-Steuerung beim Auslesen von Genabschnitten. Wie die Fortschritte der Epigenetik gezeigt haben, schalten zuvor als informationsleer eingestufte DNA-Abschnitte z. B. zellspezifisch DNA Abschnitte stumm oder steuern – wiederum zellspezifisch – das Aufwickeln des DNA-Strangs in der Zelle.

Kommen wir zur biochemischen Bedeutung des Zahlenpaares 20, 23. Vereinbarungsgemäß werden in der Biochemie 20 Aminosäuren als kanonische oder essentielle Aminosäuren geführt. Möglicherweise verwirrend, ist die Anzahl der tatsächlich proteinerzeugenden Aminosäuren um 3 höher als die Zahl der als kanonisch geführten. Zu den 20 kanonischen Aminosäuren kommen drei weitere Aminosäuren, die unspezifisch und alternativ in Proteine eingebaut werden, da der Körper sie nicht von den korrespondierenden kanonischen unterscheiden kann. D. h., die drei überzähligen Aminosäuren wären für die Proteinsynthese in einem Lebewesen zwar nicht nötig, stören aber auch nicht. Mit diesem Wissen wird das Auftreten der Anzahl 23 neben der Anzahl 20 schlüssig und sofort verständlich. Weder die Kalenderinterpretation noch das Vigesimalsystem der Ureinwohner können das Auftreten der Anzahl 23 sinnhaft einordnen.

Daß der Codex Borgia 23 Glyphen als Grundeinheit führt und nicht nur 20, wie es sich die Kalenderfreunde wünschen, beweisen die ersten Seiten des Codex. Auf den Blättern 1 bis 8 des Codex Borgia[18] – die Seite 1 ist allerdings weitgehend zerstört, und die Seite 2 schlecht erhalten – finden wir alle Glyphen des Codex in tabellarischer Übersicht zusammengestellt, so wie wir sie in den Zierbändern auf Seite 20 vorgefunden haben und wie wir sie auf weiteren Seiten noch antreffen werden. Auf jeder der genannten Eingangsseiten – jeweils säuberlich in Spalten und Zeilen angeordnet – zählen wir entweder 28 oder 30 Glyphen. Trotz wechselnder Gesamtzahl verbleiben nach Abzug von Doppellungen auf jeder Seite maximal 23 unterschiedliche Zeichen. Mit

[18] http://www.famsi.org/research/graz/borgia/img_page01.html
Einzelne Seiten der Codex Borgia sind unter http://www.famsi.org/research/graz/borgia/img_pagexx.html abrufbar, wobei xx durch die gewünschte Seite zu ersetzen ist.

diesem Befund sind wir auf ein weiteres und signifikantes Argument gestoßen, das einer biochemischen Interpretation der Codices den Vorzug gibt. Denn gerade, weil die Zahl der dargestellten Glyphen auf jeder Seite die Anzahl der Aminosäuren übersteigt und erst das Inrechnungstellen der Doppellungen auf die Zahl 23 führt, finden wir die eingeforderte Korrespondenz zwischen der Zahl unterschiedlicher Glyphen und der Anzahl der lebenswichtigen Aminosäuren bestätigt.

Soweit der Erhaltungsgrad der Seiten und Einzelglyphen das Abzählen zuläßt, kommen auf den ersten acht Seiten des Codex Borgia zwar auf jeder Seite maximal 23 unterschiedliche Glyphen vor, aber insgesamt zählen wir über alle Seiten verstreut 26 verschiedene Glyphen. Diese Addition von unterschiedlich gezeichneter Glyphen über alle Seiten des Codex ist unsicher, da 3 bei dieser Zählung – möglicherweise fälschlich – als verschieden eingestufte Glyphen jeweils nur schwache Variationen eines anderen Piktogramms sind. Unterstützend für unsere Argumentation können wir festhalten, keine Einzelseite zeigt mehr als 23 verschiedene Glyphen.

Nicht nur den Codex Borgia auch den Codex Vaticanus 3773B[19,20] eröffnen 7 Seiten mit einer tabellarischen Auflistung von Glyphen. Wieder sind in Zeilen und Spalten die nun schon bekannten Glyphen zusammengestellt, wenn auch zeichnerisch weit weniger sorgfältig ausgeführt als im Codex Borgia. Obwohl in diesem Fall bei der Übereinstimmung von ähnlichen Glyphen Zugeständnisse in der Farbtreue und der detaillierten Ausführung der einzelnen Glyphe erforderlich werden, zählen wir unter den 35 pro Seite dargestellten Glyphen wieder nur 23 deutlich unterschiedliche.

Spekulativ können wir einzelnen Glyphen eine chemische Struktur zuordnen. 4 der kanonischen Aminosäuren enthalten im Molekül einen Ring (Phenylalanin, Tyrosin, Tryptophan, Histidin). Zufällig – oder eben

---

[19] http://www.famsi.org/research/loubat/Vaticanus%203773/page_01.jpg bis http://www.famsi.org/research/loubat/Vaticanus%203773/page_08.jpg

[20] Die Entstehung ist vergleichbar dem Codex Borgia vorkolonial. Der Codex kam Mitte des 16. Jahrhunderts in den Vatikan und wurde vor Ende des 16. Jahrhunderts erstmals im Register schriftlich erwähnt: http://www.famsi.org/spanish/research/loubat/Booklets/Booklet%20Vat%203773_1.pdf

nicht – gibt es 4 Glyphen, die einen menschlichen Kopf als zentrales Element aufweisen. Den chemischen Ring durch eine Kopfglyphe wiederzugeben, ist bei vorlagennaher Verfremdung einer Ringstruktur nachvollziehbar. Zwei andere, strukturell verwandte Aminosäuren (Valin, Leucin) tragen 2 endständige Methylgruppen; zuordnen könnten wir, in Anlehnung an unsere heutige chemische Formelsprache, zwei abstrakte Glyphen, die in 2 ähnlichen Endzeichen auslaufen. Vielleicht schon mit dieser und erst recht bei spekulativen weiteren Korrespondenzen laufen wir allerdings Gefahr, die zulässige Interpretation zu überreizen.

Auf fast allen Blättern des Codex Borgia wiederholen sich die Glyphen aus den Tabellen der ersten 8 Seiten. Ganze Blätter und viele Zeichnungen sind, wie das oben vorgestellte Blatt 20, von Glyphenbändern umrahmt oder werden durch sie geteilt. Mehrmals zählen wir 20 verschiedene Glyphen auf einer Seite, etwa auf den Blättern 25, 26 und 30. Bei einigen Doppelseiten finden wir die halbe Anzahl Glyphen pro Seite, so etwa auf Blatt 21, in Verbindung mit Blatt 22 kommen wir wieder auf 20. Wie stringent die Zahl 20 eingehalten wird, beweist z. B. die Seite 25 des Codex Borgia. Hier werden zu den 17 Zeichen in der kreuzartigen Bildteilung (1 Glyphe zentral und jeweils 4 Glyphen in jedem Arm) zum Erreichen der Zwanzigergruppe die drei fehlenden Zeichen in eine Ecke gequetscht dargestellt.

Die Glyphen in den Bändern der Bildseiten unterscheiden sich von den Basis-Darstellungen auf den Seiten 1 bis 8 oftmals dadurch, daß ein als Glyphe verwendeter Tierkopf um den Tierkörper ergänzt wurde. Die Charakteristik des Kopfes und seine Wiedererkennbarkeit als Basisglyphe bleiben davon unberührt.

Bestätigend zu unserer Interpretation des Codex Borgia als einem Buch über Biochemie, können wir die Blätter 15 und 16 des Codex Vaticanus 3773[21] heranziehen. Die Darstellungen dieser Blätter ergänzen unseren biochemischen Interpretationsansatz, indem die Zeichnungen die

[21] http://www.famsi.org/research/graz/vaticanus3773/
http://www.famsi.org/research/graz/vaticanus3773/img_page_xx.html
Wie beim Codex Borgia können einzelne Seiten als ‘page_xx‘ abgerufen werden.

molekulare Wechselwirkung von DNA (hier richtiger RNA[22]) und Aminosäuren graphisch veranschaulichen. Die beiden Blätter transformieren den chemischen Prozeß der Proteinsynthese durch Ribosomen in eine Bildsprache, die den Polymerisationsvorgang in transparenter und eindeutiger Weise beschreibt.

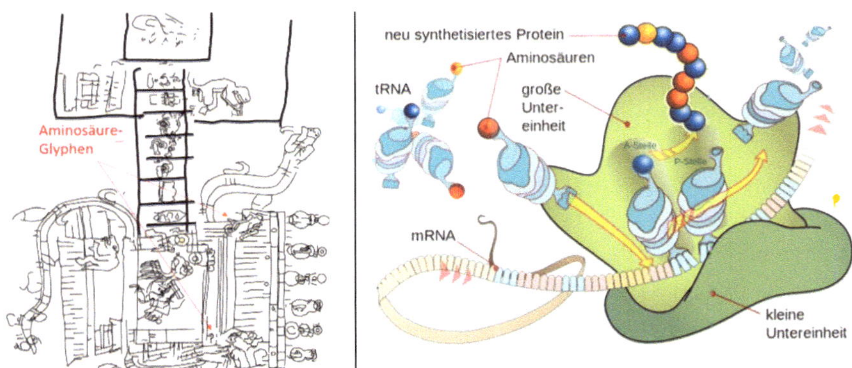

Bild B
Darstellung der Proteinsynthese nach dem Code der RNA
Links: Konturskizze, gezeichnet nach dem Zentralbild der Seite 16 des Codex Vaticanus 3773B.[23] (Zur besseren Veranschaulichung der Übereinstimmung mit der modernen Ribosomdarstellung ist die Skizze gegenüber dem Originalbild um 90° gedreht.)
Rechts: Eine moderne Prinzipdarstellung der Proteinsynthese in einem Ribosom.[24] (RNA = Ribonukleinsäure; tRNA = transfer RNA, ist eine kurze Ribonukleinsäure, die über das Basentriplett ihres Anticodons die richtige Aminosäure zum Codon der mRNA führt und die Aminosäure dort an den wachsenden Proteinstrang abgibt. mRNA = Boten- (oder englisch messenger) RNA ist die einsträngige Kopie eines DNA-Abschnitts.)

Ein Tausendfüßler (Blatt 15 des Codex Vaticanus) oder eine Schlange (Blatt 16) umschlingen oder durchlaufen einen Kasten mit einem eingesperrten Vogel. Aus dem Kasten tropft in Form eines Bandes eine

---

22 Englisch für **R**ibo**n**ucleic **a**cid, deutsch RNS **Ribo**nuklein**s**äure ist die einsträngige Kopie der DNA (allerdings mit Ersatz von Thymin durch Uracil).
23 http://www.famsi.org/research/loubat/Vaticanus%203773/page_16.jpg
24 https://commons.wikimedia.org/wiki/File:Ribosom_mRNA_translation_de.svg

Abfolge von exakt den Glyphen, die wir den Aminosäuren zugeordnet haben. Wir erkennen in diesen Zeichnungen die Proteinsynthese (siehe Bild B: DNA → mRNA + tRNA → Protein). Die Übertragung der Zeichnungen auf die moderne Darstellung (ebenfalls gezeigt in Bild B) gerät nachgerade trivial: Der Vogel im Käfig symbolisiert das Ribosominnere, wo Aminosäuremoleküle nach der Vorgabe der RNA, die in den Codex-Bildern durch einen Wurm oder eine Schlange symbolisiert wird, zum Protein verknüpft werden. Wie gut die Funktion des Ribosoms in diesen stilisierenden Bildern getroffen wird, lehrt der Vergleich mit einer modernen Darstellung des Ribosomaufbaus und seiner Funktionsweise, siehe dazu den Vergleich der Codex- und modernen Prozeßdarstellungen im Bild B. Trotz naturalistischer Verfremdung zeigt die Codexzeichnung – nahezu in Kopie der modernen Darstellung –, wie nach dem Code der DNA-Schablone mittels des mRNA-Strangs Aminosäuren zu Proteinen verknüpft werden. Als wichtiges Detail des Codexbildes ist festzustellen, in Übereinstimmung mit der Einsträngigkeit der RNA spalten sich in dieser Zeichnung weder der Schlangenkopf noch der Schlangenschwanz.

Zurück zum Codex Borgia. Auf dem Blatt 49 und dem Blatt 51 des Codex[25], siehe Bild C, ist jeweils eine Maschine dargestellt, die an einen Wringer oder an einen eingehausten Bohrständer mit automatischem Bohrerwechsler erinnert. Zentrale Einheit der Konstruktion ist ein Rad mit 8 Zapfen, welches in einem Ständer mit mehrstufigem Dach läuft. Mit Biochemie als Hintergrund für eine Bildinterpretation schauen wir wieder auf einen Ablauf, d. h. auf die Funktion der dargestellten Maschine. In unserer Sichtweise wird über dem Laufrad in einer oberen Leiste Rohstoff vorgehalten, der dann in eine untere Leiste nachgefüttert wird und von dort über eine rote Trägermasse auf das Zapfenrad gelangt.

Feinstreifige Skalen über und unter der Zentraleinheit charakterisieren Kompliziertheit und technische Perfektion. Unzweifelhaft ist eine derart aufwendig konstruierte Maschine, deren Komplexität und Präzision die Bilder herausstreichen, weder aus Holz noch aus Stein herzustellen. So

---

25 http://www.famsi.org/research/graz/borgia/img_page49.html
http://www.famsi.org/research/graz/borgia/img_page51.html

passen die Skalen am Tisch der Maschine zu einer Mikrometerschaube, jedoch gewiß nicht in eine Steinzeit, in der die Ureinwohner zur Zeit der Konquistadoren noch weitgehend lebten.

Unbeachtet dieses intrinsischen Widerspruchs zum historisch technischen Umfeld ordnet die klassische Forschung die Zeichnungen einer Zivilisation zu, die bei Ankunft der Europäer soeben begonnen hatte, nicht gediegen vorkommende Metalle zu verwenden. Lediglich Kupfer war bei einigen Indianerstämmen als Schmuckmetall verbreitet. (Der vorgeschichtliche Kupferabbau am Oberen See und der Verbleib der riesigen Mengen geförderten Metalls gehört zu den Geheimnissen der amerikanischen Frühgeschichte. Bei den indigenen Bewohnern Amerikas wurden jedenfalls keine Metallgegenstände in entsprechendem Umfang gefunden.)

Die biochemische Funktion der Maschine wird in unserem Erklärungsansatz unmißverständlich erkennbar in der Vierfarbigkeit sowohl der Kreise in der unteren Zuführschiene wie der Becher in der darüber liegenden Schiene. In unserer biochemischen Interpretation verbinden wir mit jeder Farbe ein Nukleotid. Das zentrale Rad pfropft die Nukleotide auf ein Gerüstpolymer auf. In der roten Substanz, die in das Förderrad nachgefüttert wird, sehen wir das Gerüstpolymer (Phosphatdesoxyribose) der DNA, auf das die Maschine die Basen pfropft. Die Prozeßbeschreibung schließt das Wachsen einer verdrillten Helix aus dem Rad ab; nach unserer Sicht repräsentiert die Helix das Syntheseergebnis – die DNA.

Diese Zeichnung, die ohne den biochemischen Interpretationsansatz völlig obskur und rätselhaft erscheint, fügt sich vollumfänglich und nahtlos in den biochemischen Kontext ein. Haben wir bisher Bilder als Darstellungen der Proteinsynthese eingeordnet, setzt die Chemie der Seite 51 des Codex Borgia eine Syntheseebene früher an. Dargestellt ist nicht, wie Aminosäuremoleküle zu Proteinen polymerisiert werden, sondern wie DNA synthetisiert wird. Die Rad-Maschine baut auf ein Ribose-Substrat Nukleotid für Nukleotid den Strang der DNA auf. Lediglich zur Veranschaulichung ist der molekulare Prozeß auf ein Riesenmodell übertragen. Anders als die Darstellung der molekularen Synthese ist die Rad-Maschine tatsächlich makroskopisch. Mit den

Verfahren der Biochemie als Leitgedanken vermutet der Techniker in dem Apparat einen Probenwechsler oder erkennt gar einen Syntheseautomaten.

Im umrahmenden Bildschmuck finden wir passend zum biochemischen Bildinhalt die Glyphen der Aminosäuren sowie die Symbolik der DNA-typischen Doppelsträngigkeit, graphisch angedeutet durch sich spaltende Äste.

Bild C
Großteil der Seite 51 des Codex Borgia[26]
Darstellung der DNA-Synthese aus Nukleotiden (repräsentiert durch die vierfarbigen Kugeln)

Für den Verfasser der Urschrift muß die Rad-Maschine eine eminente Bedeutung gehabt haben, ja die zentrale technische Einrichtung überhaupt gewesen sein. Zeichnungen dieses Automaten oder seiner

[26] https://commons.wikimedia.org/wiki/File:Codex_Borgia_page_51.jpg

Hauptkomponente, des Rades, sind in erstaunlich geringer Abwandlung ein wiederkehrendes Motiv auf vielen Blättern. Zum Teil wiederholen die Zeichnungen den ganzen Automaten (etwa Blatt 18 des Codex Borgia), in anderen wird das Rad als Zentraleinheit wiedergegeben; etwa auf Blatt 44[27]. Immer wieder wird herausgestellt, wie das Rad aus vier Grundbausteinen – Kugeln in den Farben Braun, Rot, Grün und Gelb – einen verdrillten Strang erzeugt.

In anderen Bildern schwebt in verkürzter Darstellung das Flügelrad wie eine Sonne über der Zeichnung, etwa in Blatt 57 des Codex Borgia oder in den Blättern 18 und 22 des Codex Zouche-Nuttall[28,29]. Beim Codex Vaticanus kreisen, vergleichbar zum Codes Borgia, ganze Bildzyklen um diese Maschine. Ihre Aufnahme in weiteren Codices bekräftigt die soeben erschlossene Bedeutung der Rad-Maschine. Daß die gleiche Geschichte, die gleiche vergessene Biochemie, in mehreren Codices festgehalten wurde, verwundert wenig angesichts der Tragweite, die wir der Botschaft dieser Codices zumessen.

Die vermutete Funktion und die Bedeutung der Maschine bestätigen Wiederholungen von Zeichnungen mit Gehäusen, denen wir gemäß Bild B eine Ribosomfunktion zugeordnet haben. Wie bereits weiter oben, im Bild B aus dem Codex Vaticanus vorgefunden, wurde in einigen Zeichnungen das Innenleben des Gehäuses ins Naturalistische variiert, indem ein zerzauster Vogel das Rad ersetzt; etwa in der Zeichnung auf Blatt 18 des Codex Borgia oder den Blättern 13 bis 16 des Codex Vaticanus 3773[30]. Mit der Vogel-Symbolik dürfte zweierlei erfaßt sein: Zum einen drückt der dargestellte Vogel in seiner Zerzaustheit eine hohe Drehgeschwindigkeit aus, und er steht zugleich für ein kreischendes Geräusch, wie es typisch ist für ein schnell drehendes Rad. Wenn in Zeichnungen, in denen der Schlangen-Strang eine Maschine mit einem – statt des Rades – struppig dargestellten Vogel durchläuft,

[27] http://www.famsi.org/research/graz/borgia/img_page44.html
[28] http://www.famsi.org/research/graz/zouche_nuttall/img_page18.html
[29] Der Codex wird als mixtekische Kultur eingestuft mit einem Entstehungsdatum deutlich vor der Eroberung Mexikos durch die Spanier. http://www.britishmuseum.org/research/collection_online/collection_object_details.aspx?objectId=662517&partId=1
[30] http://www.famsi.org/research/loubat/Vaticanus%203773/page_13.jpg bis http://www.famsi.org/research/loubat/Vaticanus%203773/page_16jpg

und wenn aus der Maschine ein Band mit den Glyphen purzelt, die wir den Aminosäuren zugeordnet haben, fühlen wir uns in unserer biochemischen Interpretation des Codex bestätigt. In naturalistischer Vereinfachung ist das Prinzip der Proteinsynthese schematisch richtiger kaum wiederzugeben.

Bild D
Seite 33 des Codex Borgia[31]
Darstellung einer Genmanipulation auf molekularem Niveau

[31] https://commons.wikimedia.org/wiki/File:Codex_Borgia_page_33.jpg

Zusammenfassend verorten wir als plausible und konsistente Erklärung in der Ständer- respektive Vogelmaschine zwei Syntheseautomaten. Der eine wird eingesetzt, um Nukleotid für Nukleotid DNA zu synthetisieren, in dem anderen werden Aminosäuren zu Proteinen verknüpft. Zu dieser These sei noch ein technisches Argument angeführt: Angesichts der vielen sequentiellen Synthese- und Replikationsschritte, die mit einer DNA- und Protein-Synthese verbunden sind, ist ein Syntheseautomat vielleicht nicht unverzichtbar aber extrem zweckmäßig.

Ernüchternd ist die Feststellung, daß die heutige Wissenschaft und Technik dergleichen (noch) nicht kann! Anscheinend war man auf der Erde schon mal weiter, zumal wir noch gar nicht an einem weiteren Aspekt des Problems gerührt haben, der eine gentechnische Schöpfung erschwert. Der DNA-Strang kodiert nicht nur die Daten für die Proteinsynthese und das Programm, nach dem Lebewesen funktionieren, sondern zugleich und informationstechnisch extrem herausfordernd seine eigene Speicherung als dichte Packung durch Aufwickeln der DNA-Kette.

Die aktuelle Biotechnik hat mit der Forschungsrichtung Epigenetik die Herausforderung, Licht in dieses Dunkel zu bringen, angenommen. Sie will nicht nur die Herstellung von Proteinen nach dem Code der DNA aufklären, sondern zusätzlich die Rolle ‚stummer DNA' sowie die Bedeutung und Wirkung von Enzymen und Regulatoren verstehen. Nur mit dieser vollen Kenntnis kann DNA so manipuliert und programmiert werden, daß die Zellen eines Organs bestimmte Funktionen übernehmen und fehlerfrei mit anderen Organen zusammenarbeiten. Ein Anfang ist zwar gemacht, aber es bleibt einiges zu tun!

Den herausragenden Stand verlorener biochemischer Hochtechnologie unterstreichen die Blätter 33 und 34 des Codex Borgia (Bild D und Bild E), die auf molekularer Ebene nicht allein die Struktur und Funktion der DNA wiedergeben, sondern auch die Technik zu deren Modifizierung, wenngleich – in nun schon bekannter Weise – modellhaft vereinfacht und durch eine fremdartige Symbolsprache.

In beiden Zeichnungen mäandert, fast bildfüllend, eine Schlange durch eine verwirrende und scheinbar zusammenhanglose Bildwelt. Außer Kult vermag die klassische Interpretation wenig Sinnvolles zu den

Bildinhalten zu sagen. In einer biochemischen Übersetzung des Bildes hingegen erschließt sich der dargestellte Vorgang unmittelbar: Beide Bilder beschreiben biochemische Manipulationen am Genom.

Das Rätsel, was in den Bildern dargestellt ist, löst Biochemie wie folgt auf: Die Schlangen im Hauptfeld der beiden Bilder repräsentieren die DNA-Helix. Zwischen einer zeichnerisch aufgeweiteten Windung des Schlangenkörpers wird DNA entnommen, und geträgert auf einem Substrat zur Manipulation weitergereicht. In den Zeichnungen am linken Bildrand von Bild D erblicken wir die chemische Manipulation des Einzelstrangs einer aufgespleißten DNA-Kette. Am oberen Bildrand wird die modifizierte DNA zusammen mit einem separat synthetisierten Trägerstrang (Ribose oder Desoxyribose) am Ende der DNA-Schlange dem DNA-Hauptstrang zugeführt.

Betrachten wir andere Details oben links auf dem Blatt 33 (Bild D). Ein erstes, komplex segmentiertes Flügelrad gibt Zwergenfiguren an ein nächstes Flügelrad weiter, das sie auf eine parallel synthetisierte Kette schaufelt. Diese ‚Pfropf-Polymerkette' fließt aus einem spinnenartigen Gebilde, das als Kettenmodifizierer auch im nachfolgenden Blatt 34 auftritt. Am Ende der Mäanderstruktur führen Flügelräder die beiden Polymerketten zu einem Strang zusammen, der in einem ellipsenförmigen Gebilde am Ende der Schlange mündet. Von diesem Gebilde ausgehend, windet sich die große Schlange durch das Bild. Die Zwergenfiguren, wie sie in Blatt 33 von einem Rad abspringend der DNA-Schlange zugefüttert werden, finden wir bei beiden Blättern zwischen die Windungen des Schlangenkörpers eingezeichnet. Wir weisen diesem gemeinsamen Auftreten von DNA-Schlange und Zwergenkörpern eine doppelte Symbolik zu: Während nach unserem Verständnis Kugeln und Glyphen die chemischen Grundeinheiten der Nukleotide und Aminosäuren symbolisieren, stufen wir die Zwergenfiguren als Symbol für einen Codonbaustein ein, d. h., jede Figur zwischen den Windungen der DNA-Schlange repräsentiert den Code für den Einbau einer Aminosäure in ein Protein.

Diese Interpretation des Blatts 33 wird gestützt und ergänzt durch die Zeichnungen auf Blatt 34 (Bild E), welches an den Rändern besser erhalten ist. Der Schlangen-Mäander bildet wieder das zentrale Bildelement.

In der Zusammenstellung erkennen wir wie im Blatt 33 die Prozeßbeschreibung einer DNA-Modifizierung. Die DNA-Manipulation startet in der Bildmitte, wo einem Opfer – Patient, Proband? – Körperflüssigkeit (die rote Farbe signalisiert Blut, wir vermuten seine Verwendung als Quelle für DNA) entnommen wird. Im Folgeschritt wird diese Probe mit einer Art ‚Faustkeil' (biochemischer Fachterminus DNA-Helikase) entwickelt und gespleißt. Nach dem Spleißen windet sich die aufgetrennte Kette am Bildrand entlang durch 6 spinnenartige Gebilde. Diese Detailzeichnungen fügen sich nahtlos in den biochemischen Interpretationsansatz ein, den wir für den Codex im Allgemeinen und für die beiden vorliegenden Blätter 33 und 34 im Speziellen gewählt haben. In den ‚Spinnenstrukturen' erkennen wir chemische Makromoleküle, die analog dem Ribosom des Bildes B aufgebaut sind. Sie modifizieren einen DNA-, eher wohl einen RNA-Strang, was, nebenbei bemerkt, den Spleißschritt richtig einordnet. Der Faustkeil symbolisiert die Aufspaltung und vergrößert wieder modellhaft ins Riesenhafte, was molekular geschieht. Die präparativ oder enzymatisch veränderte Gensequenz wird am Ende in die DNA-Kette zurückgeschleust und verändert sie bleibend. In der aktuellen Forschung sind diese Vorgänge neue Erkenntnisse, die ein langjähriges Rätsel der Nukleinsäure-Chemie lösen und ein wichtiger Schritt sind, um DNA-Enzyme besser zu verstehen.

Die Art der Genommodifizierung, die der Codex Borgia in den Blättern 33 und 34 vorstellt, repräsentiert zwei Wege des Eingriffs, der entweder als gezielte chemische Einzelreaktion punktuell am Strang (Blatt 33; Bild D) oder durch ribosomartige Einheiten (Blatt 34, Bild E), die im Codex zu Spinnentieren verfremdet wurden, über einen ganzen DNA-Abschnitt erfolgen kann.

Mit der Rückführung des veränderten Strangs auf die ursprüngliche DNA wird ein Prozess beschrieben, den die Wissenschaft als reverse Transkription bezeichnet, und den inzwischen die Medizin zur Therapie nutzt. Reverse Transkriptase ist ein Enzym – i. e. ein chemisches Makromolekül, welches das Umschreiben von RNA in DNA katalysiert. Reverse Transkriptase-Inhibitoren werden als Wirkstoffe in der AIDS Therapie eingesetzt.[32] Die Götter überließen diesen Schritt jedenfalls auch

[32] https://www.poz.com/basics/hiv-basics/hiv-life-cycle

nicht nur der Natur, sondern veränderten wie wir Gene durch Technologie.

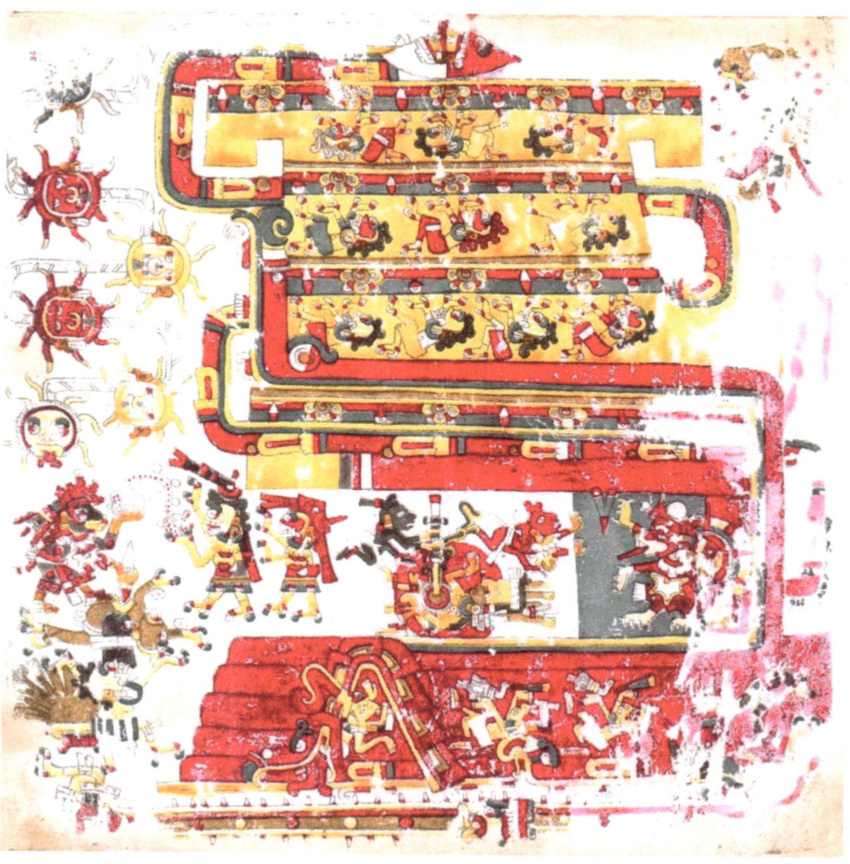

Bild E
Seite 34 des Codex Borgia[33]
Vergleichbar zu Bild D: Darstellung einer DNA-Manipulation

Die moderne Biologie der Vererbungslehre hat die ursprüngliche apodiktische Lehre Darwins von der Unveränderbarkeit der DNA in einem

[33] https://commons.wikimedia.org/wiki/File:Codex_Borgia_page_34.jpg

Lebewesen insoweit verworfen, als daß sie neben den Keimbahnmutationen dem umweltgetriebenen Modifizieren der DNA eine aktive und vor allem beschleunigende Rolle in der Evolution einräumt. DNA ist weit weniger eingefroren als früher angenommen und verändert sich nach Lebensumständen und Umwelteinflüssen, d. h. sie paßt ein Lebewesen bereits während seines Lebens der Umwelt und ihren Einflüssen an.

Diese Veränderungen sind vererbbar.[34] Folgendes Beispiel zur Illustration und als Beweis: Wenn Mangelernährung nach wenigen Generationen Zwergmenschen (etwa den ‚homo nanico' in Nordostbrasilien) hervorbringt, kann kein langsamer Auswahlprozeß (im Darwinschen Sinne) erfolgt sein, sondern hier wurde in Windeseile Erbgut den Lebensbedingungen einer Gruppe angepaßt.

An dieser Stelle ist ein Seitenhieb auf eine Hybris unvermeidbar, die allzu sicher Endgültigkeit und unumstößliche Richtigkeit von Theorien postuliert: Mit der Anerkennung der Veränderbarkeit der DNA im Lebewesen macht die Evolutionslehre nach Lamarck gewaltig Boden gut gegen den Ausschließlichkeitsanspruch der Darwinschen Evolutionslehre, der zufolge Erbgut im lebenden Wesen eben gerade nicht veränderbar ist.

Angesichts der Durchgängigkeit der vorgeschlagenen biochemischen Interpretation der mittelamerikanischen Codices und ihrem erkennbar gemeinsamen Inhalt und Ursprung, gerät es fast schon zur Trivialität, daß wir außer im Codex Borgia auch in Zeichnungen anderer Codices wiederholt auf gleiche Symbole stoßen, dominiert von Darstellungen DNA-typischer Doppelsträngigkeit. In Töpfen wird DNA denaturiert, bildlich veranschaulicht, indem Schlangen sich spalten, DNA wird dupliziert, indem Stränge sich verdrillen, Gensequenzen werden für den Einbau in den DNA-Strang durch spezifische Endgruppen vorbereitet und dann zum Strang verknüpft oder in einen DNA-Strang eingeschoben.

---

[34] Was dem Sprichwort: „Der Apfel fällt nicht weit vom Stamm" eine bemerkenswert wahre Bedeutung zuweist. Nicht nur die Umwelt auch die Lebensweise der Eltern beeinflußt die Gene ihrer Kinder.

Wir sind uns recht sicher, fortgeschrittene Gentechnik hat in Codices ihren Niederschlag gefunden, wenngleich verfremdet und grobschlächtig vereinfacht angesichts der filigranen Instrumente und Apparate, die in der Realität zum Einsatz kommen und kamen. Trotz aller Vereinfachung und symbolhafter Verfremdung sind die fachlichen Inhalte und das experimentelle Vorgehen bemerkenswert klar konserviert. In Anbetracht der Zeitspanne, in der eine Tradierung von verlorenem Wissen fortdauerte, bleiben die Bilder unglaublich nah an der Realität. Schärfstes Tabu muß gegen jede Veränderung der Urnachricht gewirkt haben.

Neben Biochemie ist auch Biologie detailliert ausgeführter Inhalt der Codices. In der geometrischen Abmessung folgen den chemischen Verbindungen, d. h. der DNA und den Proteinen, die Zellen. Der Größe nach zwischen dem Molekül und dem Lebewesen angesiedelt, stellen Zellen das mesoskopische Bindeglied dar, deren Grobstrukturen bereits in einem Lichtmikroskop sichtbar werden.

Zellen sind die Fabriken des Stoffwechsels und zugleich die kleinste Lebenseinheit, die in Form der Amöbe bereits autark lebt. In Tieren und Pflanzen finden wir riesige Zellhaufen zum Lebewesen vereinigt; der Körper eines Menschen besteht aus zirka 10^{14} (= 100 Billionen) Zellen, die hochspezialisiert und arbeitsteilig interagieren.

Wegen der Bedeutung von Zellen als zentrale Bau- und Funktionseinheit erwarten wir in jedem Buch des Lebens, also auch in den Codices, ein Kapitel zum Zellaufbau. Diese Erwartung erfüllt in besonders klarer Form das Blatt 30[35] des Codex Borgia (Bild F), welches eine kugelige Struktur zeigt, die von einer Membran umschlossen wird. Die Abgeschlossenheit einer Zelle durch eine Zellmembran ist von der Skizze gut getroffen, und trotz arabesker Ausgestaltung gibt die Zeichnung das Zellinnere bemerkenswert differenziert wieder. Die stilisierte Zelle füllen ein rotes Plasma sowie Symbole, die wir zuvor der DNA und den Nukleotiden zugeordnet hatten. Umrahmt wird dieses Zellenbild von den 20 Glyphen, in denen wir die Moleküldarstellung der Aminosäuren erkennen.

---

[35] http://www.famsi.org/research/graz/borgia/img_page30.html

Bild F
Seite 30 des Codex Borgia[36]
Schematische Darstellung einer Zelle

Mit dem Blatt 30 ist die Zelle als das eingeforderte Bindeglied im hierarchischen Aufbau eines Großlebewesens gefunden. Das Blatt leitet über von der molekularen Abmessung zur mikroskopisch biologischen Größenskala, verbindet Biochemie mit Biologie.

In Ausschmückung sind in den Ecken der Seite 30 (Bild F) vier Götter abgebildet. Der Bezug zur Biochemie ist wieder rasch hergestellt: In unserer Sicht trägt jede dieser Gestalten auf dem Rücken einen DNA-

---

36 https://commons.wikimedia.org/wiki/File:Codex_Borgia_page_30.jpg

Baum, der sich oben in zwei Zweige gabelt. Der sich auftrennende Baum trägt Kugeln an den Ästen, die wir als die Bits eines Codons einordnen. Konsequent quillt als Beschreibung eines Vorgangs aus einer Pipette, die die Götter in Händen halten, jeweils die Glyphe einer Aminosäure.

Die Fähigkeit, des gezielten Eingreifens in die Keimbahn erlaubte ein freies Design neuer Lebensformen und Arten, in der der Mensch nur ein mögliches Kunstwesen gewesen zu sein scheint. In der Wiedergabe dieser Arbeiten gehen einige Blätter der Codices weiter, als „nur" von Biochemie und der Erschaffung des Menschen zu berichten. Diesen Zeichnungen zufolge wurde mit Kreuzungen zwischen Spezies experimentiert. Ein Schritt, der nicht wirklich erstaunt: Wenn das Genom zur Rassenzüchtung verändert werden kann, könnten auch Züchtungen von Extremhybriden – Kreuzungen zwischen verschiedenen Spezies – gelingen. Im Codex Borgia steht zwar der Homunculus im Mittelpunkt, abgebildet gewahren wir daneben Chimären, also fremdgestaltige Mischwesen, die die Merkmale unterschiedlicher Tierarten vereinen.[37],[38] In Anbetracht des Duktus des Codex und der jeweiligen Faktenwiedergabe fassen wir diese Abbildungen als Darstellungen von realen Lebewesen auf.

Mit der Figur des Reptilienmenschen hat uns die Ubaid-Kultur möglicherweise das Bild unseres Schöpfers hinterlassen. Durchaus nach dem Bild des Menschen kennzeichnen die Skulpturen ein Wesen von schlankem Wuchs und mit spitzem Kopf.[39] Figuren mit vergleichbarer Physiognomie sind auch aus der Harappa Kultur bekannt.[40] Die Schädelform mit der fliehenden Stirn und dem langen Hinterkopf gibt Anlaß zu spekulieren, ob den grotesken, durch Bandagierung erzwungenen Schädelverformungen in den alten Kulturen das Ideal des Schöpfers als Vorlage diente.[41] In Ägypten zeigt die Statue der Göttin Sekhmet im Ptah-Tempel in Karnak eine ähnliche Physiognomie.[42]

---

[37] http://www.famsi.org/research/graz/borgia/img_page22.html
[38] https://www.bibelwissenschaft.de/wibilex/das-bibellexikon/lexikon/sachwort/anzeigen/details/mischwesen/ch/79798908395b4d178919cbef2dc23855/
[39] http://ancients-bg.com/mystery-of-the-al-ubaid-lizardmen/
[40] https://www.harappa.com/blog?page=11
[41] https://mysteria3000.de/magazin/der-kult-der-schadeldeformationen/
[42] https://en.wikipedia.org/wiki/Sekhmet_Statues

Was wie Fiktion klingt, kommt in Riesenschritten (wieder) auf uns zu. Es ist zu erwarten, von einigen Zeitgenossen wird es eher befürchtet, daß diese Technik in nicht allzu ferner Zukunft (wieder) Realität werden wird. Nachdem es bei niederen Lebewesen wie Bakterien und Pflanzen bereits zum Stand der Technik geworden ist, Hybride zu züchten, stehen uns demnächst Kreuzungen zwischen Mensch und Tier ins Haus. Wenn Mäusen menschliche Ohren wachsen, ist dies ein (Fort)Schritt, der den Spalt einer Tür öffnet, hinter der das genetisch optimierte Wesen wartet. Die Züchtung von gentechnisch veränderten Tieren als Ersatzteillager für menschliche Organe markiert nur den Anfang. Die Wissenschaft hat die Hexenküche hybrider Lebewesen angeworfen.[43] Ethische Schranken und noch so engagierte (Fortschritts-)Widerständler werden die Gentechniker nicht stoppen. Schon ist das erste Kunstchromosom, das „Mycoplasma laboratorium" hergestellt. Graig Venter[44] mit seiner Firma und andere ähnlich qualifizierte Teams sind auf dem Weg, zu Schöpfern zu werden.

Nachdem die Neuzeit die Büchse der Genzüchtung wieder geöffnet hat, ist sie nicht mehr zu schließen. Das Mögliche auch zu tun, ist unaufhaltbar – schon gar nicht in einer von Konkurrenz und Wettbewerb bestimmten Welt. Fähigkeit schafft Freiraum, der früher oder später besetzt werden wird. Ob zum Vorteil oder Nachteil ist a priori nicht vorhersehbar, zudem subjektiv, nach individueller Sicht und Zielsetzung verschieden und abhängig von Gewissen, Zeitgeist, politischem System und sozialem Umfeld. Klüger, schneller, gesünder … alles geht, der/das Natürliche ist abgehängt.[45] Hybridwesen, wie sie Märchen und Sagen beschreiben, oder wie antike Reliefs sie zeigen, werden eines Tages gentechnisch gezüchtet werden. Die Natur hat dann ausgedient, neben Cyborgs werden Chimären die Welt bevölkern. Kunstwesen werden die Erde (wieder) bewohnen und beherrschen, da sie als optimierte Wesen dem Natürlichen überlegen sein werden. Huxley's ‚Schöne Neue

---

[43] http://www.welt.de/wissenschaft/article13630275/Bizarre-Mischwesen-aus-der-genetischen-Hexenkueche.htmlhttp://www.ethikrat.org/dateien/pdf/stellungnahme-mensch-tier-mischwesen-in-der-Forschung.pdf

[44] http://de.wikipedia.org/wiki/Craig_Venter

[45] http://europa-magazin.ch/zone?13@@.eebbf28

Welt'[46] wartet gleich um die Ecke. Sie sollten vorbereitet sein und nicht erschrecken, wenn Ihnen demnächst die kuhhäuptige Göttin Hathor oder die löwenköpfige Sachmet über den Weg läuft.

Mit weit weniger ethischem Ballast als Menschen, noch durch Gesetze und Ethik eingeschränkt, schufen Außerirdische hybride Tierwesen und hybride Hominiden ohne jedes Zurückschrecken, das heute noch die Erschaffung von Ungeheuern bremst. Darstellungen von Mischwesen finden sich nicht nur auf den Blättern der Codices, eine Vielzahl von Flachreliefs in Sumer und Ägypten zeigt Ähnliches. In der antiken Religion Ägyptens sind tiergesichtige Götter mit hybridem Äußeren alltäglich. Kein Betrachter, kein Archäologe, niemand wundert sich, ist ja schließlich Kult. Nach orthodoxer Lehre versinnbildlichen die Hybride übermenschliche Fähigkeiten, indem den Mischwesen Eigenschaften des symbolhaft verwendeten Tieres zugemessen werden, sei es Klugheit, Kraft, Schnelligkeit oder die Fähigkeit zu fliegen. Wir vermuten, in vielen Fällen ist an den Darstellungen nichts symbolhaft, sondern sie sind real nach einem Vorbild gefertigt.

Die Differenzierung des ‚Normalen' beginnt in den prähistorischen Nachrichten mit Abweichungen im Wuchs, die zu Zwergen und Riesen führen, geht weiter über die Variation der Physiognomie zu Trollen und mündet schließlich in Tiermenschen wie Chimären, Sphinxen oder Zentauren.

Eine der Schöpfung nachgeordnete, aber schwer zu überspringende Hürde stellt die Fortpflanzungsfähigkeit von Hybriden dar. Kunstwesen sind erst einmal steril. Die Natur selbst beleuchtet dieses Problem: In ausgesuchten Fällen können artverwandte Tierarten zwar gekreuzt werden, die zur Welt kommenden Hybride sind jedoch unfruchtbar. Wohl bekanntestes Beispiel ist die Kreuzung von Esel und Pferd zum Maultier oder Maulesel, die beide nicht fortpflanzungsfähig sind.

Die Unfruchtbarkeit der Hybriden entdecken wir in der mesopotamischen Geschichte von der Erschaffung des Menschen.[47] In den Mythen wird ein zweiter Schöpfungsakt beschrieben, der die Erschaffung

---

[46] http://www.dragaonordestino.net/Drachenwut_Blog_DragaoNordestino/Freies-Konsensforum/Freies-Konsensforum_arquivos/Aldous-Huxley-Schoene-Neue-Welt.pdf
[47] Zecharia Sitchin, Der zwölfte Planet; Kopp Verlag (Rottenburg 2003) S. 296 ff;

des fortpflanzungsfähigen Menschen Adam als eigentlichen Schöpfungsakt herausstellt.[48,49] Erst mit der Fortpflanzungsfähigkeit war die Voraussetzung geschaffen und der entscheidende Schritt getan, der zur Entlassung des Menschen in die Eigenständigkeit führte.

Wenn der Mensch nur als Werkzeug der Götter erschaffen wurde, dann erklärt die Zweckgebundenheit seiner Erschaffung die unverhohlene Verachtung und Erbarmungslosigkeit der Schöpfer ihren Geschöpfen gegenüber. In den Mythen lassen die Götter bei der Behandlung der Menschen weder Mitleid noch Hemmungen erkennen. Zumindest in den alten Religionen, auch noch im Alten Testament, ist der gute Gott mehr Ausnahme als Regel. Götter müssen – ihren Geschöpfen gegenüber – weder Rechenschaft ablegen noch Rücksicht nehmen. Ihnen droht weder die Hölle noch bindet sie das Gesetz einer höheren Gewalt. Die Götter der Alten, auch der Gott des Alten Testaments, sind Unheilige, Zornige, die Rache und Strafe als Motto auf ihre Fahne geschrieben hatten und sie bis ins zehnte Geschlecht übten. Sinnfällig wird die geringe Achtung, mit der Gott den Menschen begegnet, in den biblischen Katastrophen und im radikalen Vorgehen Gottes bei Strafgerichten, die er gegen Sünder verhängt. Weg mit der Mischpoke, her mit der Sintflut, her mit Pech und Schwefel; Ausrottung als Antwort auf wenig spezifizierte Verfehlungen. Widerstand ist tödlich. Bereits auf zu wenig Verehrung steht Todesstrafe.

Warum sollten Götter es auch anders halten? Er/sie konnten (und können) jederzeit – und fast überall – neu anfangen.

---

http://www.bibliotecapleyades.net/sitchin/sitchinbooks_enki02.htm

[48] http://www.rafa.at/51a.php

[49] http://www.bibelwissenschaft.de/wibilex/das-bibellexikon/lexikon/sachwort/anzeigen/details/adam-und-eva/ch/7f27ad92a4116dab9c080228baa23b79/

Und Gott sprach: Lasset uns den Menschen machen in unser Bild, nach unserer Ähnlichkeit, ...

Erstes Buch Mose 1,26

Resümee

Nach der vorgetragenen Deutung der mexikanischen Codices müssen wir Besucher, d. h. Außerirdische, als Tatsache anerkennen, die uns schufen und die als Götter in den Traditionen und Religionen der Menschheit weiterleben. Müssen wir nach dem Nachweis der Existenz technischer Götter auch aller transzendenten Religion abschwören? Nicht unbedingt, aber wir müssen sie anders verstehen als von den Buchreligionen (Judentum, Christentum und Islam) gelehrt und geglaubt. Denn nach dem Gottesverständnis der Buchreligionen ist und darf der wahre Gott auf technische Hilfsmittel nicht angewiesen sein. Unsere Interpretation von der Existenz technischer Götter als wahr akzeptiert, erkennen wir in diesen Schöpfern, obwohl mit Hochtechnologie, Wissen und mächtigen Waffen ausgestattet, profane Wichte statt transzendente Überwesen. Der Gottstatus – definiert durch Allmacht und Ewigkeit – fehlt ihnen.

Unserer Deutung zufolge hat verlorenes technisches Wissen über den Schöpfungsakt unbekannt lange in Codices überdauert, wenn auch so stark verfremdet, daß erst die moderne Biochemie wieder sein Verstehen erschließt. In der vorgetragenen Neuinterpretation altamerikanischer Codices wandelt sich ein Konvolut von Einzelbildern zu einem Zyklus von erschöpfender Beschreibung einer verlorenen Gentechnik, die einen frappierend hohen Wissensstand über chemische Prozesse, Biochemie und Biologie sowie über deren Zusammenhänge erreicht hatte.

Frühe Forscher konnten in der Vergangenheit – schon wenige Jahrzehnte vor unserer Zeit reichen – wegen damals fehlenden Wissens eine biochemische Deutung der Codices überhaupt nicht in Betracht ziehen. Ihre Erklärungen erschöpften sich in der Benamung der dargestellten

Götter. Was sie darüber hinaus aus intellektueller Verzweiflung annehmen mußten, nannten sie – inhaltlich steril – Kult. Erstmals können wir statt erklärungsleerem Kult eine konkrete Erklärung anbieten.

Bei der Frage, wie angreifbar die vorgetragene Interpretation ist, müssen wir uns im Klaren darüber sein, daß nicht nur Sagen und Texte, sondern auch Bilder und figürliche Abbildungen subjektiv bis falsch interpretiert und in Wunsch-Weltbilder eingeordnet werden können. Im Unterschied zu Mythen und Sagen wird der Interpretationsspielraum bei Bildern jedoch enger – zumindest gilt dieses Urteil für Zeiten ohne Retusche und ohne elektronische Bildbearbeitung per Photoshop.

Als Unstimmigkeit und Überzeugungslücke bei der Deutung könnte man die Erzählsprache der Bilder kritisieren, die von Symbolen, Piktogrammen und Tiersymbolen für Aminosäuren, DNA und Ribosomen lebt. Ich halte den Einwurf für nicht hinreichend stichhaltig, insbesondere da wir die Durchgängigkeit der gewählten Deutung für die betrachteten Codices als stringent und weitab jeder Zufälligkeit einordnen können. Trotz arabesker Ausschmückung und der Verwendung von Symbolen statt Formeln, ist die transportierte Botschaft umfassend, frei von Widersprüchen und Fehlern. Verständlich wird die Unverfälschtheit einer uralten, unverstandenen Nachricht, wenn die Zeichnungen tabuisiertes Wissen tradierten, das nicht angetastet werden durfte. Vergleichbar wie heute Bibel und Koran (bis auf ein Schisma-auslösendes Jota) buchstabengenau festgeschrieben sind.

Nachdem die Götter verschwunden waren und das Wissen verdämmert war, dauerte das Kopieren an. In den folgenden Jahrhunderten blinden Kopierens lenkten Mode und Zeitgeist den Stift der Ab-Zeichner, verfremdeten Motive, ohne den Inhalt zu verändern oder von der Originalnachricht abzuweichen. Von zeitgenössischer Ästhetik geprägt paßten die Kopisten lediglich unverstandene Vorlagen an. Sie glaubten womöglich sogar, sie durch Ausschmücken aufzuwerten – vergleichbar der kalligraphischen Verschönerung mittelalterlicher Bibeln. Statt einer Schrift hübschten die altamerikanischen Kopisten vormals abstrakte Formeln, Polymere und Moleküle zu figürlichen Darstellungen auf.

Obwohl Worte biegbar und selten eindeutiger Beweis sind, gewinnen sie im Verbund und Kontext als Indizien an Gewicht. Wenn Mythen berichten, daß in T(h?)eotihuacan Menschen zu Göttern wurden, hält die offizielle Forschung dergleichen für Märchen. Angesichts der vorgeschlagenen Deutung der altmexikanischen Codices stellt sich dieser Mythos in völlig neuem Licht dar. Vielleicht wurden nicht Menschen zu Göttern, sondern Affen zu Menschen. Die Codices konfrontieren uns mit Realitäten hinter dunkler und bisher unerkannter beziehungsweise verworfener Nachricht, indem sie Menschen vermittels detaillierter Beschreibung der Technologie zu Geschöpfen der Götter erklären. Die selbstherrliche Krone der Schöpfung ist ein Homunculus, ein künstliches Wesen, bestenfalls ein Kunstwesen.

Die vorgeschlagene Interpretation der Codices ist widerspruchsfrei und umfassend, womit sie zwei essentielle Kriterien der Wissenschaftlichkeit erfüllt. Als wahr erkannt, begründet sie einen Paradigmenwechsel in der Geschichte der Menschheit. Ganz verworfen haben wir Darwin nicht. Nur, hat sich in die Ahnenreihe zwischen Affe und Mensch ein Schöpfer geschoben mit Gentechnik als evolutionärer Unstetigkeit in der Menschwerdung.

Die ganze Kultur Alt-Amerikas trieft von Blut, ist über Jahrhunderte und bei vielen Völkern pervertiert durch rituelle Menschenopfer, die zur Massenschlächterei ausarteten. Kein Kult ohne Anlaß! Zu fragen ist daher: Wie war derart Entsetzliches möglich? Wodurch wurde das Gemetzel ausgelöst? Die biochemische Interpretation der Codices gibt einen plausiblen, man möchte sagen, den entscheidenden Hinweis: Die abscheulichen Exzesse hatten ihren Ursprung und Anfang in der roten Gentechnik der Schöpfer, in unserer Erschaffung. Die Menschen verstanden zwar nicht, was ihre Götter trieben, aber daß sie Leben und Blut als Rohstoff einsetzten, das sahen und verinnerlichten sie sehr wohl. Irgendwann lief die Tradierung des blutigen Schöpfungsaktes aus dem Ruder. Priester, die lediglich Bewahrer des Wissens sein sollten, wurden zu Mordmaschinen, indem sie infolge von Fehlverstehen Blut, den Saft der Götter, in immer größeren Mengen vergossen.

Wir können spekulieren, ob die Götter ihrem Geschöpf allerlei Mängel in die Wiege gelegt haben, die den Menschen als Laborratte aufwerten, ihn zu einem chaotischen, irrational handelnden und daher interessanten Spielzeug machen. Ist die Erde mit den Menschen nur ein Labor? Gibt es die Götter noch? Warum oder wohin sind sie entschwunden? Vielleicht ziehen sie eines Tages den Stecker, wenn sie der Menschheit überdrüssig werden, oder wenn die Dilettanten ihnen auf die Spur kommen und sich selbst zu Schöpfern aufschwingen.

Großer Anstrengung bedarf die Auslöschung nicht: ein Gammablitz, eine nahe Supernova, ein Asteroid reichen!

Die Menschen sind nämlich unter dem Gesetz geschaffen, jenen Ball zu bewachen, den du in diesem Tempel in der Mitte siehst, der Erde genannt wird, und ihnen ist ein Bewußtsein gegeben aus jenen ewigen Feuern, die ihr Gestirne und Sterne nennt, die kugelig und rund, belebt von göttlichen Geistwesen, ihre Kreisbahnen mit erstaunlicher Geschwindigkeit vollenden.

Marcus Tullius Cicero (106 – 43 v. Chr)
Somnium Scipionis (De re publica 6, 9-29)

Kritik und Schwächen der Schöpfungsgeschichte

Wir haben im vorherigen Kapitel einen kritischen bis gefährlichen Ansatz gewählt. Untersuchungen und Diskussionen, die mit einer starken Hypothese beginnen, sind mit Vorsicht zu genießen. Die Gefahr droht, daß Meinung Fakten verfälscht. Wunschdenken triggert selektive Wahrnehmung und Faktenvergewaltigung, verengt den Blickwinkel und verbiegt am Ende die objektive Sicht. Die Einordnung der Codices als biochemische Bücher zum Beweis der Erschaffung des Menschen ist nicht frei von diesen Fallstricken. Bedenken und Vorsicht sind schon deshalb angezeigt, weil die abgeleitete Theorie zur Erschaffung des Menschen in essentiellen Aspekten mit der etablierten Menschheitsgeschichte nicht vereinbar ist. Dieser Widerspruch soll und darf nicht kommentarlos übergangen werden.

Die Verbreitung des heutigen Menschen aus seiner Heimat Afrika über den Globus ist bestens erforscht und wird von guten Argumenten gestützt. Wissenschaftlich stringent und überzeugend sind Völkerverwandtschaften aus der Mutationsrate der mitochondrialen DNA abgeleitet. Neben der genetischen Spur unterstützt die Historie gesellschaftlicher und technischer Entwicklungen das aktuell gelehrte Verständnis von der Ausbreitung des Menschen. Linguistisch ordnet die Glottochronologie die Sprachen der Welt analog der Mutationsrate der DNA in ein Zeitraster, das in Rückwärtsbetrachtung die Abspaltung und Auseinanderentwicklung von heutigen Sprachen aus einer Ursprache nahelegt.[50]

Der sich auftuende Widerspruch zwischen dem aktuell Gelehrten zum Auftreten des Menschen und der vorgetragenen These von seiner Erschaffung durch Eingriff in das Genom ist nur durch weitere Annahmen aufzulösen. Als Optionen einer Erklärung bieten sich an: Der Mensch eroberte nicht durch Wanderung, sondern durch Umsiedlung den Planeten; oder ebenso gut möglich, die prähistorischen Genetiker experimentierten lokal weiter an ihrem „Adam" und schufen ihn in marginaler Abwandlung mehrfach. Ist diese These richtig, beruht die paläontologische Ahnenreihe auf unzulässigem Präjudiz, suggeriert eine Ausbreitung, die in Wahrheit richtiger als parallele Existenz vom modernen Menschen in geographisch weit entfernten Regionen zu beschreiben wäre. Wenn der Mensch ein mehrfach geschaffenes oder umgesiedeltes Kunstwesen ist, entpuppt sich die ganze Ausbreitungsgeschichte als Treppenwitz, da es nie eine Ausbreitung durch Wanderung gegeben hat. Die atemberaubende Geschwindigkeit, mit der sich der moderne Mensch über alle Kontinente ausbreitete, wäre dann trivial geklärt.

Wenn wir uns der Gefahr bewußt sind, die mit einer Diskussion einhergeht, die auf Basis einer (zu) starken Hypothese beginnt, oder härter formuliert, auf vorgefaßter Meinung fußt, müssen wir vor Schlußfolgerungen jedes Argument und jedes Faktum doppelt abwägen. Das Gleiche gilt übrigens für die Verfechter der etablierten Lehre, auch wenn die vom sakrosankten Status etablierter Bataillone umweht wird.

---

[50] Quentin D. Atkinson; Phonemic Diversity Supports a Serial Founder Effect Model of Language Expansion from Africa, Science 15 Apr 2011: Vol. 332, Issue 6027, pp. 346-349.

Objektivität gerät auch in Gefahr, sobald statt Zweifel und kritischer Sicht eine Gelehrten-Vereinbarung als herrschende Meinung die Diskussion bestimmt. Wie wackelig das Kartenhaus der offiziellen Lehre ist, haben erst kürzlich Funde von Zähnen des modernen Menschen in China zutage gefördert. Mit einem Alter von mindestens achtzigtausend Jahren wurde China plötzlich um fünfzigtausend Jahre früher besiedelt, als die konventionelle Ausbreitungslehre dem Auftreten des Menschen in Südchina zugesteht. Ebenso seltsam wie unerklärt erfolgte die Rückwanderung einer signifikanten Migrantengruppe um ~ 3000 v. Chr. zurück in die Urheimat des Menschen nach Afrika. Sowohl die Zahnfunde in China, wie die Rückwanderung nach Afrika sind neue Fakten, die nur unzureichend im aktuell gelehrten Modell abgebildet werden. Zwei Befunde, mit denen die vorgetragene Alternative einer Schöpfung durch technisch versierte Besucher und einer gezielten An- und Umsiedlung kein Problem hat.

Die aktuell gepflegte Theorie zur Besiedlung des Planeten steht nicht erst seit den chinesischen Zahnfunden auf unsicherem, also verrücknotwendigem Fundament. Bereits seit langem und in regelmäßigen Abständen wird die späte Besiedlung des amerikanischen Kontinents durch den Menschen in Zweifel gezogen.[51] Die Verwandtschaft der Indianer Nord- wie Südamerikas mit den Sibirern ist gentechnisch abgesichert, aber wie und wann die Wanderung über das Eis oder über die Landbrücke einer trocken gefallenen Beringstraße und dann über dem Isthmus zwischen Nord- und Südamerika erfolgte, ist mehr Glaube als Wissen. Ebenso gut ist der umgekehrte Weg denkbar; Sibirien wurde von Indianern besiedelt. Ohnehin ist eine Landbrücke nicht zwingend einzufordern. Wie die Arktis ganz ohne Landbrücken erobert werden kann, lehrt die nahezu zirkumpolare Heimat der Inuit.

Die vorgestellte Interpretation der Codices wirft durch ihren Bruch mit dem etablierten Weltbild Fragen auf, die sich einer einfachen Antwort verweigern. Am Menschen vorgenommen Genmanipulation sollte eine Unstetigkeit in der Genomentwicklung hinterlassen haben. Noch hat niemand die Mutationen der DNA unter dem Aspekt analysiert, ob als

[51] http://www.geo.de/magazine/geo-epoche/10720-rtkl-besiedlungsgeschichte-wer-war-zuerst-amerika

natürlich erachtete Mutationen der DNA bei der Evolution des Homo Sapiens nicht doch Änderungssprünge aufweisen, die die natürliche Mutationsrate übersteigen.[52]

Möglich auch, daß der Mensch der mexikanischen Codices sein eigener Gott war, und wir in Zeiten einer zweiten Technikblüte leben. Die erste wäre dann in einem Kataklysmus untergegangen, in dem eine Hochtechnologiegesellschaft durch eine Katastrophe auf Steinzeitniveau zurückgeworfen wurde. Erhalten blieben Relikte früheren Wissens. Die fehlenden Funde einer vorzeitlichen Kultur wiegen als Argument zwar schwer, aber andererseits, nichts hält ewig und würden wir prähistorische Objekte einer untergegangenen Technikblüte überhaupt als solche erkennen, wenn die Technologie sich deutlich von unserer unterschied?

Die Frage, woher das neu verortete Wissen in den Codices stammt, erlaubt verschiedene Antworten. Die Aufdeckung des wissenschaftlichen Gehalts der Codices ist jedenfalls so plausibel und konsistent, daß die aktuelle Sicht auf die Menschheitsgeschichte überprüft gehört. Die aus den Codices herausgelesene Erklärung zur Erschaffung des Menschen sollte hinreichender Anstoß für eine Faktensichtung unter diesem neuen Aspekt sein.

Indem wir dem Menschen einen Platz als Kunstwesen zuweisen, verschwinden Seele und Göttliches, degradiert dieser Befund den Menschen und seine Stellung in der Welt. Die nunmehr wenig erhabene Form der Fremdschöpfung bedeutet ein Desaster für jeden Freigeist, da der Mensch dann weder autark noch frei geboren ist. Er zappelte – und zappelt? – an Fäden, die ihn einst festhielten und denen erst in neuerer Zeit der Halter abhandengekommen ist. Allen theologischen Visionen und Versprechen zum Trotz, es gibt kein Nachher. Die Schlußfolgerung für das Diesseits hat Bertolt Brecht in Versform gefaßt:

Laßt euch nicht verführen
zu Fron und Ausgezehr!
Was kann euch Angst noch rühren?

---

[52] Der in der genetischen Genealogie als UEP (unique-event polymorphism) bezeichnete Vorgang verdunkelt mehr als er erklärt. Die Frage bleibt: groß darf der Sprung sein, der sich in allen Individuen nachfolgender Generationen wiederfindet? (https://en.wikipedia.org/wiki/Unique-event_polymorphism)

Ihr sterbt mit allen Tieren
Und es kommt nichts nachher.

Erste Zivilisationen erwuchsen nicht, weil Jäger und Sammler beschlossen, sich lieber Ackerbau und Viehzucht als der Wildbeuterei zu widmen, sondern wurden dem Menschen extern verordnet.

Tatsächlich gerät die Annahme einer evolutionären Kulturentwicklung schon beim Schritt zur Hochkultur ins Stocken: Warum sollte eine Gesellschaft, die ihren Lebensunterhalt von einer Anstrengung, die kaum zehn Prozent der Tageszeit beanspruchte, freiwillig zur tagfüllenden Plackerei schweißtreibender Feldarbeit übergehen? (Workaholics als Gestörte der Neuzeit außen vor.) Die Wahl des Wohnortes fiel zudem auf unwirtliche Regionen. So wenig wie heute werden die fieberverseuchten Sümpfe an den Läufen großer Ströme, die Dschungel ihrer Deltas und die Undurchdringlichkeit der Mangrovenwälder besonders einladend gewesen sein. In den höher gelegenen Gebieten, in der Steppe, konnte ohne große Vorbereitung mit dem Grabstock gepflanzt werden. War der Boden ausgelaugt, zog der Stamm weiter. Die Eingeborenen Amazoniens oder Neuguineas pflegen noch heute – oder wieder – eine solche Lebensweise.

Not kann nicht der Treiber gewesen sein. Die kulturerschaffenden Flußzivilisationen traten zu einem Zeitpunkt hervor, als in der ausklingenden Eiszeit an Wasser kein Mangel herrschte, die Versteppung heutiger Wüsten erst einsetzte und im Norden hinter dem zurückweichenden Eis lebensfreundliche Zonen für die Besiedlung frei wurden. Lebensraum gab es im Übermaß; jede schwächere Gruppe konnte einer stärkeren problemlos ausweichen. Noch hatte der Kampf ums Überleben sich nicht zu einer Krise verschärft, wie sie zu späteren Zeiten die Venezianer auf der Flucht vor marodierenden Barbarenhorden in die Sümpfe trieb. Wenig beachtet, lagen die weitgehend spurlos untergegangenen frühen Kulturen auch gar nicht an Flüssen. Die Megalith-Kulturen Mitteleuropas gingen um Jahrtausende den Hochkulturen der Ägypter und Sumerer voraus. Weltweit beobachten wir das Phänomen der Riesensteine.[53] Unwahrscheinlich, daß geographisch vorgeblich isolierte Kulturen gleiche Technologie entwickelten und unabhängig voneinander Gleiches

[53] http://www.emsland.com/fileadmin/mediendatenbank/pdfs/megalithkultur.pdf

schufen. Unbekannt ist, wie und warum Gesellschaften, die zu Riesensteinsetzungen fähig waren, spurlos aus dem Kreis der Zivilisationen verschwanden. Wer durchlöcherte die Alpen wie einen Schweizer Käse, wer baute das Hypogäum auf Malta? Wir wissen es nicht. Haben wir auch bei dem Ortswechsel der Zivilisation von Europa in die vormaligen Marschen des Mittleren Ostens fremden Eingriff in Betracht zu ziehen?

Diese angedeutete Problematik der bis heute nachwirkenden Flußzivilisationen wird von der klassischen Geschichtswissenschaft durch die adhoc Einführung einer hierarchischen Gesellschaft aufgelöst. Hierarchie entstand demnach aufgrund der Zwänge, die mit einer intensiven Land- und Wasserwirtschaft einhergehen. Ohne zu despektierlich werden zu wollen, mir sind schon weniger auffällige Zirkelschlüsse untergekommen.

Paradigmenwechsel sind ungeliebt, Erklärungen durch die Aufdeckung von übergeordneten Strukturen hingegen das lockende Ziel. In der Vergangenheit gab es mehrfach den Versuch, die verwirrenden Details der Zivilisationsgeschichte in ein übergeordnetes Schema zu pressen, mit dem Ziel, Geschichte ganzheitlich zu erklären und über den Status des Faktensammelsuriums hinaus zu entwickeln. Getragen wurde der Ansatz von der Hoffnung, durch Aufdeckung wiederkehrender Abläufe und übergeordneter Strukturen ein Templat für die Vorhersage zukünftiger Entwicklungen zu stricken. Der bekannteste und erfolgreichste dieser Geschichtsversteher war zweifelsfrei Karl Marx, der die Geschichte als Klassenkampf systematisierte. Sein Geschichts- bzw. Gesellschaftsverständnis ist von innerer Logik getragen und einer der überzeugenderen Ansätze. Unerfreulicherweise scheiterte seine unscharf geäußerte Vorstellung zur Überwindung der Klassengesellschaft bei ihrer Umsetzung in reale Politik. Statt blühende Landschaften mit glücklichen Menschen zu schaffen, forderte der praktizierte Marxismus viele Millionen Tote, und mit seiner Rücksichtslosigkeit bei der Verfolgung und Durchsetzung seiner Wahrheiten zerstörte er Umwelt und Gesellschaften. Zwar kam in der landwirtschaftlich geprägten Zeit, in der Marx lebte und forschte, Boden als Ressource vor, aber Umwelt und Rohstoffe waren noch keine Produktionsfaktoren. Auch Marx wurde vom Zeitgeist an der Nase herumgeführt.

Eine gänzlich andere Erklärung für den Geschichtsablauf bietet Arnold Toynbee[54] mit seinem Konzept einer fortschreitenden Kulturentwicklung an, in der nach der Blüte auf eine Stufe der Erstarrung und Entfremdung eine Neufindung folgt; diese Erklärung hat verfangen und prägt das Geschichts- und Gesellschaftsbild bis heute. Den Toynbee-Ansatz hat Samuel P. Huntington[55] zum Kampf der Kulturen weiterentwickelt. In Erweiterung zu Toynbee geht er in einer globalisierten Welt nicht von einem Nebeneinander regionaler Kulturräume aus, sondern sieht diese im Konflikt. Der Wettbewerb der Kulturen dynamisiert und parallelisiert das sequentielle Weltbild Toynbees.

Im Grunde liefern die „Geschichtsversteher" immer Gleiches ab, mit gewagter Interpretation, geschickten Auslassungen und rhetorischer Finesse pressen sie die Menschheit und ihre Geschichte in ihre Schablonen. So tiefschürfend die Gedanken und Argumente der Geschichtsphilosophen auch erscheinen, sie sind Unsinn und zwar nicht im Ergebnis, sondern von vornherein. Mit beißendem Spott ätzte schon Heraklit (535 - 475 v. Chr.) über zeitgenössische Allesversteher und nannte sie die ‚Heerführer der Schwätzer'.

Ganz ohne Heraklit, das Verdikt ist endgültig und unbestreitbar: Chaotische Systeme entziehen sich prinzipiell jeder Systematisierung; der Versuch scheitert zwingend. Trotz faktischer Unmöglichkeit muß man konstatieren: Die suggestive Wirkung der großen Erklärungsmuster war und ist beachtlich. Es mag unerwünscht sein und Politiker sowie Betroffenheitsexperten werden heftig widersprechen, aber aus der Vergangenheit können wir nichts über die Zukunft lernen. Schon der Versuch ist abwegig! Was für die Abwägung von Entwicklungen und bei Entscheidungen übrigbleibt, ist gesunder Menschenverstand (und als allerletzte Ratio: Mut zur Lücke).

Diese intrinsische Schwäche von Geschichtsmodellen ist den (einigen) Protagonisten zwar bekannt, aber gut verdrängt. Wie schon Toynbee selbstkritisch und richtig anmerkt, ist eine Denkschablone als Krücke für

---

[54] Arnold J. Toynbee; Der Gang der Weltgeschichte; Verlag Zeitausendeins und in Menschheit und Mutter Erde; claassen Verlag (Düsseldorf 1979).
[55] Samuel P. Huntington; Kampf der Kulturen; Europaverlag München-Wien (1997).

ein Verstehen bereits bei der Analyse von Quellen angewandt sinnwidrig, da aus ihr abgeleitete Schlußfolgerungen als Zirkelschluß keinen Erkenntnisfortschritt bringen können.

Dieses Wissen hilft zwar, nützt aber in der Regel wenig. Da kein anderer Ansatz möglich ist, bleibt es wirkungslos, schützt nicht vor Irrtum und falschen Schlüssen: Denn ganz ohne Schablone ist niemand. Wir alle sind geprägt durch einen Zeitgeist und in anerzogenen Denkmustern verfangen. Auch der Geschichtsphilosoph kann dem Heute nicht entkommen; im Internetzeitalter dräuen der Common Sense, der Gutmensch, und der altruistische Appell, die wahlweise den Beweis und jede Logik ersetzen. Was unter dem Etikett der ‚political correctness' daherkommt, hat schlimmer als Zeitgeist Zensur und Gedankenpolizei im Gepäck.

Ärgerlich und irritierend wird es, wenn Fakten allzu flott nach herrschender Meinung und Mode trivialisiert werden. In die (Leerlauf)Leier der Erklärungsmuster gehört das Geschwätz vom Kult; gibt es doch ob seiner intellektuellen Hohlheit allen Grund zur Skepsis. Kult als Erklärung kaschiert die ehrlichere Aussage: Ich weiß es nicht! Die Einordnung eines Mythos oder einer Religion als Kult rettet Weltbilder, da es Verstehen vorspiegelt und den Schritt aus dem Pferch eingeübter Schablonen vermeidet. Es hat einen Grund, wenn wissenschaftlicher Fortschritt häufig von jungen Wissenschaftlern ausgeht. Ihr Denkgehege ist noch löchrig. Die jungen Entdecker der Struktur der DNA etwa galten den zeitgenössischen Koryphäen dieses Gebietes eher als Dilettanten denn als zukünftige Nobelpreisträger.

Statt Unwissen mit Kult zu bemänteln, ist es billige Forderung, wenigstens die Optionen für eine rationale Erklärung zu prüfen. Aus geschichtlicher Erfahrung Vorhersagen für die Zukunft zu treffen, ist wie oben ausgeführt, nicht möglich. Eine Erklärung der Vergangenheit muß jedoch – auch bei dünner Quellenlage – mehr Substanz aufweisen als bloßes Wortgeklingel.

Während Unbeweisbares hingenommen werden muß und bestenfalls aus dem Kontext Überzeugungskraft schöpft, ist es nachgerade Pflicht, diesen Zustand als unbefriedigend zu empfinden. Was aber tun, wenn im Geschichtsverständnis unvermeidbar Zeitgeist und Meinung dominieren? Wirklich verläßliche Prüfsteine finden wir in der Mathematik und in den Naturwissenschaften. Solange wir uns in ihren Leitplanken bewegen, die durch Messung oder durch Rechnung gesetzt sind, können wir Sackgassen und Holzwegen ausweichen, oder sie mindestens auf Tragfähigkeit prüfen. Mäandrierende Argumente und Ansichten werden zum geraden Weg. Die Theorien der modernen Naturwissenschaften mögen unvollständig sein, in ihrer Vorhersagefähigkeit und als Basis unserer Technologie haben sie sich als richtig erwiesen und bewährt.

Die klassische Archäologie bedient sich der Naturwissenschaften in der Regel als Hilfsmittel, indem sie etwa chemische und physikalische Analytik zur Altersbestimmung von Artefakten einsetzt. Für geschichtliche Zeiten ein probates Vorgehen, das aber nur bedingt tauglich ist für Zeiten, die hinter dem Zeithorizont umwälzender Katastrophen liegen. Bei der Konsistenzprüfung dunkler, weitgehend artefaktfreier Nachrichten können Mathematik und Naturwissenschaft Optionen aufzeigen. Sie können Erklärungsmodelle ausschließen oder bestärken.

Um Spinnerei oder wilden Spekulationen keinen Raum zu geben, bleiben der gute Vorsatz und innere Logik, d. h. saubere Argumentation, unzureichend. Die unbestechlichste Meßlatte liefert die Mathematik. Mustergültig dient sie in der Theoretischen Physik nicht nur zur Beschreibung der Natur, sondern sorgt für Erkenntnisfortschritt über das Meßergebnis hinaus. Prüfen wir Optionen, Argumente und Indizien mit ihrer fälschungssicheren Logik, bleiben wir zwar immer noch Gefangene unserer beschränkten Erkenntnisfähigkeit; jedoch ist die Lupe, mit der wir die Argumente betrachten, frei von blinden Flecken. Bei der Analyse der mexikanischen Codices hat uns die Biochemie das Fundament und die Prüfsteine der Analyse geliefert; im Folgenden werden wir Physik und Mathematik als Leitplanken heranziehen.

Yggdrasils Stamm
steht erzitternd,
es rauscht der Baumgreis;
der Riese kommt los.
Alles erbebt
in der Unterwelt,
bis der Bruder Surts
den Baum verschlingt.

Die Edda: Der Seherin Gesicht

Die Venus-Mythologie

Der Planet Venus erfährt in den frühen Hochkulturen eine Beachtung, die ihn – obgleich hellster Wandelstern – überzeichnet. Im Vergleich zur Venus findet der nahezu gleich helle Jupiter zu prähistorischen Zeiten weit geringere Beachtung. Ein Ungleichgewicht, das sich zu späteren Zeiten ausbalanciert und sogar umkehrt. In einigen überlieferten Theogenien, etwa in der vollständig erhaltenen des Hesiod[56], regiert Jupiter über die Götter oder übertragen, wie Aristoteles es versteht, über die Planeten – und nicht Venus.

Nicht allein in der Alten Welt auch bei den Maya und anderen mittelamerikanischen Völkern beobachten wir für die Venus ein Alleinstellungsmerkmal. Die Maya führten einen Venuskalender und bestimmten die Umlaufzeit der Venus mit unheimlicher Präzision (0,014 % Abweichung vom tatsächlichen Wert, und die verbliebene Abweichung war wohl nur der Anpassung an den Sonnenkalender geschuldet). Die Venus nannten sie „den großen Stern“, während die hellen Wandelsterne Jupiter und Mars kaum oder gar nicht beachtetet wurden.[57] Wohl kaum

[56] http://www.gottwein.de/Grie/hes/thgde.php
[57] http://www.bibliotecapleyades.net/ciencia/dresden/dresdencodex04.htm

Zufall, wenn ihre Glyphe für die Venus[58] ( ) der Venus-Darstellung im mesopotamischen Dreigestirn ähnelt.

Bild G
Kudurru des Melishipak II; König von Babylon (1186 - 1171 v. Chr.)[59]
Im oberen Bildteil die Symbole (von links) für Sonne, Mond und Venus.

Dieses Ausmaß einer weltweiten Überzeichnung realisieren wir, wenn in Mythen und in Reliefdarstellungen aus Mesopotamien – bei den Sumerern, in Babylon und Akkad – die Venus gleichberechtigt neben Sonne und Mond als Himmelsgestirn aufgenommen wurde, oder wenn

[58] http://www.bibliotecapleyades.net/sitchin/reinosperdidos/reinosperdidos05.htm
[59] https://commons.wikimedia.org/wiki/File:Kudurru_Melishipak_Louvre_Sb23_n02.jpg

steinzeitliche Megalithkulturen Europas gewaltige Bauwerke, etwa den Tumulus von Newgrange[60,61], nach dem Lauf der Venus ausrichteten. Angesichts dieser globalen Verbreitung ‚Kult!' zu rufen, ist eher ärmlich als erklärend.

Wie hell die Venus am Himmel stand und gesehen wurde, veranschaulichen plastisch mesopotamische Reliefs[62], siehe Bild G und auch Bild K Die graphische Darstellung der Venus ist fremdartig und zugleich auf allen Reliefs bemerkenswert konsistent. Mond und Sonne sind mit ihren charakteristischen Merkmalen gut getroffen, indem wir die Sichel des Mondes und den Strahlenkranz der Sonne unverwechselbar erkennen. Ein drittes Objekt auf den Reliefs, von Prähistorikern der Venus zugeordnet, finden wir – in gleicher Größe wie Mond und Sonne dargestellt – mit eigentümlichen Merkmalen ausgestattet. Statt eines Strahlenkranzes charakterisieren diese Himmelserscheinung zwei konzentrische Kreise. Ein zentraler Kreis ist umgeben von Zacken und einem radialen Wellenmuster eingefügt zwischen den Zacken. Wenn wir dieses fremdartige Symbol der Venus zuordnen und dem Künstler den Willen zur naturgetreuen Wiedergabe zubilligen, müssen wir mindestens schließen, daß Venus in einer früheren Zeit weit heller am Himmel stand als heute.

Nicht allein in Stein gemeißelt haben uns die Alten Hinweise auf eine mond- bis sonnenhelle Venus hinterlassen, auch in textlichen Überlieferungen wird die Helligkeit der Venus weit über die der anderen Planeten herausgehoben. Die schriftlichen Nachrichten sind rar, doch ist ihre Spärlichkeit weniger darauf zurückzuführen, daß die Alten es versäumt hätten, Auftreten und Aussehen dieses gleißenden Wandelsterns auch schriftlich festzuhalten, als darauf, daß es angesichts einer nach Jahrtausenden zählenden Zwischenzeit beim Nachrichtenerhalt hapert. Reliefs in Stein sind nun einmal haltbarer als beschriebenes Papier. Der Erhalt schriftlicher Nachricht ist immer und überall gefährdet. Religiöse Raserei und ideologische Verblödung quälen die Menschheit nicht erst seit neuestem, sie gehörten immer schon zur Geschichte. Das Marodieren

---

60 http://www.ancient-origins.net/ancient-places-europe-opinion-guest-authors/newgrange-and-boyne-valley-monuments-advanced-lunar

61 E.A. James Swagger, The Newgrange Sirius Mystery;Grosvenor House (2012).

62 http://www.bibliotecapleyades.net/imagenes_biblianazar/biblianazar22_01_small.jpg

von Konquistadoren, Missionaren, Fanatikern und anderen Idioten hat Tradition; gegenwärtig können wir beobachten, wie durchgeknallte Islamisten jahrtausendealtes Menschheitserbe mit dem Vorschlaghammer aus der Welt schaffen. Papier wird verbrannt und verboten, am Ende sind sogar Steine vor hemmungslosem Vandalismus nicht gefeit. Wer, aus welchen Gründen auch immer, an der Zerstörung alten Wissens mitgewirkt hat, ist müßige Diskussion. Sicher ist, Wissensspeicher der Antike, wie die Schätze der Bibliothek von Alexandria, sind unwiederbringlich verloren, einerlei ob nun zerrissen, verbrannt oder schlicht vergammelt und weggeworfen. Am schlimmsten gewütet hat die nachantike ‚Neuere Geschichte'. Erschütternd und wahrlich kein Ruhmesblatt ist, wie die jungen, monotheistisch geprägten Kulturen in wenigen Jahrhunderten Nachrichten aus den frühesten Tagen der Menschheit, die Ägypter, Maya und Mesopotamier über Jahrtausende wachgehalten hatten, bis auf klägliche Spuren ausradierten.

Nachdem Originale für immer verloren sind, sind wir auf zufällig erhaltene Fragmente und Zitate in der Sekundärliteratur angewiesen, wobei wir davon ausgehen dürfen, daß Schriftsteller in alter Zeit noch Zugang zu Quellen hatten, die inzwischen zerstört oder verschwunden sind. Als eine präzise und verläßliche Sekundärliteratur-Referenz können wir ein Zitat des Heiligen Augustinus aus seinem Werk ‚Über den Gottesstaat' einstufen. Dort schreibt er:[63]

> *In den Büchern des Marcus Varro, in denen geschrieben steht: Über das Geschlecht des römischen Volkes, was dort geschrieben wurde, dort ist zu lesen, und hier gebe ich es wieder: "Im Himmel, sagt man, trat ein wunderbares Vorzeichen hervor; nämlich über den edelsten Stern Venus, den Plautus als Vespergin, Homer als Hesperon benennt, ihn als den al-*

---

[63] Augustinus: De Civitate Dei. Liber XXI, 8.
Est in Marci Varronis libris, quorum inscriptio est: De gente populi Romani, quod eisdem uerbis, quibus ibi legitur, et hic ponam: "In caelo, inquit, mirabile extitit portentum; nam <in> stella Veneris nobilissima, quam Plautus Vesperuginem, Homerus Hesperon appellat, pulcherrimam dicens, Castor scribit tantum portentum extitisse, ut mutaret colorem, magnitudinem, figuram, cursum; quod factum ita neque antea nec postea sit. Hoc factum Ogygo rege dicebant Adrastos Cyzicenos et Dion Neapolites, mathematici nobiles." Hoc certe Varro tantus auctor portentum non appellaret, nisi esse contra naturam uideretur.

lerschönsten bezeichnend, schreibt Castor, sei erst ein Vorzeichen entstanden, indem er Farbe, Größe, Gestalt und Bahn geändert habe, was so weder vorher noch nachher geschehen sei. Dies geschah zur Regierungszeit des Ogyges, sagen Adrastos Cyzicenos und Dion Neapolites, ein berühmter Mathematiker." Das steht fest, ein so großer Schriftsteller wie Varro hätte das Geschehen nicht angeführt, wenn es nicht gegen die Natur geschehen wäre.

Die Nachricht klingt in Teilen repetitiv, was auch an meiner – versucht wörtlichen – Übersetzung liegen mag. Die Fakten, die der Text transportiert, sind dennoch unverstümmelt und informativ. Die Nennung des Königs Ogyges zur Zeitangabe stuft die Nachricht als urgeschichtlich ein. In anderen griechischen Sagen wird sein Name mit einer Sintflut der Vorzeit verknüpft. Diese Flut wird als die deukalionische Flut überliefert, benannt nach Deukalion, dem in diesem Mythos die Rolle Noahs zufällt.

Wenn wir angesichts der übereinstimmenden Nachrichten auf Reliefs und im zitierten Text die Beschreibung eines realen Ereignisses vermuten, stellt sich die Frage: Wie kann ein Planet in Sonnenhelligkeit, bzw. mindestens in Mondhelligkeit, aufleuchten und wie erklärt sich der charakteristische Strahlenkranz in Darstellung auf Reliefs?

Der einzig bekannte Effekt, der ein sonnenhelles Aufgleißen eines Planeten verursachen kann, ist die Kollision mit einem massiven – massiv meint hier mondgroßen – Asteroiden. Die Kollision als reales Ereignis vorausgesetzt, werden nicht nur das Zitat von Augustinus und die Darstellungen auf den Reliefs verständlich, auch eine kryptische Passage in der polynesischen Kosmologie gewinnt eine sinnhafte Aufklärung.

Zitiert nach Hertha von Dechend[64]:

[64] http://www.physik.uni-frankfurt.de/Dechend/Dateien/Polynesische%20Kosmologie%20I%20T1.html
At once Tane struck him down with his stone weapon called Champion-destroyer-of-the-exalted-one. Atea (eigene Anmerkung: Atea ist ein polynesischer Gott) fell at the place where the sun rises, and his body extended all the way to the place where the nun sets, hanging down into the portion of the night-sphere called Kuru-pogi (die getroffene Wahl aus mehreren Übersetzungsoptionen war 'Kampf in der Morgendämmerung'), and there he remained until a certain day when he died.

Umgehend erschlug ihn Tane mit seiner Steinwaffe, die genannt wurde Meisterzerstörer des erhabenen Einen. Atea fiel an dem Platz, wo die Sonne aufgeht und sein Körper erstreckte sich über den ganzen Weg zum Sonnenuntergang. Zum Teil in der Nachtsphäre hängend, die als Kampf der Morgendämmerung bezeichnet wird, und dort blieb er, bis er eines Tages verblich.“

Unsere Deutung verwandelt die Steinwaffe Tanes in einen Riesenasteroiden, der in Venus (Atea) einschlägt. Es ist aufschlußreich und interpretationsbestätigend, Tane mit seiner Waffe in einem verwandten babylonischen Mythos als Himmelsgott unter dem Namen Marduk wiederzubegegnen.

Mit der Annahme eines Asteroideneinschlags nehmen wir einen Faden eines Modells auf, in dem versprengte Erinnerungsbruchstücke wieder zu einem übergeordneten Bild zusammengefügt werden. Eine zeitweise Sonnenhelligkeit der Venus erfährt triviale Aufklärung. Ein gewaltiger Asteroideneinschlag hätte eine strahlende Tag-Sichtbarkeit der Venus zur Folge gehabt und das im obigen Zitat beschriebene Ziehen einer Spur am Himmel wäre trivial erklärt. Nach dem Einschlag überstrahlt die Sonne den Planeten nicht mehr, sondern er bleibt als helles Tagesgestirn sichtbar. Das erwähnte Leuchten vor Sonnenaufgang sowie nach Sonnenuntergang ist ohnehin einfach erklärbar. Erst als Morgenstern dann als Abendstern geht Venus der Sonne zeitweise voran, zu anderen Zeiten nach. Als glühender aufgeflammter Planet bleibt Venus tagsüber hell sichtbar am Himmel. Unabhängigkeit von ihrer Helligkeit steht Venus, ganz so wie heute als Morgenstern, schon hell am Himmel, wenn die Sonne noch unter dem Horizont steht; bzw. an anderen Tagen auch dann noch, wenn die Sonne bereits untergegangen ist.

Von einem mondgroßen Asteroiden getroffen, gleißt die Venus für kurze Zeit (einige Wochen bis Monate) sonnenhell. Der Zustand der Tagessichtbarkeit währt über viele Jahre. Erst nach Generationen erkaltet der Planet unter die Grenze des sichtbaren Eigenleuchtens. Bis dahin verdimmt er langsam, und irgendwann erlischt sein Eigenleuchten gänzlich.

Einen Hinweis auf eine frühere außergewöhnliche Helligkeit der Venus hat uns auch ein Satz im Zend-Avesta hinterlassen.[65] Hier wird der Weg einer hellen Venus (Tishtrya) beschrieben, die – aus Sicht der Erde – vor der Sonne pendelt. Da die Venus allerdings unter günstigen Bedingungen auch gegenwärtig am Taghimmel sichtbar bleibt, wenn auch von so schwacher Helligkeit, daß man besser wissen sollte, wo sie steht, treffen wir in dieser Passage auf ein zusätzliches, wenn auch schwaches Indiz.

Das Szenario des Aufleuchtens infolge einer Kollision mit einem Asteroiden können wir physikalisch schärfer fassen, wenn wir nicht allein die qualitativen Nachrichten aus der Vergangenheit heranziehen, sondern zusätzlich den Zustand der Venus, wie wir sie heute vermessen, berücksichtigen. Und da kommt einiges zusammen!

Der Planet Venus stellt ganz ohne frühhistorische Quellen mit seiner Mechanik, seiner Geologie und seinem Klima ein planetologisches Rätsel dar. Die Venus rotiert nicht nur so langsam, daß sie sich während eines Umlaufs um die Sonne nicht ein einziges Mal um ihre eigene Achse gedreht hat, sondern sie rotiert auch noch als einziger Planet gegensinnig zum Umlauf. Weder, daß der Venustag länger dauert als ein Venusjahr, noch die gegensinnige Rotation sind mit der Entstehung des Planeten aus einer planetaren Akkretionsscheibe (das gelehrte Modell der Planeten- und Sonnenentstehung[66]) vereinbar.

Vor ein ebenso großes Rätsel wie die langsame, retrograde Rotation stellt uns die Oberflächentemperatur der Venus. Obwohl die Venus doppelt so weit von der Sonne entfernt ist wie der Merkur und daher nur ein Viertel der Energieeinstrahlung pro Oberflächeneinheit einfällt, liegt die Temperatur des gesamten (!) Planeten über Tag- und Nachseite sowie von Pol zu Pol mit 440 °C bis 480 °C permanent und überall höher als die maximale Temperatur auf der Tagseite des atmosphärenlosen Merkur, die im subsolaren Gebiet maximal 430 °C erreicht.

---

[65] The Zend Avesta, Part II (SBE23), James Darmesteter, tr. [1882], gemeinfrei in: http://sacred-texts.com/zor/sbe23/sbe2313.htm (35)
We sacrifice unto Tishtrya, the bright and glorious star who from the shining east moves along his long winding path, along the path made by the gods.

[66] Wilhelm Kley; Vom Staubkorn zum Planeten; Physik Journal 8 Nr. 5 (2009), 43-48.

Nicht allein der qualitative Vergleich mit dem Merkur, auch die quantitative Betrachtung der Thermodynamik[67] unterstreicht die Sondersituation der Oberflächentemperatur der Venus. Dazu ein wenig ausgeholt: Im Strahlungsgleichgewicht eines Schwarzen Strahlers läge bei aktueller Sonneneinstrahlung die mittlere Temperatur der Erde bei 4,7 °C und die der Venus bei 72 °C. Infolge der Reflektion eines Teils des einfallenden Lichtes absorbiert die Erde allerdings effektiv nur 70 % des Sonnenlichts. 30 % der eingestrahlten Energie werden in den Weltraum zurückgeworden. (Das Verhältnis von rückgestrahltem zu einfallendem Licht wird als Albedo bezeichnet.). Bei dieser um die Rückstrahlung verminderten Absorption und bei weiterhin angenommener freier Abstrahlung sänke die Erdtemperatur im thermodynamischen Gleichgewicht auf -19 °C. Die tatsächliche Durchschnittstemperatur der Erdoberfläche beträgt 13 °C. Wir dürfen und sollten uns über Global Warming freuen. Der Mantel aus Wolken und Treibhausgasen (vorrangig Wasser und andere Wärmestrahlung absorbierende Moleküle) vermindert nicht nur die Einstrahlung, sondern reflektiert Wärmestrahlung zum Boden zurück und dämpft so die nächtliche Abkühlung.

Anders als die Erde, ist die Venus ständig von einer geschlossenen und dicken Wolkendecke umhüllt. Die resultierende hohe Albedo (Lichtrückstreuung) beschert uns die helle Venus. Infolge ihrer hohen Albedo (0,75) und der im Vergleich zur Erde dichteren, massereicheren Atmosphäre dringt zum Boden der Venus nur wenig Licht – hauptsächlich langwelliges –, so daß auf der Tagseite der Venus am Boden nur Zwielicht herrscht. Die hohe Albedo und damit einhergehend die geringe Aufheizung der Oberfläche in Rechnung gestellt, würde bei freier Wärmeabstrahlung die Oberflächentemperatur der Venus im theoretischen thermodynamischen Gleichgewicht auf -29 °C fallen. Wir suchen demnach eine Erklärung für 500 °C Wärmebilanzungleichgewicht.

Die Venusatmosphäre besteht zu mehr als 96 % aus Kohlendioxid. Da aktuell dieses Spurengas der Erdatmosphäre für eine anthropogene Klimaerwärmung verantwortlich gemacht wird, liegt es nahe, beim Venusklima einen Treibhauseffekt als Ursache für die hohe Temperatur ins

[67] http://www.physik.uni-regensburg.de/forschung/wegscheider/gebhardt_files/skripten/Strahlungsbilanz.Wolf.pdf

Spiel zu bringen. Das in der Literatur ausgebreitete sogenannte Run-away-Modell folgt diesem Ansatz. Es geht davon aus, daß sich die Erwärmung der Venus infolge der Behinderung der Wärmeabstrahlung durch CO_2 aufschaukelt. Ein solcher Run-away-Effekt[68] als Erklärung für die hohe Venus-Temperatur ist ideologisch naheliegend, aber physikalisch schwer zu argumentieren. Ausufernden Abweichungen vom Strahlungsgleichgewicht sind durch erhöhte Abstrahlung physikalisch enge Grenzen gezogen. Selbst durch korrekte Ideologie nicht zu verhindern, nimmt die Wärmeabstrahlung einer Fläche mit der vierten Potenz ihrer Oberflächentemperatur zu.

Bei der gegebenen Oberflächentemperatur strahlt in freier Abstrahlung (!) der Venusboden mit $7{,}13 \cdot 10^{18}$ W vierzigmal mehr Energie als thermische Leistung ab als die Erdoberfläche ($1{,}91 \cdot 10^{17}$ W). Abstrahlungskorrekturen wie Bodenemissivität oder Rückstrahlung durch Wolken und Treibhausgase ändern diesen grundsätzlichen Befund nicht hinreichend stark, um 500 °C Ungleichgewicht zu erklären. Sie können eine Abweichung von einigen zehn Grad bewirken, aber nicht von einigen hundert Grad.

Die Physik hält weitere schlechte Nachrichten für die Treibhausjünger bereit; denn nicht nur nimmt die Wärmeabstrahlung mit der vierten Potenz der Temperatur zu, mit gleicher Potenz wächst als Funktion der Frequenz auch die Streuung von Licht. Blaues (kurzwelliges) Licht wird stärker gestreut als rotes (langwelliges) Licht und erst recht stärker als infrarote Wärmestrahlung.[69] Wie ihre Albedo ausweist, schafft es ein erheblicher Anteil der Sonneneinstrahlung nicht bis zur Venusoberfläche und kann sie demzufolge auch nicht aufheizen. Ich vermute, irdische Klimakatastrophenverliebte hören es ungern, aber entgegen der Run-away-Hypothese lehrt die Physik: Es ist schwer, die Venus im jetzigen Zustand (!) mit sichtbarem Licht aufzuheizen; wohingegen es einfach ist, sie durch Wärmestrahlung abzukühlen.

---

[68] http://www.physik.unigreifswald.de/fileadmin/physik/ag_savigny/docs/Atmosphaere_und_Klima/Atmosphaere_Klima_WS_2012-2013_11_Klima_I.pdf

[69] http://www.mpimet.mpg.de/fileadmin/atmosphaere/acc/Physik_Aerosole.pdf und http://www.iup.uni-heidelberg.de/institut/studium/lehre/Atmosphaerenphysik/script2/Aerosole.pdf

Etwa 10 % der thermischen Strahlung der Erde liegen im Absorptionsspektrum von CO_2. Da das leistungstragende Wärmestrahlungsspektrum der Venus schmaler ist als das der kälteren Erde, absorbiert das CO_2 der Venusatmosphäre einen prozentual größeren Anteil der Venus-Wärmestrahlung als das CO_2 der Erdatmosphäre die Erdwärmestrahlung absorbiert. Im temperaturbedingt verschobenen Abstrahlungsspektrum der Venus liegt der von der CO_2-Absorption betroffene Teil der abgestrahlten Leistung um ein Drittel höher.

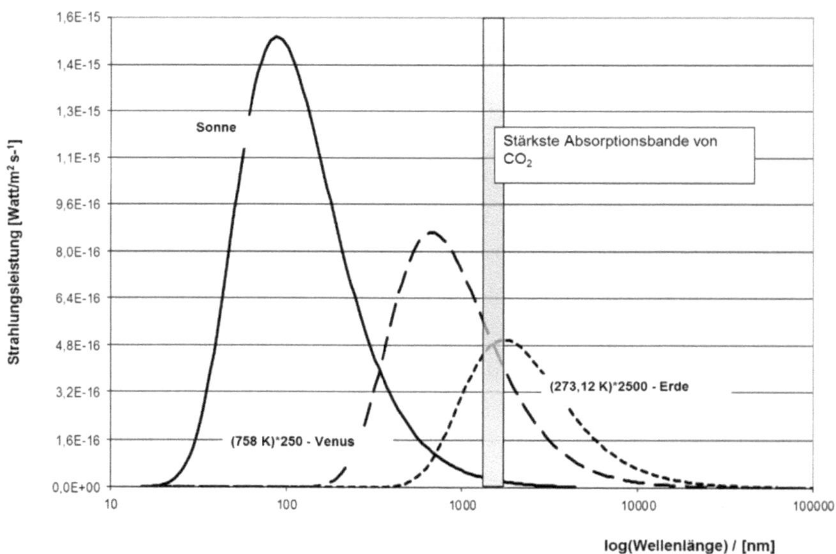

Abbildung 1
Abgestrahlte Leistung von Sonne, Venus und Erde
Die Kurven beschreiben die freie Abstrahlung einer Oberfläche (schwarzer Strahler).

Sonne: ————————

Venus: — — — —

Erde: - - - - - -

Beachte: Für die sinnhafte Auftragung in einer Graphik sind die Strahlungsleistungskurven von Erde (x 2.500) und Venus (x 250) mit den benannten Faktoren skaliert. Die logarithmische Skala verschleiert den Absorptionseffekt; indem die abfallende Flanke der Spektren gegen die ansteigende gestaucht erscheint.

Die spektrale Absorption der Wärmestrahlung durch CO_2 ist für die Venus demnach zwar größer, aber die CO_2-Atmosphäre der Venus dämpft die Abstrahlung im relevanten Wellenlängenfenster mit 15 % dennoch nicht hinreichend stark, um ihre Oberflächentemperatur zu erklären.

Diese Diskussion vertiefend, trägt Physik mehr als Ideologie zur Klärung bei. Tatsächlich liegt der CO_2-Gehalt der Erdatmosphäre, obwohl nur als Spurengas enthalten, bereits über der Sättigung der Dämpfung[70]. Die nach Überschreiten der Sättigung logarithmisch zunehmende Absorption macht die relevante Bande kaum breiter und die effektive Reflektionszunahme bleibt im unteren Prozentbereich. Größten Effekt hat die Abnahme der Reflektionshöhe mit zunehmendem CO_2. Fakt ist, mehr als 20 % der Erdabstrahlung kann CO_2 prinzipiell nicht behindern. Eine analoge spektralverteilungstypische, maximal mögliche Dämpfung gilt auch für die Venus.

Durch CO_2 im niederen zweistelligen Prozentbereich behindert, steht bei der Venus einer Sonneneinstrahlung, die doppelt so groß ist wie im Fall der Erde, im Vergleich dazu eine derzeit vierzigfach höhere Abstrahlungsleistung gegenüber. Durch kein Argument aus der Welt zu schaffen, die um ein Drittel stärkere Wärmeabsorption – und nachfolgende Rückstrahlung – des CO_2 kann die hohe Oberflächentemperatur der Venus nicht erklären. Das Ungleichgewicht übersteigt das thermodynamisch Erklärbare. Siehe hierzu auch Abbildung 1.

Zum Unglauben an eine anthropogen verursachte Erderwärmung noch ein kurzer Exkurs: Weder gab es in der Erdgeschichte je zwischen den CO_2-Gehalten der Atmosphäre, die zu biogenen Zeiten bis zu 7000 ppm betrugen, und der Temperatur eine Korrelation. Auch ist es auf dem Mars nicht besonders warm, obwohl dessen Atmosphäre fast gänzlich (95,3 %) aus CO_2 besteht. Der Atmosphärendruck des Mars erreicht zwar nur ein halbes Prozent des Erdatmosphärendrucks, aber die CO_2-Dichte liegt im Vergleich zur irdischen, die 380 ppm (0,038 %) beträgt, relativ wie absolut ungleich höher. Quantitativ enthält die Marsatmosphäre im

[70] Eine Tatsache, die die ganze Diskussion um die Klimaerwärmung infolge von zunehmendem CO_2 in der Erdatmosphäre ad absurdum führt. Daß es auf der Erde tatsächlich wärmer wird, ist unbestritten, nur die Ursache im CO_2 zu suchen, greift zu kurz. Die Politik schießt mit Kanonen auf die falschen Spatzen.

Vergleich zur Erde die zehnfache Masse an CO_2 ($2{,}2 \cdot 10^{16}$ kg[71] gegenüber $2 \cdot 10^{15}$ kg). Trotz dieses Faktors Zehn in der Masse und einer um 70 % kleineren Oberfläche beobachten wir beim Mars keine erhöhte Oberflächentemperatur. Selbst wenn wir die temperaturverschobene spektrale Abstrahlung mitberücksichtigen, ist der CO_2-Effekt bei Mars abgetaucht.

Unbeschadet der Tatsache, daß es auf der Erde wirklich wärmer wird und der Mensch seinen Teil dazu beiträgt, bei der aktuellen CO_2-Diskussion, die dieses Gas als Klimakiller apostrophiert, handelt es sich eher um eine gesteuerte Psychose als um eine bewiesene Tatsache.[72, 73] An der Aufrechterhaltung der Panikstimmung und Tabuisierung einer objektiven Diskussion haben die Politik mit dem Ziel der Konditionierung kritischer Bewußtlosigkeit, verbunden mit der erfreulichen Möglichkeit zur alternativlosen Erhebung von Steuern aller Art, auch die Wissenschaft wegen reichlich fließender Fördergelder gleichermaßen ein Eigeninteresse. Und sollte die Panikmache wie im Fall der Vorkatastrophe des Waldsterbens sich als falsch oder die Katastrophe als einfach nicht eintreten wollend erweisen, wird sich bestimmt eine neue Katastrophe anbahnen, die mit Steuergeldern und richtigem Bewußtsein bekämpft werden muß. Wie denn sonst können sich wichtige Politiker für die Rettung der Menschheit zuständig fühlen und für zuständig erklären.

Zurück zur Venus und deren Klima. In ganz wesentlichem Unterschied zur Erde fehlt in der Venus-Atmosphäre das Treibhausgas Wasser. Sein Fehlen ist deshalb von Bedeutung, weil Wasser mit seinen Absorptionsbanden etwa doppelt so stark Wärmestrahlung absorbiert wie CO_2. Infolge des fehlenden Wassers öffnet sich im Absorptionsspektrum der Venusatmosphäre ein breiteres Fenster für die Wärmeabstrahlung als in der Erdatmosphäre. Das Fenster schließen zum Teil andere Gase, insbesondere Schwefeloxide, und die Tröpfchen der Schwefeloxidwolken in der Venusatmosphäre, die allerdings sowohl Einstrahlung als auch Abstrahlung dämpfen.

Während die Erde ein Wasserplanet ist, sind ihre beiden Nachbarn trockener als die Namibwüste. Wenn es auf der Venus je Wasser gab, ist es

---

71 http://www.bernd-leitenberger.de/mars-bewohnbar.shtml
72 http://www.randombio.com/co2.html
73 http://www.fachinfo.eu/fi035.pdf

verschwunden. Die Planetologen waren bis vor Kurzem der festen Überzeugung, auf der Venus gäbe es kein Wasser. Für uns wenig überraschend, gibt es nach neuesten Messungen dort nun doch Wasser, und früher soll es sogar viel mehr gewesen sein.[74] Wer hätte das gedacht?

Dazu ein nicht ganz ernstzunehmender Exkurs: Ihr Klima macht die Venus zum Höllenplaneten schlechthin. Sollte es die mittelalterliche Hölle mit dem Teufel geben, dann würde der Kerl sich auf der Venus pudelwohl und zu Hause fühlen. Wir finden dort genau das von der Papst-Kirche beschriebene schreckliche Ambiente: Die verdammten Seelen braten in einer Gluthitze und der Gestank ist bestialisch. Diesen Gestank trüge der Teufel noch beim Erscheinen auf Erden als Erkennungszeichen an sich. Mittelalterlichen Berichten zufolge hat ihn ja tatsächlich der Geruch von faulen Eiern umweht. Zu seinem Pech und zum Glück für die Kirchenväter war sein Auftreten somit unverwechselbar zu riechen, und sie konnten seinen Einflüsterungen kraft ihrer Sinnesorgane widerstehen. Vielleicht wußten die Altvorderen doch mehr über die Venus, als wir ahnen, wenn sie den Teufel mit dem zweiten Namen der Venus als Luzifer[75] (= Lichtträger) riefen.

Nicht allein die Zusammensetzung der Venusatmosphäre ist völlig verschieden von der der Erde; sie ist außerdem fast hundertmal massereicher als die Erdatmosphäre; der Luftdruck am Boden der Venus beträgt 92 bar (entspricht ~ 900 m Wassertiefe). Der Unterschied der Atmosphären wird transparenter, wenn wir die Massen und die Massenverhältnisse betrachten, siehe Tabelle 1.

Stickstoff ist mit fast 80 Volumenprozenten Hauptbestandteil der Erdatmosphäre. Sein Anteil an der Venusatmosphäre macht nur 3,5 % aus. Trotz dieses zwanzigfach kleineren relativen Anteils beträgt die Masse des Stickstoffs in der Venusatmosphäre mit $1{,}08 \cdot 10^{19}$ kg das Dreifache der Stickstoffmasse der Erdatmosphäre (~ $3{,}9 \cdot 10^{18}$ kg). Diesen Masseüberschuß in der Venusatmosphäre ändern auch gebundene irdische Stickstoffmengen nicht merklich. Im Verhältnis zur Sickstoffmasse in

[74] http://www.spektrum.de/news/war-die-venus-frueher-lebensfreundlich/1037431

[75] Venus wird nach offizieller Leseart Lichtträger genannt, weil sie als Abend- und Morgenstern der Sonne nach- bzw. vorausgeht und mit ihrem Erscheinen den Morgen ankündigt bzw. den Abend abmeldet.

der Atmosphäre spielen in Lebewesen gebundener Stickstoff (etwa in Proteinen) und biogene Lagerstätten wie Chilesalpeter oder Guano in der Bilanz keine Rolle.

Gas	Venusatmosphäre			Erdatmosphäre		
	Vol%	Masse%	[kg]	Vol%	Masse%	[kg]
CO_2	96,5	97,72	4,69E+20	0,04	0,05	2,81E+15
N_2	3,5	2,26	1,08E+19	78,08	75,32	3,88E+18
SO_2	0,015	0,022	1,06E+15	0,0005	0,00	5,68E+13
H_2O	0,002	0,001	3,98E+13	0,4	0,25	1,28E+16
O_2				20,94	23,09	1,19E+18
Ar	0,007	0,006	3,09E+14	0,93	1,29	6,62E+16
			4,80E+20			**5,15E+18**

Tabelle 1
Chemische Zusammensetzung von Venus- und Erdatmosphäre
Achtung: Die Masse des Wassers auf der Erde beträgt etwa $1{,}4 \cdot 10^{18}$ kg. Nur sehr wenig davon findet sich in der Atmosphäre.

Völlig anders stellen sich die Verhältnisse beim Vergleich des CO_2 dar. 97,7 % Masseanteil CO_2 in der Venusatmosphäre stehen gegen 0,04 % in unserer Luft, ein dramatisch größeres Ungleichgewicht als die Verhältnisse beim Stickstoff. Wenn die Gesteinsplaneten Venus und Erde anfangs ähnliche Atmosphären hatten, wohin ist das CO_2 der primordialen Erdatmosphäre verschwunden? Die Senken für das fehlende CO_2 sind rasch identifiziert. Zum allergrößten Teil finden wir CO_2 in gewaltigen Mengen im Carbonatgestein der Erde gebunden. Die in Gestein gebundene Kohlendioxidmasse der Erde wird auf $2 \cdot 10^{20}$ kg geschätzt. Das CO_2 der Venusatmosphäre weist eine Masse von $4{,}7 \cdot 10^{20}$ kg auf. Damit wäre fast die Hälfte der Differenz gefunden und wir enden bei einem vergleichbaren Masseüberschuß, wie wir ihn für Stickstoff festgestellt haben. Hinzu kommt: Anders als beim Stickstoff stellen auf der Erde fossile Lagerstätten von Kohle und Öl neben dem Carbonat eine zweite, massereiche Kohlenstoffsenke dar. Aus biogenem Ursprung ist Kohlenstoff auf der Erde vor allem in Kohle gebunden. Die derzeitige Schätzung der förderwürdigen Vorkommen an Kohle, Öl und Gas belaufen sich auf 1,2

Billionen Tonnen (10^{15} kg). Diese gewaltige Menge fällt dennoch im Vergleich zu den in Carbonaten gebundenen Vorkommen nicht wirklich ins Gewicht. Unentdeckte, im Tiefengestein gebundene Vorkommen und für den Abbau unberücksichtigte, weil zu magere Lagerstätten könnten diesen Wert in die Höhe treiben. Bohrungen deuten jedenfalls darauf hin, daß die Biosphäre sehr tief in die Erdkruste reicht und wir nur einen Bruchteil der tatsächlichen Biomasse kennen. Beide Senken, Carbonate wie fossile Energieträger, sind Lagerstätten, die in erheblichem Umfang, oft sogar ausschließlich, biogenen Ursprungs sind. Anzumerken bleibt, erst die Bindung des CO_2 in biogenen Lagerstätten hat die Sauerstoffwelt geschaffen, in der wir atmen und leben.[76] Eine Erde, auf der das Leben nicht als Veränderer und Sauerstoffgenerator gewirkt hätte, hätte eine Atmosphäre, die zu über 70 % aus CO_2 bestünde (heutiger Zustand plus CO_2).

Die Annahme einer im Vergleich zur Erde primordial doppelt so schweren Venus-Atmosphäre würde die Unterschiede für CO_2 und N_2 weitgehend erklären. Nachdem wir die Venusatmosphäre im Vergleich zur Erde als gar nicht so merkwürdig erklärt haben, mag erstaunen, im klassischen Modell der Planetengenese ist die Atmosphäre der Erde nicht weniger rätselhafter als die Venusatmosphäre. Die gewaltige Menge Wasser, die heute in den Ozeanen schwappt, müßte über einer jungen, glühenden Erde als Dampf und Gas vorgelegen haben. Quantitativ bestand bei vollständig verdampften Ozeanen die Atmosphäre einer heißen Erde zu mehr als 80 % aus Wasser und zu etwa 15 % aus CO_2. Das viele Wasser überrascht, zumal es aus einer heißen Erdatmosphäre als leichtes Gas (Molekulargewicht H_2O = 18) weit schneller in den Weltraum entweicht als CO_2 (Molekulargewicht 44), Stickstoff (N_2: 28) oder Sauerstoff (O_2: 32). Woher kommt das viele Wasser und warum ist es gerade so viel, daß es die Senken zwischen den Kontinentalplatten füllt. Für diese scheinbar triviale Frage kann die Wissenschaft nur Spekulationen als Antwort anbieten. Wir werden eine Hypothese beisteuern.

Wir schlagen vor, Wasser erreichte die Erde in Menge nicht als H_2O, es kam chemisch gebunden als Metallhydroxid. Der im Abstand der inneren Planeten Überschuß an Metall band noch in der Akkretionsscheibe

---

[76] http://indigo.meteor.tu-darmstadt.de/umet/script/Kapitel1/kap01.html

Sauerstoff und eben auch Wasser. Warum das passiert, wird anschaulich eingängiger, wenn das Korrosionsprodukt Rost primär als Hydroxid vorliegt. Von der Masse der Erdkruste (~$1 \cdot 10^{23}$ kg) hätten ~6 % des einfallenden Materials die Erde als Hydroxid erreichen müssen, um alles Wasser einzutragen. Bezogen auf die gesamte Masse der Erde hätten 0,1 % ausgereicht.

Wenn das Wasser einer anfänglich glühenden Erde erhalten blieb, obwohl sich Hydroxide bei einigen 100 °C unter Wasserabspaltung quantitativ in Oxide umwandeln, war es der Regen der aus der Akkretionsscheibe niedersinkenden Metallpartikeln, der entweichendes Wasser wieder als Hydroxid in kontinuierlichem Strom zur Erde zurückführte. Diesen Effekt gab es ebenso für Venus (und Mars). Beide waren anfangs ebenfalls Wasserplaneten. Sie verloren ihr Wasser als eine gigantische Kollision die Planeten nochmals aufheizte. Diesmal fehlte der rettende Metallregen.

Zugegeben ein hochspekulativer Ansatz, aber weniger unsinnig als die ernsthaft gehandelte Meinung, daß Kometen das Wasser auf einer erkalteten Erde eingetragen hätten. Wäre diese Theorie richtig, hätte eine Milliarde Jahre jeden Tag ein Komet, der 4000 to Wasser mitbrachte, in die Erde einschlagen müssen. Ein Komet dieses Gewichtes (100 % Wasser) schlägt bei mittlerer Differenz der Bahngeschwindigkeiten von Erde und Komet mit einer Sprengkraft von etwa 2 Megatonnen TNT in die Erde ein. Die Kometen wären dicht wie Hagel herumgeschwirrt und hätten auch noch bei jeder Perihelpassage in der Wärme der Sonne Wasser verloren, das für die Erde verloren war, da der Sonnenwind es verweht hätte. Auch daran kann man glauben, muß man aber nicht.

Kommen wir von den Betrachtungen der Atmosphärenzusammensetzung zum geheimnisvollen Klima der Venus. Wetter im irdischen Sinne mit Hitze, Kälte, Winden und Jahreszeiten gibt es nicht. An den Polen herrscht die gleiche Temperatur wie am Äquator; direkt unter der Mittagssonne ist es kaum heißer als zu Mitternacht auf der sonnenabgewandten Seite. Nachdem auf der Venus Tag und Nacht jeweils ein halbes Jahr dauern, müßte die Tagseite extrem heiß sein und die Nachtseite stark abkühlen. Insbesondere, wenn wir uns, wie oben ausgeführt, die starke Abstrahlung derart heißer Oberflächen vor Augen halten.

Stattdessen fehlen bodennah Temperaturgradienten, und infolgedessen gibt es auch keine Stürme.

Nachdem wir die Sonneneinstrahlung und den heizenden Run-away-Effekt infolge der CO_2 Konzentration als Verursacher der hohen Venustemperatur ausgeschlossen haben, bleibt als Erklärung nur eine innere Wärmequelle, die die Sonneneinstrahlug marginalisiert und den Boden konstant auf einer Temperatur hält, die höher liegt als die Schmelzpunkte vieler Metalle (Blei: 327 °C; Zink 419 °C).

Welche Wärmequellen kommen in Frage? Wenden wir uns dem Plausibilitätscheck unter Zuhilfenahme von Standardphysik zu. Radioaktiver Zerfall als Wärmequelle rettet die Bilanz jedenfalls nicht. Zur Wärmebilanz der Erde trägt Radioaktivität mit 0,013 % vernachlässigbar wenig bei. Aus dem fast gleichen spezifischen Gewicht von Erde und Venus folgt eine ähnliche Häufigkeitsverteilung der Elemente. Venus ist demnach so radioaktiv wie die Erde, und wir können die atomare Heizung als Wärmequelle und Ursache für die hohe Bodentemperatur ausschließen.

Da wir eine einfache Erklärung für die hohe Oberflächentemperatur der Venus nicht finden, gehen wir einen Schritt zurück und untersuchen: Wie rasch kühlt bei freier Abstrahlung eine Gesteinsoberfläche ab? Mathematik hilft!

Bei Annahme freier Abstrahlung würden wir eine zu schnelle Abkühlung der Oberfläche berechnen. Denn gänzlich vernachlässigen dürfen wir die wärmende Decke der Atmosphäre nicht. Wenn wir als einfache Reparaturmaßnahme diesen Dämpfungseffekt der Bodenemissivität zuschlagen, mißbrauchen wir die Variabilität eines ohnehin einzuführenden Parameters für die anzubringende Korrektur. Durch Parametervariation werden wir die Anhalts- und Grenzwerte für den Abkühlvorgang erhalten, die hinreichen, die Diskussion entlang dieser einschränkenden Leitplanken fortzusetzen.

Um bei den Effekten von Streuung und Reflektion in der Atmosphäre auf der sicheren Seite zu liegen, wählen wir extrem niedrige Emissivitäts-Werte von 0,3 bzw. 0,1. Die Anfangstemperatur der Oberfläche nehmen wir mit 1700 K an. Auftreten und Ausmaß von Konvektion in der anfänglich heißen und daher zähflüssigen Oberfläche sind schwer zu beurteilen, in jedem Fall verlangsamt jede Konvektion die Abkühlung. Problemvereinfachend wollen wir von Konvektion absehen und den statischen Fall von reinem Wärmetransport im Festkörper durchrechnen. Ebenso vernachlässigen werden wir Abkühlung durch Wärmetransport im Gas der überlagernden Atmosphäre.

Das 2. Ficksche Gesetz

$$\frac{\partial T}{\partial t} = \frac{\lambda}{\varrho \cdot c} \frac{\partial^2 T}{\partial z^2}$$

stellt den Zusammenhang zwischen der Abkühlgeschwindigkeit $\frac{\partial T}{\partial t}$ und der Temperaturänderung als Funktion in der Tiefe z her, mit λ gleich der Wärmeleitfähigkeit, ρ der spezifischen Dichte des Gesteins und c gleich seiner spezifischen Wärmekapazität.

Für die Wärmeleitung vom heißen Inneren zur erkaltenden Oberfläche wählen wir eine für Gestein typische Wärmeleitfähigkeit von λ = 2,25 W/m·K und nehmen eine ebenso typische spezifische Wärmekapazität von c_v = 1000 J/kg·K an. Die spezifische Dichte des Gesteins setzen wir zu 2800 kg/m^3 an.

Die Simulationen führen – nach geologischen Maßstäben – auf sehr kurze Abkühlzeiten. Bei einer Emissivität von 0,3 und ansonsten freier Abstrahlung kühlt die Oberfläche bereits nach 30 Jahren von 1700 K auf unter 1000 K ab. In 1 m Tiefe ist die Temperatur dann auf 1113 K gesunken, 10 m unter der Oberfläche um 25 K gefallen und in 20 m Tiefe beträgt sie unverändert 1700 K, siehe hierzu die Abkühlkurven in Abbildung 2. Wem diese Abkühlgeschwindigkeit zu schnell erscheint, der möge sich die Abkühlung irdischer Lava vor Augen halten, bei der die glühende Oberfläche, sobald die Lava zum Stehen gekommen ist und die Durchmischung fehlt, in Sekundenschnelle unter Rotglut (< 900 K) erkaltet und optisch verblaßt.

Wegen extrem langer Rechenzeiten wurden durch Fit an eine logarithmisch aufgetragene Abkühlkurve (Abbildung 3) die Oberflächentemperaturen für längere Abkühlzeiten extrapoliert. Um auf die gegenwärtige Oberflächentemperatur der Venus von 740 K zu kommen, führten die Extrapolationen der jeweiligen Abkühlkurve bei einer Emissivität von

0,3 auf 500 Jahre und unter Annahme einer Emissivität von 0,1 auf 3000 Jahre. Deutlich höhere Anfangstemperaturen verlängern die Abkühlzeit nur marginal, da extrem heiße Oberflächen rasend schnell abkühlen.

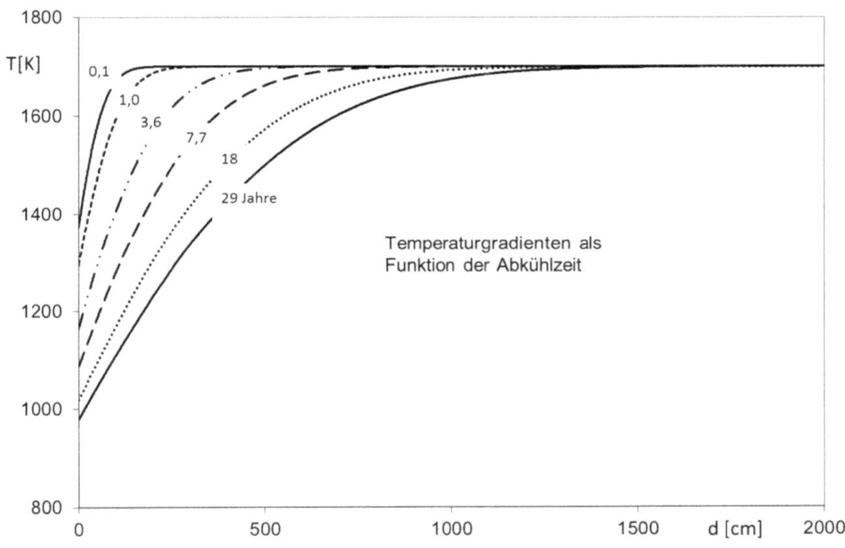

Abbildung 2
Abkühlung der Venus-Oberfläche
Aufgetragen ist die Temperatur [T] als Funktion der Tiefe [d] bei freier Abstrahlung und einer Emissivität von 0,3. Wegen zunehmender Rechenzeiten bei immer kleineren Gradienten wurde die Simulation nach 29 Jahren abgebrochen. Die Rechnung modelliert die Abkühlung eines starren Gesteinskörpers über einem unendlich großen Wärmereservoir ohne externe Einstrahlung, Konvektion, exotherme chemische Reaktionen oder radioaktive Aufheizung.

Berichten Reliefs und Mythen tatsächlich von einem Ereignis aus vorgeschichtlicher aber doch Menschenzeit, berechnen wir damit zwar größenordnungsmäßig verträgliche aber tendenziell eher zu schnelle Abkühlzeiten. Selbst 3000 Jahre sind zu kurz, um nicht ein deutlich stärkeres Echo bis in unsere Tage getragen zu haben. Stellen wir abkühlungsverlangsamende Magmabewegungen und Lavaüberflutungen in Rechnungen, passen die berechneten Abkühlzeiten. Bestens verträglich ist das vorgeschlagene Modell der Kollision mit einem Zwergplaneten als Ursache der Venusanomalien mit dem Befund der gleichmäßigen Oberflächentemperatur. Venus wird nicht von außen aufgeheizt, sondern bezieht ihre Oberflächenglut aus dem Inneren. Das Szenario einer kosmischen Kollision gewinnt Konturen.

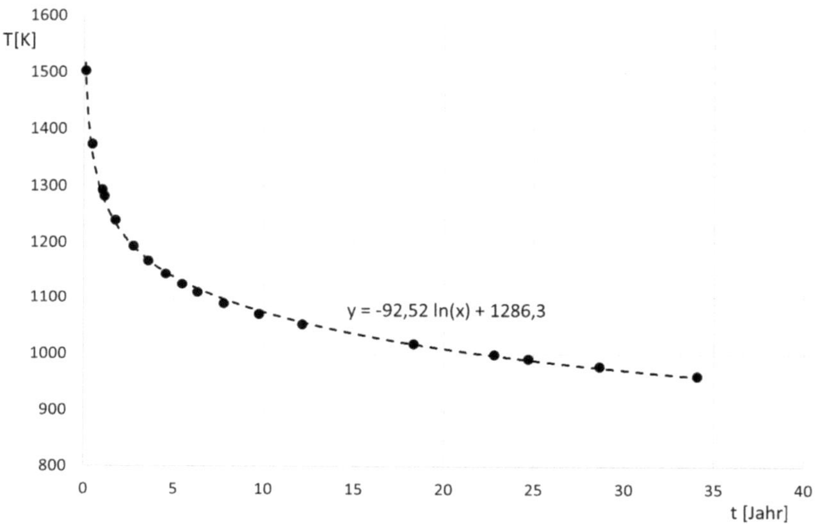

Abbildung 3
Abkühlung der Oberfläche eines flachen Gesteinskörpers (Emissivität 0,3) als Funktion der Zeit
Treibhauseffekte sind pauschal über die niedrig gewählte Emissivität erfaßt.[77]

Die Simulation der Abkühlung demonstriert, daß die vorgeschlagene Aufheizung der Venus durch einen Asteroideneinschlag in einer Vergangenheit erfolgt sein kann, in der Menschen ihn beobachtet konnten. Die Reliefs zeigen demnach Reales. Ihre Erschaffer haben ein früheres

---

[77] http://www.lpi.usra.edu/meetings/lpsc2013/pdf/1932.pdf
Die Venus-Lava weist im 3 bis 15 μm-Wellenlängenbereich Emissivitäten von 0,9 aus. Damit wurde die Emissivität tendenziell eher zu niedrig angesetzt. Andererseits idealisiert die angenommene konvektionsfreie Abkühlung und liefert im Ergebnis zu kurze Abkühlzeiten. Die Effekte durch Emissivität, Reflektion in der Atmosphäre und Konvektion abgewogen, führten zur Wahl des niedrigen Emissivitätswertes.

Leuchten der Venus nicht aufgebauscht, sondern festgehalten, wie sich der Planet zu ihrer Zeit aus Sicht der Erde darstellte.

Welche anderen Argumente unterstützen die These vom Einschlag eines riesigen, mondgroßen Asteroiden? Naheliegend und physikalisch überprüfbar muß das Rotationsverhalten der Venus den Einschlag widerspiegeln. Wenn wir davon ausgehen, daß die Mechanik der primordialen Venus der der anderen Planeten glich, können wir anhand einfacher Überlegungen die Bahn und die Masse eines Asteroiden abschätzen, der die Mechanik einer Prä-Venus in ihren heutigen Zustand hätte überführen können. Zusätzlich zur Annahme einer ursprünglich ‚normalen' Mechanik müssen wir für diese Prä-Venus einige plausible, möglicherweise triviale Annahmen treffen. Erstens nehmen wir an, die Venus bildete sich nahe dem Abstand zur Sonne, in dem sie heute noch ihre Bahn zieht, und zweitens, der einschlagende Riesenasteroid lief nicht auf Gegenkurs, sondern in gleichem Umlaufsinn um die Sonne wie die Planeten.

Wir nehmen an, die primordiale Rotationsperiode T ($\omega = \frac{2\pi}{T}$) der Venus um die eigene Achse lag bei einem Wert, wie ihn die verwandten Planeten Erde und Mars aufweisen.

Falls die Proto-Venus sich – wie die Erde – in 24 Stunden um ihre Achse gedreht hat, betrug ihr Rotationsdrehimpuls

$$\vec{L}_{rot} = \langle \Theta \rangle \vec{\omega} = 4{,}4 \cdot 10^{33}\ \text{kgm}^2/\text{s}.$$

Das Trägheitsmoment $\langle \Theta \rangle$ der Venus ist dabei unter der Annahme einer mehrschaligen Kugel mit einem Schalenaufbau analog zur Erde abgeschätzt (70% des Wertes einer homogenen Kugel).

Die Rotationsenergie $E_{rot} = \frac{1}{2}\Theta\,\omega^2$ der Proto-Venus lag bei $1{,}6 \cdot 10^{29}$ J.

Nach dem Einschlag versinkt der Asteroid in den Planeten und verschmilzt mit ihm zu einer größeren Kugel. Die Verschmelzung und gleichmäßige Verteilung der Asteroidenmasse im Planetenkörper wird einsichtig, wenn wir uns klarmachen, daß die Venus im überwältigenden Anteil ihres Volumens flüssig ist und kein einzelner Körper in sie einschlägt, sondern ein gewaltiger langgestreckter Schuttberg. Spätestens wenn der Riesenasteroid sich dem Planeten auf 14.000 km (Roche-

Grenze[78] der Venus) genähert hat, zerreißt die Schwerkraft des Planeten das heranrasende Riesengeschoß, so daß eine Kette gewaltiger Einschläge einen vernichtenden Bogen um den Planeten zieht, die Kruste durchschlägt und das Innere freilegt.

Das Verschmelzen mit dem Asteroiden verlangsamt die Rotation des Planeten proportional zum größeren Trägheitsmoment, das aus der Summe der beiden Massen und dem größeren Radius entsteht. Verleibt sich die hypothetische Prä-Venus einen Riesen-Asteroiden (richtiger einem Zwergplaneten) von 3500 km Durchmesser ein, den wir nach Masse ($7{,}349 \cdot 10^{22}$ kg) und Dichte (3341 kg/m^3) wie den Erdmond annehmen, nimmt ihr Durchmesser um 95 km zu. Dieses Material – gleichmäßig auf der Kugeloberfläche – verteilt, erhöht das Trägheitsmoment des Planeten um circa 4 %. Die spezifische Dichte der Venus nimmt durch Vermischung mit dem leichteren Mondmaterial um 1% ab. Die Dichte der Venus lag somit auch vor dem Einschlag niedriger als die Werte von Merkur und Erde. Um die Dichte der Venus von Erddichte auf ihren heutigen Wert abzusenken, hätte ein etwa siebenmal schwerer Zwergplanet sich mit ihr vermischen müssen. Das größere Trägheitsmoment (Rotation sinkt proportional $\sqrt{\Theta}$) spielt demzufolge für die langsame retrograde Venusrotation keine bzw. bestenfalls eine untergeordnete Rolle, und wir werden diese Änderung in der weiteren Betrachtung zur Mechanik vernachlässigen.

Bei der Kollision der Venus mit einem Zwergplaneten gehen wir von einer Asteroidenbahn aus, deren Aphel (= größter Sonnenabstand) bei 2,6 AE im Asteroidengürtel liegt und die in ihrem Perihel die Venusbahn berührt. Ein Umlauf auf dieser Bahn dauert 2,14 Jahre. Unter der Annahme gleichen Umlaufsinns liegt die Bahngeschwindigkeit des Zwergplaneten am Kollisionsort (= seinem Perihel) um 8,8 km/s höher als die Bahngeschwindigkeit der Venus. Vor dem Einschlag beschleunigt die Gravitation der Proto-Venus den Zwergplaneten zusätzlich um ihre Fluchtgeschwindigkeit (10,3 km/s). (Die kleinere Ur-Venus weist bei kleinerem Radius und kleinerer Masse vor dem Masseeintrag fast die

[78] Die Roche Grenze ist der kleinste Abstand, bei dem ein umlaufender kleinerer Himmelskörper gerade noch nicht von den Gezeitenkräften des Hauptkörpers zerrissen wird. http://www.physica.ch/docs/Himmelsmechanik%20GF.pdf

gleiche Fluchtgeschwindigkeit auf wie die heutige Venus.) Der Zwergplanet beschleunigt seinerseits die Venus um seine Fluchtgeschwindigkeit von 2,4 km/s. Wir nehmen bei dieser Betrachtung an, daß die Gravitations-Potentiale bis zum Abstand von 6050 km wirken; dann liegt der Schwerpunkt des Zwergplaneten auf der Venusoberfläche. (Sinkt der Asteroid unter die Oberfläche, wird zusätzliche potentielle Energie frei. Diesen Anteil werden wir vernachlässigen.)

Die Verschmelzung der beiden Körper (mechanisch als rauher Stoß klassifiziert) erhält den Impuls des Gesamtsystems und erhöht die Bahngeschwindigkeit des getroffenen Planeten um

$$v = \frac{m \cdot \Delta v_{Asteroid}}{m + M} = 132 \quad m / s$$

mit m gleich der Masse des Zwergplaneten, M der Masse der Prä-Venus und Δv gleich der Bahndifferenzgeschwindigkeit von 8,8 km/s.

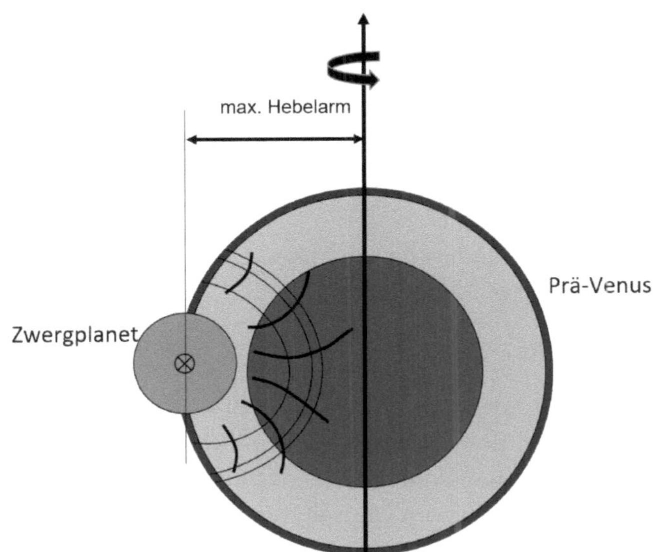

Abbildung 4
Maßstäbliche Skizze zum Einschlag eines Zwergplaneten ($m = 7{,}3 \cdot 10^{22}$ kg) in eine Ur-Venus ($m = 4{,}8 \cdot 10^{24}$ kg)
Sicht in Bewegungsrichtung des Zwergplaneten. Die Prä-Venus rotiert im Gegenuhrzeigersinn.

Infolge des Anschiebens (unter der Annahme, daß der gesamte Impuls des Zwergplaneten in Vorwärtsrichtung übertragen wird) nimmt die Exzentrizität der Venus-Bahn zu. Bei erhaltenem Perihelabstand wächst der Aphelabstand um 0,01 AE (1,6 Mio. km). Der angenommene Einschlag würde eine exakte Kreisbahn der Ur-Venus zu einer Ellipse mit der Exzentrizität von 0,0072 verformen. Die Bahn bliebe mithin kreisnah. Daß die aktuelle Bahn der Venus mit e = 0,0067 tatsächlich nur minimal von einer Kreisbahn abweicht, ist angesichts der geringen Elliptizität und trotz der guten Übereinstimmung von aktuellem und dem hier abgeschätzten Wert kein verwertbares Argument für oder gegen die Annahme des Einschlags eines Zwergplaneten, sondern als Zufall einzustufen. Wir werden in den folgenden Kapiteln auf Störungen der Planetenbahnen zu sprechen kommen, die weit stärkere Bahnveränderungen nach sich ziehen konnten und entsprechende Bahnstörungen wohl auch tatsächlich hinterlassen haben.

Die Impulszunahmen, die die beiden Massen durch die wechselseitige gravitative Anziehung erfahren, sind entgegengesetzt ($\Delta p_{Zwergplanet} = -\Delta p_{Venus}$) und heben sich bei ihrer Vereinigung zu Null auf. Die bei der Annäherung aufgebauten Drehimpulse von Venus (= V) und Zwergplanet (= Z) heben sich nicht auf, sondern addieren sich um die vektoriellen Anteile, die nicht parallel zur Bewegungsrichtung auf die Masseschwerpunkte gerichtet sind.

Dieser für die Rotationsänderung wirksame Drehimpuls aus dem Geschwindigkeitsaufbau berechnet sich als:

$$\vec{L} = \Delta\vec{p}_Z \times (\vec{r}_V - \vec{r}_Z) + \Delta\vec{p}_V \times (\vec{r}_V - \vec{r}_Z)$$

mit Δp gleich dem Impulszuwachs durch die Beschleunigungen in den wechselseitigen Gravitationsfeldern und $(\vec{r}_V - \vec{r}_Z)$ gleich der zur Bewegungsrichtung senkrechten Komponente des Differenzvektors der beiden Masseschwerpunkte beim Zusammenstoß, siehe hierzu die erläuternde Abbildung 4. Die Drehimpuls tragende, nicht-parallele Komponente der Ortsvektoren relativ zur Bewegungsrichtung erfaßt in mathematischer Formulierung das Kreuzprodukt aus Abstandsvektor und translatorischem Impuls.

Zu dem Drehimpuls, der aus der anziehenden Wechselwirkung der Massen resultiert, addiert sich ein Drehimpuls $\vec{L} = \Delta v_Z \cdot m_Z \times \vec{r}_q$, der aus der Geschwindigkeitsdifferenz des Zwergplaneten beim Zusammentreffen mit der Venus und wieder dem senkrecht zur Bahnbewegung gerichteten Abstand $\vec{r}_q$ der Schwerpunkte (= Stoßparameter) resultiert.

Mathematisch formuliert ändert das aus der Bahngeschwindigkeitsdifferenz auftretende Drehmoment durch den Einschlag den Rotationsdrehimpuls der Venus (plus Zwergplanet) gemäß

$$\frac{d\vec{L}}{dt} = \vec{M} = \vec{r}_q \times \vec{F} = \vec{r}_q \times \frac{d\vec{p}}{dt}$$

mit $\vec{M}$ gleich dem Drehmoment und $\vec{F}$ gleich der Kraft, die sich aus der Änderung des Impulses $\vec{F} = \frac{d\vec{p}}{dt}$ berechnet. Trifft der Mittelpunkt des Zwergplaneten den Rand der Prä-Venus, ist der Hebelarm $\vec{r}_q$ gleich dem Planetendurchmesser, so daß dann das Drehmoment und damit die Drehimpulsänderung am größten ist.

Damit die Venus aus dem hypothetischen Urzustand in ihre aktuelle Mechanik fallen konnte, schlug der Zwergplanet in sehr spezieller Konstellation in den Planeten ein. Der Zwergplanet traf den Planeten entgegen der primordialen Rotation und zudem ohne signifikante Geschwindigkeitskomponente senkrecht zur Bahnebene der Venus, da ansonsten nicht allein die Rotation gestoppt worden wäre, sondern auch die Venusachse stärker geneigt wäre, als es der Fall ist.

Das vom Zwergplaneten ausgeübte Drehmoment wächst, wie bereits ausgeführt, proportional zum Hebelarm, d. h. mit dem horizontalen Abstand der Schwerpunkte (wieder Abbildung 4) von Planet und Zwergplanet; und es wächst proportional zur Impulsänderung des Zwergplaneten, der aus seiner Bahngeschwindigkeit auf die Bahngeschwindigkeit der Venus gestoppt wird. Als kleine Korrektur ist eine Differenzgeschwindigkeit von 132 m/s, um die die verschmolzenen Massen schneller werden, abzuziehen.

Bei einer Zwergplanetenmasse von $7{,}3 \cdot 10^{22}$ kg (entspricht der Masse des Erdmondes) und bei streifendem Einschlag (Schwerpunkt des Zwergplaneten trifft den Rand der Venus) beträgt der Drehimpuls, den

die Beschleunigung im wechselseitigen Gravitationsfeld aufbaut $5{,}6 \cdot 10^{33}$ kgm²/s.
Zu dem durch die direkte Zweikörperwechselwirkung gravitativ aufgebauten Drehmoment addiert sich das Drehmoment, das aus dem Unterschied der Bahngeschwindigkeiten und dem Hebelarm beim Einschlag resultiert. Beträgt die Geschwindigkeitsdifferenz 8,8 km/s, und ist der Stoßparameter gleich dem Radius des Planeten, trägt der Zwergplanet aus seiner Bahnbewegung einen Drehimpuls von $3{,}8 \cdot 10^{33}$ kgm²/s ein.

Die Summe dieser beiden Drehimpulse ($9{,}5 \cdot 10^{33}$ kgm²/s) übertrifft den hypothetischen Rotationsdrehimpuls der Ur-Venus[79] ($4{,}4 \cdot 10^{33}$ kgm²/s) um mehr als das Doppelte. Um durch den Einschlag eines Zwergplaneten, mit den angenommenen Bahndaten und dem entsprechenden Einschlagort eine mit Erdgeschwindigkeit rotierende Venus zum Stehen zu bringen, wäre mindestens ein Zwergplanet von $3{,}5 \cdot 10^{22}$ kg (48 % der Masse des Erdmondes) vonnöten. Ein Zwergplanet auf elliptischerer Bahn als angenommen hätte die Venusbahn mit höherer Geschwindigkeit gekreuzt, so daß dann eine kleinere Masse gereicht hätte, die Venusrotation zu stoppen. Ein gegensinnig um die Sonne umlaufender Riesenasteroid hätte sogar eine ganze Größenordnung kleiner sein können.

Der angenommene Randeinschlag repräsentiert den optimalen Fall für den Drehimpulseintrag; erfolgt die Kollision nicht am Rand, sondern mehr zu Mitte hin, steigt die zu fordernde Masse. Die Wahl eines sehr großen Zwergplaneten als Kollidierer erfolgte keineswegs unbegründet. Das Szenario des streifenden Einfalls mit gleichzeitiger Übertragung des vollen Drehimpulses ist unrealistisch, weil bei einem streifenden Einschlag erheblich Material vom Planeten/Asteroiden abgesprengt würde. Die abgesprengte Masse entführt Drehimpuls, der für das Anhalten der Rotation fehlt. Argumentativ ebenso gewichtig, schließen das Fehlen eines Mondes oder alternativ eines Schuttringes um Venus den Randeinschlag aus.

---

[79] Das Trägheitsmoment der Venus wurde als Korrektur gegenüber einer homogenen Kugel – analog zur Erde – um den Faktor 0,7 verringert. Der Schalenaufbau in Kruste, Mantel und Kern verringert wegen der unterschiedlichen Dichte das Trägheitsmoment eines Planeten relativ zum Wert einer homogenen Kugel.

Nur ein Einschlag, bei dem der Planet die Kugel des Zwergplaneten vollständig aufsog und keine Materialabsprengungen in hohe Umlaufbahnen um den Planeten geschleudert wurden, ist im Einklang mit der mondlosen und geröllfreien Umgebung der Venus. Der Schutt und Gries, der beim Einschlag auf Fluchtgeschwindigkeit kam, treibt immer noch durchs All. Die beunruhigende Dichte der Asteroiden und Meteroiten im Abstandsbereich der Erde könnte zu einem Teil von dieser Venuskollision stammen.

Traf der Zwergplanet, statt streifend den Rand, die Proto-Venus auf halbem Radius (siehe Abbildung 4), fällt der eingetragene Drehimpuls gegenüber dem Randeinschlag um 40 % auf $5{,}7 \cdot 10^{33}$ kgm^2/s. Nun bedarf es tatsächlich eines fast erdmondschweren Zwergplaneten, damit der geringere eingetragene Drehimpuls noch ausreicht, um die hypothetisch rotierende Venus anzuhalten und die Rotation – der aktuellen Situation entsprechend – sogar geringfügig umzukehren. Die minimale Masse, um bei gegebenen Bahndaten und einem Einschlag auf halbem Radius eine Ur-Venus, die mit der Periode der Erde rotierte, zum Stehen zu bringen, beträgt nun $5{,}4 \cdot 10^{22}$ kg oder 74 % der Masse des Erdmondes.

Die nur schwach gegenläufige Rotation der Venus und eine Drehachse, die nahe -90° verharrt, korreliert mit der oben genannten Forderung, daß der Zwergplanet nahe dem Äquator und ohne signifikante Vertikalgeschwindigkeit in die Ur-Venus einschlug.

Nachdem wir ein Szenario entwickelt haben, wie die heutige Venus-Mechanik und das aktuelle Venus-Klima als Folge der Kollision mit einem Zwergplaneten verstehbar werden, wird ein weiterer Prüfstein dieses Szenarios sein, inwieweit der geologisch beobachtete Zustand der Venus mit dem bislang ausgebreiteten Szenario vereinbar ist – oder besser noch, diesen Zustand erklären kann.

Die beim Einschlag des angenommenen Zwergplaneten freiwerdende Energie beträgt $1{,}7 \cdot 10^{31}$ J und ist damit um mehr als den Faktor 100 größer als die angenommene Rotationsenergie der Ur-Venus. Das Anhalten der Rotation verschlingt den eingetragenen Drehimpuls, nagt aber nur wenig an der Gesamtenergie. Der Löwenanteil verschwindet in anderen Energiesenken, wie Magma-Eruptionen, Zersetzen von chemischen Verbindungen, Schmelzen der Kruste und Aufheizen des Planeten. Im rein theoretischen Fall, daß die ganze Energie des Einschlags in Wärme umgewandelt würde, hätte dies die Venus um etwa 4000 °C aufgeheizt, so daß der ganze Planet kurzzeitig so heiß geworden wäre wie die Oberfläche der Sonne. Mit unserer Annahme einer Oberflächentemperatur von 1700 K für die Berechnung der Abkühlung haben wir demnach einen sehr moderaten Anfangswert gewählt.

Die Energiemenge wird erst im Vergleich greifbar. $1{,}7 \cdot 10^{31}$ J strahlt die Sonne in gut einem halben Tag (12,2 Stunden) ab. Um es in einem irdischen Maßstab anschaulich zu machen, 4 Billiarden (10^{15}) Wasserstoffbomben, jede mit einer Sprengkraft von 1 Megatonne TNT, setzen diese Energie frei. Auch bei dieser Zahl hilft zum Verstehen wohl nur der Vergleich: In den Arsenalen der Atommächte lagerten vor Beginn der Abrüstung ca. 25.000 Sprengköpfe, davon der größte Teil mit weit geringerer Sprengkraft als 1 Megatonne.

Die mit dem Mondeinschlag einhergehende Energiefreisetzung reicht problemlos für ein ultragrelles Aufblitzen und ein sehr langes Nachleuchten der Venus! Stimmt unser Szenario, stand nach der Kollision ein neuer Stern am Erdfirmament, der anfangs sonnenhell strahlte, allmählich roter wurde, bis sehr viel später sein Eigenleuchten erlosch. Von der Erde aus betrachtet war ein grandioses und unheimliches Himmelsereignis zu bestaunen, das allemal wert war, in den Erinnerungskanon der Menschheit aufgenommen worden zu sein.

Stand die Venus beim Einschlag des Zwergplaneten nahe zur Erde könnte die zusätzliche Wärmeeinstrahlung des sonnenheiß aufgleißenden Planeten das Erdklima für kurze Zeit verändert haben. Dicke Wolken und heftiger Regen könnten das Ereignis des Aufflammens der Venus mit einer Sintflut in Verbindung gebracht haben. Diese Sintflut gab es als Dreingabe zur Verwandlung des Planeten, wenn auch im Vergleich zur großen Sintflut nur in Miniatur.

Der gleißende Stern am Erdhimmel und Wetteränderungen sind vernachlässigbar im Vergleich zu dem, was dem getroffenen Planeten widerfuhr. Der einschlagende Zwergplanet pflügte die Kruste des Planeten um, verrührte Kruste und Mantel und spülte heißes Mantelmagma an die Oberfläche. Der ganze Planet kochte und brodelte, als erhitztes und druckentlastetes Mantelgestein sich zersetzte. Carbonat- und Sulfidgestein zerfielen und setzten Kohlendioxid, Wasser und Schwefeloxide frei. Fehlender Druck und Temperaturerhöhung schmolzen nicht nur festes Gestein und brachten es zum Kochen, sie reduzierten die weniger stabilen Verbindungen wieder zum Metall. Das erkaltende Metall saugte begierig allen Sauerstoff aus der Luft sowie aus Wasser auf und bildete vorrangig die thermodynamisch stabileren Oxide; zurück blieben Kohlendioxid, Schwefeloxide und Wasserstoff, der als leichtes Gas, soweit er sich nicht chemisch band, allmählich in den Weltraum entwich.

In welchem Ausmaß geologische Prozesse die Atmosphäre durch Sauerstoffentzug umgestalten können, lehrt die Erdgeschichte. Vor 1,9 Milliarden Jahren sank der Sauerstoffgehalt nach dem ersten ‚Great Oxidation Event' zwischenzeitlich wieder auf ein Hundertstel seines heutigen Wertes.[80]

In der aufgeblähten Atmosphäre konnte die Venus nur die schweren Gase an sich binden. Wasser und alles Gas, das leichter ist, verschwand auf Nimmerwiedersehen im Weltraum. Venus war nicht notwendig immer ein trockener Planet, aber in der Hitze des Asteroideneinschlags zersetzte oder verflüchtigte sich das Wasser. Wie weiter oben bereits angemerkt, auch die Planetologen lernen jeden Tag hinzu.

In diesem Szenario finden wir, wie erhofft, weitere Erklärungen für andere geologisch auffällige Besonderheiten der Venus. Entgegen der naheliegenden Vermutung, daß unter einer heißen Oberfläche eine dünne Kruste liegt, ist die Kruste der Venus mit 200 km etwa dreimal dicker als die Erdkruste (maximal 70 km). Mit dem klassisch propagierten Abkühlmodell, bei dem der heiße Ur-Planet langsam von außen nach innen erkaltet, ist die dicke Kruste bei anhaltend hoher Oberflächentemperatur unvereinbar. Die chemische und geologische Ähnlichkeit von Erde und Venus fordern aber einen ähnlichen Abkühlvorgang ein. Wir bemerken ein Problem und einen eklatanten Widerspruch im Run-away-Modell. Wenn die Run-away-Hypothese zuträfe, wäre die Venus mit ihrer CO_2-

---

[80] Robert Frei, Claudio Gaucher, Simon W. Poulton & Don E. Canfield; Nature 461, 250-253 (10 September 2009); Fluctuations in Precambrian atmospheric oxygenation recorded by chromium isotopes.

Atmosphäre seit ihrer Entstehung nie unter ihre aktuelle Oberflächentemperatur abgekühlt, und die Bildung ihrer mächtigen Kruste bliebe gänzlich unerklärbar. Nebenbei bemerkt, wäre es genauso unklar, wie die Erde dem anfänglichen Schwitzkasten ihrer CO_2-aufgeladenen Atmosphäre entkommen konnte. Am fehlenden CO_2 kann es nicht gelegen haben.

Unser Einschlagmodell erklärt ohne verquere Annahmen, wie die dicke Kruste zustande kam. Der einschlagende Zwergplanet kam aus dem Asteroidengürtel und trug in den Metallplaneten Venus primär Gestein (Alumosilikate und Oxidverbindungen anderer Elemente) ein. Dieses eingeschleppte Fremdgestein bildete nach seinem Aufschmelzen in der Hitze des Einschlags zusammen mit der originären Kruste der Proto-Venus die dicke Kruste aus. Das quantitative Aufschwimmen des Materials, das von einem mondgroßen Zwergplaneten eingetragenen wurde, erklärt 95 km der 200 km dicken Venus-Kruste. Berücksichtigen wir zusätzlich Vermischungen von Krusten- mit den leichteren Anteilen des Mantelmaterials rundet dies die Erklärung für die vergleichsweise dicke Kruste ab. Geradezu trivial würde ein nochmals größerer Zwergplanet die zur Oberflächentemperatur unpassend dicke Kruste erklären.

Der Einschlag pflügte Mantel und Kruste um und durchmischte die beiden Schalen, so daß die vorigen abkühlungsbedingten Temperatur- und Dichtegradienten in der Kruste aufgehoben wurden. Infolge der Homogenisierung des Mantelmaterials, des Fehlens von Temperaturgradienten und der insgesamt gesunkenen Viskosität des durchgängig erhitzten Planeten kam die Plattentektonik zum Erliegen. Bis auf vertikale Strömungen erstarrte die Geologie des Planeten. Konvektion trat nur noch in der obersten abkühlenden Kruste auf. Heißes und daher leichteres Mantelmaterial drängte wiederholt durch die erstarrende Kruste nach oben und überspülte sie. Die aufsteigende Lava bildete Dome, ohne bei ihrem Aufsteigen eine solide erstarrte Kruste aufbrechen oder tektonische Platten zur Seite schieben zu müssen.

Die Oberfläche der Venus überziehen Bruchlinien, die oft parallel, in einigen Gebieten aber auch ein Kreuzungsmuster bilden. Ihr Netz überzieht ohne Unterbrechung auch Dome und Vulkane und weist sie dadurch als jünger aus.[81] Wir erkennen in den Rissen die Grenzen von Schollenbrüchen. Da die erkaltende Oberfläche beim Schrumpfen zerbrach taten sich die Spalte auf. Obwohl auf der windstillen und trockenen Venus kaum Verwitterung existiert, können die scharfkantigen Risse dennoch nicht uralt sein. Wir halten fest, die Venusoberfläche ist jung. Der nach anfänglichem Brodeln und Kochen homogenisierte Aufbau mit einer extrem dünnen und vergleichsweise niederviskosen Oberflächenschale erklärt sowohl die Dicke der Venuskruste als auch ihre geologische Ruhe.

Langanhaltendes Wallen und resultierende großflächige Überschichtungen mit heißem Magma könnten die Abkühlung so stark verzögert haben, daß die angenommene geringe Emissivität als Korrekturfaktor bei der Berechnung der Abkühlung doch nicht hinreichte. Andererseits lag die Oberflächentemperatur wohl deutlich höher als in den Modellrechnungen angenommen. Wie dem auch sei, wir sprechen von Jahrtausenden und nicht von Millionen von Jahren, die diese zweite Abkühlung der Venus bisher dauert.

Ein weiteres Indiz für eine junge Venusoberfläche finden wir in ihrer geringen Kraterdichte, die tausendfach kleiner ist als die Kraterdichte unseres Mondes. Im vorgetragenen Einschlagszenario verwundert die geringe Kraterdichte nicht, sondern eher der Umstand, überhaupt Krater vorzufinden. Wäre die Venusoberfläche tatsächlich nur einige tausend Jahre alt, würden wir aufgrund von statistisch erfolgenden Meteoriteneinschlägen überhaupt keine Krater erwarten.

Vielleicht schauen wir bei den vorhandenen Kratern aber auch nur auf eine weitere Folge des Asteroideneinschlags. Wir hatten zuvor als merkwürdig eingestuft, daß die Venus trotz Zwergplaneteneinschlags keinen Mond hat oder sie nicht wenigstens ein Schuttring umgibt. In unserem Modell kann nach dem Einschlag sehr wohl ein Ring abgesprengten Materials existiert haben. Sein heutiges Fehlen würde sich zwanglos erklären, wenn dieser Schutt des Einschlags die Venus in so geringer Höhe umkreist hätte, daß die Trümmer von der gigantisch aufgeblasenen At-

[81] The Cambridge Solar System, Kenneth R. Lang, Cambridge University Press, New York (2011).

mosphäre abgebremst wurden und schließlich auf die Oberfläche stürzten. Die nach dem Aufschmelzen anfänglich wieder jungfräulich glatte Venusoberfläche hätten dann nicht über Jahrmilliarden Bahnkreuzer aus dem Weltraum, sondern Impakte der aus dem Orbit herabstürzenden Boliden verkratert. Schlugen die Ringtrümmer während der anfänglichen Oberflächenerstarrung ein, könnten sie mit ihren Einschlägen die erstarrende Kruste lokal geschwächt, Magmaüberflutungen und die Ausbildung der Magmadome initiiert haben. Wenn Dome und Krater sich äquatornah konzentrieren,[82] verträgt sich dieses Faktum bestens mit der vorgetragenen Hypothese, ihnen die Entstehung aus einem äquatorialen Schuttring zuzuweisen.

Kollidierte ein mondgroßer Asteroid zu Menschenzeit, wenngleich in versunkenen prähistorischen Zeiten, mit der Venus, welches Schauspiel hätte sich den Erdlingen geboten? Übersetzen wir für ein Verstehen die frei werdende Energie in ein plastisches Bild. Das Ereignis war nicht eine lokale Explosion auf der Venusoberfläche, es erfasste den ganzen Planeten.

Nachdem die Schwerkraft der Venus den heranrasenden Zwergplaneten zur Zigarre verformt hatte, zerriß sie ihn spätestens zehntausend Kilometer über ihrer Oberfläche. Die weiterhin riesigen Fragmente rasten mit sechzigfacher Überschallgeschwindigkeit durch die Venusatmosphäre. Die Reibung erhitzte ihre Oberfläche auf mehrere tausend Grad, so daß sie schmolz und abdampfte. Druckwellen ausgehend von ultrahellen Feuerkugeln und sich in den Feuerschweifen explosionsartig ausdehnenden Gasen erschütterten die Atmosphäre.

Die Reibungshitze beim Eindringen in die Atmosphäre drang allmählich zum Kern der Fragmente vor, währenddessen sich deren mechanischer Zerfall fortsetzte. Stoßwellen und die Explosionen sich zersetzenden Gesteins zerlegten die großen Fragmente und fächerten die Trümmerwolke weiter auf. Große Boliden durchschlugen die Kruste des Planeten und rissen den Schlund zur Hölle auf. Ihre kinetische Energie war nach dem Durchschlagen der Kruste und ihrem Eintauchen in den Planetenmantel noch längst nicht aufgezehrt; im Magma setzten sie ihren Weg fort, schoben es bis zu ihrem Stillstand vor sich her oder lösten sich vollständig

[82] http://www.goerlitzer-sternfreunde.de/html/venus.html

auf. Unter dem Hagel der Einschläge drehte sich der Planet weiter, so daß die Trümmer des Zwergplaneten eine Spur der Verwüstung über den Planeten zogen. Die Wucht der Einschläge, aufquellendes Magma und Stoßwellen zerbrachen die Kruste, Magma quoll durch Spalte, Supervulkane schleuderten kochendes Gestein in den Weltraum. Plasmafackeln und Protuberanzen schossen Lichtbögen über die Atmosphäre hinaus. Auf viele tausend Grad aufgeheiztes Plasma, planetenumspannende Explosionen einschlagender Asteroidentrümmer, die aus zersetzendem Gestein freiwerdenden Gase und eine Höllenhitze schoben die ganze Atmosphäre hoch in den Weltraum. Die Transformation des Planeten von einer kalten Gesteinskugel in einen gleißenden Stern dauerte keine Stunde. Danach beleuchtete für viele Jahrhunderte ein glühender Planet eine ihn umgebende aufgeblähte, wabernde Gaskugel.

In diesem Zustand haben wir mit den Reliefs Mesopotamiens und ihren kryptischen Darstellungen eines Dreigestirns am Erdhimmel die realistischen Abbildungen eines gesehenen Zustandes vor uns. Wir stimmen den Prähistorikern zu, die Reliefs mit dem Dreigestirn stellen neben Sonne und Mond die Venus dar. Nur zeigen sie uns eine völlig andere Venus als die, die wir heute am Himmel stehen sehen. Die Reliefdarstellungen der fremdartigen Venus halten exakt die von uns erwartete optische Anmutung fest. In stimmiger Weise umrahmt auf den Reliefs dieses dritte Objekt kein Strahlenkranz, sondern ein scharf abgegrenzter Rand. Die große kreisförmige Scheibe um einen hervorgehobenen inneren Kern repräsentiert, nach unserem Modell zutreffend, die hitzeaufgepumpte, expandierte Atmosphäre, die – von der Erde aus betrachtet – den heute nahezu punktförmigen Planeten zur Scheibe aufweitete.

Selbst die Details der Reliefs, siehe wieder Bild G, erweisen sich als passend zum Modell. Nach dem Einschlag und beleuchtet vom freigelegten Mantelmaterial hämmerten Magma-Eruptionen und platzende Gasblasen Wellenmuster in die Atmosphäre; in den Reliefs getreu in den radialen Wellenmustern wiedergegeben. Im abrupten Ende der Wellenmuster am Rand der Scheibe geben die Reliefs den Durchmesser der aufgeblasenen Atmosphäre wieder, deren Höhe den Rand des Tobens und Wallens der aufsteigenden Hitze markiert. Heute sind auf der Venusoberfläche die gewaltigen Gasausbrüche, die damals in die Atmosphäre zum Schwingen brachten, als runde, geologische Strukturen erhalten, die die Planetologen als Coronae (Kronen) bezeichnen.

Viele Jahre – über Generationen – stand eine zweite Sonne am Erdfirmament. Trotz des verblassenden Sterns bleibt das Ur-Ereignis vom plötzlichen Erscheinen einer zweiten Sonne in Erinnerung. Einen zur Sonne gewandelten Planeten vergißt niemand – auch nicht die Menschheit in ihren Kindertagen. Eine ganze Generation sah das Aufflammen einer zweiten Sonne, viele Generationen sahen eine schwächer werdende rote „Lampe". Auch wenn niemand verstand, was am Himmel vorging, das Ereignis war schrecklich genug, um den Kult um die Venus ins Leben zu rufen. Im Lichte dieses Modells wundern wir uns nicht mehr über den Venuskult, sondern verstehen ihn.

Bleibt zu klären, wie wahrscheinlich ist der diskutierte Einschlag? Falls die Bahnen von Planet und Zwergplanet in der gleichen Ebene liegen und das Perihel der Zwergplanetenbahn die Venus-Bahn berührt, erfolgt der Einschlag zügig. (Zugegeben ein Sonderfall, aber dennoch illustrativ.) Liegt, wie in Abbildung 5 gezeigt, das Perihel der Bahn des Zwergplaneten 10 Tkm innerhalb der Venusbahn, bewegt er sich über 4,6 Tage in einem Abstand zur Venusbahn, der weniger als 10 Tkm beträgt. Treffen die beiden Massen in einem so geringen Abstand und (!) am gleichen Bahnort aufeinander, wird der Einschlag geometrisch und erst recht befördert durch gravitative Anziehung unvermeidbar.

Die Wahrscheinlichkeit des Einschlags berechnet sich demnach aus der Wahrscheinlichkeit, mit der Venus und Zwergplanet sich zur gleichen Zeit, am gleichen Ort im 10 Tkm-Abstandsfenster bewegen. Die Abschätzung ergibt, daß ein Zwergplanet auf dieser Bahn statistisch nach erschreckend kurzen 30.000 Jahren in den Planeten einschlägt. Wir landen auf der geologischen Zeitskala bei einem Wimpernschlag. Ganz so schnell wird es nicht gegangen sein. Die Kollisions-Wahrscheinlichkeit ist bei unseren Annahmen überschätzt. Zum einen wurde das Perihel und damit die Schmiegekurve so angepaßt, daß die Verweildauer des Zwergplaneten im Einschlagfenster maximal wurde. Um diese Übereinstimmung zu erreichen, wurde die Umlaufzeit des Zwergplaneten auf fünf Stellen angepaßt. Die gewählte Situation wäre in der Realität demnach extrem unwahrscheinlich. Zum zweiten wurden beide Bahnen in der gleichen Ebene liegend angenommen. Stehen die Bahnen geneigt und/oder schief zueinander, verkürzt diese Konstellation den Streckenabschnitt, in dem es zur Kollision kommen kann. So rigide die Forderung des Umlaufs in gleicher Bahnebene klingt, die Rückführung der Venusmechanik auf eine Kollision fordert sie mit geringer Variabilität ein. Denn, um die Rotationsachse der Venus nach dem Einschlag nahe 90° zu halten, darf der Zwergplanet bei der Kollision keine merkliche Geschwindigkeitskomponente senkrecht zur Venusbahnebene aufgewiesen haben.

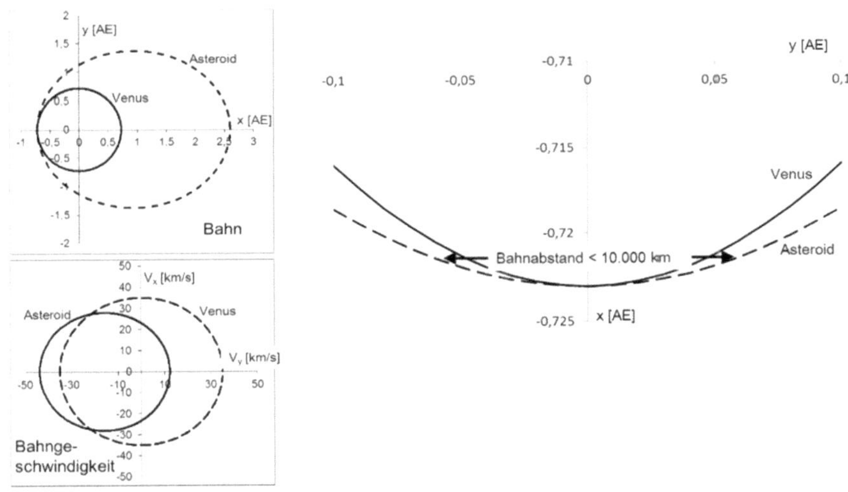

Abbildung 5
Berechnete Bahn-Geschwindigkeiten und Bahnkurven der Venus und des hypothetischen Zwergplaneten
Rechts die Bahnen im Perihel des Asteroiden (beachte: x- und y-Achse sind gegenüber den Diagrammen links gedreht).

Wir stellen fest, auf einer Bahnkurve ähnlich der angenommenen kann ein Zwergplanet nur für kurze Zeit verharren. Bei der abgeschätzten Einschlagswahrscheinlichkeit selbst, wenn wir einen Faktor zehn infolge einer weniger günstigen Bahnkontur zuschlagen, kann der Zwergplanet nicht seit den Anfängen des Planetensystems auf dieser Bahn die Sonne umkreist haben, zumal der hypothetische Kleinplanet nicht allein die Venusbahn kreuzte, sondern auch die Bahnen von Erde und Mars. Und diese Planeten waren auf seiner Route ebenfalls Kollisionskandidaten.

Daß es einst im Sonnensystem solch riesige Bahnkreuzer gegeben hat, steht fest: Wie wäre die Erde sonst zu ihrem Mond gekommen?

Aber wieso so spät in der Geschichte des Planetensystems, und welche Störung, welches Ereignis hat den Venuskollidierer auf seine Bahn geworfen? Eine spannende Frage, deren Beantwortung wir uns für ein Folgekapitel aufheben.

> Von den Alten und den Vätern aus uralter Zeit ist in mythischer Form den Späteren überliefert, daß die Gestirne Götter sind und das Göttliche die ganze Natur umfaßt.
> Das übrige ist dann in sagenhafter Weise hinzugefügt zur Überredung der Menge und zur Anwendung für die Gesetze und das allgemeine Beste.
>
> *Aristoteles (384-322 v. Chr.):*
> ΤΑ ΜΕΤΑ ΤΑ ΠΗΥΣΙΚΑ[83] *(Prôtê Philosophia)*

Resümee

So stimmig und einfach die Physik zu erklären scheint, was die Mythen nahelegen, so unwahrscheinlich ist das ausgemalte Szenario, solange wir keine gute Erklärung nachschieben, was den Zwergplaneten, der in unserem Modell geologisch kürzlich die Venus traf, auf seine Bahn ge-

[83] Aristoteles: Metaphysik (Erste Philosophie), Buch 12.
Übersetzung von Hermann Bonitz, Berlin 1890; http://12koerbe.de/pan/met12-3.htm#8

worfen hat. Das Szenario schließt wegen der hohen Einschlagwahrscheinlichkeit einen Bahnkreuzer aus der Entstehungsphase des Planetensystems aus, da ein solcher unmöglich bis in die Jetztzeit auf einer Einschlagbahn mit Venus hätte verweilen können.

Das vorgestellte Modell, welches die Mechanik der Venus auf den Einschlag eines Zwergplaneten zurückführt, ist nicht neu. Obwohl durchaus bedenkenswerte Argumente und der Zustand der Venus das Einschlagmodell stützen, haben erst seltsam spät, im Jahr 2006, Alex Alemi und David Stevenson vom California Institute of Technology ein solches Modell skizziert.[84] In – wie ich finde – unnötig komplizierter Weise haben sie in ihrem Modell einen Venus-Mond und eine Abfolge von zwei Einschlägen konstruiert. Die untersuchte Fragestellung mag die Kompliziertheit des Ansatzes erklären. Im Vordergrund steht bei ihnen die Frage, warum die Venus keinen Mond hat, und nicht, warum sie nicht rotiert. Den fehlenden Mond als Argument gegen den Einschlag zu werten, widerspricht Huve Davies (Universität Cardiff). Seine Überlegungen zur Kollision eines Zwergplaneten mit der Venus decken sich im Wesentlichen mit unseren Ausführungen.[85]

Selbstverständlich verlegen alle, Alemi wie Davies, das Ereignis der Kollision einige Milliarden Jahre an den Anfang des Planetensystems zurück. Einen Bezug zu geschichtlichen Nachrichten über eine extrem hell leuchtende Venus stellen sie nicht her; vermutlich hatten sie darüber weder Kenntnis, noch zogen sie ein derartig kürzliches Ereignis überhaupt in Erwägung.

Obwohl wir auch heute in einer bedrohlichen Asteroiden-Wolke leben, kennen wir keine Asteroiden, die an die Größe des hypothetischen Venus-Asteroiden heranreichen. Im Abstandsbereich der inneren Gesteinsplaneten beobachten wir nur kleine Asteroiden von maximal einigen hundert Metern Durchmesser. Die erdbahnkreuzenden Asteroiden, die uns wegen ihrer Größe und Einschlaggefahr Sorgen bereiten, sind Kiesel im Vergleich zu dem Felsen, der die Venus traf. Jenseits der Marsbahn

---

[84] http://www.scientificamerican.com/article/double-impact-may-explain/ oder auch in http://www.skyandtelescope.com/astronomy-news/why-doesnt-venus-have-a-moon/

[85] http://www.space.com/5025-venus-mysteries-blamed-colossal-collision.html
Siehe auch: Huw Davies in http://orca.cf.ac.uk/9401/1/Huw_Davies_2008a.pdf

finden wir im Asteroidengürtel einige größere Zwergplaneten mit über 100 km Durchmesser (größtes Objekt ist der Zwergplanet Ceres mit 963 km). Noch weiter draußen kreuzen Zwergplaneten zwischen den Gasplaneten, die niemand bestellt hatte und die auch erst kürzlich entdeckt wurden. Zwei dieser als Zentauren bezeichneten Objekte (Chiron[86] und Pholus) messen über 300 km Durchmesser. Der nächstgroße Zentaur Chariklo[87] ist sogar von einem Ring umgeben. Sie als Bahnkreuzer zwischen den riesigen Gasplaneten zu entdecken, hat die Astronomen überrascht, da auch in ihrem Fall die Einschlagwahrscheinlichkeit in einen Planeten unvereinbar mit der Annahme ist, daß sie auf ihren heutigen Bahnen seit Anbeginn im Planetensystem umlaufen. Die Umlaufdauer der Zentauren beträgt 50 bis 100 Jahre. Eine abgeschätzte statistische Einschlagwahrscheinlichkeit gesteht ihnen ein maximales Alter von einigen 100 Millionen Jahren zu, aber nicht einige Milliarden Jahre. Wahrscheinlicher als ein Einschlag wäre allerdings eine Nahbegegnung mit einem der Gasriesen, dessen Gravitation sie zum Mond einfangen, ihre Bahnen verbiegen oder sie gar aus dem Planetensystem schleudern würde. Wir können festhalten, da ihr Alter auf der heutigen Bahn nicht an die Anfänge des Planetensystems verlegt werden kann, hat sie unvermeidlich ein unbekanntes und auf der geologischen Zeitskala junges Ereignis auf ihre heutigen Bahnen geworfen.

Die These, daß zu geschichtlicher Zeit die Kollision mit einem Zwergplaneten die Rotation der Venus stoppte, bricht mit der Experten-Vereinbarung, die alle Großereignisse, die Planeten umgestalteten, viele Millionen, besser noch Milliarden Jahre zurückverlegt. Unstrittig ist, daß es riesige Bahnkreuzer gegeben hat. So wird die Schiefstellung der Achsen der großen Gasplaneten gigantischen Kollisionen mit erdgroßen Bahnkreuzern zugeschrieben. Der möglichen Herkunft dieser Bahnkreuzer werden wir uns noch intensiv widmen. Können wir den Anlaß ihrer Entstehung als ‚geologisch kürzlich' identifizieren, schließt sich die Argumentationskette. Die Einschläge von Riesenasteroiden in Planeten

[86] Chiron wurde 1977 entdeckt. Benannt nach dem Zentaur Cheiron aus der griechischen Mythologie, latinisiert Chiron, fungiert er als Namensgeber für die später gefundenen Objekte in diesem Abstandbereich und dieser Größe.

[87] https://www.eso.org/public/germany/news/eso1410/

werden ebenso verständlich wie das Heranrücken kosmischer Großereignisse an unsere Zeit. Wir behaupten und werden begründen: Mythen mit, oft verbrämtem, astronomischem Erzählstoff enthalten mehr Wahrheiten und basieren auf mehr realen Ereignissen, als bislang auch nur im Entferntesten in Erwägung gezogen oder auch nur erahnt.

Um die Rotationsachse eines riesigen Gasplaneten zu kippen, sind Zwergplaneten mit noch größerer Masse erforderlich, als wir sie annehmen mußten, um die Rotation der Venus zu stoppen. Während wir im Inneren des Planetensystems die Zwergplaneten als Riesenasteroiden ansprechen und ihre Heimat im Asteroidengürtel annehmen, stammen die Bahnkreuzer der Gasplaneten mit hoher Wahrscheinlichkeit zumeist aus dem Kuipergürtel. Sie firmieren im Folgenden unter dem Namen: Plutoid.

Es braucht Zwergplaneten deutlich größer als den Neptunmond Triton ($2{,}147 \cdot 10^{22}$ kg = 1/3 der Mondmasse), um durch Einschlag die Achse eines Gasplaneten mit der Richtung des Einschlagvektors zu parallelisieren. (In Appendix B ‚Bahnkreuzer und Planetenkollidierer' werden wir ein Szenario zur Entstehung des Neptunsystems aus einem Plutoideneinschlag vorstellen.) Die Neigung der Uranusachse und die Uranusmonde, die einschlagskonform den Uranus in seiner Äquatorebene umkreisen, sind überzeugende Beweise für vorstellungsprengende Riesenkollisionen. In den Uranusmonden haben wir die Reste eines Plutoiden (oder eher der Plutoidengruppe) vor uns, der die Achse des Planeten um 90° kippte und einen signifikanten Teil der Uranusmasse in den Weltraum pustete. Wir müssen schließen: Mondgroße Bahnkreuzer sind keine exotischen Absonderlichkeiten, sie waren einst Normalität, sie haben die Mechanik der Planeten gestaltet und zwar in allen Fällen Von Venus bis Neptun haben sie jedem Planeten mit ihren Kollisionen ihren Stempel aufgedrückt.

Schauen wir auf die Krater des Mondes oder die Ringe des Gasplaneten, verlegen wir ihre Entstehung an die Anfänge des Planetensystems. Ist diese Zeitskala richtig oder ist sie Wunschvorstellung? Verlegt die Wissenschaft kosmische Ereignisse in die Anfänge des Planetensystems und sammelt Argumente im Sinne dieser These, weil es sonst für die Bewohner der Erde gefährlicher wäre als gefühlt?

Das vorgestellte Modell eines Zwergplaneteneinschlags erklärt die Geologie der Venus, ihre hohe Oberflächentemperatur, die Zusammensetzung ihrer Atmosphäre und deren fehlende lokale Varianz. Ein gewaltiger Asteroideneinschlag in die Venus, den wir in die geologisch jüngste Vergangenheit verlegt haben, fügt die Puzzle-Steine der Physik und der Mythen zu einem widerspruchsfreien Bild zusammen. Unerklärt bleibt, warum die Venus keinen Ring hat, oder warum nicht wenigstens – wie den Mars – einige Trümmer des Einschlags sie umkreisen. Hilfsweise spekulieren wir, daß hochgeschleuderte Trümmer den Planeten in geringer Höhe umkreisten, und die Bremswirkung der aufgeblasenen Atmosphäre sie inzwischen zum Absturz brachte. Ein Ring oder Monde, die die Venus in gleichen Höhe umkreist hätten, wie die Marsmonde den Mars, wären einem Bremseffekt ausgesetzt gewesen und hätten eine nur kurze Verweildauer auf ihrer niedrigen Umlaufbahn gehabt. Als Nebeneffekt hätte das reibungsverursachte Abbremsen die Atmosphäre nachgeheizt, und schließlich hätte der Einschlag großer Trümmer immer wieder Energie freigesetzt, die ein längeres Nachglühen der Venus bewirkt hätte. Heftige Einschläge hätten nicht nur die wenigen Venuskrater geschlagen, sondern den Planeten jedes Mal erneut aufblitzen lassen. In der Tradierung der Menschen wäre die Venus langsamer und somit näher an der Jetztzeit verblaßt.

Gurkha, flying a swift and powerful vimana
hurled a single projectile
charged with the power of the Universe.
An incandescent column of smoke and flame,
as bright as ten thousand suns,
rose with all its splendour.

Mahabharata

Die technischen Götter

Nach Jahrhunderten theologischer Feinjustierung wird von den monotheistischen Buchreligionen das Wesen und Sein Gottes als transzendent angenommen, d. h. als außerhalb der wahrnehmbaren Umwelt und des Zeitbegriffs der Menschen sowie als die ganze Schöpfung umfassend. Nach den Glaubensgrundsätzen dieser Weltreligionen ist Gott ewig und nicht von dieser Welt. Von daher ist er weder auf die Erde als Planeten noch auf die Menschen angewiesen oder ihnen verpflichtet. Er hat ein ganzes Universum zu seiner Disposition und kann jederzeit woanders neu anfangen. Daß Gott dennoch nach seiner Tätigkeit als göttlicher Weltbaumeister (Demiurg) unserer Welt nicht in seiner transzendenten Anderwelt entschwunden ist und sich trotz dieses Seinsabstandes um ‚seine' Menschen kümmert, ist die Kernbotschaft der meisten Religionen. Daß man an Gott und seinem Wirken noch fest glauben muß, kommt in allen Buchreligionen als „Glaube" hinzu. Man kann sogar mit allerlei philosophischer Quacksalberei Überhöhung versuchen, ja nach Thomas von Aquin aus Glauben Wirklichkeit konstruieren, am Ende bleibt Glaube ‚etwas zu glauben' und nichts Greifbares oder Beweisbares.[88]

[88] William J. Hoye; Der Grund für die Notwendigkeit des Glaubens nach Thomas von Aquin; http://hoye.de/glauben.pdf

Seltsamerweise und im Widerspruch zu seinem transzendenten Wesen wird der allmächtige Gott selbst in den monotheistischen Buchreligionen nicht einzig gedacht. Er hat sich vielmehr mit einem Hofstaat von Helfern und Engeln umgeben. In der judäisch christlichen Lehre widersetzt sich ein Vasall Gottes (All)Macht, wird erst zum Abtrünnigen und am Ende zum Widersacher und Teufel. Der Schöpfer und Vorwisser von allem hat sich seinen eigenen Feind erschaffen. Mindestens nicht besonders schlau. Die Bibel lehrt weiter: Erst durch den Teufel kommt die Schlechtigkeit in die Welt, kann der Mensch Gut und Böse erkennen und sich mit diesem Wissen in die ewige Verdammnis wirtschaften. Positiv gewendet, wird er erst durch den Teufel frei und kann zwischen Gut und Böse wählen. Die Freiheit erlaubt unethisches Verhalten und erlegt ihm gleichzeitig Verantwortung für sich und andere auf. Den Schritt in diese Unabhängigkeit nennt die Bibel Erbsünde. Vielleicht überspitzt und ungerecht: Mir scheint, Moraldogmatiker haben diesen Nebenaspekt der Bibel über Jahrhunderte den Gläubigen als naturgegebene Unterdrückungsakzeptanz an den Hals gepredigt. Da der Mensch von Natur aus sündig ist, hat er gefälligst Unrecht – insbesondere seitens der Kirche und Obrigkeit - zu ertragen. Er büßt für seine unabwaschbare Schuld, für die er zwar nichts kann, aber seine Urmutter Eva 'hat es ihm eingehandelt.

Die Existenz des Teufels führt zu einer Freiheit des Menschen, die durch Gewissen beschränkt wird und die zugleich auf ihm lastet. Religion und ihre Protagonisten begründen mit dieser Last, die sie vorgeben erleichtern zu wollen, die Berechtigung zur Bevormundung und Freiheitsbeschränkung. Der freie Mensch muß durch Gebote vor sich selbst geschützt werden. Priester und Propheten haben mit dieser Logik eine für die Erlangung des Seelenheils wichtige Position usurpiert. Ohne ihr Eingreifen und Steuern wäre es noch schwieriger, das ewige Leben zu gewinnen, als es ohnehin schon ist. Diese Ausformung von Religion legitimiert Knechtschaft und Gottesgnadentum. Priester und Herrscher fordern als Stellvertreter Gottes den Gehorsam und die Demut, die der Gläubige eigentlich Gott schuldet. So kommt der Untertan in die Welt. Durch Religion konditionierte Sklaven legen sich die Ketten freiwillig an. Religion ist nicht Opium fürs Volk, sondern schlimmer, sie sanktioniert Unfreiheit und Gedankenpolizei. Dieses Gefängnis hat (für die

Deutschen) Luther aufgebrochen. Die von ihm propagierte Freiheit des Christenmenschen (fußend auf Galater 5, 13), war für die Neuzeit und die Herausbildung des Citoyen vermutlich bedeutsamer als die Renaissance der Klassik.

Wegen seiner Tragweite und historischen Bedeutung hier das Zitat:

> *Zur Freiheit hat uns Christus befreit. Bleibt daher fest und lasst euch nicht von neuem das Joch der Knechtschaft auflegen!*

Luther zählt wie Newton, Rouseeau und Kant zu den Vätern des modernen Europäers (und ihrer Kolonien). Der Unterschied zwischen Katholiken und Protestanten ist größer als im Lebensalltag sichtbar.

Wie konnte es überhaupt zur Knechtschaft kommen? Religionen, Mythen und – nun auch – mexikanische Codices lehren, daß Fremde den Menschen als ihren Diener schufen und von ihren Geschöpfen als Götter verehrt wurden. Wenn der Mensch als Sklave geschaffen wurde, hatte der Schöpfer sein Untertanentum von Anfang an in ihm angelegt. Nach dem Verschwinden der Götter blieben ihre Vögte, die bisher lediglich im Auftrag und als Vermittler gehandelt hatten, in herausgehobener Stellung zurück. Zwar nicht mehr legitimiert, aber schlau genug, um den Untertanengeist zu mißbrauchen, nahmen sie den verwaisten Platz ein. An Ketten gewöhnt, war das gemeine Volk leichte Beute. Pharaonen, Häuptlinge und Könige kaperten endgültig die Macht, die ihnen zu Lebzeiten der Götter verliehen worden war. Zwischen Götter und Gläubige schoben sich der Herrscher und als sein Büttel die Kaste der Priester. Als größenwahnsinnige Aufseher und Gedankenpolizisten von keiner Logik geplagt, vermenschlichten die religiösen „Stellvertreter", mit einem weltlichen Herrscher als ihrem Schirmherrn, die Götter, indem sie sie für bestechlich erklärten. Sie kultivierten ihren angeblich direkteren Draht zum Allerhöchsten, boten den Gläubigen Hilfe und Verständigungswege zu den Göttern in Form von Riten an. Betreutes Beten und Büßen wurde Voraussetzung, damit Gott hilft. Wenn es zu früheren Zeiten jemals Götter auf Erden gab, Institutionen und Priester haben den leergewordenen Platz okkupiert und ihn bis zur Behauptung eigener Unfehlbarkeit ausgereizt.

In den ersten Hochkulturen waren die Menschen zwar Diener der Götter, aber dennoch waren Götter und Menschen einander weitaus näher und gleicher, als sie es heute nach der Lehre moderner Theologie sind. Eine eigene Meinung war anfangs noch erlaubt. Gilgamesch,[89] wenn auch der Sage nach noch Halbgott (genauer ¾ Gott), wies die Avancen der Stadtgöttin Inanna brüsk zurück. (Was sich dann aber doch rächte, indem die Götter seinen Freund sterrben ließen.) Wenn Elohim im Garten Eden den Abendspaziergang genoß, Moses und Jahwe freundschaftlichen Umgang pflegten, Henoch zu Gott entrückt wurde, Quetzacoatl und Virachoca als Kulturbringer unter den Menschen weilten, Indra an Kriegen der Menschen teilnahm, herrschte reale Anwesenheit. Die Götter der Mythen waren in Interessen, im Verhalten und Aussehen den Menschen psychisch und physisch ähnlich.

Wenn auch einigen Menschen im Umgang nah, Güte und Nachsicht mit ihren Geschöpfen kannten sie kaum. Die Willkür und Gnadenlosigkeit der Götter bei der Behandlung und die Geringschätzung der Menschen wird verständlich, wenn unsere Ahnen lediglich genmanipulierte Geschöpfe und Sklaven der Schöpfer waren. Der gute Gott und die Transzendenz kamen erst in die Welt, nachdem die Götter verschwunden waren und die Schlagetöter der Mythen und frühen Religionen in einer Gesetzes- und Kulturgesellschaft nicht mehr den Ansprüchen feinsinniger Juristen und Philosophen entsprachen. So feinsinnig die Transzendenz auch geschliffen wurde, der Macht- und Einzigkeitsanspruch der Priester dauerte an. Kam ein freigeistiger Philosoph diesem Machtanspruch zu sehr in die Quere, durfte er den Schierlingsbecher trinken oder wurde – weniger rücksichtsvoll – verbrannt.

Wie die Geschichte im Übermaß beweist, Wissen und Macht sind nicht zwingend charakterbildend. Das Phänomen scheint alt und von so genereller Natur, daß es auch vor den Göttern nicht haltmachte. Selbstherrlichkeit, Habgier, Niedertracht, Rachsucht, Hinterlist, Verrat und Mord waren unter den alten Göttern so verbreitet wie früher und heute unter den Menschen. Keine Gemeinheit, keine Perversion, kein Verbrechen,

---

[89] http://archiv.ub.uni-heidelberg.de/propylaeum-dok/1014/1/Maul_Das_Gilgamesch_Epos_2005.pdf

das der Mensch erst hätte erfinden müssen. Alles vorgedacht – und vorgemacht! Die Palette ist umfänglich; sie reicht vom Apfelklau (Herakles bei den Hesperiden) bis zum Massenmord (Sintflut). Mächtige (und) Verbrecher hatten und haben ihre Vorbilder im Himmel, können sich in Gedanken, Worten und Werken an Göttern orientieren, wenn sie sich schon kein Gewissen leisten wollen oder leisten können. Nicht jedem ist die zivilisatorische Zwangsjacke eines eigenen Gewissens gegeben oder gleich eng wie seinem Nachbarn.

Die Götter haben – kulturunabhängig – eine Gemeinsamkeit: Sie sind mächtiger als Menschen. Nicht irgendwie abstrakt und dem Wissen nach mächtiger, sondern maximal konkret und faktisch mächtiger, indem sie überlegene Waffen besitzen und diese auch einsetzen – im Kampf untereinander und zur Disziplinierung und Bestrafung der Menschen. Wie düster und traurig – vielleicht auch nur ehrlich – es um die Allmacht der Götter bestellt war, geht aus den Sagen über Kriege und Auseinandersetzungen zwischen Göttern hervor. Von Allmacht keine Spur. In den Kriegen der Götter treffen ebenbürtige Gegner aufeinander.

Ob Zeus Blitze schleudert, Indra mit seiner Flugmaschine ganze Heere und Festungen ausradiert oder Jahwe Pech und Schwefel auf Sodom und Gomorrha regnen läßt, es kommen Waffen mit einer Zerstörungskraft zum Einsatz, die vor dem 20. Jahrhundert unbegreifbar waren. Erst nachdem die erste Atombombe explodiert war, wurden Sprachbilder wie ‚heller als tausend Sonnen' oder ‚Vernichter von Welten' verstehbar. Der Vater der Atombombe, Robert Oppenheimer, hat diese Analogie gekannt und angeblich bei der Explosion der ersten Atombombe in der Wüste von New Mexico die entsprechende Passage aus der Mahabharata zitiert.[90] Wenn wir also Mythen und uralte Nachrichten für wahr annehmen, haben wir mindestens diesen großen Wissenschaftler auf unserer Seite, der nicht im Verdacht steht, sich Märchen und Tagträumen hingegeben zu haben. Wir nehmen mit: Nicht nur Verrückte und Verschwörungstheoretiker glauben merkwürdige Dinge.

[90] http://blog.nuclearsecrecy.com/2014/05/23/oppenheimer-gita/

Die Waffen der Götter können zuweilen sehr konkrete Gestalt annehmen. Der Hammer Thors, der Donnerkeil des Zeus oder die Himmelspfeile an Bord der Vimana-Luftschiffe[91] sind Archetypen von Waffen, die den Bogen vom simplen Hammer zum komplexen Luftschiff spannen.

Dazu beispielhaft einige Zeilen aus der Rig-Veda

Als blitzend du zum Kampfe triebst
den Vritra mit dem Donnerkeil,
Da stieg zum Himmel deine Kraft,
da Indra du den Drachen schlugst;
du strahlst in eigner Herrlichkeit.

Ein Zitat, das eine doppelte Deutung zuläßt. Entweder erkennen wir in den Zeilen die Beschreibung der Waffe eines persönlichen Gottes oder wir fassen Indra als indisches Pendant zum babylonischen Marduk und ägyptischen Ra auf. Der Drache Tiamat wird im indischen Mythos zu Vritra. Dieser Vorgriff auf andere Mythen ist eine ganz andere Geschichte, die im Folgenden ganze Kapitel füllen wird.

Waffen verliehen den antiken Göttern ihren Glanz; symbolisierten Machtanspruch und dienten als Herrschaftsinstrumente. Um in der Vorzeit Gottstatus anzumelden und zu festigen, war nicht einmal ultramoderne Waffentechnik vonnöten. Schon mit einem Schnellfeuergewehr und reichlich Munition wäre jedem von uns in der Steinzeit der Gottstatus garantiert. Eine technisch gut ausgestattete Expedition aus der Gegenwart zurückversetzt in das Jahr 3000 vor Christus wäre ununterscheidbar von den Göttern der Mythen. Die Teilnehmer bräuchten sich weder zu verstellen noch zu schauspielern.

Über Indizien zur Anwesenheit höherer Wesen zu stolpern, bedarf weder Mühe noch Hexenwerk. Die Herausforderung steckt in der Beurteilung der Indizien, bei denen Vereinfachungen und Fehler in der Tradierung sowie der Vorsatz zur Täuschung und Fälschung tausend Jahre und länger wirken konnten. Daß an der Bibel – spätestens bei ihrer Übersetzung in andere Sprachen – herumredigiert wurde, ist unstrittig. Historisch gesichert ist eine erste große Reform und Säuberung des

[91] http://j-area52.de.tl/Die-Waffen-der-G.oe.tter-.-.htm

Jahwe-Glaubens unter dem jüdischen König Joschija im siebten Jahrhundert vor unserer Zeit. Erst im Zuge dieser Reformation wurden die anderen Götter endgültig abgeschafft und in Juda wurde der Monotheismus zur Staatsreligion.

Der Koran liefert mit seinem numerologischen Aufbau ein beachtenswertes Argument für einen göttlichen Beitrag bei seiner Abfassung.[92] Zu hinterfragen ist, ob der Koran überhaupt Menschenwerk sein kann oder die Auffälligkeiten der Zahl 19 doch nur Zufall sind. (19 ist auch deshalb auffällig, weil die Anpassung des Sonnenkalenders an den Mondkalenden den metonischen 19-Jahre-Zyklus nutzt, nach dem Sonnen- und Mondjahr in rationalem Verhältnis wieder zusammenfallen.[93]) Sicher ist, im Vergleich zur Bibel wurde der Koran gegenüber der Urfassung weniger abgewandelt als die Bibel. Andererseits scheint der Inhalt einiger Suren von privaten Interessen Mohammeds beeinflußt, wenn nicht diktiert. Wenn im Koran zu Gewalt aufgerufen wird, sind wir wieder bei den alten, gewalttätigen Göttern angekommen.

Wenn Götter aus ethischen Motiven soziales Verhalten eingefordert haben, entspricht das unseren Wertvorstellungen und hat nebenbei einen machtpolitischen Aspekt und Nutzen. Ein allgemeiner Wertekanon ist Voraussetzung für eine Zivilisation, in der egoistische und sich ihrer Selbst bewußte Wesen friedlich zusammenleben. Nur Tiere, wie manche Insekten und Ameisen, bilden Staaten aufgrund genetischer Veranlagung und selbst dort gibt es Chefs. Tatsächlich mahnen 8 der 10 Gebote der Bibel das Zurückdrängen asozialen Verhaltens und die Einhaltung von ethisch, moralischen Regeln an; aber wozu in den ersten beiden das Insistieren auf Hingabe und Einzigkeit? Bei der Aufnahme dieser beiden Gebote könnte im Zuge der Josijaischen Revision des Alten Testaments der Ausschließlichkeitsanspruch bei der Erhebung des Monotheismus zur Staatsreligion nachgeholfen haben.

Bei den religiösen Schriften, die wir als Altes Testament bezeichnen, handelt es sich um eine Auswahl von Einzelbüchern aus einem größeren

---

[92] http://www.ewigeweisheit.de/geheimwissen/numerologie/zahlenmystik/die-neunzehn-19; http://mathe.alrahman.de/code-19-der-korancode/

[93] Astronomie – Die kosmischer Perspektive; H. Lesch Hrsg.; Pearson Studium (München 2010).

Kanon und um erkennbar bereinigten Text, in dem in nicht oder unzureichend eliminierten Textpassagen die polytheistischen Originale durchschimmern. Der alte Götterhimmel wurde durch Einführung von Engeln monotheistisch umformuliert. Auch in der Revision beruht die Macht Elohims (zeitlich aufeinanderfolgend variiert im Alten Testament der Name Gottes vom alten Elohim (Plural von Gott !) über Adonai (Herr) zu Jahwe) auf Wunder, für uns Waffen und Technologie. Manches Wunder wundert uns überhaupt nicht. Bei brennenden und sprechenden Dornbüschen tippen wir eher auf einen Lautsprecher mit Lampe statt auf ein Wunder.

Wir tun uns schwer mit dem Glauben an lebende Götter, weil es seit langer Zeit keinen unzweifelhaften, direkten Kontakt mehr gegeben hat. Marienerscheinungen und individuelle spirituelle Kontakte empfindet der aufgeklärte Zeitgenosse eher als befremdlich denn als Beweis. Die letzte große Glaubensgemeinschaft, die ihre Lehre auf einen in jüngerer Vergangenheit stattgefundenen Kontakt mit einem Gottgesandten zurückführt, sind die Mormonen, deren Gründer Joseph Smith (1805 – 1844) die Bibel um ein neues, ihm angeblich vom Engel Moroni diktiertes Buch erweitert hat. Jedenfalls gibt es einige, die diese Behauptung bestätigt haben und ausreichend viele, die daran glauben.

Wir wissen nicht, ob und wie sich Beobachtungen von UFOs in das Thema Außerirdischer einordnen lassen. Gibt es überhaupt UFOs? Sind ihre Sichtungen absichtliche oder unbewußte Täuschung; kann am Ende jedes Auftauchen auf natürliche Erscheinungen zurückgeführt werden? Wie dem auch sei, wir wissen es nicht, wollen und werden dieses Thema und seine Problematik hier bewußt ausblenden.

Zu dem Phänomen göttlicher Machtausübung existiert reichlich Schrifttum und dies keineswegs nur in Form von verstümmelten, interpretierbaren Mythen, sondern recht präzise in lückenlos tradierter Primärliteratur. Vom Gilgamesch-Epos, über das ägyptische Totenbuch bis zur Bibel werden Begegnungen mit Göttern und Engeln geschildert. Die Einfacherklärung, die Primärquellen als Tatsachenberichte zu akzeptieren, wird in das Reich der Verschwörungstheorie verbannt. Mit gewisser Berechtigung, denn Erklärungen, die diesen Ansatz verfolgen, gehen üblicherweise in einer Vermengung von Präjudiz, Wahn und

Komplizierung unter[94]. Anderseits müssen wir konstatieren, umgekehrt sieht es nicht viel besser aus; selbst an einfachen Texten wird von Theologen und anderen Fachleuten herumexegiert, bis vom geschriebenen Wort nichts mehr übriggeblieben und jede Logik beerdigt ist. Die verbeamtete Archäologie weicht dem Verstehenwollen aus, fürchtet die zu mutige Alternative und erschöpft sich allzu oft in epsilontischer Langeweile bei der Einordnung von Scherben oder phantasiert Paläste über verwitterte Steinstümpfe. Für den großen Wurf reicht das Scherbensitzen nicht.

Das Scherbenzählen konfrontiert uns mit der größten Schwäche propagierter alternativer Prähistorie. Was in den Mythen so dramatisch ausgemalt wird, kontrastiert mit kläglichen bis nicht existenten Artefakten aus dieser Vergangenheit. Archäologische Funde von technischem Gerät sind seltenst und oft fragwürdig. Bis heute ist kein gesichertes Artefakt gefunden, das eine prähistorische Waffentechnologie, die über Schwert und Speer oder Pfeil und Bogen hinausreicht, sicher nachweist. Obwohl es Einzelfunde gibt, die nicht in das klassische Bild passen, ist ihre Herkunft zweifelhaft – vielleicht bewusst diskreditiert? Skepsis ist in der Archäologie angebracht, denn oft war es, wie sich im Nachhinein herausstellte, tatsächlich nur ein Spaßvogel[95] oder ein Betrüger, der falsche Fährten legte und die Naivität der Veräppelten bloßstellte.

Die minimale Fundausbeute wird von den Gegnern einer alternativen Prähistorie als Beweis für die Absurdität dieser Weltsicht vorgetragen. Motto: Wo nichts ist, kann auch nichts gewesen sein. Schon der Gedanke und erst recht das Befassen mit dem Thema gilt als albern bis dumm.

Starke Hypothesen – und scheinen sie noch so begründet – markieren wie gesagt einen gefährlichen Anfang. Als Präjudiz noch gefährlicher als eine Befassung, die von einer starken Hypothese ausgeht, sind fertige Weltbilder. Die vorgetragene Neueinordnung der mexikanischen Codices sollte Anlaß geben, allzu überhebliche Hybris abzulegen, anderen Interpretationen eine faire Chance zu geben. Da die Originalität der Codices unbestreitbar ist, ist die Gelegenheit, sie zu diskreditieren und ihre

94 http://twitscope.wordpress.com/2008/07/12/evidence-of-nuclear-explosion-in-ancient-india/

95 ‚Nepis potus Colonia' ist der Klassiker solcher Verdummdeubelei.

Echtheit anzuzweifeln, verpaßt. Die vorgeschlagene Interpretation abzulehnen, verlangt nach einem besseren Vorschlag ihrer Deutung; Kultgeschrei allein langt nicht! Der vorgeschlagenen Interpretation zufolge führen die Codices den Beweis für die Existenz einer verlorenen gentechnischen Hochtechnologie und zugleich für die Anwesenheit von Göttern. Einen Abklatsch – nun eher eine Bestätigung – der Botschaft der Codices finden wir in fast allen Schöpfungsmythen.

Eine Zivilisation, die Hybride erschaffen und Raumfahrt betrieben hat, wird sich auch auf anderen Gebieten technischer Geräte bedient haben, die unsere Technik in den Schatten stellen. Wenn es solche Maschinen, ja ganze Installationen und notwendigerweise industrielle Produktionsanlagen gab: Wo sind sie geblieben? Wir landen wieder beim Hauptargument der Leugner vergessener Technologie: Da ist nichts!

Entgegenzuhalten ist, zwischen dem Abreißen des früheren Kontaktes und dem Heute liegen viele Jahrhunderte, wahrscheinlich viele Jahrtausende. Wenn wir diese versunkene Vergangenheit nur aus Mythen und dünnen Hinweisen kennen; könnten Weltenbrände und Kataklysmen radikal ausradiert haben, was vormals war? Aber gleichgültig, welcher Kataklysmus über die Erde hinweggegangen ist, etwas wird zurückgeblieben sein. Beim Suchen stoßen wir auf ein Problem: Finden setzt Erkennen voraus. An einem Beispiel veranschaulicht: Jemand, der keine CD kennt, kann auch keine CD finden.

Dieses grundsätzliche Problem vorangestellt, ist die Behauptung, es gäbe nichts, anfechtbar. Über die Erde verstreut, existieren unerklärte Funde, möglicherweise repräsentieren sie prähistorische Artefakte, gerade weil für ihre Herstellung und Funktion eine Erklärung fehlt.[96] Zum Nichterkennenkönnen verlorener Technologie kommt, daß die Zuordnung von Unerklärtem dem Wunschdenken Raum gibt. Die vorgetragene Interpretation von klassisch nicht Einordbarem ist in erheblichem

---

[96] Eine Liste mit Links zu vermeintlicher oder tatsächlicher prähistorischer Technik findet sich unter: http://www.palaeoseti.de/doku.php/atlantis/oopa
In dieser kritischen Sichtung wird fast alles, was als ‚prähistorisches' Artefakt aufgenommen wurde, entweder als Fälschung identifiziert oder findet eine natürliche Erklärung. Vorsatz scheint bei der Auswahl mitgewirkt zu haben, Zecharia Sitchin und Erich von Däniken wären über die Auswahl vermutlich nicht glücklich.

Umfang unzweifelhaft Spinnern, Spaßvögeln oder Unkenntnis und Missverständnis geschuldet. Aber eben nicht alles!

Soll sich bitte melden, wer weiß: Wer hat die Steine in Puma Punka mit welchem Werkzeug bearbeitet und wie und wozu dienten sie? Wie gelangte der Sarkophag in die Königskammer der Großen Pyramide? Wer bewegte die Steine der Festung Sacsayhuamán und wieder wie? Wer meißelte und transportierte die gigantischen Steinmonolithe Baalbeks? Wer hat im Uralgebiet mikroskopisch dünne Drähte[97] gezogen und daraus Spulen gewickelt?

Was stellen die Glyphen[98] und Reliefs im ägyptischen Dendera dar. Ist es auszuschließen, daß ein Gerät, das wie eine Lampe aussieht, eine Lampe war?[99] Künstliches Licht in der Steinzeit einzufordern, wird nachgerade zwingend, wenn in aufwendig gestalteten, stockfinsteren Kammern Ruß fehlt. Fakeln ohne Rauch? Was hatten die Künstler denn zur Beleuchtung außer Kienspäne und Öllampen? Rätselhaftes, das von orthodoxen Experten mit Schulterzucken beiseitegeschoben wird. Solches Ausblenden ist nicht nur unzulässig, es ist unwissenschaftlich!

An Holz, Papier, Metall, ja an allem, was der Natur abgerungen wird, nagt der Zahn der Zeit. Beständiger ist das Natürliche: der Stein. Wenig erstaunlich ist daher, wenn Statuen, Reliefs und beschriftete Steine, obwohl oft beschädigt, bis heute erhalten geblieben sind.

Bei der klassischen Einordnung von Steinartefakten droht die Trivialisierung des Dargestellten. Dem entgegenzuhalten ist, eine Statue oder ein Relief modelliert sich nicht ohne Mühe und Kosten. Zwei Hürden, die übersprungen sein wollen. Um in Stein verewigt zu werden, muß der Gegenstand oder die Person wichtig gewesen sein. Graviert als Relief oder gemeißelt als Skulptur sind zwangsläufig nur Lebewesen, Werkzeuge, Geräte und Waffen überkommen, die zu ihrer Zeit für die Gesellschaft wichtig waren.

---

[97] www.pacal.de/nano.jpghttp://www.pacal.de/nano.jpg
[98] http://www.factroom.ru/science/10-historical-finds
[99] http://www.hist-chron.com/afrika/aegypten/pharaonenreich/gluehbirnen.html

Eine regionen- und zeitenübergreifende Ähnlichkeit abgebildeter Apparate setzt nicht automatisch oder zwingend einen Informationsaustausch oder eine identische Vorlage voraus. Physik und Funktionalität erzwingen für gleichen Einsatz ähnliche konstruktive Lösungen; kein Auto ohne Räder, kein Hubschrauber ohne Rotor. Geräte, die einen bestimmten technischen Zweck erfüllen, werden folglich ähnlich aussehen. Wegen dieses Konvergenzzwanges muß Hochtechnologie an allen Orten und Zeiten durch die Verwendung gleicher Maschinen und gleicher Apparate auffällig werden. Den Maßstab der Physik angelegt, werden heutige Maschinen prähistorischen ähneln, so sie für gleiche Funktionen geschaffen waren.[100]

Ab einem bestimmten Detaillierungsgrad einer Modellierung oder Zeichnung ist das Argument, der Zufall habe die Feder geführt, unsinnig. Steinzeitmenschen könnten sich vieles ausgedacht haben; aber unverkennbar Gleiches mit gleichem Detaillierungsgrad in weit entfernten, vorgeblichen Informationsinseln überstrapaziert den Zufall als Erklärung. Ebenso wenig glaubhaft geraten Versuche, für ein technisch anmutendes Bild oder Modell eine Ähnlichkeit mit Vorlagen aus der Natur herbeizukonstruieren, nur um den technischen Hintergrund verneinen zu können. Da werden dann schon mal Flugzeugmodelle zu Fischen.[101] Wer's glaubt!

Tatsächlich haben Kulturen, durch Jahrtausende und Ozeane getrennt, Geräte in Bildern festgehalten, die technisch unzeitgemäß erscheinen und denen aufgrund der Ähnlichkeit im Detail ein gleiches Gerät als Modell gedient haben muß. Klassisch unerklärte Beispiele für potentiell prähistorische Technologie hat etwa Erich von Däniken wiederholt veröffentlicht.[102] Insbesondere die Geheimnisse des alten Ägypten werfen Fragen auf, die weder die klassische Ägyptologie noch die alternativen

---

[100] https://weltraumarchaeologie.wordpress.com/2013/08/17/356/

[101] https://mysteria3000.de/lexikon/die-kolumbianischen-goldflieger/

[102] Erich von Däniken, Die Spuren der Außerirdischen, C. Bertelsmann Verlag, München (1990).

Prähistoriker zufriedenstellend beantworten können. Eine lesbare Übersicht gibt von Däniken[103] oder auch Erdogan Ercivan[104].

Ein wiederkehrendes Motiv auf prähistorischen Reliefs ist ein rechteckiger Gegenstand von der Größe eines kleinen Koffers[105], der an einem Bügel wie eine Tasche getragen wird. Auf mesopotamischen Flachreliefs[106] halten Götter, Priester und anthropomorphe Wesen mit großen Flügeln (benannt als Genien) diese Taschen in ihren Händen. Sie dann in exakt gleicher Darstellung auf einem unbekannt alten, mittelamerikanischen Relief[107] wiederzufinden, hat Beweischarakter. Den Koffer hat es wirklich gegeben!

Bei Überlegungen, welcher Gegenstand da wohl dargestellt sei, haben hinreichend phantasiebegabte Archäologen ihn als Wasserflasche identifiziert. Zweifel sind erlaubt. Es mag sich bei den Koffern um alles Mögliche handeln, aber eher nicht um Wasserflaschen. Eine rechteckig geformte Wasserflasche in der Jungsteinzeit? – nicht schlecht! Problemverschärfend wächst Rechteckiges mit Tragebügel weder auf Bäumen noch auf der Töpferscheibe. Außerdem sollten selbst rechteckige Wasserflaschen einen Trinkstutzen aufweisen. Unter dem Plausibilitätsgesichtspunkt ist es zudem unwahrscheinlich, daß Künstler, die mühsam das Bild in Stein gravierten, eine simple Wasserflasche wiederholt als Accessoire aufgenommen haben und sie dann auch noch im Relief herausstellten. Wenn wir dann noch eine exakte Kopie der auf sumerischen Reliefs verewigten Koffer auf einem mexikanischen Relief wiederfinden, wer soll da noch an Wasserflaschen glauben?

Kommen wir vom Unwahrscheinlichen zum Wahrscheinlichen und bemühen unser Konvergenzargument. Ein Gerät, das ausschaut wie ein Kofferradio und auch noch so gehalten wird, dürfte auch eine ähnliche Funktion gehabt haben. Eher als eine Wasserflasche vermuten wir in den

---

[103] Erich von Däniken, Die Augen der Sphinx, C. Bertelsmann Verlag, München (1989).

[104] Erdogan Ercivan, Verbotene Ägyptologie, Kopp Verlag (Rottenburg 2007).

[105] http://www.crystalinks.com/godswaterbuckets.html

[106] http://xfacts.com/sumer/sum120402/images/Babylonian.jpg

[107] http://www.imagesofanthropology.com/images/g.Olmec_serpent_carving_Villahermosa_Mexico.jpg

Abbildungen unter funktionalem Designaspekt ein Kommunikationsgerät. Als Hypothese formuliert, handelt es sich um einen Computer, der bei der gezeigten Größe leicht die Funktionen eines automatischen Übersetzers und eines Mobiltelefons vereint haben könnte.

Bild H
Götter mit technischen Accessoires
Linkes Bild: Geflügelter Schutzgeist, Relief vom Nordwestpalast des Königs Assurnasirpal II. (assyrischer König von 883 bis 859 v. Chr.)[108]
Rechtes Bild: Älteste Darstellung der „Gefiederten Schlange" (Gott Quetzalcoatl) in Mittelamerika Fundort La Venta, Mexiko (1200 - 400 v. Chr.)[109]

Neben dieser seltsamen „Tasche" zeigen einige Reliefs weitere Gegenstände, deren Zweck und Funktion im klassischen Verständnis rätselhaft bleiben. Tragen die dargestellten Fabelwesen, Götter und Priester

---

108 https://commons.wikimedia.org/wiki/File:Genien,_Nimrud_870_v._Chr/._Aegyptisches_Museum,_Muenchen-6.jpg
109 https://upload.wikimedia.org/wikipedia/commons/4/4e/La_Venta_Stele_19_%28Delange%29.jpg

Armbanduhren?[110] Siehe das Beispiel in Bild H. Form, Größe und ein filigranes Ziffernblatt indizieren jedenfalls eine technische Funktion. Der Umstand, daß alle ‚Armbanduhren' bis in die Details auf allen Reliefs gleich aussehen, bestärkt unsere Vermutung, es ist ein reales technisches Gerät abgebildet.

Die dargestellten Apparate legen Technologie nahe. Tatsächlich beherrschten Götter, sprich fremde Besucher, eine Technologie, die unsere heutige deutlich übertraf. Wie wären sie sonst zur Erde gekommen? Und die Biochemie, die sie zu Schöpfern machte, spricht eine überdeutliche Sprache. Nehmen wir unsere aktuelle Situation als Maßstab. Von welchen technischen Durchbrüchen träumt die Forschung? Zugegeben, jede Antwort ist subjektiv und durch Zeitgeist geprägt.

Eine Vision dürfte dennoch allgemein sein: der Traum vom ewigen Leben im Schlaraffenland. Aus eigener Kraft und mit eigenem Wissen erreichen, was einige Religionen dem Menschen nach seinem Tode verheißen. Wir nähern uns dem Bild der mythischen Götter, deren Geheimnis und Gemeinsamkeit Technik war. Technik wird erkennbar, wenn nach dem Glauben der Alten die Unsterblichkeit und die Macht der Götter keine Eigenschaften waren, sondern Hilfsmittel bedurften. D. h. in unserer Diktion: die Macht der Götter und ihre Unsterblichkeit waren technischen Ursprungs. Quell ewiger Jugend waren besondere Speisen und Getränke. Wir würden sagen: Medikamente. Der Baum des Lebens in Sumer und im Garten Eden, die Äpfel der Iduna in den nordischen Mythen, Nektar und Ambrosia der Olympier, das Soma der Veden[111] repräsentieren in allegorischen Bildern den technischen Jungbrunnen. Technik in Form von Pharmazie wird unzweifelhaft, wenn

[110] Für eine Bildersammlung siehe: http://forums.watchuseek.com/f2/how-old-wrist-watch-think-again-annunaki-950077.html

[111] Siehe etwa: Indian Myth and Legend, Donald A. Mackenzie (The Gresham Publishing Company Ltd.).
The beverage was the "water of life" which was believed to sustain the Adityas and the earth, and to give immortality to all the gods; it was therefore called Amrita (ambrosia).
Das Buch bietet einen lesenswerten Überblick über indische Mythen, geht auf Zusammenhänge oder gleiche Mythen anderer indoeuropäischer Völker ein und deckt interkulturelle Zusammenhänge auf.
Als freies E-Book im Internet zu finden unter: http://www.gutenberg.org/ebooks/47228

Mythen berichten, daß auch die Götter alterten und starben, sobald dieser Quell, ihre Medizin, versiegte.

Warum altern Lebewesen überhaupt? Und ist der Prozeß aufhaltbar oder gar umkehrbar? Es existieren verschiedene Theorien im Hinblick auf das Altern. Hier seien einige genannt:

- Die Anzahl der Telomerverlängerungen ist begrenzt (Hayflick-Effekt), so daß nur endlich viele Teilungen zugelassen sind.
- Beim Kopieren der DNA treten Replikationsfehler auf, für die es zwar integrierte Reparaturmechanismen gibt, die aber nicht absolut zuverlässig greifen. Solche schädlichen Replikationsfehler erfolgen zwar zufällig, werden aber verstärkt durch Strahlung, extreme Wärme und chemische Substanzen. Bei Krankheiten wie dem Krebs schlägt die Steuerung des Teilungsprozesses fehl oder wird ganz ausgeschaltet.
- Im Laufe der Zeit sammelt sich in den Zellen der Chemiemüll des Stoffwechsels an.
- Freie Radikale und AGEs (Advanced Glycation Endproducts), auch Glykotoxine genannt, haben einen maßgeblichen Einfluß auf den Alterungsprozeß und die Gesundheit.

Würden all diese Probleme umgangen oder gelöst, wäre das ewige Leben gewonnen und der Mensch unsterblich. Wem das zu sehr nach Science-Fiction klingt, die Gentechnologie lüpft soeben den Zipfel dieser Geheimnisse. Noch erfolgen die lebensverlängernden Eingriffe an Tieren. Woran unsere Wissenschaft arbeitet, die Götter konnten es: ihre Medikamente stoppten den Alterungsprozeß. Götterspeisen waren mehr als nur Nahrung.

Kommen wir zu anderen mündlich und schriftlich tradierten Berichten über exotische Fähigkeiten wie dem Fliegenkönnen. Bibel und Mythen billigen diese Fähigkeit den Göttern (Engeln) zu. Flugmaschinen für die leibliche Himmelfahrt, finden wir wortreich beschrieben im Alten Testament. Der Urvater Henoch fährt (nach eigenem Bericht ganz real!) mit einer Maschine in den Himmel, die die zurückbleibenden Jünger auch noch in einem Feuerstrahl verbrennt, als die beim Abschied nicht weichen wollen. Der Prophet Elias holt durch Beten Feuer vom Himmel, und er wird zu Lebzeiten vor den Augen seines Schülers und Nachfolgers von einem ‚Feuerwagen' in den Himmel entführt.

Den Feuerzauber des Elias beherrschte auch der südamerikanische Gott Viracocha. Die indischen Veden und das Mahabharata berichten von Flugmaschinen ausgerüstet mit vernichtenden Waffen. So wie die Göttin Inanna in Sumer besaß in Nordeuropa die Göttin Freya eine Flugmaschine. Der griechische Zeus flog während seines Kampfes mit dem Titanen Typhon zu konkret benannten Orten. Indianische, ägyptische und chinesische Mythen berichten von fliegenden Scheiben, die den Göttern als Transportvehikel dienten. Den uns zeitlich nächsten und zugleich den detailliertesten Bericht über eine Flugmaschine gibt der biblische Prophet Ezechiel. Bei seinen Begegnungen mit einem Engel beschreibt er in unbeholfenen Worten den technischen Aufbau eines himmlischen Fluggerätes.[112] Die Frage erhebt sich, wie kann sich jemand etwas ausdenken, das er nicht beschreiben kann?

Beispielhaft sein kurzer Auszug einen einem langem Kapitel zitiert (Ezechiel 1/23-24):

> *Und unter der Ausbreitung (oder: Feste) waren ihre Flügel gerade gegeneinander (das Weib zu ihrer Schwester). Jeder Mann hatte zwei, die hier bedeckten, und jeder Mann zwei, die dort bedeckten ihre Leiber. Und ich hörte die Stimme ihrer Flügel, wie die Stimme vieler Wasser, wie die Stimme des Schaddai.[113] Bei ihrem Gehen war die Stimme des Brausens wie die Stimme des Heerlagers. Bei ihrem Stehen ließen sie ihre Flügel sinken.*

Ausgedacht wäre der Engel vermutlich auf einem fliegenden Teppich angereist und nicht mit einer lärmenden und komplexen Maschine, die ein Hubschrauber gewesen sein könnte. Der Bibel zufolge ereigneten sich die Begegnungen während der babylonischen Gefangenschaft der Juden.[114] Wenn wir dem Bericht Ezechiels Glauben schenken, waren die technischen Götter mindestens bis 500 v. Chr. auf der Erde präsent.

---

[112] Die unbeholfene Beschreibung der Maschine, mit der der Engel erscheint, spricht mehr für eine reale Maschine als für eine Erfindung des Propheten.

[113] אֵל שַׁדַּי (Hebräisch: El Schaddai) ein Name Gottes im Alten Testament.

[114] https://mysteria3000.de/magazin/raumschiff-oder-gotteserscheinung/

„Und sie führten mich an den Ort des Sturmwindes und auf einen Berg, dessen höchster Gipfel bis an den Himmel reichte. Und ich sah die Stätten der Lichter und des Donners an den äußersten Enden, in der Tiefe, wo der feurige Bogen und die Pfeile nebst ihrem Köcher und das feurige Schwert und alle Blitze sind."

Buch Henoch, Vierter Abschnitt, Kap. 17

Weltraumfahrstuhl

Wenn die Wunder der Götter Technologie waren, ihr Meisterstück wäre der Fahrstuhl in den Weltraum gewesen. Eine gigantische Maschine, deren Grundlagen wir zwar verstehen, deren Bau und Betrieb uns jedoch vor unlösbare Probleme stellt.[115] Das Hinterherhinken in Biochemie lässt sich als aufholbarer Rückstand zu einer Genomtechnologie, wie sie die mexikanischen Codices beschreiben, einordnen. Im Vergleich dazu sind wir in der Weltraumfahrt die reinsten Amateure.

Erfreulicherweise stoßen wir beim Thema Weltraumfahrstuhl auf eine jener Fragestellungen, bei der Physik uns helfen kann, zu beurteilen, ob ein Weltraumfahrstuhl überhaupt herstellbar ist und wenn ja, welche Probleme ein Erbauer und Betreiber bewältigen muß.

Für den Laien werden wir zunächst eine kurze Einführung einschieben, um auf die folgende technische Diskussion vorzubereiten. Nachdem wir uns mit dem Bau und dem Betrieb eines Weltraumlifts vertraut gemacht haben, können und werden wir uns den frühhistorischen Bildern, Berichten und Mythen zuwenden, in denen wir eine Botschaft zur Existenz eines Raumliftes zu erkennen glauben. So wie wir Glyphen Aminosäu-

[115] http://www.spektrum.de/frage/kann-man-einen-weltraumlift-bauen/1295292

ren zuordneten, werden wir diese dunklen Nachrichten daraufhin abklopfen, ob sie eine Realität beschreiben, die Mythen und Bilder zwar tradiert haben, die aber der Schleier der Zeit zugleich verrätselt hat.

Für eine fachfremde aber dennoch beiläufig interessierte Öffentlichkeit gilt nur die bemannte Raumfahrt als richtige Raumfahrt. Wenn Satelliten die Bahnen der äußeren Planeten hinter sich gelassen haben, Roboter auf Planeten und Monden gelandet sind, ist das beeindruckend, bestenfalls interessant aber nicht spektakulär. Jedenfalls nicht spektakulär genug für eine Sondersendung im Fernsehen, nicht so aufregend, daß Politiker und Fernsehreporter sich im Ereignis sonnen könnten.

Um die Kosten der Raumfahrt gegenüber dem Steuerzahler zu rechtfertigen, sind Perry Rhodan oder Raumschiff Enterprise hintergründiges Leitbild und Maßstab. Wegen der offenkundigen Unvereinbarkeit von Anspruch und Wirklichkeit steht die Raumfahrt vor einem Dilemma. Die Missionen zu den anderen Planeten liefern zwar interessante Bilder und Einsichten, aber nicht den versprochenen Durchbruch. Der Aufbruch zu den Sternen steht weiterhin in denselben. Die Landung auf dem Mond hat – entgegen vollmundiger Versprechungen von ‚Experten' – das Wissen um die Entstehung des Planetensystems nicht erkennbar vorangebracht; von der versprochenen Klärung ganz zu schweigen. Im zeitlichen Abstand betrachtet war die Mondlandung weniger Wissenschaft als ein aberwitziger Wettlauf im Kampf der Systeme. Die Mondlandung war ein Marketing-Gag von zweifelhaftem wissenschaftlichem und praktischem Nutzen. Selbst die vielbeschworenen Abfallprodukte, wie die berühmte Teflonpfanne, füllten auch ohne Gemini und Apollo die Kaufhausregale.

Statt, daß die Mondlandung den Durchbruch für die bemannte Raumfahrt einläutete, ist diese an einen toten Punkt gelangt. Die Space-Shuttle stehen im Museum, und zu allem Übel, kein Mensch weiß, was der Astronaut im Weltraum und auf anderen Planeten und Monden im Vergleich zu Robotern besser kann. Tolle Aussicht! steht im Werbeprospekt. Insofern ist es konsequent und sinnvoll, Superreichen den Mitflug zur Internationalen Raumstation ISS als Touristikattraktion zu verkaufen. Ein Urlaubsort und ein Geldbeutel-strapazierendes Abenteuer, das sich nun wirklich nicht jeder leisten kann.

Ehrlich wäre es, den Unsinn zu lassen und anzuerkennen, daß eine bemannte Mission ungeheuer viel aufwendiger und teurer ist als ein unbemanntes Unternehmen, welches vergleichbare Resultate liefert. Ob nun Miniroboter wie Pathfinder oder Curiosity auf dem Mars herumkriechen oder ein Astronaut unbeholfen in seinem Anzug stolpernd Steine aufklaubt, das Ergebnis ist so verschieden nicht. Den technischen – und finanziellen – Aufwand trennen hingegen Größenordnungen. Eine Landung auf dem Mars sprengt nach Aufwand und Kosten die Dimension der Mondflüge. Der Flug würde Monate und nicht Tage dauern. Um nicht auf dem Mars festzusitzen, müßte neben der Lande- eine Startrakete zur Oberfläche des Mars absteigen. Ein Start-Modul mit dem Schub und von der Größe der Mondlandefähre langt nicht; so klein ist der Mars nun auch wieder nicht.

Aktuell setzt die Technik Raketen ein, um in den Weltraum zu gelangen. Warum bleiben wir nicht bei Raketen oder anders gefragt, welchen Vorteil bietet ein Weltraumfahrstuhl im Vergleich zu Raketen?

Beginnen wir die Diskussion zur Zukunft der bemannten Raumfahrt beim Bau einer Rakete, die Astronauten zum Mars und zurück trägt. Getreu einem weiteren Murphyschen Gesetz[116], dem Prinzip der größten Gemeinheit, hat die Physik es so angelegt, je größer die Nutzlast ist, die hochgeschossen werden soll, desto ungünstiger wird das Verhältnis von Startgewicht zu Nutzlast. Extrem große Lasten, wie bemannte interplanetare Raumschiffe, können nicht in einem einzigen Start vom Erdboden in den Weltraum hochgehoben werden. Für das Hochhieven eines interplanetaren Raumschiffs oder einer Raumstation, müssen sehr viele Raketenstarts her, um im Weltraum aus kleinen Nutzlasten das große Raumschiff zu bauen. Unabhängig davon, ob Space-Shuttle[117] oder Wegwerfraketen zum Einsatz kommen, Hunderte von Raketenstarts werden notwendig sein, um eine Marsmission mit Rückfahrkarte (!) zusammenzuflicken. Das klingt nicht nur, das ist aufwendig und teuer!

[116] http://userpage.chemie.fu-berlin.de/diverse/murphy/murphy.html

[117] Bei einem Startgewicht von über 2000 to transportierte das Space-Shuttle 26,5 to in eine niedrige Umlaufbahn (200 km) und lediglich 16,4 to zur Internationalen Raumstation ISS in 400 km Höhe. Von da ist der Weg zum geostationären Orbit noch weit!

Ohne Science-Fiction-Physik, die die Schwerkraft ausschaltet, verspricht ein Fahrstuhl zu einer Station im Erdorbit die Lösung des Transportproblems. Einen solchen Fahrstuhl in den Weltraum zu bauen, schlug Yuri Artsutonov in den frühen sechziger Jahren des vorigen Jahrhunderts vor – zumindest verbreitete er die Idee.[118]

Wie baut und betreibt man einen Fahrstuhl in den Weltraum? Ist das Vorhaben überhaupt realistisch? Wenn Frank Schätzing in seinem Buch ‚Limit' einen Weltraumfahrstuhl einführt, steht der en passant da. Wie derlei im Handumdrehen entstanden ist, verrät uns der Autor nicht.

Machen wir uns daran, die Lücke in Schätzings Buch zu schließen. Die Schwierigkeiten beim Bau und Betrieb eines Weltraumbahnhofs beginnen mit dem Standort. Eine offensichtliche Einschränkung verlangt, Bodenstation und Orbiter dürfen sich nicht gegeneinander bewegen; in anderen Worten: die Raumstation muß stationär über einem Fußpunkt auf der Erdoberfläche stehen. Möglich ist so etwas! Über dem Äquator – und nur über dem Äquator – eines rotierenden Planeten existiert ein ausgezeichneter Abstand, bei dem die Winkelgeschwindigkeiten der Planetenrotation und die einer Raumstation auf einer kreisförmigen Erdumlaufbahn gleich sind,[119] d. h. die Station steht still über der Bodenstation.

Einfache Physik erklärt, warum das so ist. Auf einer stabilen Umlaufbahn halten sich Erdanziehung F_G und Zentrifugalkraft F_Z die Waage.

Die Erdanziehung

$$F_G = \frac{m \cdot M \cdot G}{r^2}$$

[118] http://www.drg-gss.org/typo3/html/index.php?id=51

[119] Die geostationäre Position über dem Äquator ist nicht nur für einen Weltraumlift, sondern auch für Satelliten eine bevorzugte. Im geosynchronen Abstand stehen Kommunikationssatelliten für Fernsehen (Satelliten-TV), Telefon und Internet (wegen der größeren Übertragungskapazitäten dominieren allerdings für die beiden letztgenannten Übertragungen bis heute Kabel) still, ändern weder ihre Höhe über dem Horizont noch verschwinden sie hinter dem Horizont. Wenig verwunderlich herrscht im geosynchronen Abstand über dem Erdäquator inzwischen ein ziemliches Gedränge.

(m: Masse des Satelliten; M: Masse der Erde; r: Abstand zum Erdmittelpunkt und G: Gravitationskonstante) gleichgesetzt der Zentrifugalbeschleunigung

$$F_z = m \ \omega^2 r$$

(ω gleich der Winkelgeschwindigkeit) liefert die geostationäre Höhe, die als Abstand zum Erdschwerpunkt

$$h = \sqrt[3]{\frac{G \ M}{\omega^2}} = 42157 \ km$$

beträgt, wobei für die Winkelgeschwindigkeit

$$\omega = 2\pi \ \nu = \frac{2\pi}{T}$$

(T = Dauer einer Erddrehung um 360°) der siderische[120] Tag (~23,96 h) einzusetzen ist. Den Erdradius abgezogen, befindet sich die geostationäre Position $3{,}5790 \cdot 10^7$ m (~36 Tkm) über der Erdoberfläche und liegt somit hundert Mal (!) höher als die Umlaufbahn der ISS Raumstation. Wie an diesem Unterschied ablesbar, ist das Verständnis davon, wo ‚Weltraum' beginnt, dehnbar.

Steht ein Orbiter in der berechneten Höhe, könnte er über ein Seil mit der Erde verbunden werden. An diesem Seil könnten sich Kletterer auf und ab hangeln. Rein theoretisch könnten sie das, praktisch eher nicht! Ein Seil, das die Erdoberfläche mit dem geostationären Orbiter verbindet, ist nämlich nicht nur sehr lang, sondern und vor allem auch sehr schwer. Erst am Orbiter heben sich Gravitations- und Fliehkraft auf, so daß nur das alleroberste Seilsegment gewichtslos wird.

Die Kraft, die bis zu diesem Abstand am Seil zerrt, ist riesig. Gefertigt aus gängigen Materialien reißt ein vom Orbiter herunterhängendes Seil unter seinem Eigengewicht lange, bevor es den Boden erreicht.[121] Auf

---

[120] Die siderische Zeit mißt die Rotation der Erde gegen den Sternenhimmel. Der um etwa 4 Minuten längere Sonnentag, unser erlebter Tag, addiert sich aus der Rotation der Erde und dem kleinen zusätzlichen Winkel, der vom Umlauf der Erde um die Sonne stammt.

[121] Der maximale Höhenunterschied, den aktuell technische Fahrstühle – eingesetzt in Bergwerken – ohne Zwischenstation bewältigen, liegt bei circa 2 km. Die maximalen

ein gleichmäßig dickes Seil mit einem spezifischen Gewicht von 2200 kg/m³ würde am Orbiter eine Zugspannung (Kraft / Querschnittsfläche) von etwa 100 GPa wirken. Dieser Wert übersteigt die Festigkeit des zugfestesten Stahls um das Vierhundertfache. Daß Stahl zudem spezifisch viermal schwerer ist als die angenommenen 2200 kg/m³, inflationiert das Problem.

Gibt es überhaupt ein Material mit der geforderten Zugfestigkeit? An dieser Stelle ist ein Nein nur durch eine Radio-Eriwan-artige Antwort zu vermeiden: Im Prinzip ja! Mit Diamant und neuartigen Kohlenstoffverbindungen existieren hinreichend zugfeste Werkstoffe – allerdings nicht als Seil und schon gar nicht in der erforderlichen Länge.

Die höchste gemessene Zugfestigkeit wird von der Kohlenstoffmodifikation ‚Graphen' mit gemessenen 1000 GPa erreicht. Selbst bei einem anzustrebenden Sicherheitsfaktor 9 würde Graphen sich noch als Seilmaterial eignen. Nach heutigem Wissensstand kommt folglich nur ein ohne Schwachstellen, fehlerfrei gefertigtes Seil aus Graphen oder Diamant als Werkstoff für ein Weltraum-Fahrstuhlseil in Frage. (Die Zugfestigkeit von Diamant beträgt 800 GPa bei einer allerdings nachteilig höheren Dichte von 3520 kg/m³. Etwa 1/3 schwerer als Graphen ist Diamant gerade noch als Seilmaterial geeignet.)

Ein Seil mit einem Durchmesser von 15 cm wiese bei einem spezifischen Gewicht von 2200 kg/m³ (Mittelwert der Dichten von Diamant und den graphenähnlichen Carbon Nanotubes[122]) eine Masse von 5,63 Millionen Tonnen auf. Dünnere Seile wögen zwar weniger, erschweren aber den Betrieb bis zur Unmöglichkeit. Fahrstuhl-Kabinen müssen sich am Seil festklammern, was wiederum einen Minimaldurchmesser erfordert. Obwohl das Gewicht des Seils mit der Höhe aufgrund wachsender Fliehkraft und wegen geringer werdender Gravitation abnimmt, würde ein Graphenseil mit 15 cm Durchmesser eine Raumstation im geostationären Orbit mit 1,9 Milliarden Newton zu Boden ziehen.

Teufen der Welt haben die Bergwerke des Witwatersrand in Südafrika mit circa 3700 m. Der Abstieg in diese Tiefe gelingt nur mit Zwischenstopp. Vergleichbar ist die Situation bei Seilbahnen, bei denen Zwischenstationen (und Pfeiler) nicht (nur) der schönen Aussicht wegen gebaut werden.

[122] Die Dichte von Carbon Nanotubes ist genauer bekannt als die Dichte von Graphen.

Damit Seil samt Station nicht zu Boden stürzen, müßte man beides im Himmel „festbinden". Mit klassischer Physik besteht die einzig vorstellbare Lösung in einer Seilverlängerung. Ein Fliehkraft- oder Raumseil, welches über den geosynchronen Abstand hinaus in den Raum ragt, sorgt per Fliehkraft mit seinem Zug (eventuell unterstützt von Zusatzgewichten, um die Seillänge zu kürzen) für den Kraftausgleich.

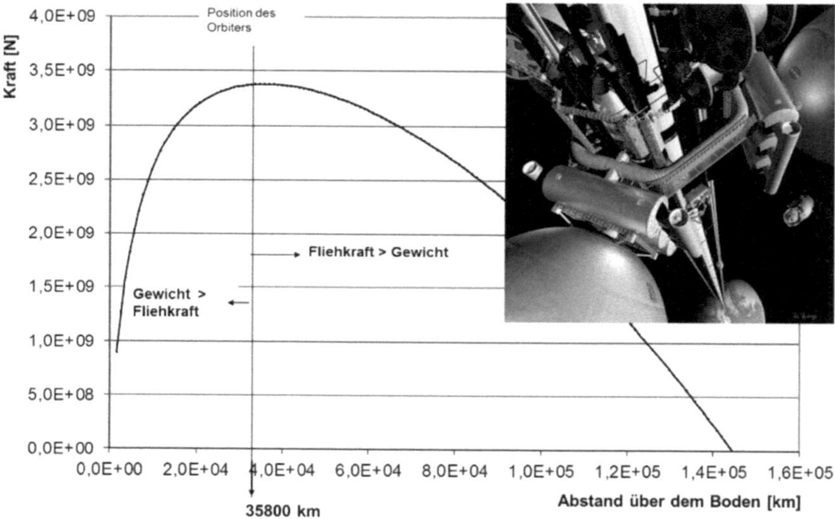

Abbildung 6
Kraftprofil über die Länge eines Planetenseils und eines gewichtkompensierenden Raumseils berechnet für einen Raumlift auf der Erde
Der Kraftausgleich durch das Raumseil wird bei einer Seillänge erreicht, die dem halben Abstand zum Mond nahekommt.
Das Insert rechts oben illustriert in künstlerischer Animation einen Kletterer am Seil.[123] Insbesondere veranschaulicht das Bild die enorme Höhe des Raumhafens über der Erde.

Da wir fehlerfreie Seile benötigen und es wegen des riesigen Gewichtes unmöglich ist, sie in einem Stück hoch zu schaffen, wären in einer Weltraumfabrik zeitgleich zwei Seile zu fertigen. Das eine würde zum Boden

[123] https://commons.wikimedia.org/wiki/File:Nasa_space_elev.jpg

herabhängen und das andere kraftkompensierend in den Weltraum wachsen. Jetzt müssen wir allerdings für den Bau des Weltraumlifts kein Seil, sondern zuvor eine ganze Fabrik in den Weltraum schaffen. Millionen Raketenstarts werden erforderlich, um die Fabrik zu bauen und sie anschließend für die Seilfertigung mit Präpolymeren, falls wir denn überhaupt geeignete finden, die sich chemisch und/oder pyrolytisch zu Graphen umsetzen lassen, zu beliefern, die Mannschaft zu versorgen und die Infrastruktur der Raumstation in Betrieb zu halten.

Wenn das Problem des Fahrstuhlbetriebes an dünnen Seilen gelöst wäre und wir die Dicke auf ein Zehntel reduzieren könnten, nähmen bei gleicher Zugspannung zwar das Gewicht und die Zugkraft um das Hundertfache ab, aber das Problem der hoch zu schaffenden Masse bleibt für den heutigen technischen Stand trotzdem prohibitiv groß.

Schauen wir genauer auf den Kraftausgleich durch Seilverlängerung. Ein Raumseil müßte bei gleicher Dicke wie das Planetenseil mehr als 100.000 km weit über die Station hinaus in den Raum ragen, bevor – ohne zusätzliche Masse an diesem Fliehkraftseil – Kraftkompensation erreicht ist. Siehe Abbildung 6.

Sind die Seile und der Orbiter in Position, sehen wir uns mit den nächsten Problemen konfrontiert. Wenn wir nämlich die gravitativen Störungen betrachten, die auf die Position einer geostationären Raumstation und die Seile wirken, steht es kritisch um deren Lagestabilität. Während der täglichen 360° Drehung des Orbiters, der Erdrotation folgend, variieren die Abstände der Seile und des Orbiters gegenüber Sonne und Mond. Die positionsabhängig ab- und zunehmende Gravitation der beiden Massen stört das austarierte Verhältnis von Schwerkraft und Fliehkraft im bis hierher einzig und statisch angenommenen Gravitationsfeld der Erde. In Konsequenz hebt und senkt sich der kraftfreie Punkt über dem Erdboden; parallel ändert sich die optimale Länge der Seile. Das Auf und Ab ist nur Teil des Problems; denn abhängig von der Stellung der drei Gravitationsschwergewichte – Erde, Mond und Sonne – verschiebt sich der kraftfreie Punkt über der Erde nicht allein in der Höhe, sondern in komplizierter Weise auch in Querrichtung. Wegen der geneigten Erdachse und ihrer Neigung zu den Bahnebenen von Mond und Sonne kreist der Orbiter mit dem Winkel der Achsneigung der Erde zur

Ekliptik. Querkräfte zerren an dem kreisenden System. Der Orbiter schlingert über seiner Äquatorposition.

Die Kräfte von Mond und Sonne (entscheidend ist allein ihre Änderung und nicht ihr Absolutwert) sind kleiner als die Erdanziehung, aber nicht zu vernachlässigen. An der Erdoberfläche variiert die Schwerkraft des Mondes zwischen zugewandter und abgewandter Erdseite um das $2{,}2 \cdot 10^{-7}$fache der Erdgravitation. (Gerechnet für einen mittleren Mondabstand von 384.400 km.) Die Sonnengravitation verändert sich über dem Erddurchmesser halb so stark. Die statische Höhendifferenz des neutralen Gravitationspunktes addiert sich bei konstruktiver Überlagerung an der Erdoberfläche auf etwa einen halben Meter[124] (Mondwert bei mittlerem Abstand: 0,36 m; Sonnenwert: 0,16 m). So gering die Änderungen erscheinen; diese winzigen Schwerkraftvariationen verursachen Ebbe und Flut.

In der Höhe der Orbiterposition hat sich die relative Schwerkraft des Mondes im Vergleich zur Erdschwerkraft, wenn das Seil direkt Richtung Mond weist, von $3{,}5 \cdot 10^{-6}$ an der Erdoberfläche auf $1{,}9 \cdot 10^{-4}$ erhöht. Am Ende des Raumseils liegt die Relation bei $4{,}2 \cdot 10^{-4}$. Da je nach Stellung der störenden Massen die Kräfte variieren, müßte für eine exakte Kraftkompensation die Seillänge und die Position des Orbiters permanent den Änderungen folgen. Zwischen den beiden Extrempositionen, bei denen Sonne und Mond in Reihe vor oder hinter der Erde stehen, müßte für eine exakte Kraftkompensation die Seillänge um 3300 km verändert werden (151.000 km auf 154.300 km). Der Wert scheint groß, überrascht jedoch angesichts einer Gesamtseillänge von circa 150.000 km wenig. Weitere Störungen, die etwa Kreiselbewegungen der Erddrehung verursachen, komplizieren die Lageregelung zusätzlich.

Die größte Gefahr für die Stabilität des Raumlifts geht vom Aufschaukeln periodischer Störungen zur Resonanz aus. Einmal ins Schwingen geraten, ist der Raumlift unrettbar verloren. Die angestoßenen Bewegungen derart riesiger Massen sind nicht mehr zu dämpfen. Ein sich

[124] Die Wellenberge auf der mondzugewandten bzw. -abgewandten Erdseite sind Ausfluß solcher Resonanz. Wenn lokal die Höhenunterschiede zwischen Ebbe und Flut 10 m überschreiten, wirkt auch hier die Resonanz in Verbindung mit dem Wellenaufbau in flachen Küsten.

selbst überlassener, passiv rotierender Raumlift ist dem sicheren Untergang geweiht.

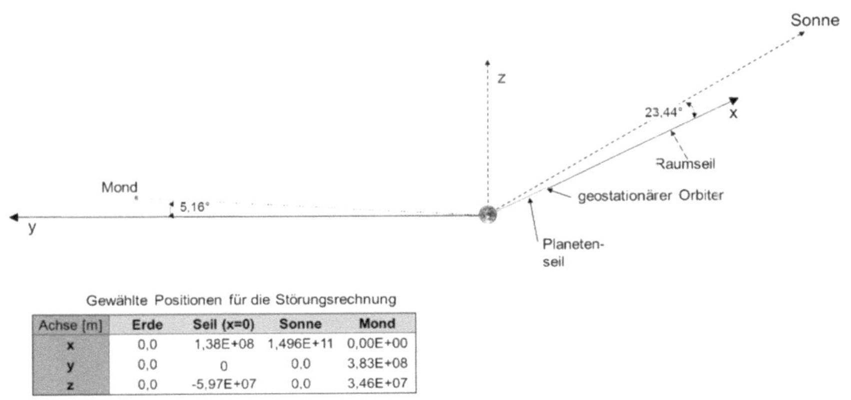

Gewählte Positionen für die Störungsrechnung

Achse [m]	Erde	Seil (x=0)	Sonne	Mond
x	0,0	1,38E+08	1,496E+11	0,00E+00
y	0,0	0	0,0	3,83E+08
z	0,0	-5,97E+07	0,0	3,46E+07

Abbildung 7
Abstandskizze zur Abschätzung der gravitativen Störungen auf einen Weltraumlift
Dargestellt sind die Lage der Raumstation, des Planetenseils und des Raumseils im Umfeld von Erde und Mond.

Was und wie stabilisiert man die Orbiterposition? Im einfachsten Fall: Unten gut festbinden und oben kräftig ziehen. Und auf jeden Fall viel Beten! Trotz vielem Beten wird ein statisches Festbinden zur Positionsstabilisierung realistischerweise nicht ausreichen.

Noch vor dem Einsetzen einer aufschaukelnden Bewegung muß gegengesteuert werden. Wegen des ständigen gewaltigen Treibstoffbedarfs wäre eine Raketenstation zur Lagenregelung am Ende des Raumseils kaum zu realisieren. Raketenmotoren würden dort fortlaufend das Seilende in eine optimale Position zerren und dabei die Auswirkungen der Störungen antizipieren. Alternativ ist eine extrem schwere Laufkatze am Raumseil denkbar, die mit Auf- und Abbewegungen fortlaufend die äußeren Kraftänderungen kompensiert. Es ist aber fraglich, ob eine rein vertikal orientierte Kraftanpassung auch die Wirkung der störenden Querkräfte kompensieren kann. Von Vorteil ist die riesige Masse des

Fahrstuhls, die ihn extrem träge macht. Eine vorausschauende Berechnung der Störung und daraus abgeleitet eine aktive Lageregelung sind unumgänglich. Angesichts der Trägheit der Riesenmasse erscheint sie aufwendig aber vielleicht doch möglich.

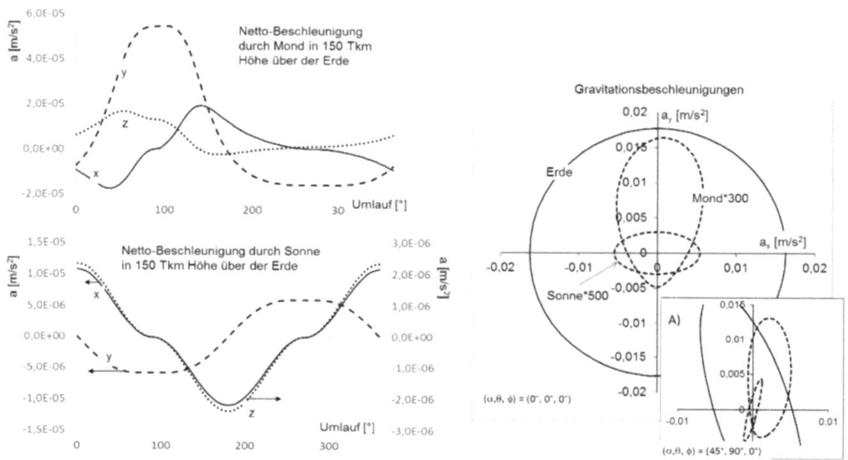

Abbildung 8

Abschätzung der Größe und Form der Beschleunigungs- und somit Kraftänderungen auf einen Weltraumfahrstuhl

Berechnung für die Position in 150.000 km Höhe (~ Ende des Raumseils) über der Erde. Positionen der Störer und des Seils, wie in Abbildung 7 gezeigt.

Links: Variation der Gravitationsbeschleunigung von Mond beziehungsweise Sonne im Abstand von 150.000 km zur Erde. (Aufgetragen sind die Änderungen relativ zum Beschleunigungswert im Erdabstand.)

Rechts: Variation der Gravitationskräfte 150.000 km über dem Erdmittelpunkt über 360°. Um in der Graphik eine einheitliche Skala für Erd- und Störergravitation zu verwenden, wurden die Gravitationsbeschleunigungen von Mond und Sonne mit den angegebenen Gewichtsfaktoren multipliziert. Das Teilbild A) verdeutlicht die Raumlagen der Beschleunigungen infolge der Schiefstellung der Erdachse und der Bahnneigung des Mondes mit ihrer 5,2° Neigung zur Ekliptik. Die störende Kraftellipse der Sonne und die eiförmige Störung des Mondes drehen sich – für einen festen Punkt auf der Erde – der Erdrotation folgend einmal am Tag um 360° (noch zu korrigieren um die Bewegung von Mond und Sonne).

Beispielhaft zeigt Abbildung 8 eine Abschätzung der Kraftänderungen, die das Ende des Raumseils während eines Umlaufs erfährt. Die Positionen von Sonne und Mond sind statisch, wie in Abbildung 7 angegeben, gewählt.

Bleibt zu beantworten: Wie funktioniert ein Fahrstuhl, dem das Zugseil fehlt? Zwingend verfügen die Fahrstuhlkabinen über einen eigenen Antrieb; sie hangeln sich auf und ab, klettern am Seil.

Die Antriebsenergie könnten Solarpaneele liefern. Eine Kabine, die am Planetenseil zum Orbiter hochkriecht, wäre bei einer Steiggeschwindigkeit von 600 km/h 2 ½ Tage unterwegs. Die Reisedauer veranschaulicht, wie hoch der Orbiter im Weltraum steht. Bei einer Masse des Kletterers von 100 Tonnen und einer Klettergeschwindigkeit von 600 km/h müßte im erdnahen Bereich eine Leistung von $1{,}36 \cdot 10^8$ W zur Verfügung stehen. Diese Leistung entspricht einem mittelgroßen Kraftwerk oder derjenigen, mit der ein großer Flugzeugträger operiert.

Alternativ zu einem Seil würde ein Turm bis in geostationäre Höhe Gleiches leisten. Technisch wäre er eher noch schwieriger zu realisieren als die Seillösung. Was am Boden als massive Säule daherkäme, wäre im Verhältnis zur Länge dünner als ein Seidenfaden. Und dieser Seidenfaden müßte stabil stehen. Jedes Erdbeben, jede Bodensenkung würde unweigerlich zu einem Umfallen des Bauwerks führen. Der Turm müßte zudem einem Abknicken infolge der Querkräfte, die Sonnen- und Mondgravitation ausüben, durch seine Steifheit widerstehen. Ähnlich wie bei der Seillösung stoßen wir angesichts begrenzter Druckfestigkeit von Werkstoffen beim Bau eines so hohen Turms auf ein reziprok analoges Problem. Statt nach einem Material mit ausreichender Zugfestigkeit, suchen wir nun nach einem Werkstoff mit ausreichender Druckfestigkeit. Interessant ist die Materiallösung: Wie beim Zugfestigkeitsproblem weisen wieder nur diamantartige Verbindungen eine hinreichende Druckfestigkeit auf. Ein Turm aus Diamant könnte unendlich hoch gebaut werden, weil die Druckfestigkeit dieses Baumaterials nie überschritten werden würde.[125]

---

125 https://de.wikipedia.org/wiki/H%C3%A4rte#H.C3.A4rtepr.C3.BCfung_nach_Mohs; http://www.uni-bayreuth.de/de/universitaet/presse/pressemitteilungen/2016/116-rekord-hochdruckforschung/index.html

Bei Verwendung gängiger Baumaterialien sind die materialtechnisch möglichen Bauhöhen vergleichsweise niedrig. Abhängig von verwendeter Stahlbetonqualität endet die maximale Bauhöhe eines zylindrischen Turms bei 1 bis 5 km. Ein Turm nur aus Stahl gebaut erreicht bei 6,5 km seine maximale Höhe.[126] Diese theoretischen Bauhöhen einer Säule sind bei Gebrauchsbauwerken unerreichbar, da der Turm nicht nur sein eigenes Gewicht, sondern Einrichtungen und Decken mittragen soll. Schon Riesenhochhäuser, wie das Burj Khalifa mit 828 m, werden daher kegelförmig gebaut, damit das Gewicht sich nach unten auf eine wachsende Fläche verteilt.

Die Menge an Baumaterial für einen Weltraumturm gerät gigantisch. Den Bedarf an Kohlenstoff für ein solches Bauwerk veranschaulicht der Blick auf die Erdatmosphäre. Für den Bau eines Turms von 20 m Durchmesser und 1 m Wanddicke aus Diamant ($\rho = 3520\ kg/m^3$), der in geostationäre Höhe reicht, würde etwa 1 % des Kohlenstoffs der Erdatmosphäre verbrauchen. Die Erdatmosphäre enthält etwa $7{,}7 \cdot 10^{14}$ kg Kohlenstoff und das Gewicht des Baumaterials läge bei fast 8 Milliarden Tonnen – oder bei mehr als dem Tausendfachen des Gewichtes (~ 6,5 Millionen Tonnen) der Cheops-Pyramide.

Da Bauwerke automatisch geostationär sind, kann – im Gegensatz zur Seillösung – die Höhe eines Weltraumturms frei gewählt werden. Ein weniger hoch aufragender Turm, der nicht bis zur geostationären Höhe reichte, würde schon gute Dienste leisten. Er würde als Startplattform einem Raumschiff beim Ablegen eine mit der Höhe proportional wachsende Anfangsgeschwindigkeit verleihen, so daß die erforderliche aktive Beschleunigung zum Überwinden der Erdschwerkraft sinken würde.

Bei geringerer Höhe als geostationär wäre der Start – anders als bei einem Ablegen aus dem geostationären Orbit – jedoch nicht mehr schwerelos. Da die Fliehkraft die Erdanziehung nicht mehr kompensiert, muß der aufzubringende Schub mindestens die Differenz zur fehlenden Fliehkraft ausgleichen, damit das Raumschiff nicht abstürzt.

---

[126] http://leifi.physik.uni-muenchen.de/web_ph07_g8/umwelt_technik/10bruecken/bruecken_a.htm

Und es geschah, als sie hingingen im Gehen und Reden, siehe da, ein Wagen von Feuer und Rosse von Feuer, und sie trennten die zwei voneinander, und Elijahu fuhr im Wetter hinauf gen Himmel.

Altes Testament, Zweites Buch der Könige 2/11

Raketen und Raumfahrt

Wenn jemals Außerirdische die Erde besucht haben, woher kamen sie und wie kamen sie? Entweder sind wir gezwungen, über eine Technologie zu spekulieren, die Gravitation ausschaltet und die Schranke der Lichtgeschwindigkeit überwindet, oder wir bescheiden uns und suchen eine Antwort auf Basis unseres heutigen Wissens und Könnens. Versuchen wir es ohne Hyperantrieb. Allein zugestanden sei ein technischer Fortschritt auf Basis heutigen Wissens in erklärbarem Rahmen.

Ganz am Anfang jeder Raumfahrt steht die Hürde der Gravitation. Sie verwandelt jeden Planeten in ein Gefängnis für seine Bewohner. Mit dem Gefängnis als Gleichnis sehen wir zwei Möglichkeiten zu entkommen; entweder wir überspringen die Gefängnismauer oder wir überklettern sie. (Von Wärtern wollen wir absehen.)

So naiv das Gleichnis klingt, beide Vorgehen passen zum ungleich schwierigeren Fall der Gravitationsmauer. Als Katapult verwenden wir Raketen oder wir betreiben – wie im vorhergehenden Kapitel beschrieben – einen Weltraumfahrstuhl mit Kletterseil. Da wir uns mit dem Bau eines Weltraumfahrstuhls schwertun, ist unsere heutige Weltraumfahrt angewiesen auf Raketentechnologie.

So simpel eine pulverbetriebene Silvesterrakete aufgebaut ist, eine Großrakete zu bauen, führt an die Grenzen der beherrschten Technik. Treibstoffzufuhr und Brennkammer sind die technischen Herzstücke. Sie sind eingebunden in ein System von tausenden Komponenten, die alle auf

Knopfdruck und während der Brenndauer fehlerfrei funktionieren müssen.

Wie die Pulverrakete erahnen läßt, ist das Funktionsprinzip einfach. In der Brennkammer einer Rakete werden entweder durch chemische Reaktion von Flüssigkeiten oder durch einen abbrennenden Feststoff heiße Gase erzeugt. Typischerweise nimmt das Volumen der Treibstoff-Flüssigkeiten bei ihrer Verbrennung um mehr als das Tausendfache zu. Die explosionsartige Volumenexpansion erzeugt in der Brennkammer jenen Druck, der einen Gasstrom mit hoher Geschwindigkeit aus einer Düse gerichtet austreten läßt. Die Austrittsgeschwindigkeit multipliziert mit der Masse der ausgestoßenen Gase ist gleich dem Impuls ($\vec{p}$) – landläufig als Schub bezeichnet. Dem Impuls der Gase steht ein gleich großer, entgegengesetzt gerichteter Impuls (Rückstoß) gegenüber, der die Rakete anschiebt.

Die mathematische Gleichung, die die Bewegung einer Rakete beschreibt, leitet sich aus einfachen Gesetzen der Mechanik ab, mit dem Impuls als zentraler Größe. Da der Impuls des Gasstroms und der Impulszuwachs der Rakete einander entgegen gerichtet und betragsmäßig gleich groß sind, gilt $\vec{p}_{Gas} + \vec{p}_{Rakete} = 0$ beziehunsgweise $\vec{p}_{Gas} = -\vec{p}_{Rakete}$.

Der Gesamtimpuls der über eine Zeit t ausgestoßenen Gase berechnet sich als Integral über die Zeit

$$\vec{p} = \int_0^t \frac{\Delta\vec{p}}{\Delta t} dt$$

Die Gleichung ist einfach lösbar, lediglich die Masseänderung der Rakete verkompliziert sie. Weil die Rakete mit dem Abbrand ihres Treibstoffs stetig leichter wird, bedarf es einer immer geringeren Kraft, ihre Geschwindigkeit gleichmäßig zu erhöhen. Oder als gleichwertige Aussage: Bei konstantem Schub nimmt mit abnehmender Masse die Beschleunigung während der Brenndauer stetig zu. Eine Rakete wird bei unverändertem Schub (= gleicher Triebwerkleistung) während des Fluges immer schneller schneller; da die Beschleunigung proportional zur sinkenden Masse stetig wächst.

Für ein kurzes Zeitintervall Δt führt die Gleichsetzung des Impulses der austretenden Gase ($\Delta m \cdot v_{eff}$) mit dem Impulszuwachs der Rakete auf folgende Gleichung der Geschwindigkeitsänderung:

$$(m_0 - \Delta m) \cdot \Delta v_{Rakete} = \Delta m \cdot v_{eff}$$

mit m_0 gleich der Raketenmasse. Zum Zeitpunkt t = 0 = Start addiert sich die Gesamtmasse m_0 aus der Masse der Rakete plus der Masse des Treibstoffs. Δm mißt die Masseabnahme der Rakete, Δv_{Rakete} ist die Geschwindigkeitsänderung der Rakete, und v_{eff} ist gleich der Austrittsgeschwindigkeit der Düsengase.

Wenn wir nach der Ausmultiplikation in der obigen Gleichung den Term zweiter Ordnung (Δm·Δv) als klein vernachlässigen, verkürzt sich nach Umstellen die Impulsgleichung auf

$$\Delta v = \frac{\Delta m \cdot v_{eff}}{m}$$

Nach Grenzübergang von den Δ-Differenzen zu den Differentialen dv und dm führt die Integration dieser Gleichung in den Grenzen Startgewicht und Endgewicht (= m_{Last}) auf die Raketengleichung:

$$v = \int dv = \int_{m_0}^{m_{Last}} \frac{v_{eff}\, dm}{m} = v_{eff} \cdot \ln(m_{Last}) - v_{eff} \cdot \ln(m_0) = v_{eff} \ln \cdot \left(\frac{m_{Last}}{m_0} \right)$$

Bei Vernachlässigung des Luftwiderstandes und – oft vergessen – der Erdgravitation ist demnach die Endgeschwindigkeit einer Rakete proportional zur Geschwindigkeit der Düsengase und zum Logarithmus des Verhältnisses von Last- zu Startgewicht. Das logarithmische Verhältnis von Start- und Endmasse – im günstigsten Fall gleich der Nutzlast (= m_{Last}) – erklärt, warum Raketen als Funktion der Nutzlast überproportional größer werden. Die Beförderung einer doppelten Last erfordert unter sonst gleichen Bedingungen zum Erreichen der gleichen Endgeschwindigkeit eine vierfach stärkere Rakete. Wenn das Verhältnis zwei zu vier noch beherrschbar erscheint, bedeutet es doch, eine zehnfach größere Last erfordert eine hundertfach stärkere Rakete. Bei einer 32fach größeren Masse ist die Grenze zu einer tausendfach leistungsstärkeren Rakete schon überschritten. Die Grenzen der möglichen Vergrößerung sind demnach schnell erreicht. Diese quadratische Abhängigkeit von der Masse der Last im Logarithmus-Term wird durch den zur Masse proportionalen Term der Gravitationskraft gemildert (siehe unten), aber dennoch wird die Verteilung großer Lasten auf viele Raketen zum zwangsläufigen Vorgehen. Auch das Vorgehen, mehrstufige Raketen einzusetzen, ist nur konsequent. Jede Reduktion der zu beschleunigenden Masse bedeutet bei gleichem Schub höhere Beschleunigung und ein Gewinn an Nutzlast. Mit jeder Abtrennung einer leer gebrannten Stufe ergibt sich ein neuer logarithmischer Verhältniswert.

Oft unterschlagen – vielleicht verdrängt – gilt die obige Raketengleichung nur bei Schwerelosigkeit. Um die tatsächliche Flugbahn einer Rakete zu beschreiben, fehlt ihr ein entscheidender Term: die rückhaltende Kraft der Erdbeschleunigung. Nur dann, wenn der Schub die Gravitationsbeschleunigung überschreitet, steigt die Rakete. Solange der Schub geringer ist, steht sie auf der Startrampe und wiegt nur weniger.

Um der Gravitation Rechnung zu tragen, muß die Raketenformel folglich um die rückhaltende Schwerebeschleunigung

$$\frac{\Delta\vec{v}}{\Delta t} = -\vec{g}(h) = -\overrightarrow{g'}$$

ergänzt werden. (g' ist die lokale Schwerkraft, die beim Steigen einer Rakete mit zunehmendem Abstand zur Erde abnimmt.)

Bei einer zur Erdanziehung hin gekrümmten Flugbahn wird die Formel nochmals komplizierter, da mit dem Flug auf dieser gekrümmten Bahn eine Zentrifugalbeschleunigung einhergeht, die gegen die Gravitationsbeschleunigung wirkt und sie abschwächt.

Auf einer zum Schwerefeld gekrümmten Bahn (!) beträgt die Zentrifugalbeschleunigung:

$$a_z = \frac{\Delta\varphi \cdot v_{=}}{\Delta t}$$

$\Delta\varphi$ ist der Winkelbogen, den die Rakete parallel zur Erdoberfläche, d. h. senkrecht zur Gravitationsbeschleunigung, in der Zeit Δt mit der Parallelgeschwindigkeit $v_{=}$ durchmißt.

Die beiden Effekte von Gravitations- und Zentrifugalbeschleunigung berücksichtigt, berechnet sich im Zeitintervall Δt die Änderung der Momentangeschwindigkeit (ohne Berücksichtigung des Luftwiderstandes) zu:

$$v\ (t+\Delta t) = v_0(t) + v_{eff}\ \ln\cdot\left(\frac{m(t+\Delta t)}{m(t)}\right) - g'\Delta t + a_z\Delta t$$

Diese Formel werden wir für die numerische Bahnberechnung von Raketenstarts verwenden.

Beispielhaft für die Verwendbarkeit – und zugleich für die mäßige Tauglichkeit – von Raketen in der bemannten Raumfahrt betrachten wir den Start der Saturnrakete[127], die beim Flug der Apollo-Astronauten zum Mond zum Einsatz kam. Kein Weltraumflug – bestenfalls ein Hüpfer ins All.

Um 50 to zum Mond zu tragen, hob in Cape Kennedy eine 110,6 m hohe Rakete mit einem Gesamtgewicht von 2930 to (Treibstoffgewicht 2550 to) ab. Despektierlich in eine Analogie übersetzt: Ein respektables Hochhaus hebt ab, damit ein kleines Appartement den Mond erreicht und die Duschkabine zur Erde zurückkehrt.

Mit ihrer Endgeschwindigkeit von 10,4 km/s bei Brennschluß der dritten Stufe bringt die Saturn V 50 to Nutzlast zum Mond – aber nicht einmal darüber hinaus! Angesichts der Größe des Sonnensystems, von der Größe des Weltraums ganz zu schweigen, und des vergleichsweise lächerlich geringen Mondabstandes kommen Zweifel, ob Armstrong mit seinem Schritt wirklich viel für die Menschheit[128] bewegt hat.

Festzuhalten bleibt noch: Einzig die Astronauten, die zum Mond geflogen sind, haben die Erde als blaue Kugel mit eigenen Augen im Weltraum schweben sehen. Alle anderen kennen nur Bilder.

---

[127] Die Daten zur Berechnung der Bahn stammen aus: http://en.wikipedia.org/wiki/Saturn_V und http://www.bernd-leitenberger.de/saturn5.shtml. Vor dem Brennschluß der ersten Stufe wurde in Simulation und Realität die Beschleunigung der Rakete auf die vierfache Erdbeschleunigung reduziert. Diese Begrenzung erfolgte, um die Beschleunigung für Astronauten und Gerät auf der sicheren Seite zu halten.

[128] Hier sollte fairerweise richtiggestellt sein, daß Armstrong nicht von der Menschheit, sondern von einem Menschen, nämlich sich selbst, gesprochen hat. Dieser tatsächlich gemachten Aussage ist uneingeschränkt zuzustimmen.

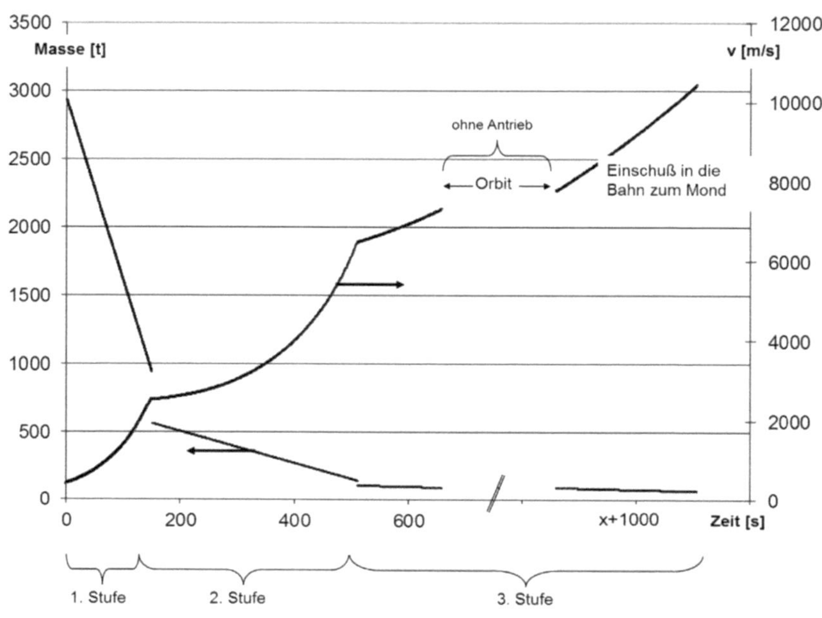

Abbildung 9
Berechnung der Startsequenz einer Saturn V
Masse- und Geschwindigkeit der Mondrakete Saturn V als Funktion der Zeit nach dem Start (bis zum Einschwenken auf die Bahn zum Mond). Die Lücken in der Massekurve spiegeln das Abtrennen leergebrannter Stufen wider. Additiv ist die Rotationsgeschwindigkeit der Erde am Startort in Florida (408 m/s) als Anschub berücksichtigt. Die Saturn V erreicht nicht ganz die Fluchtgeschwindigkeit, bei der sie aus dem Schwerefeld der Erde entkommen könnte. Es fehlt fast 1 km/s. Die Geschwindigkeit wurde gerade so hoch gewählt, daß die Rakete unterwegs nicht „verhungerte“ und den Mond in vertretbarer Zeit erreichte.
Wie aus der Steigung der Massekurve abzulesen ist, verbrennt ein Raketenmotor pro Zeiteinheit die gleiche Menge Treibstoff und erzeugt während der Brenndauer einen konstanten Schub. Aufgrund der Masseabnahme nimmt während des Betriebs jeder Stufe die Beschleunigung zu, wie es die steiler werdenden Segmente der Geschwindigkeitskurve auch ausweisen.

In den erdnahen Orbit konnte die Saturn V eine Last von 150 to befördern. Mit der zum Wohncontainer umgebauten dritten Stufe realisierten die USA ihre kurzlebige Skylab-Station. Die mühsam im Weltraum gehaltene ISS (International Space Station) kann als Beispiel dafür herhalten, in welchen ‚Welt(t)räumen' heutzutage bemannte Raumfahrt stattfindet. Bei 12.600 km Erddurchmesser einen Abstand von 400 km über dem Boden als Weltraum zu bezeichnen, klingt verwegen. Und der Aufwand Menschen und Material auf 400 km Höhe zu bringen, ist für die kleine Crew schon teuer genug. Wenn in diesem geringen Abstand zur Oberfläche der Erde die Atmosphäre ihre Bremswirkung weitgehend eingebüßt hat, vermittelt das ein eher flaues Gefühl, wie flach der Gas-See ist, an dessen Boden wir leben.

Die Saturn V war und ist die leistungsstärkste Rakete, die je gebaut wurde. Der letzte Start liegt inzwischen mehr als 40 Jahre zurück. Derzeit werkelt die USA an einer Mars-Mission. Dort Astronauten abzusetzen und wieder nach Hause zu holen, kann dauern. Geplant ist eine internationale Mission für 2025. Immerhin werden derzeit die Triebwerke der Marsrakete getestet. Warten wir ab. Mit einem – ernsthaft erwogenen – One-way-Ticket zum Mars zu fliegen, halte ich für keine gute Idee. Es sei denn, die Freiwilligen wählen vorsätzlich eine besonders bizarre Selbstmordvariante.

Die Masse der Erde und ihr hohes spezifischer Gewicht errichten eine sehr hohe Gravitationsmauer. Für die Startplattform Mars, der lediglich 10 % der Erdmasse aufweist, eignen sich Raketen als Transportmittel ungleich besser. Eine Saturn V, auf dem Mars gestartet, würde pro Start nicht 50 to, sondern über 1700 to auf die Fluchtgeschwindigkeit des Mars (5 km/s) beschleunigen.

Aus dem Gravitationstrichter(chen) des Mondes zurückzukehren, war einfach; vom Mars scheint es noch möglich zu starten. Wer auf der Erde strandet, hat ein Problem! Und dieses Problem haben auch Götter. Schon um nackt auf eine Umlaufbahn zu gelangen, bedarf es einer Großrakete. Wenn der Besucher keine mitbringt, muß er eine bauen. Er initiiert ein industrielles Großprojekt, beginnend bei einer Erzmine bis zum Maschinenbau und von der Ölförderung bis zur Chemiefabrik für die Treibstoffproduktion. Ein Projekt, das auch bei bestem Knowhow Jahrzehnte dauern wird und ein Heer von Spezialisten und Arbeitern erfordert.

Wer nicht nur zu landen, sondern zu kolonisieren plant, wird um einen Pendelverkehr zwischen Heimat- und Zielplanet nicht umhinkommen. In diesem Fall wird der Bau eines Fahrstuhls in den Weltraum endgültig zur zwingenden Alternative gegenüber Raketen. Um den Vorteil des Weltraumbahnhofs quantitativ zu bewerten, wollen wir einige Rechnungen und Gedankenexperimente anstellen.

Die Geschwindigkeit auf einer Parkbahn ist Funktion ihrer Höhe über dem Planeten. Sie kann mit Trivialphysik berechnet werden, indem Zentrifugalkraft und Gravitationskraft gleichgesetzt werden.

Bei kreisförmiger Umlaufbahn beträgt die Bahngeschwindigkeit:

$$v_{Kreisbahn} = \sqrt{\frac{G \cdot M_{Planet}}{r}}$$

Mit G gleich der Gravitationskonstante und r gleich dem Abstand zum Masseschwerpunkt (Erdmittelpunkt).

Ein zweites Mal Trivialphysik angewandt erlaubt eine Abschätzung der minimalen Geschwindigkeit, die zum Verlassen der Planetenanziehung erforderlich ist. Ausgangspunkt der Herleitung ist die Gleichsetzung von kinetischer Energie, die zum Erreichen der Fluchtgeschwindigkeit notwendig ist, mit der potentiellen Energie, die die beiden Massen aneinander kettet.

Gleichsetzen der beiden Energieformen liefert:

$$\frac{m \cdot v^2}{2} = \frac{G \cdot m \cdot M_{Planet}}{r} \Rightarrow v \geq \sqrt{\frac{2\, G \cdot M_{Planet}}{r}}$$

Diese gegenüber der Kreisbahn um $\sqrt{2}$ höhere Geschwindigkeit würde gerade zum Entkommen aus der Planetenanziehung reichen, so daß die Endgeschwindigkeit fern der Erde – relativ zum Planeten – auf null fallen würde. Etwas schneller sollte und muß es schon sein!

Mit der soeben abgeschätzten Geschwindigkeit sind wir dem Gravitationstrichter der Erde entkommen, um die Schwerkraft der Sonne zu überwinden, muß das Raumschiff auf 42,1 km/s beschleunigt werden. Vergleichbar dem Anschieben durch die Erddrehung unterstützt die Bahngeschwindigkeit der Erde mit ihren 29,8 km/s den Start, so daß

12,3 km/s zusätzlich aufzubauende Geschwindigkeit ausreichen, um geschwindigkeitsmäßig erst am Rand des Sonnensystems festzuhängen. Für Flüge an die Grenzen des Planetensystems (und darüber hinaus) wird die Möglichkeit genutzt, statt allein auf Raketentriebwerke zu setzen, durch einen Swing-by im Schwerefeld eines Planeten nachzubeschleunigen. Dieses bemerkenswert effektive Vorgehen werden wir in einem späteren Kapitel behandeln.

Da die Rückhalteenergie der Gravitation mit 1/r (r = Abstand zum Massezentrum) abnimmt und infolge der höheren Grundgeschwindigkeit im Orbit, sinkt die erforderliche Energie zur Beschleunigung auf Fluchtgeschwindigkeit aus einer Umlaufbahn auf einen Bruchteil des Wertes, der beim Start von der Oberfläche eines Mondes oder Planeten aufzubringen ist. In der Beispielrechnung zum Start der Saturn V wurde die lokale Geschwindigkeit der Erdumdrehung in Florida mitgenommen. Bei einem Start von der Erdoberfläche können maximal 645 m/s, gleich der Rotationsgeschwindigkeit der Erde am Äquator, als Anschub genutzt werden, wohingegen im geostationären Orbit die Bahn-Geschwindigkeit von 3075 m/s das Erreichen der Fluchtgeschwindigkeit unterstützt. (Unter diesem Aspekt liegt der europäische Raumhafen Kourou, Guyana geographisch günstiger als Cape Kennedy in Florida.)

Die Fluchtgeschwindigkeit der Erde beträgt bei einem Start aus der geostationären Parkbahn 4,35 km/s statt der 11,18 km/s bei einem Start vom Boden. Berücksichtigen wir zudem die anschiebende Bahngeschwindigkeit als Grundgeschwindigkeit, muß aus dem Erdorbit bei einem Start in Umlaufrichtung die Geschwindigkeit lediglich um 1,3 km/s erhöht werden, um dem Gravitationstrichter der Erde zu entkommen.

Setzen wir Restmasse gleich Nutzlast und rechnen – rein hypothetisch – eine einstufige Rakete mit der hohen Gasaustrittsgeschwindigkeit von 3200 m/s und problemvereinfachend mit einem gewichtslosen Triebwerk sowie ohne Stützstruktur und Tanks, sind 31 kg Treibstoff erforderlich, um eine Masse von 1 kg vom Erdboden (Äquatorgeschwindigkeit voll ausgenutzt) auf Fluchtgeschwindigkeit zu beschleunigen. Fehlt die Unterstützung durch die Erdrotation steigt der Treibstoffbedarf auf fast 40 kg. Bei einem Start aus dem geostationären Orbit genügen für eine Masse von 1 kg 0,5 kg Treibstoff, um sie auf Fluchtgeschwindigkeit zu beschleunigen. Der Energiebedarf sinkt im geostationären Orbit somit auf 1,6 % des Betrages, der bei einem Start von der Erdoberfläche unter maximaler Ausnutzung der Erdrotation aufzubringen ist. Quantitativ in Energieeinheiten reichen für 1 kg $8{,}1 \cdot 10^5$ J im Orbit gegenüber $5{,}56 \cdot 10^7$ J beim Start vom Boden.

Die Relation verschlechtert sich um eine Größenordnung, wenn wir berücksichtigen, daß die Nutzlast nur einen Teil der zu beschleunigenden Endmasse darstellt. Tatsächlich müßten die – am Ende – leeren Tanks, Triebwerke und Stützstrukturen mit in den Weltraum gehoben werden, wodurch die eigentliche Nutzlast schrumpft. (Optimistisch betrachtet könnten Tanks, Triebwerke und was sonst noch oben ankommt, als Baumaterial verwendet werden.)

Als ganz wesentlicher Vorteil, aus dem Orbit – im Unterschied zum Start von der Erdoberfläche – ist ein sanfter Start möglich. Bei einem senkrechten Start aus dem Stand muß die Rakete gegen die Erdbeschleunigung ankämpfen, die sie mit fast 10 m/s^2 zu Boden drückt. Bei einem Start von der Erdoberfläche erzwingt die unvermeidbar harte Beanspruchung der mechanischen Struktur eine stabile und daher schwere Bauweise. Bei einem Ablegen aus der Parkbahn kann der Start auf minimale Beschleunigungskräfte reduziert werden. Da der Start aus dem Zustand der Schwerelosigkeit erfolgt, genügen im Prinzip für den Start sogar beliebig kleine Beschleunigungen. Raumschiffe könnten in Leichtbauweise gefertigt werden, schubschwache aber hocheffiziente Ionentriebwerke könnten anstatt chemisch betriebener Raketenmotoren eingesetzt werden.

Eine Parkbahn ist nicht nur für den Start ideal, auch bei der Ankunft würde ein Raumschiff erst einmal in sie einschwenken. In Umkehrung des Ablegemanövers muß bei der Ankunft durch Abbremsung in einen geostationären Orbit (nur) die Überschußgeschwindigkeit für ein Einschwenken auf eine Parkbahn abgebaut werden. Nähert sich ein Körper der Erde, beschleunigt ihn die Erdgravitation. In Höhe der geostationären Parkbahn hat sich seine Geschwindigkeit in Umkehrung der Ablegegeschwindigkeit um 1,3 km/s über Parkbahngeschwindigkeit erhöht.

Ein Anlegen an den Weltraumbahnhof erspart den Abstieg des Raumschiffs zur Planetenoberfläche und das damit verbundene scharfe Bremsen um weitere 10 km/s.

Mit dem quantifiziert vorteilhaften Start aus der Parkbahn und mit dem Anlegen an einen Raumhafen bei Ankunft über dem Planeten ist das Problem der Ineffizienz von Start- zu Nutzlast nur dann gelöst, wenn ein Weltraumlift existiert. Ohne ihn sind wir für das Pendeln zu einer Orbitstation und erst recht für den Bau und die Ausrüstung eines großen interplanetaren Raumschiffs auf viele Raketenstarts angewiesen.

Die Ineffizienz der Rakete gilt übrigens nicht für den Düsenantrieb von Flugzeugen. Die Umströmung der Tragflächen trägt das Flugzeug gegen die Erdgravitation, und den Sauerstoff als Reaktionskomponente für die Treibstoffverbrennung liefert die Umgebungsluft frei Haus.

Eine Eiche weiß ich,
die heißt Yggdrasil,
den hohen Baum netzt
weißer Nebel;
davon kommt der Tau,
der in die Täler fällt.
Immergrün steht er
über Urds Quelle.

Die Edda: Der Seherin Gesicht

Brücken zwischen den Welten

Nachdem wir uns mit den Nachteilen und Grenzen von Raketen für die Raumfahrt auseinandergesetzt und den Traum vom Weltraumbahnhof vorgestellt haben, werden wir uns in diesem Kapitel den prähistorischen Quellen zu diesem Themenkreis widmen. Aus der Prähistorie sind Nachrichten über eine mechanische Verbindung zwischen Himmel und Erde weltweit und in vielfältiger Abwandlung überkommen. Vertrauen wir der Richtigkeit dieser Nachrichten, stellen die Hypothese von der Existenz eines Weltraumlifts voran und prüfen ausgehend von ihr, ob diese Annahme eine plausible und konklusive Erklärung für zuordenbare Mythen bietet. Aussortieren werden wir Nachrichten, die zu sehr nach Märchen riechen, aus zweifelhaften Quellen stammen, aus dem Zusammenhang gerissener Text sind, oder in ihrer Interpretation als Weltraumlift zu offensichtlich den Verdacht von Wunschdenken erwecken. Wieder gilt: Eng an Wort und Fakt kleben und möglichst wenig Auslegung.

Sollte es je einen Aufzug in den Himmel gegeben haben, werden in Anbetracht von Kosten und laufendem Aufwand nur einer oder höchstens zwei in Betrieb gewesen sein. Wenn Mythen einen wahren Kern enthalten, werden sie daher die gleiche Maschine, den gleichen Anblick als Hintergrund ihrer Entstehung gehabt haben und deshalb eine identische

Grunderfahrung tradieren. Symbole und Beschreibungen dürfen infolgedessen nur wenig variieren und müssen die Einzigartigkeit der Vorlage konsistent widerspiegeln.

Weltweit stoßen wir im konkreten Bild einer Leiter[129] oder im Symbol des Weltenbaums auf die archetypische Tradierung einer Verbindung zwischen Himmel und Erde. Die klassische Interpretation sieht in ihm die Darstellung der Weltenachse. Dieses Verständnis ist bei heutigem Wissen um die Gestalt der Erde suggestiv, bleibt jedoch im historischen Kontext des früheren Weltbildes unzulänglich. Denn ohne Globus vor Augen ist der Baum als Weltenachse keineswegs ein triviales Bild. Das Bild gerät umso schiefer, je mehr wir uns dem Äquator nähern; dort ist der Baum dann endgültig ins Waagerechte gekippt.

Die Bewohner äquatorialer Breiten können mit dem Bild von einem Baum als Achse der Welt wenig anfangen, im Gegensatz zu einem Sternengucker hoher Breiten, der das nächtliche Drehen des Firmaments mit einer halbwegs senkrecht stehenden Achse assoziieren könnte. (Mir scheint, bei der Weltenachsentheorie hat ein Geisteswissenschaftler zu lange auf einen Globus geguckt und die Suggestivkraft hat nachgewirkt.) Insofern nachvollziehbar, stammt die Interpretation des Baums als Weltenachse aus Europa.

Die Erklärung als Weltenachse gerät zusätzlich ins Rutschen, wenn wir uns den Baum näher anschauen. Obwohl der Weltenbaum allein und nackt als Symbol der Weltachse genügen würde und keine weiteren Bildelemente einfordert, finden wir in seinen Bewohnern einen Hinweis, daß er mehr und anderes symbolisiert als die Weltenachse. Ihn umrahmen in geringer Abwandlungen stets Tiere. Da auch Tiere als Baumbewohner geführt werden, die nicht auf Bäumen leben, halten wir sie – und damit auch die natürlichen Baumbewohner – für Symbole von Technik. Wegen der vermutet beschränkten Anzahl von Weltraumbahnhöfen und ihrem identischen Aufbau hatten wir Verbindendes, wenn nicht Gleiches, in den Mythen gefordert. Eben diese Forderung erfüllt die Ausschmückung des Weltenbaums mit Tiersymbolen.

---

129 http://www.maverickscience.com/myth-ladder.pdf
http://www.thelivingmoon.com/42stargate/03files/Ladder_Heaven.html

Als ein durchgängiges, gemeinsames Motiv finden wir – egal in welcher Region – am ‚Welten'baum stets einen Bewohner, den ‚Welten'vogel, meist zum Adler aufgewertet. Dieser Vogel im Wipfel eines Baums oder auf einem Pfahl sitzend ist das verbreitetste der Konvergenzmotive, die den Mythos vom Weltenbaum global umranken. In der Edda, eingraviert auf Rollsiegeln Mesopotamiens oder auf der Grabplatte von Palenque bilden Baum und Adler das zusammengehörige Ur-Motiv. Seine Benennung als Weltenvogel trägt wenig bis nichts zur Erklärung bei, wofür der Vogel steht und welche Funktion sich mit ihm verbindet.

Ein vormals real existierender Weltraumfahrstuhl böte eine Lösung für das geschilderte Erklärungsproblem und stützte zugleich die Hypothese seiner prähistorischen Existenz. Anstatt eine abstrakte Achse als Erklärung anzubieten, verbindet die Hypothese des Weltraumfahrstuhls mit den historischen Bildern und Texten ein konkretes Bauwerk, das zwingend senkrecht stand. Die Hypothese klärt zudem das Entstehen des Mythos und kann die Tiersymbole technischen Vorlagen zuordnen. Der Baum steht nun für den Turm oder die himmelragende Bodenstation eines Raumlifts und der omnipräsente Adler symbolisiert eine Raumstation. Wenn statt eines allegorischen Adlers in späten Reliefs (persisches Reich) geflügelte Himmelsobjekte als bewohnt dargestellt sind, zeichnen sie das nochmals konkretere Bild einer Raumstation.

Ein Weltraumbahnhof im Orbit steht zwar sehr hoch über der Erde, aber er wird so groß sein, daß er auch am Tage mit bloßem Auge am Himmel sichtbar bleibt. Erkennbar über der Bodenstation schwebend verschmelzen in einer bildhaften Darstellung die Hauptkomponenten Bodenstation und Orbiter zu Baum und Adler.

Mit gutem Willen mag das durchgängige, gemeinsame Auftreten von Baum und Vogel in Mythen und Bildern als Zufall durchgehen oder kann als Kulturkonvergenz schöngeredet werden. Kulturkonvergenz als Erklärungsplacebo für unverstanden Gleiches wird endgültig fragwürdig, wenn neben dem Vogel nach Anzahl und Erscheinung andere Tiere den Baum bewohnen. Zufälligkeit wird endgültig unglaubwürdig, wenn in Beschreibungen und graphischen Darstellungen Tiere auf dem Baum leben, die nicht klettern (können) und für die ein Baum ein vollkommen unnatürlicher Lebensraum ist.

Wenn unserer These zufolge die Baumbewohner als Symbole für Technik dienten, ist zu klären: Wie kam es zur Auswahl der Baumbewohner, beziehungsweise welche Maschinen symbolisieren sie?

Im Vordergrund wird bei der Auswahl eines adäquaten Tiersymbols das Kriterium der morphologischen Übereinstimmung zwischen Maschine und Tier gestanden haben. Diese Art der Namensgebung für ein technisches Gerät nach Gestaltähnlichkeit ist auch für unsere Zeit gängige Praxis und uns – unbewußt – bestens vertraut. Die getroffene Wahl ist durch selektive Wahrnehmung geprägt und hebt auf ein einziges typisches Merkmal ab.

Die Methode der Auswahl an einem Beispiel, verdeutlicht, spinnt die Wäschespinne weder ein Netz noch fängt sie Fliegen; ihre ausladenden Arme erinnern halt an Spinnenbeine. Wir folgern, die Auswahl des Tieres erscheint nur solange als schiefes Bild, wie wir ihren Symbolcharakter nicht erkannt haben. Wenn wir in den Mythen keine natürlichen Baumbewohner antreffen, bestätigt ihr unpassendes Auftreten die Zulässigkeit unserer Hypothese, in ihnen die symbolisierten Komponenten eines Weltraumfahrstuhls vor uns zu haben. Die Tiere am Weltenbaum wurden demnach wegen ihrer Gestalt und mit der Absicht, Fremdartiges zu beschreiben, in diesen teilweise für sie unpassenden Lebensraum plaziert.

Nehmen wir uns einen gut konservierten Mythenkranz vor und bleiben im Lande. Die Lieder der Edda sammeln und konservieren die klassischen nordischen Mythen. So wenig wie wir in Mexiko die wissenschaftlich ausformulierte Nachricht von der Erschaffung des Menschen erwarteten, so überraschend ordnen sich einige Strophen der Edda als Bericht über einen Weltraumfahrstuhl ein. Vergleichbar der Aufklärung des konkreten Inhalts der Bilder des Codex Borgia erfahren kryptische Bilder, Worte und Symbole mit diesem Ansatz eine recht schlüssige Erklärung. Genau wie bei den mexikanischen Codices brechen wir mit dem bisherigen Verständnis und verwerfen in einem radikal disruptiven Ansatz das gängige Weltbild.

Beginnen wir die Diskussion und tragen aus den Texten der Edda Zitate für unsere Neuinterpretation zusammen.

Ganz im Sinne der vorgeschlagenen Verwendung von Tiersymbolen als Metapher besiedeln Tiere in der Edda den Weltenbaum Yggdrasil, die dort prima vista nicht hingehören. Im Lied von Grimnir lesen wir etwa (Übersetzung nach Genzmer):

Ratatösk heißt das Eichhorn, das auf und ab rennt
An der Esche Yggdrasil:
Des Adlers Worte oben vernimmt es
Und bringt sie Nidhöggern[130] *nieder.*
Der Hirsche sind vier, die mit krummem Halse
An der Esche Ausschüssen weiden:

Mit dem Eichhörnchen Ratatöskr als Baumbewohner können wir uns anfreunden, aber daß vier Hirsche am Stamm des Weltenbaums äsen, irritiert. Was treibt Hirsche auf Bäume? Was, wenn nicht ihre morphologische Ähnlichkeit mit einer Maschine?

Sollte ihre Gestalt die Wahl bestimmt haben, welche technische Einrichtung stand dann Pate? Bei der Einführung in die Technik eines Raumfahrstuhls hatten wir Kletterer eingefordert, die sich am Seil auf und ab hangeln. Welche morphologische Anmutung bringt Hirsche und Kletterer zusammen? Klettern bedeutet Arbeit gegen die Schwerkraft, erfordert also Energie. Da das Mitführen chemischer Energieträger die Netto-Transportkapazität der Kletterer gewaltig – nahezu auf Raketenniveau – reduzieren würde, wird die Energie entweder extern zugeführt werden müssen, oder es kommt nur eine effizientere Energiequelle als chemische Verbrennung in Frage. Als Energieart setzen wir auf elektrischen Strom, da die Umwandlungsverluste und die Baugröße eines – im optimalen Fall als supraleitend ausgeführten – Elektromotors auch bei hoher Leistung klein sind.

Zwei Optionen für die Stromerzeugung bieten sich an: Entweder erzeugt ein Atomreaktor die benötigte elektrische Energie für den Antrieb oder Strom wird photovoltaisch durch Solarzellen erzeugt. Mit den Schaufeln eines Hirsch-/ Elchgeweihs als bildhafte Beschreibung für eine

[130] Nidhöggern: Drache unter dem Weltenbaum

hinreichend große und daher zwingend ausladende Photovoltaik-Installation finden wir das gesuchte Merkmal, das als Kriterium für die Wahl des Hirsches als Symbol gedient haben dürfte.

Das gleiche Bemühen, das Aussehen einer Maschine durch ein Tier zu veranschaulichen, erklärt in unserer Interpretation die Wahl eines Eichhörnchens als Symboltier. Das Eichhörnchen könnte für die andere Option der Energieversorgung stehen, bei der ein Atomreaktor die Solarzellen ersetzt. Mit seinen Kühlrippen und einer weitgehend drehmomentfreien Montierung in hinreichendem Sicherheits-Abstand zur Kabine gerät das Tiermotiv des Eichhörnchens mit seinem buschigen Schwanz zum passenden Bild. Während Kletterer, die mit der Gestalt eines Hirsches beschrieben wurden, sich bei begrenzter Leistung einer Photovoltaikanlage eher gemächlich bewegt haben werden, kann ein Atomreaktor ungleich höhere Leistung zur Verfügung stellen. Das langsame Kriechen der ‚Hirschkletterer' wird zum Rennen des Eichhörnchens.

In der Edda finden wir weitere Indizien für unsere Hypothese, indem der Text den Wechsel des optischen Eindrucks bei einer Annäherung an den Raumfahrstuhl schildert. Die Lieder der Edda sprechen von Tau am Weltenbaum. Wieder ein schiefes und daher erklärungsbedürftiges Bild! Wir kennen Tau als Tropfen an einem Grashalm. Aber was ist von Tautropfen an einem Baum zu halten? Mit dem Bild eines Weltraumliftes vor Augen ist wenig Exegese vonnöten, um diese Beschreibung einzuordnen. Die Deutung der Symbolik im Modell des Weltraumfahrstuhls macht das Bild scharf. Aus hinreichend großer Entfernung werden Kletterer am Seil wie Tautropfen an einem Halm erscheinen. Bei Annäherung an die Bodenstation bleibt bei einem Kletterer, der sich noch oder wieder in großer Höhe bewegt, der optische Eindruck des Tropfens erhalten; der Halm allerdings wächst zum riesigen Turm der Bodenstation, eben zum Stamm des Weltenbaums. Der vorgeschlagene Wechsel der Perspektive von fern zu nah führt zu einem stimmigen Bild. Tatsächliche Größe ist auch in dieser Symbolik nachrangig, die morphologische Ähnlichkeit der Struktur bestimmt das verwendete Bild.

Die Gesänge der Edda liefern weitere Hinweise für die Stimmigkeit des neuen Textverständnisses, wenn sie von einer Höhle unter dem Baum berichten, in der ein Drache wohnt. Die Interpretation dieses Textes als Beschreibung von Technik gerät denkbar einfach; Höhle und Drache stehen für die Bodenstation des Weltraumfahrstuhls inklusive seiner Infrastruktur. Die Verankerung des Seils am Boden sowie die Infrastruktur für die Wartung der Kabinen, Betankung – etwa Sauerstoff für Passagiere – und Frachtverladung erforderten ein Bauwerk vergleichbar der Größe eines modernen Flughafens. Der eingeborene Besucher mißverstand den Lärm der Maschinen als Schnauben eines Drachen. Unter Annahme dieses Mißverständnisses wird die Wahl des lärmenden Drachens als Symbol passend. Ohne Wissen um die Ursache wird unwissenden Besuchern der aufbrausende Lärm der Maschinen und die ganze Geräuschkulisse bei der Ankunft und dem Ablegen der Kletterkabinen wie lautstarker Streit erschienen sein. Nachvollziehbar verkennen die Eingeborenen den Adler (Orbiter) an der Spitze des Baums (Weltraumfahrstuhls) als Feind des Drachen (Bodenstation) und umgekehrt.

Wie uralt die Geschichte ist, die der Edda zugrunde liegt, schließen wir aus etymologischen Verwandtschaften und aus der verbundenen Bedeutungsableitungen zentraler Worte des germanischen Mythos. Deutlich treten Worte hervor, die wir im Altgriechischen wiederfinden oder die wir als eng verwandt mit dieser Sprache identifizieren. Die Edda datiert daher spätestens aus einer Zeit, in der Griechen und Germanen noch ein Volk waren und die gleiche Sprache sprachen. Der Ursprung des Mythos liegt somit mindestens 4000 Jahre vor unserer Zeit.

Etymologie liefert uns nicht nur ein Indiz für das Alter der Edda-Sagen. Darüber hinaus dient sie uns als unabhängiges Prüfmittel für die Richtigkeit der vorgeschlagenen Deutung von Textpassagen, in denen wir die Schilderung eines Raumliftes erkennen, sowie zur Bestätigung der Einordnung von Tiersymbolen als Maschinen. Die etymologische Wortableitung kann die vorgeschlagene Erklärung einer Tiersymbolik untermauern bis verifizieren, indem Namen – vergleichbar unserem Verständnis der Nutzung von Tiersymbolen – als Technikbeschreibung erkennbar werden. Etymologie deckt über die reine Worterklärung hinaus Bedeutungserweiterung und Bedeutungsergänzung im Kontext des Weltraumfahrstuhls auf und bestätigt so den vermuteten technischen Hintergrund des Mythos.

Einige Namen und Begriffe der Edda, denen wir einen technischen Ursprung und Hintergrund zuweisen, bieten sich bei dieser Gelegenheit ergänzend für eine etymologische Bedeutungsklärung an, auch wenn diese nicht in direktem Zusammenhang mit dem Weltraumfahrstuhl stehen.

a) Yggdrasil

Beginnen wir unsere Analyse mit dem Namen eines zentralen mythologischen Elementes der Edda, mit dem Weltenbaum Yggdrasil. In diesem Wort stoßen wir auf die etymologisch bedeutsame Konsonantenfolge 'd-r-s', die sofort zuordenbar ist. ‚d-r' stellt sich im Griechischen wie auch in anderen indogermanischen Sprachen ein, wenn es naß zugeht. Am Beispiel des Altgriechischen ausgeführt, bedeutet etwa

(η) δροσοσ (hä drosos) = (der) Tau, Tautropfen sowie in allgemeinerer Bedeutung Feuchtigkeit, Nässe und Wasser.

Bei Wegfall des Schlußkonsonanten '-s' wird der verbleibende Rest ‚d-r' zu

το υδωρ (to hydor) = das Wasser

Nach Genzmer lautet die Übersetzung einer zentralen, Yggdrasil beschreibenden Strophe der Voluspa (Der Seherin Gesicht):

Eine Esche weiß ich,
sie heißt Yggdrasil,
die hohe, benetzt
von edlem Naß;
von dort kommt der Tau,
der die Täler füllt,
immergrün steht sie
am Urdbrunnen.

In dieser Strophe ist die ganze Bandbreite von Nässe und Feuchtigkeit, für die der δ–ρ–σ Wortstamm steht, versammelt. Man kann spekulieren, ob nach Konsonantentausch von ‚d-r' zu ‚r-d' sich ‚Urd-' (im obigen Zitat in Urdbrunnen und auch der Name der Norne Urd) vom gleichen Wortstamm ableitet. In modernen Sprachen finden wir den Konsonantenstamm vom englischen ‚drop' bis deutsch ‚Tropfen' oder lautlich näher im niederdeutschen ‚Droppen'. Selbst im nicht indogermanischen finnischen ‚tipat' bleibt er erkennbar.

Der Anlaut 'Ygg-' in Yggdrasil hat mit Bezug zum altgriechischen entweder den maskulinen Artikel ‚ό' (ho) = ‚der' oder das griechische ‚ου' (u) = ‚nicht' erhalten. Es liegt bei letzterer Interpretationsvariante nahe, daß durch ‚ου' ein Zustand oder eine Maschine beschrieben wird, die wie Wasser (Feuchtigkeit) aussieht jedoch nicht Wasser (feucht) ist.

Die vorgeschlagene etymologische Wortinterpretation verbindet sich mit der vorgeschlagenen Deutung des Weltenbaums als Weltraumlift durch die Gleichsetzung des Baums Yggdrasil mit einem Planetenseil und durch die Beschreibung eines Kletterers als Tautropfen zu einer konsistenten und zwanglosen Erklärung.

b) Heidrun

In einer etymologischen Deutung fügen sich aufgrund ihres Namens – neben den als Maschinen eingeordneten Hirschen und dem Eichhörnchen – weitere Tiergestalten der Edda in die Hypothese vom Weltraumfahrstuhl ein. Solche Bestätigung können wir etwa aus der etymologischen Deutung des Namens der Ziege Heidrun ableiten.

Vergleichbar zu Hirschen berichtet die Edda auch von einer Ziege als einem weiteren Baumbewohner, der das Laub frißt.

So heißt es:

Heidrun heißt die Ziege vor Heervaters Saal,
die an Lärads[131] Laube zehrt.

Ziegen mögen gute Kletterer sein, auf Bäume steigen sie nicht. Eine Textstelle, die daher völlig wirr klingt, sich aber sofort erklärt, wenn wir sie als Beschreibung von Technik einordnen. Mit Etymologie als Wegweiser spüren wir leicht die bildgebende Maschine auf. Im Namen Heidrun fin-

---

[131] Anderer Name des Weltenbaums. η ραθαμιγξ (hä rathamigx) = Tropfen vermuten wir für (L)ärad den gleichen Bedeutungshintergrund wie für Yggdrasil.

den wir mit ‚d - r' die gleiche Konsonantenwurzel wie im Namen Yggdrasil. Erweitert um den Femininum-Artikel η, benennt η δροσοσ (hä drosos) nicht irgendeinen, sondern einen speziellen Tropfen. Von ‚h-ä d-r-o' zu Heidrun führt ein kurzer Weg.

Diese Ableitung des Namens der Ziege ergänzt das Tautropfenbild und unterstützt die These vom Raumhafen gerade dadurch, daß die Schiefheit des verwendeten Symbols Licht auf eine unverstandene Nachricht wirft:

Mit der Zuordnung des Femininum-Artikels zu ‚δ–ρ' präferieren wir die Interpretation des Wortteils ‚Ygg' als ‚ου' (u) = ‚nicht'. Denn so wie Yggdrasil als trockener (nicht nasser) Tropfenträger für das Seil steht, spezifiziert der Name Heidrun einen Kletterer als Tropfen am Seil. Der Name Heidrun komplettiert das Bild eines Raumlifts, indem es den Kletterer am Halm als Tautropfen und das Seil des Weltraumbahnhofs, in seiner dünnsten Form, als Halm und Tropfenträger betitelt.

c) Ratatöskr

In der Edda ist das Eichhörnchen Ratatöskr neben dem Adler der am häufigsten genannte Bewohner des Weltenbaums. Griechische Wortverwandtschaft bringt Licht in diese dunkle Symbolik und liefert zugleich die Übersetzung des Namens ins Deutsche. Das griechische Wort ο σκιουροσ (ho skiuros) = das Eichhörnchen enthält in der letzten Silbe die drei linguistisch relevanten Konsonanten des Wortes Ratatöskr. Die Kontraktion von ‚ho skiuros' zu ‚oskr' erhält den ganzen Konsonantenstamm der zweiten Worthälfte. Die Vorsilbe ‚Ratat' klärt sich umgehend, fügt sie sich doch nahtlos in die Deutung des Namens Heidrun als (Wasser)tropfen ein. Denn das griechische Wort ραθαμιγξ (rathamigx) ist synonym zu δροσοσ = Tropfen.

Nach dieser etymologischen Ableitung übersetzen wir Ratatöskr als ein tropfenförmiges Eichhörnchen. Einen Kletterer als Eichhörnchen zu beschreiben, könnte kaum treffender gewählt werden. Das Bild des passiv den Stamm herunterperlenden Tropfens wird durch die Verwendung des Eichhörnchens als Symboltier korrigiert, indem es die auf- und ab-Bewegung eines Kletterers einfängt. Sein Name ergänzt und bestätigt unsere Deutung des Eichhörnchens als Symboltier; beides – Name wie Verhalten und Aussehen – stützt unsere These, einigen Strophen der Edda eine verborgene Nachricht über einen Weltraumfahrstuhl zuzuweisen.

d) Bifröst

Zu den essentiellen Sagenelementen der Edda gehört die Götterbrücke Bifröst. Sie verbindet Welten durch einen Weg über den Himmel (!) und ist von so herausragender Wichtigkeit, daß dem Mythos zufolge der Gott Heimdall eigens für ihre Bewachung abgestellt ist. Wenn Tabuworte wie Yggdrasil und Ratatöskr als die essentiellen technischen Komponenten des Weltraumfahrstuhls in der Sprachentwicklung unverändert blieben, dann muß dies auch für den Namen der Gesamtkonstruktion, eben Bifröst, gelten. Wir erwarten demnach, im Namen Bifröst die Anmutung und/oder die Funktion eines Planetenseils wiederzufinden.

Unschwer ist im Wort Bifröst wieder der indoeuropäische Konsonantenstamm identifiziert. Das deutsche Wort 'Brücke' läßt den gleichen Lautwert anklingen. Spezifischer für unsere Argumentation lautet das griechische Wort für Seil βροχοσ (brochos). Wir fühlen uns bestätigt. Schließlich suchen wir weniger nach einer Brücke als nach einem Seil. Vergleichbar der Verknüpfung von δροσοσ mit Yggdrasil weist der Name βροχοσ den gleichen Anlaut und mit 'b-r-(f)-s' einen ähnlichen Konsonantenstamm auf wie Bifröst. Die Konsonantenähnlichkeit von 'χ' und ‚f' ist offensichtlich, Nehmen wir zusätzlich einen Konsonantentausch beim Wort βροχοσ an, schärft diese Anpassung die lautliche Verwandtschaft zur Übereinstimmung nach.

In einer alternativen Deutung, die den Namen Bifröst näher an die Bezeichnung für eine Himmelsbrücke rückt, identifizieren wir das altgriechische Wort διθυροσ (di-tyros oder auch bi-tyros) – der Wortstamm wird sichtbarer in seiner latinisierten Form bifurcus – mit dem Wort Bifröst. Die Übersetzung für das griechische wie lateinische Wort lautet: zwei-türig, zwei-gabelig oder zwei-zinkig. In dieser Deutung ist der Bezug zum Weltraumbahnhof augenfällig. Schließlich erwarten wir als Charakteristikum einer Planetenbrücke, bestehend aus dem Lift auf einem und einem Gegenlift auf einem zweiten Planeten, etwas Zweigabeliges. Ein Weltenbaum, der als Pfosten zur interplanetaren Raumbrücke Bifröst aufragt, ist in unserem Interpretationsansatz eine richtige Beschreibung.

Mit dieser Deutung des Wortes Bifröst haben wir die Tiersymbolik verlassen und wurden konkreter. Stimmt die Deutung des Namens Bifröst, dann waren dem Namensgeber die Funktionsweise und der Zweck eines Weltraumlifts bekannt. Er wußte um den Gesamtzusammenhang und den kompletten Aufbau, den er bildhaft als Gabel beschrieb. Unsere technische motivierte Worterklärung trägt bis zur Erklärung des Betriebs eines Weltraumbahnhofs, der einer Station und Gegenstation bedarf, um effizient als Transportstraße zwischen Planeten zu fungieren.

e) Ragnarök

In der Edda wird der Weltenbrand, der Untergang der alten Götter und der jetzigen Welt, als Ragnarök bezeichnet. Die verbreitete Übersetzung – es handelt sich eher um eine feinsinnige Interpretation – lautet Götterdämmerung.[132] Als richtigere Übersetzung gilt: ‚Geschichte der Götter' oder ‚Schicksal der Götter'.

Beide Übersetzungen halte ich für kritikwürdig. Eine andere, meines Dafürhaltens zu präferierende etymologische Ableitung der Bedeutung von Ragnarök führt zu einer modellkonsistenten Deutung. Zwanglos und weit sinnstiftender wird ‚Ragnarök' durch die Aufdeckung der etymologischen Verwandtschaft mit einem altgriechischen Wort verstehbar.

Ausgehend vom Verb ραγνηναι (ragnänai) bedarf es keiner sophistischen Interpretationsdrechselei, um einen Zusammenhang mit dem Weltuntergang herzustellen. Die Übersetzung von ραγνηναι reicht vom destruktiven ‚zerbrechen, zerschmettern' bis zum konstruktiven ‚platzen, hervorbrechen, hereinbrechen'. ραγνηναι hat eine doppelte, konträre Bedeutung, indem das Wort sowohl ein Geschehen beschreibt, dem

132 http://de.wikipedia.org/wiki/Ragnar%C3%B6k

ein Ende als auch – eben das Gegenteilige – ein Anfang gesetzt ist.[133] Diese gegensätzliche Bedeutung eines gleichen Wortes ist so selten nicht, sie ist in allen Sprachen anzutreffen.

Mit dieser Ableitung ist das Geschehen, das in der Edda als Ragnarök beschrieben wird, exakt getroffen: Das Ende der alten Welt und der Beginn eines neuen Zeitalters – und eines neuen Göttergeschlechtes. Die hier vorgeschlagene etymologische Bedeutungsableitung findet sich übrigens in einer alternativen – ohne Griechisch als Zaunpfahl zu bemühen – Herleitung aus dem Alt-Germanischen, siehe Referenz[134]. Die Gelehrten scheinen sich nicht ganz einig.

Damit haben wir aus Etymologie erschlossen, die Edda tradiert zum einen prähistorische Technologie, konkret einen Weltraumlift, und berichtet außerdem vom Ende einer Zeit, als ein Kataklysmus über die Erde rollte. Dazu später mehr.

f) Gnipahellir

Zusammenhanglos in den Raum geworfene Worte stellen eine besondere Herausforderung für eine Deutung dar. Nach der obigen Argumentation, die das tabuisierte Wort zum Erkennungsmerkmal realer Ereignisse festmachte, sollte gerade die Zusammenhanglosigkeit und das

---

[133] Erinnert sei an das lateinische ‚altus', das ‚hoch' und gleichzeitig ‚tief' bedeutet. In den gleichen Kontext fällt das deutsche Wort Untiefe, das eben nicht nur seicht, sondern gegenteilig auch besonders tief bedeuten kann.

[134] http://en.wikipedia.org/wiki/Ragnar%C3%B6k (englischsprachige Seite. The Old Norse word "ragnarök" (pronounced UK: /ˈrægnərɜːk/, US: /ˈrægnərɒk/ or /ˈrægnərək/;) is a compound of two words. The first word in the compound, ragna, is the genitive plural of regin ("gods" or "ruling powers"), derived from the reconstructed Proto-Germanic term *ragenō. The second word, rök, has several meanings, such as "develop-ment, origin, cause, relation, fate, end.") Seltsamerweise, eher peinlicherweise, stimmen die Etymologien der deutschen und englischen Wikipedia-Seite nicht nur nicht überein; sie sind sogar völlig unterschiedlich.
Ein absurder Widerspruch, der Präjudiz als bestimmendes Motiv der Ableitung hervortreten läßt. Der Verfasser der deutschen Seite von Wikipedia gibt sich erkennbar Mühe, die Deutung von Ragnarök als ‚Götterdämmerung' aufrecht zu erhalten.
Der miese Ruf der Etymologie resultiert aus frühen grotesken Wortableitungen, die nach und trotz späterer Revision ob ihrer Lächerlichkeit dem Fach Ansehen und Glaubwürdigkeit gekostet haben. Ganz ausgestanden scheint die Albernheit nicht.

Kryptische stabilisierend für eine unverändert tradierte Aussprache gesorgt haben. Mit Benennung der Erde als Midgard (Wohnort der Menschen) und Asgard gleich Venus (Wohnort der Götter) können wir im Rahmen unserer Planetenbrücke naheliegend zwei Pflöcke einschlagen. Diese Gleichsetzung wird uns in einem Folgekapitel noch intensiv beschäftigen. Aber wo liegt Gnipahellir?

Eine aufwühlend dramatische Strophe der Edda lautet:

Gellend heult Garm
vor Gnipahellir:
es reißt die Fessel,
es rennt der Wolf.
Vieles weiß ich,
Fernes schau ich:
der Rater Schicksal,
der Schlachtgötter Sturz.

Unter Beachtung des Kontextes gelingt eine, wenn auch mühsame etymologische Ableitung des Ortes. Teilen wir das lange Wort in zwei Stämme und arbeiten uns von hinten nach vorne vor, finden wir für ‚...pahellir':

im Griechischen das Wort το πελωρ (to pelor) ‚das Ungeheuer und Schreckbild bedeutet.

Ausgehend von der Dominanz der Konsonanten in der Wortverwandtschaft und nach der Teilung des Wortes in zwei Stämme leiten wir den ersten Wortteil – nahegelegt durch die Übersetzung des zweiten Wortteils – im Konsonantenstamm von

η γεννεα (hä gennea) = Hölle

ab. Damit wird Gnipahellir zum ‚Ungeheuer aus der Hölle'. Eine adäquatere Wortwahl für einen Ort, wo das Grauen wohnt, ist kaum vorstellbar. Das entfesselte Ungeheuer aus der Hölle wird zum Auslöser der Götterdämmerung. Wir werden später eine Hypothese formulieren, wie ein kosmisches Phänomen, das jenseits des Mars auftauchte, die inneren Planeten ins Chaos stürzte. In diesen Kontext werden sich dann weitere Passagen der Edda einfügen. Mit dieser Auslegung der Etymologie von Gnipahellir ist dem Schrecken des Kataklysmus ein Anfang gesetzt.

Das Wort ‚Gehenna' hält eine weitere Überraschung parat. Es findet sich exakt in dieser Lautfolge auch im Buch Henoch[135], wo es den Strafort der Sünder, die Hölle, bezeichnet. Eine zufällige Übereinstimmung zwischen dem Griechischen und Hebräischen? Eine religiöse Entlehnung?

g) Idun(a)

Verlassen wir den Weltraumbahnhof und wenden uns anderer Technik zu, die die Edda mit symbolhaltiger Namensgebung beschrieben und hintergrunderhellend erhalten hat.

In der nordischen Mythologie verkörpert Idun die Göttin der Jugend. Der Name der Göttin ist keine bedeutungsfreie Buchstabenkombination, sondern beinhaltet eine Funktion. Idun(a) personifiziert die Medizin, die das Altern der Götter verhinderte und ihre Jugendkraft erhielt. η δυνεωσ (hä dyneos) hat es als Lehnwort von Dynamo bis zu Dynamik ins Deutsche geschafft. Die Ur-Bedeutung, im Griechischen erhalten, ist umfassend; sie reicht von Kraft über Wunderkraft bis Heilmittel. Diese Bedeutungsvielfalt schließt ein, was die ‚Äpfel' für die Götter bedeuteten. Durch die vorgetragene Ableitung gerinnt der Name der Göttin zum Programm.

Nicht nur in der Edda, auch in einer griechischen Sage stoßen wir auf eine Iduna, nur nicht auf eine einzelne Frau, sondern auf eine Gruppe von Nymphen, die im Garten der Göttin Hera, den Apfelbaum hüten, dessen Früchte ewige Jugend verleihen. Eine identische Funktion wie die der nordischen Idun, die die Äpfel der Verjüngung hütet. Der Name ‚Idun(a)' klingt auch durch in der letzten Silbe ihres Namens Hesperiden, den wir ableiten von η σπειρι δυναμισ = 'He spe(i)r - i dynamis' = das erzeugte Wundermittel.

Der Apfel als Symbol und Mittel zur Erlangung von Unsterblichkeit ist weltweit verbreitet. Wir kennen das Motiv aus dem Alten Testament, wo

---

[135] Das Buch Henoch. Die Übersetzung (einschließlich eines ausführlichen Kommentars) von A. Dillmann (erschienen bei Fr. Chr. Wilh. Vogel, Leipzig 1853) ist unter http://books.google.com als pdf-File abrufbar.

der Baum der Unsterblichkeit im Garten Eden steht. In Reliefs aus Mesopotamien, Ägypten und Indien sind Bäume mit apfelähnlichen Früchten als Götterspeise dargestellt.

Das von uns vermutete Auftreten gleicher Götter (Besucher aus dem Weltraum) an verschiedenen Orten, hat sich in einer bemerkenswerten Verbreitung des Wortstammes T(h)eo, griechisch Θεοσ (Theos) = Gott, erhalten. Nicht nur im lateinischen Deus und keltischen Teutates auch beim altindischen Gott Dyaus bleibt es klar erkennbar, und selbst im amerikanischen Teotihuacan bis Tiahunaco wetterleuchtet es. Wenn in Nahuatl Teocalli eine Pyramide mit Tempel auf der obersten Plattform bezeichnet, scheint das Wort aus dem Griechischen abgeschrieben. Θεοκαλια (Teocallia) übersetzte Johann Daniel von Braunschweig in seinem Buch[136] ‚Die Alt-Americanischen Denkmäler' als Göttergruppe, Götterhöhle, Götterwohnung[137]. Von Humboldt verleiteten Wortähnlichkeiten gar zur Meinung, im Nahuatl der Azteken eine dem Griechischen verwandte Sprache vor sich zu haben.

Zusammenfassend konnten wir demonstrieren, wie Etymologie zusätzliches Licht auf abgeschliffene Bilder vergangener Zeiten wirft und hilft aufzuhellen, was Mythen und Sagen in Bildern verschlüsselt berichten. Tabu bewahrte uralte Worte und erhielt eine kultische Benamung – mindestens ihren Wortstamm – auch dann noch, wenn Sprachen sich auseinanderentwickelt hatten. Das Auffinden altgriechischer Worte in den Gesängen der Edda beweist, daß in ihr nicht allein nordische, sondern indoeuropäische Geschichte, mindestens indoeuropäisches Gedanken- und Kulturgut, konserviert wurde.

Wie uralte Botschaften einer Verbindung von Himmel und Erde noch bis in unsere Zeit überdauert haben, davon zeugen Traditionen, die heute das Motiv des Weltenbaums lebendig halten. In Kommerzialisierung ihres Kulturerbes variieren zeitgenössische Fadenbilder der

---

[136] Johann Daniel von Brauschweig; Die Alt-Americanischen Denkmäler; Seite 49; G. Reimer Berlin 1840.

[137] Bei meinen bescheidenen Griechisch-Kenntnissen kann ich diese Übersetzung nicht nachvollziehen. Da die alten Humanisten allerdings besser und mehr Griechisch konnten als Schüler meiner Generation (mich eingeschlossen), wird die Übersetzung wohl stimmen.

Huichol-Indianer Mexikos die nordische Esche Yggdrasil in verblüffender Übereinstimmung bei ihrer Ausschmückung mit Symboltieren.[138] Ein Vogel an herausgehobener Stelle und weitere Tiere umrahmen eine zentrale Scheibe oder einen Baum! Die Hirsche und das Eichhörnchen der Edda sind der Anzahl nach, wenn auch in anderer Tiergestalt, erhalten. Als entscheidendes Merkmal sind ausladende Fächer (wir halten sie für Photovoltaikpaneele) an den Köpfen dieser Phantasietiere erhalten geblieben; in ihnen erkannten die Germanen Hirschgeweihe und am Ende Hirsche. Der Drache der Edda wandelt sich bei den Huichol – nach unserem Verständnis des Mythenursprungs und der tatsächlichen Installation vollkommen zu Recht – zur Schmiede unter dem Baum.

Als Nachweis für die Existenz eines Raumhafens ist Etymologie allein zu vage, als ein zusätzlicher Indizienlieferant hat sie sich als wertvoll erwiesen.

Wie mehrfach angemerkt, ein einzelner Weltraumbahnhof am Ende eines Planetenseils steht für eine halbe Lösung eines interplanetaren Pendelverkehrs. Solange es keine Gegenstation auf einem zweiten Planeten gibt, besteht der Verkehrsengpaß fort, da der Planet ohne Weltraumfahrstuhl weiterhin über Raketen mit dem Weltraum verbunden wäre Der Weltraumfahrstuhl wird erst zum Pfeiler einer Planetenbrücke, wenn ein Gegenpfeiler auf einem anderen Planeten existiert.

Der Bedeutung des Weltraumfahrstuhls angemessen erwarten wir die globale Verbreitung eines zuordenbaren Mythos. Von den Huichol Mexikos führt uns die Suche zurück zu einem altmexikanischen Codex, in dem wir ein Indiz für unsere Raumhafenthese mit einem Weltraumfahrstuhl auf der Erde und dem Gegenlift auf einem anderen Planeten erkennen. Ein bis dato kryptisches bzw. nur unvollständig gedeutetes Bild interpretieren wir als Darstellung von den drei Weltraumbrücken, die einst die Planeten Venus, Erde und Mars verbanden.

Das herangezogene Blatt gehört zum Codex Dresdensis[139] (Blatt 74, siehe Bild I). Während alle anderen Blätter dieses Codex Kalenderinformationen und kalendarische Daten füllen, fällt die letzte Seite nach Form und

---

[138] http://s775.photobucket.com/user/sunithaI/media/300px-Huichol-Fadenbild.jpg.html
[139] http://www.famsi.org/research/graz/dresdensis/img_page74.html

Inhalt aus dem Rahmen. Sie zeigt als einzige Seite ein komplexes Bild, das als zeichnerische Umsetzung einer Geschichte verstanden werden kann und auch klassisch so interpretiert wird. Auffällig fehlen die Zahlenkolonnen der anderen Seiten und jeglicher Kalenderbezug. Der Eindruck drängt sich auf, der Verfasser wollte zu guter Letzt noch etwas Wichtiges festhalten oder mitteilen und nützte eine verbliebene leere Seite für ein ihm wichtiges Thema.

Die publizierten Interpretationsansätze dieser Seite bleiben lückenhaft und können nicht überzeugen, vermitteln eher den Eindruck von bloßer Raterei.[140] Die Zusammenstellung von drei Säulen, einem Vogel, einem Alligator und zwei Göttern in der Zeichnung wird mit allerlei Kultgemurmel erklärt. Eine gängige Bildinterpretation besagt, das Bild stelle einen globalen Kataklysmus, nämlich die Sintflut dar. Kann sein! Diese klassische Interpretation des Bildes lebt meines Erachtens von Präjudiz, die ohne Begründung einige Bildelemente unerklärt läßt bzw. sie ausblendet.

Warum verbindet der Künstler die Sintflut mit dem Weltenvogel? Auf den symbolträchtigen Vogel zu treffen, nehmen wir als Hinweis, die die Darstellung der Weltraumbrücke mit dem Vogel als Symbol für den Orbiter vor uns zu haben. Bleiben wir bei der Raumbrücke als motivstiftenden Hintergrund für die Zeichnung, fügen sich auch andere Bildelemente zu einer stimmigen Geschichte.

Unser Interpretationsansatz liest aus dieser Seite mehr als die Darstellung einer Weltraumbrücke! Das Bild erzählt seine technische Geschichte (Bild I). Neben dem Adler zeigt das Bild zwei Götter, drei Säulen und einen Alligator als zentrale Elemente. Wir interpretieren den Adler als den Orbiter, die drei Säulen als die Pfosten dreier Raumhäfen, und der Alligator symbolisiert für uns den Weg zwischen den Welten. Diese alternative Deutung der Zeichnung wird sich als konsistent erweisen, da sie durch andere Elemente und einordbare Details abgesichert

140 http://www.slub-dresden.de/sammlungen/handschriften/maya-handschrift-codex-dresdensis/inhalt/ und
Kunst und Religion der Mayavölker II; E. P. Dieseldorff, als Freitext im Internet unter: http://libarch.nmu.org.ua/bitstream/handle/GenofondUA/3923/21f6aa5ee270a6ba6b1ffbd742140403.pdf?sequence=1

wird. Eine zweite Botschaft des Bildes heben wir uns für später auf. Auch in unserer Gesamterklärung enthält das Bild die Botschaft von der Sintflut. Aber das Bild zeigt mehr!

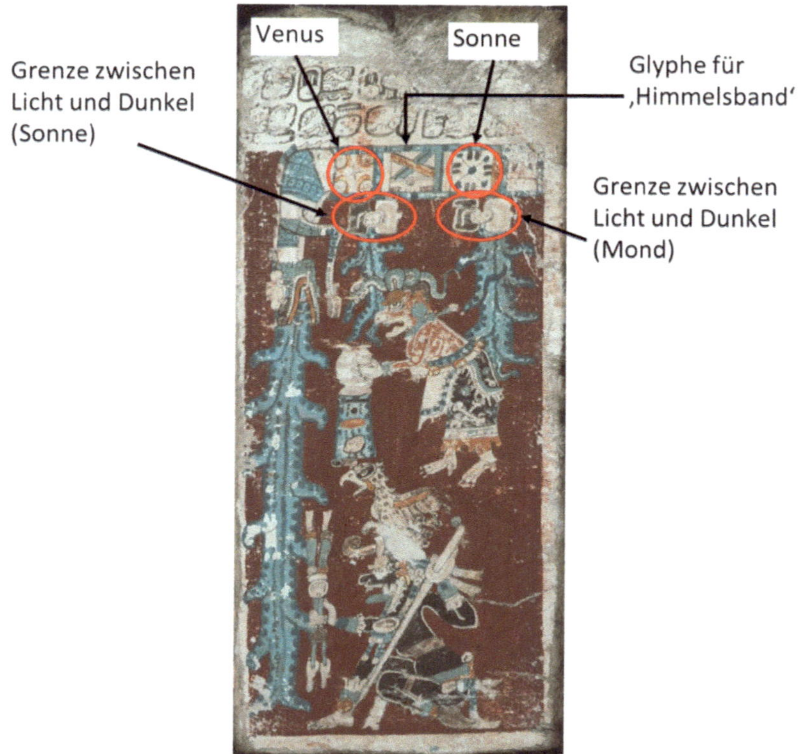

Bild I
Blatt 74 des Codex Dresdensis[141]
Die Bedeutung der Glyphen wird übersetzt, wie angegeben und siehe auch weitere Erläuterungen im Text.

Die Hauptsäule symbolisiert in unserem Interpretationsansatz keineswegs einen Wasserschwall, die die klassische Interpretation in ihm sieht,

---

[141] Ausschnitt aus https://commons.wikimedia.org/wiki/File:Dresden_Codex_pp.58-62_78.jpg

sondern sie steht stattdessen für den Weltenbaum, nur verfremdet dargestellt. Sie ist das Symbol einer Verbindung zwischen Himmel und Erde. Indem wir die verbleibenden anderen beiden Säulen ebenfalls für das Symbol eines Raumlifts halten, schlagen wir den ersten Pflock der Neuinterpretation ein, die uns zu einer ganzheitlichen Erklärung führen wird.

Sammeln wir die Argumente für unsere Sichtweise. Während die Hauptsäule im Maul eines Alligators endet, schrieb der Künstler über den beiden kleineren Säulen das Zeichen für Finsternis. Für uns eine völlig zutreffende Aussage. Weltraumfahrstühle enden tatsächlich in der Schwärze des Weltraums. Wir meinen: Die drei Säulen repräsentieren die zwei anderen Raumhäfen, die vom Erdhafen aus angesteuert werden. Die Anzahl der Zapfen an den Säulen kennzeichnet die Höhe des Raumhafens über dem Boden und korreliert mit der Größe und der Rotationsgeschwindigkeit des Planeten. An der Hauptsäule, die wir als Pfeiler des irdischen Weltraumbahnhofs einordnen, zählen wir elf Zapfen, die nächstkleinere Säule, als Venuslift erkannt, weist 10 Zapfen auf. Über Mars steht der rotationssynchrone Orbiter mit 17.020 km nicht einmal halb so hoch über dem Boden wie der Erdorbiter über der Erde. Für Mars genügen daher 5 Zapfen.

Den Alligator als Symbol der Brücke eingeordnet, beschreiben die Finsterniszeichen, die jeweils zwischen den beiden anderen Säulen und dem waagerechten Teil des gestreckten Alligatorkörpers gezeichnet sind, die Position des Orbiters. Die Glyphen, in denen sich das Alligatorvorderteil fortsetzt, stehen für den Pendelverkehr der Raumschiffe zwischen den Pfeilern der Planeten. Unser Verständnis legt die Übersetzung der Glyphen nahe, beziehungsweise bestätigen sie. Siehe dazu Bild I mit der eingetragenen Übersetzung der Glyphen. Die Glyphe zwischen den Zeichen für ‚Venus' und ‚Sonne' repräsentiert das Wort ‚Himmelsband'. Wir verstehen unter der Bezeichnung ‚Himmelsband' die Hohmann-Bahn mit der Venus als Startglyphe[142]. Siehe dazu das Kapitel ‚Hohmann-Bahnen – der Weg zwischen den Planeten'. Durch die Glyphe

[142] http://www.user.tu-berlin.de/fuls/Homepage/literat/Mayaastronomie_Schrift.pdf

‚Himmelsband' im Alligatorkörper richtig dargestellt, läuft der interplanetare Pendelverkehr auf Hohmann-Bahnen, die um die Sonne herum führen.

Die Glyphe für die Venus ist gut erhalten, gesichert bekannt und kann eindeutig gelesen werden. Die Glyphe ganz rechts in der oberen Leiste neben der Sonnenglyphe (chuan) wird als ‚Sternenwanderer (star traveller)' gedeutet und steht im Maya-Alphabet phonetisch für ‚c'[143]. Mit dem Zeichen ist Mars nicht eindeutig beschrieben, aber das Wort Sternenwanderer halten wir für eine durchaus passende Bezeichnung dieses Planeten. Insbesondere wenn wir die scheinbare Rückwärtsbewegung des Mars, wenn die Erde den Planeten überholt, bedenken, zieht Mars nicht nur, sondern wandert Mars vor dem Sternenhintergrund. Mit dieser knappen, unverbogenen Bilderklärung finden wir eine wunderbare Bestätigung für unsere Hypothese zur Existenz von Weltraumliften auf den drei erdähnlichen Planeten des Sonnensystems.

Der bis hierher noch nicht kommentierte knappe Text auf dem Blatt besagt (angeblich): „Es regnet im Himmel. Schwarz ist der Himmel. Schwarz ist die Erde." Gleiches lesen wir auch im Popol Vuh[144], dem altamerikanischen Schöpfungsmythos, in dem über die Auslöschung der ersterschaffenen Holzmenschen berichtet wird. Welche Nachricht aus der Vorgeschichte sich hinter diesen Worten verbergen könnte und warum der Mondgott Wasser auf die Erde schüttet, werden wir in einem folgenden Kapitel auflösen und die Interpretation des Blattes 74 abrunden.

Einen interpretationsbedürftigen und zugegebenermaßen schwachen Hinweis auf einen Himmelsfahrstuhl finden wir auch in den nachkolonial aufgeschriebenen Texten des Chilam Balam. Dort lesen wir: (Spanischer Text siehe Fußnote.[145])

---

[143] http://www.alternativnahistorija.com/WM.htm

[144] Popol Vuh – The Sacred Book of Ancient Quiché Maya; University of Oklahoma Press (1950).

[145] Zitiert aus: https://histomesoamericana.files.wordpress.com/2011/03/libro-de-los-libros-del-chilam-balam-lc.pdf
Bajoel poder de Ah Uuc Kin, El-siete-sol, cometa en el katun,será que vengan las cuerdas y el pan de ceiba negra y el pan de maíz negro como pan del Katun 9 Ahau cuando Ca Kinchicul, Dos-sol-signo, Sac Uacnal, Blanco-prominente, sea el rostro que gobierne.

Unter der Herrschaft von Ah Kin (Gott), der Siebten Sonne, Komet des Katun, kamen die Seile[146] *und das Brot des schwarzen Kapokbaums und das schwarze Maisbrot wie das des Katun 9 Ahau, als Ca Kinchicul (Gott), im Zeichen der 2 Sonnen, Sac Uacnal (Gott), in hervorstechendem Weiß, möge das Gesicht sein, das regiert.*

In verworrener Formulierung, die für dieses Buch und seine Sprache typisch ist, bleiben für unsere Sichtweise der Menschheitsgeschichte zwei Aspekte bedeutsam; zum einen das Kommen von Seilen, die wir als Raumlift interpretieren, und zum zweiten die Nennung des Zeitalters der 2 Sonnen. Die gleichzeitige Existenz von 2 Sonnen beschreibt entweder das Zeitalter, in dem die Venus sonnenhell am Himmel stand (ausgeführt im Kapitel ‚Die Venus Mythologie'), oder wir können es, wie im Folgekapitel ‚Der andere Stern' detailliert ausgeführt, mit der Passage einer fremden Sonne, die durch unser Planetensystem zieht, in Verbindung bringen.

Bleiben wir in Mittelamerika und gehen auf ein berühmtes Relief ein. Mit der Grabplatte von Palenque (Bild J) ist ein überaus filigranes Bild des Weltenbaums erhalten, an dem schon viel herumgedeutet wurde und das doch geheimnisvoll und unverstanden geblieben ist. Das Relief zeigt einen Mann auf einem Altar oder Tisch liegend, umgeben von arabesker Technik und astronomischen Zeichen.

Interpretationen, die einen Bezug zur Raumfahrt ins Spiel bringt, sind Legion. Viele Fachkundige[147] der alternativen Prähistorie, die sich mit dem Relief beschäftigt haben, kommen zu dem Schluß: Die Platte zeigt einen Astronauten in einer Rakete. Der Astronautenthese können wir uns zwar anschließen, aber der Ansicht, im Bild eine Rakete vor uns zu haben, mögen wir nicht zustimmen. Nach unserer Meinung wird die Abbildung auf der Platte realitätsabbildender, wenn wir anstatt einer Rakete einen Weltraumfahrstuhl als motivstiftend annehmen, zumal uns im Relief wieder Symbole begegnen, die wir zuvor einem Raumlift zugeordnet haben.

---

[146] Sinnvollerweise gibt es mehr als ein Seil, sonst herrschen abwechselnd Einbahnstraßenverhältnisse.

[147] Siehe etwa eine Zusammenfassung, wenn auch unter anderer Flagge: http://atlantisforschung.de/index.php?title=High-Tech_in_vergangenen_Zeiten%3F.

Bild J

Grabplatte von Palenque[148]

Man beachte das dreimalige Auftreten der Glyphe „Himmelsband"

Eine sprechende Bezeichnung eines Weltraumfahrstuhls und seiner Benutzer haben die Mixteken hinterlassen.[149] Sie sprechen von Sky-Lords

[148] https://commons.wikimedia.org/wiki/File:Pakal_the_Great_tomb_lid.png
[149] http://ermel-mittelamerika.blogspot.de/2009/01/flammenbaum-und-sky-lords.html

(Himmelsherren), die aus einer Behausung im Himmel an einem Seil auf die Erde herabsteigen oder flammenden Bäumen entsteigen. Verschiedene Codices[150] widmen mehrere Seiten dem Erscheinen der Sky Lords. In den Sky-Lords erkennen wir die Schöpfer des Codex Borgia wieder; indem wir wieder auf Bildelemente stoßen, die wir mit der Schöpfung verknüpft haben.

Die klassische Archäologie steht bei der Interpretation vor einem Rätsel. Auch im Palenque-Relief thront der unvermeidbare Weltenvogel auf der Spitze eines Mastes (Baumes?), und wieder verbergen sich in allem Zierat und überfrachtendem Bildschmuck vier gestaltähnliche tropfenförmige Wesen. Die Tiere Yggdrasils?
Die aufgezählten Elemente der Zeichnung fügen sich in unsere Fahrstuhlhypothese. So erfordert das arabeske Kreuz mit den ausladenden Armen keine verquere Erklärung als Weltenachse, sondern wir erkennen in ihm das Raumseil und die Kletterkabine mit ihren ausladenden Solarpaneelen.

Neben der explizit vorgestellten Verbreitung in Europa und Mexiko finden wir die Nachricht von einem Weltraumfahrstuhl auch in der frühesten Hochkultur des Nahen und Mittleren Ostens. Im Buch Henoch[151]

---

150 Siehe etwa: http://www.famsi.org/research/graz/vindobonensis/img_page37.html oder http://www.famsi.org/research/graz/zouche_nuttall/img_page18.html

151 A. Dillmann, Leipzig 1853, in: http://books.google.de/books?id=TTt-bAAAAQAAJ&pg=PP5&hl=de&source=gbs_selected_pages&cad=2#v=onepage&q&f=false.
Kap. 17, Sect. IV
1. Sie hoben mich in die Höhe an einen Platz, wo da war die Erscheinung eines brennenden Feuers; und wenn es ihnen gefiel, so nahmen sie die Gestalt von Menschen an.
2. Sie führten mich auf einen hohen Ort, auf einen Berg, dessen Spitze bis zum Himmel reichte.
3. Und ich sah die Behältnisse des Lichtes und des Donners an den Enden des Platzes, wo er am tiefsten war. Da war ein Bogen von Feuer, und Pfeile in ihrem Köcher, ein Schwert von Feuer und jede Art von Blitz.
Kap 18. ...
Der mittlere reichte bis zum Himmel, gleich dem Throne Gottes von Alabaster, dessen Spitze war von Saphir. Ich sah auch ein glänzendes Feuer, welches war über allen den Bergen.
11. Und da sah ich einen Platz auf der anderen Seite eines ausgedehnten Landes, wo Wasser angesammelt war.
12. Ich sah auch irdische Quellen tief in den feurigen Säulen des Himmels.

berichtet eben dieser biblische Stammvater von seinem Aufstieg zum Wohnort Gottes. Im vierten Abschnitt, Kap. 17 und 18, gibt es zwei Passagen, die entgegen geübter Interpretation als transzendente Gotteserfahrung ganz ohne Exegese durchaus als Beschreibung einer Raumstation verstehbar sind.

Die Deutung des Textes als Erfahrungsbericht ist schon deshalb plausibel, weil wir hinter der Bildhaftigkeit der Schilderungen Henochs das Bemühen erkennen, real Erlebtes und Gesehenes in Worte zu fassen, so hilflos und unzulänglich sie auch klingen mögen. Auch wenn wir seine konkrete Schilderung in den zitierten Passagen als technische Beschreibung auffassen, gilt die technische Deutung nur für einen Teil des Buches. Der Großteil von Henochs Ausführungen bleibt nach Wortwahl und Gesagtem apokalyptisches Traktat und pädagogisch, religiöses Schreckenswerk. Obwohl in diesem Schreckenswerk Himmel und Hölle mit Gott und den gefallenen Engeln wiederum sehr real gewesen sein könnten. Bevor wir uns in Exegese verirren, sollten wir versuchen, durch Akzeptieren von Worten und unter dem Belassen von Einfachheit zu verstehen.

Nehmen wir den Besuch Henochs im Himmel als real, landen wir beim mittelalterlichen Kirchenhalleluja. In Henochs Himmel wird gepriesen und gelobt ohne Ende. Für den Skeptiker bleiben, nachdem die vermeintlichen Wunder (= unverstandene Technologie) abgezogen sind, recht desillusionierende Nachrichten. Macht und Politik regieren im Himmel, den wir ganz profan für eine Raumstation halten. In ihr haust Gott zusammen mit seinem Hofstaat. Trotz der deklamierten Herrlichkeit sind die beschriebenen Zustände alles andere als himmlisch; weisen Defizite auf, die fairem Interessenausgleich Hohn sprechen. Einen Gott nach christlichem Verständnis gibt es in diesem Himmel nicht. Stattdessen treffen wir auf einen technikabhängigen Tyrannen, der einer feudalen Gesellschaft vorsteht. Wenn die Mitglieder dieses kaputten Vereins

---

13. Und in den Säulen des Himmels sah ich Feuer, welche herabstiegen ohne Zahl, doch weder in die Höhe noch in die Tiefe. Über diesen Quellen nahm ich auch einen Platz wahr, welcher weder das Firmament des Himmels über sich hatte, noch den festen Grund unter sich; weder war Wasser über ihm, noch irgendetwas zur Seite, sondern der Platz war öde.

die Kulturbringer waren, dann könnte die gottgleiche Stellung der Herrscher in den alten Kulturen, vom chinesischen Kaiser bis zum Pharao, dem Gesellschaftssystem der Kulturbringer entlehnt sein. Dann übertrugen die Götter ihren Feudalismus auf die frühen Hochkulturen, die sie gründeten und steuerten. Der persönliche Kontakt zwischen den frühen Königen und ihren Göttern war Teil der Inszenierung und gründete auf dem Vasallenverhältnis der göttlichen Stellvertreter zu ihrem Inthronisator und Protektor.

Wie wenig transzendent und wie erbärmlich weltlich es in der Raumstation zugeht, paßt zum Verhalten und zu einer Denkungsart, die wir Politik nennen. Die Parallelen zwischen den Hochtechnologiegöttern und den Führern der Jetztzeit sind ernüchternd. Statt in göttlicher Allmacht über allen Problemen zu stehen, machen Revoluzzer Gott das Leben schwer, wenn nicht gar zur Hölle. Einige Engel an Bord der Henoch'schen Raumstation meutern trotz – vielleicht auch wegen – des überbordenden Hallelujas. Sie fliehen aus der Raumstation. Die Fahnenflüchtigen werden stante pede verdammt und vom Himmel ausgesperrt. Die Aussperrung erfolgt, indem die Bodenstation des Fahrstuhls für sie gesperrt wird. Warum geflüchtete Engel wieder zurück möchten, darüber schweigt der Berichterstatter. Immerhin sind sie mit Vorsatz gegangen. Auf der Erde sind die Geflohenen keineswegs untätig, sondern betätigen sich aufrührerisch als Lehrmeister der Menschen, lehren sie Künste und Handwerk; eine Form von Entwicklungshilfe, die im Himmel schlecht ankommt. Der grobe Handlungsstrang wiederholt den Mythos, den wir in Mesopotamien mit den Anunnaki-Göttern, Marduk und insbesondere Anu verbinden. Auch Zeus war nicht begeistert, als Prometheus den Menschen das Feuer brachte.

Im Buch tut sich Henoch schwer, die Himmelsreise, das Erlebte und Gesehene, mit angemessenen Worten zu beschreiben. Daß Form und Nachricht so wenig zueinander passen, spricht für Wahrheit und gegen frei Erfundenes. Erfinden von Geschichten ist zwar leicht, jenseits des Wissens wird es kompliziert, aber wirklich schwer jenseits der Ausdrucksfähigkeit, vielleicht gänzlich unmöglich.

Kommen wir wieder zu einer Reliefdarstellung einer Raumbrücke mit angebundenem Fahrstuhl aus dem gleichen geographischen Umfeld, in das wir die Entstehung des Buches Henoch verlegen.

Bild K
Der zweizinkige Torbogen
Relief[152] aus der sumerischen Stadt Sippar (am Euphrat in der Höhe von Bagdad gelegen). Man beachte das Auftreten des Dreigestirns im Torbogen mit der Venusglyphe in der Mitte.

Hinweisen wollen wir auf ein Relief (Bild K)[153], das wir für ein starkes Indiz zur Existenz einer Raumstation halten. Das Relief zeigt einen Gott, der unter einem Torbogen auf einem Thron sitzt und von drei kleiner dargestellten Menschen angebetet wird. Im Torbogen erkennen wir, was wir in unserer etymologischen Betrachtung zur Brücke Bifröst abgeleitet

[152] https://commons.wikimedia.org/wiki/File:Tablet_of_Shamash_relief.jpg
[153] http://images.google.com/hosted/life/3def985ac2bde633.html

haben, den zweizinkigen Torbogen. (In der Kiste, auf der der Gott sitzt, scheinen zwei Hybridwesen eingesperrt? Die Schoßhündchen der Götter?)

Für unsere Raumbrückenthese relevant hält ein Wesen – möglicherweise sind es auch zwei –, das über dem Pfeiler des Torbogens hockt, an Seilen ein scheibenförmiges Objekt. Das Objekt weist mit seinen Strahlen und Wellenmustern, die Charakteristika auf, die wir in Kapitel ‚Die Venus Mythologie' einem glühenden Planeten Venus zugeordnet hatten. Zeigt uns das Relief die aufgeblähte und strahlende Sonnen-Venus und damit die Heimat der Außerirdischen zu einem Zeitpunkt als diese Welt nach dem Einschlag eines Zwergplaneten schon untergegangen war? Das Relief mit dem Venusstern unterstützt unsere These, daß die Besucher von dort kamen. Der Torbogen verbindet die Erde mit der Venus. Mit dem Untergang der Venus war der Orbiter Rettungsboot und letzter Stützpunkt eines hinausgezögerten Technologieverlustes. Der Orbiter, schwer erreichbar und bei fehlenden Zielhäfen weitgehend ohne Funktion, wurde irgendwann aufgegeben.

Starben die Besucher, Eroberer und Schöpfer aus, weil ihre Gruppe zu klein war, um autark und ohne Abstützung auf die Ressourcen ihres Heimatplaneten weiterzubestehen? Bei knappen Ressourcen wäre die Aufgabe des sinnlos gewordenen Raumhafens nur zu verständlich. Verkehr zwischen den Planeten gab es nach dem Kataklysmus nicht mehr. Zuerst im Gedenken und als Denkmal an die verlorene Heimat wurde die Raumstation als Ressourcenfresser irgendwann geräumt und das Hauptquartier der Götter wurde auf die Erde verlegt. Vielleicht ging auch nur der Treibstoff aus, oder ein Meteor schlug ein Loch in die Hülle der Raumstation, und sie wurde zum Totenhaus.

Und er trug Anu auf, über seine Befehle zu wachen.
Dreihundert Götter stellte er als Wächter in den Himmel, dann grenzte er die Wege der Erde ab.
Im Himmel und auf Erden setzte er so sechshundert Götter ein.

Enuma Elish

Resümee

So sehr wir an der Machbarkeit und Stabilität eines Weltraumfahrstuhls Zweifel angemeldet hatten (Kapitel ,Weltraumfahrstuhl'), die Mythen fügen sich konsistent zu einem gegenteiligen Bild. Die Existenz eines Raumfahrstuhls in prähistorischen Zeiten untermauern unabhängige Quellen aus unterschiedlichen Kulturen und Regionen. Über den Globus (Mexiko, Island, Sumer) verbreitete Mythen, Texte und Reliefs können wir unter dem Dach dieser übergeordneten These konkludent zusammenführen. Konkludent auch in einem übergeordneten Weltbild der Prähistorie, nach dem Fremde mit märchenhafter Technologie die Erde kolonisierten, und die Spezies erschufen, die heute den Planeten beherrscht. Die Fremden verschwanden wieder. Unverständlich und rätselhaft, was aus ihnen wurde. Wenn sie sich nicht selber umbrachten, müssen vernichtende Kataklysmen das Planetensystem heimgesucht haben. Der Beschreibung von Optionen für ein solches Ereignis werden wir einem Großteil der folgenden Kapitel widmen.

Obwohl wir den Extraterranern einen überragenden technischen Wissensstand zuschreiben, müssen wir doch ernüchtert feststellen, sie wurden von den Menschen für Götter gehalten, Gott waren sie nicht. Um diesen Status einzufordern, gebrach es ihnen sowohl an (All)Macht als auch an Ethik.

Unschwer konnten wir in den Mythen und Reliefs einen technischen Hintergrund und eine gemeinsame Erfahrung der Berichtenden erkennen. Verbreitet über den Globus fanden wir den Weltraumfahrstuhl in ähnlichen Symbolen dargestellt. Allegorische Beschreibungen und Tiere als Symbole für technische Maschinen konnten wir mit einer Bodenstation, einem Raumseil und Kletterern in Verbindung bringen. Die gewählte Hypothese eines real existierenden Weltraumfahrstuhls erklärt stimmig die Übereinstimmungen in Berichten und Darstellungen, wie die Obelisken und den Djed-Pfeiler Ägyptens, den Weltenbaum der Edda oder den Wacah-Chan-Baum Mittelamerikas oder das Relief von Palenque. Wenn der Gott Ahmuvan[154] in der Induskultur in einem Feuerkäfig dargestellt wird, paßt dieses Bild, und es ergänzt Gravuren auf sumerischen Rollsiegeln, in denen der gleiche Feuerkäfig[155] auf ein schwebendes Objekt weist. Nach unserem Verständnis stellen beide Bilder Kletterkabinen dar. Die vielfältigen und unabhängigen Hinweise zur Existenz eines Weltraumlifts übersteigen das Maß, bei dem Zufälligkeit und Fehlinterpretation als Erklärung ausreicht. Im Lichte der Funde und Befunde schließen wir, einst betrieben Fremde einen Pendelverkehr zwischen den Planeten. Die Erde betrachteten sie als ihre Kolonie und behandelten sie auch entsprechend. Vergleichbar einem kolonialen Generalgouverneur, der einen Eingeborenenstamm als sein persönliches Eigentum erachtete. Statt Menschen sah der Kolonialherr in Eingeborenen Sachen von geringem Wert, verachtete sie als freigegeben zur totalen Ausbeutung. Verschärfend war der Abstand in Macht und Wissen zwischen den Göttern und den Menschen viel größer als zwischen Herrschern und Beherrschten zu Kolonialzeiten.

Einige Berichte sind nicht allein technische Beschreibung, sondern sind unmittelbare und persönliche Gotteserfahrung. Leider mit einem – für uns – ernüchternden Befund. Der Gott an der Spitze des Planetenseils erweist sich nicht als transzendente Lichtgestalt, sondern eher als Vorsteher einer Feudalgesellschaft, die er peinlicherweise nur unzureichend unter Kontrolle hat und die durch Streit vom Verfall bedroht ist.

Wir vermuten und werden in späteren Kapiteln Argumente nachschieben. Als ein Kataklysmus das Planetensystem traf und die Heimat der Besucher in einen toten, unbewohnbaren Klotz verwandelte, wurde der

---

154 http://murugan.org/research/valluvan3.htm
155 http://www.visioninconsciousness.org/Ancient_Civilizations_12.htm

Weltraumbahnhof aufgegeben. In Notzeiten fehlten die Mittel und Fähigkeiten zu seinem Unterhalt, und es gab auch kein Ziel mehr für eine interplanetare Reise.

Die offiziell gelehrte Archäologie hadert mit dergleichen Erklärungen und verweist sie in das Reich esoterischer Spekulation. Spekulation sind sie, esoterisch eher nicht. Für eine offene Diskussion sind die Angst vor der Blamage und ebenso wichtig, die Gedankenblockade zu überwinden, um das Unwahrscheinliche und der Lehrmeinung Entgegenstehende, d. h., eine prähistorische Technik als Option für eine Erklärung, überhaupt in Erwägung zu ziehen. Wir haben mit den ausgeführten Hinweisen sicherlich nicht erschöpfend erfaßt, was den Weltraumfahrstuhl zum historischen Faktum erhebt, aber mindestens einen Anfang gemacht.

Getreu unserem Motto ‚Saper aude!' wagten wir das Experiment des Querdenkens, Suchens und Argumentierens und haben mehr (heraus)gefunden, als wir zu Beginn der Literatursichtung für möglich gehalten hätten.

Und es erschien ein anderes Zeichen im Himmel, und siehe, ein großer, roter Drache, der hatte sieben Häupter und zehn Hörner und auf seinen Häuptern sieben Kronen; und sein Schwanz zog den dritten Teil der Sterne des Himmels hinweg und warf sie auf die Erde.

Neues Testament, Offenbarung des Johannes 12/3

Der andere Stern – 1. Kataklysmus

Mythen mit Sternzeichen und Astronomie in Verbindung zu bringen, hat eine Tradition, die bereits Aristoteles als Tatsache behandelte. Das Erklärungsmuster trägt ungebrochen bis heute. Eine Fundgrube für das Verständnis und die Entmystifizierung von Mythen mit prähistorischem Inhalt durch Astronomie bietet die Vorlesung von Hertha von Dechend[156]. Mit Fachkenntnis und Gehirnschmalz deckt sie die Hintergründe kryptischer Quellen auf, indem sie die Botschaften alter Texte mit Himmelsbewegungen und Sternbildern verknüpft. Neben solch seltenen, professionellen und einwandfreien Analysen füllt Unsinn, voll technischer, astronomischer und physikalischer Ahnungslosigkeit ganze Bibliotheken. Einige Protagonisten abstruser Ideen erreichten mit ihren Theorien dennoch erstaunliche Beachtung, so etwa Immanuel Velikovsky mit seinem Buch „Welten im Zusammenstoß".[157] Endgültig - und gewollt - ins Esoterische driftet die ‚Geheimlehre' der Helena Blavatsky ab.[158]

[156] WELTALTER, Mitschrift/Skript einer Vorlesung aus dem Jahre 1966, gehalten von Frau Prof. Hertha von Dechend.

[157] http://wahrheit-kompakt.net/files/Velikovsky,%20Immanuel%20-%20Welten%20im%20Zusammenstoss.pdf

[158] http://fvn-archiv.net/PDF/andere/Blavatsky_Geheimlehre_I.pdf und http://fvn-archiv.net/PDF/andere/Blavatsky_Geheimlehre_II.pdf

Im Vergleich zur Vorlesung[159] von Hertha von Dechend auf intellektuell anspruchslosem Niveau tritt in der aktuellen Trivialliteratur etwa David N. Talbott[160] mit wissenschaftlich unhaltbaren Vorstellungen in die Fußstapfen eines Immanuel Velikovsky und dessen Katastrophentheorie. Für die Interpretation antiker Bootsdarstellungen favorisiert Talbott eine Theorie, die dem Planeten Saturn neben unserem Zentralgestirn die Rolle einer zweiten Sonne zuschreibt. Die physikalischen Ausführungen und seine Argumente zur Stützung seiner Theorie sind unzureichend und zum Großteil einfach falsch. Zu schätzen und wertvoll bleibt sein Fleiß, die Literatur unter dem Gesichtspunkt der Existenz einer zweiten Sonne durchforstet zu haben.

In der verschrobenen Saturnkosmologie Talbotts vollführt der Saturn einen wahren Veitstanz zwischen den Planeten. Kein Planet ist vor einer Nahbegegnung mit diesem auch noch elektrischen und spannungsgeladenen Irrwisch sicher. Elektrische Überschläge und Plasmafackeln füllen in Talbotts Erzählungen den Weltraum zwischen den Planeten. Wie kommt ein derartiger Unsinn zustande? Wir stehen vor dem Klassiker, bei dem eine Hypothese zur fixen Idee gerinnt, die bei fachlicher Ahnungslosigkeit und dafür umso stärker entwickeltem Wunschdenken die Sinne vernebelt.

Andererseits müssen wir zugestehen, ganz ohne Anlaß sind seine Spekulationen nicht. Lediglich fachliche Unkenntnis und daher falsch verstandene Nachrichten aus prähistorischer Zeit haben ihn zu seinem versponnenen Konstrukt verleitet.

Einen dieser Anstöße für die Entwicklung verquerer Ideen finden wir in den mesopotamischen Mythen, die von einem Planeten Nibiru berichten, der einst das Planetensystem durchquerte und es durch seine Passage ins Chaos stürzte. Im Mythos um Nibiru haben wir ein bekanntes Beispiel für Berichte über historische Umwälzungen und schreckliche Vorgänge am Himmel vor uns. Wenn wir diesen Himmelskörper und andere Objekte im Planetensystem mit Göttern gleichsetzen, entdecken

159 http://www.physik.uni-frankfurt.de/Dechend/Dateien/Welta-ter%20SS%201966%20A0.html
160 http://saturniancosmology.org/tab.php

wir vergleichbare Nachricht anderenorts, so etwa auch in der polynesischen Kosmologie, wo wir lesen[161]:

> *Kaulu (Rote Sonne[162]) hielt Abstand von dem Haus und rannte um es herum. Haumea (Planet) versuchte, ihm zu folgen, verwickelte sich aber in den Netzen und starb. ... Haumea zappelt sich in den Netzen ab, schläft vor Anstrengung ein, und Kaulu steckt das Haus in Brand und begibt sich fort.*

Als unverbundene Einzelnachricht bleibt der Text vollkommen unverständlich. Betrachten wir sie in Zusammenhang mit Mythen der Ägypter und Sumerer, wandelt sich das Gestammel in eine hochinteressante Botschaft. Was die Polynesier extrem verkürzt festhielten, haben andere Kulturen in detaillierterer Fassung tradiert. Die Botschaft hinter der polynesischen Mythologie entziffert, werden wir Kaulu in Gestalt des ägyptischen Gottes Ra und des babylonischen Marduk wiederbegegnen; Haumea werden wir in Auslegung der Geschichte um den babylonischen Himmelsdrachen mit einem untergegangenen fünften Planeten gleichsetzen, dem wir den Namen Tiamat geben.

Beginnen wir damit, die dunklen Nachrichten über einen Himmelskataklysmus aufzudröseln und die Nachrichtenfragmente zu einem konsistenten Bild zusammenzufügen. Nach dem Verständnis der Alten (und heute noch nach dem Glauben der Hindu) waren Zeitalter der normale Lauf der Geschichte. Von Mexiko bis Indien wurde ein Weltverständnis gepflegt, das in Zeitaltern dachte. So wie die Alten die wiederkehrenden Jahreszeiten erlebten, verstanden sie langfristige Geschichte als eine zyklische Wiederholung von Weltaltern. Gleich ob der Welt der Ragnarök drohte, sie in Sonnen oder Yugas zählten, sie dachten Vergangenheit und Zukunft als eine Folge von Zeitaltern. Am Ende eines jeden geht eine Welt unter und unter Schmerzen wird eine neue geboren.

---

[161] Zu finden in der Vorlesung von Hertha. von Dechend zu Frankfurt am Main „Polynesische Kosmologie I“ WS 1977-78.
Zitiert als eigene und leicht revidierte Übersetzung der englischen Fassung "Kaulu kept at some distance away from the house and ran around it."

[162] Die Namen sind Vorgriff auf die nachgelieferte Interpretation des Textes als ein reales Ereignis.

Wir finden dieses Verständnis vom zyklischen Weltenlauf selbst noch bei den uns zeit- und kulturnahen Griechen und Römern. Bei ihnen geht es allerdings mit der Erde ohnehin steil bergab. Dem goldenen folgt das silberne Zeitalter und inzwischen sind wir im eisernen angekommen. Den gleichen Niedergang in der Qualität der Zeitalter kennzeichnen die Yugas der Inder, und auch Hopi-Indianer sehen die Welt von Zeitalter zu Zeitalter als schlechteren Ort.

Häufig spielen kosmische Ereignisse eine Hauptrolle in der Transformation, verorten die Alten kosmische Ereignisse als Auslöser für den Untergang einer Welt. Wenn die Himmelsbrücke Bifröst zerbricht, der Wolf Fenris sich losreißt, Naglfar naht und die Sonne erlischt, oder Zeus seinen Vater Kronos entmachtet, tut sich Schreckliches im Himmel. Gut verdrängt, lebt dieses Weltverständnis in der westlichen Welt fort; Christen erwarten (sollten es eigentlich) das Ende dieser Welt und mit dem Kommen Christi den Anfang des Gottesreiches. Wie in den Mythen der Alten gehen dem Erscheinen des Erlösers Ereignisse kataklysmischen Ausmaßes voraus, die das Neue Testament in der Offenbarung des Johannes in schrecklichen Bildern ausmalt.[163]

Prähistorische Ereignisse, die das Erleben eines Weltunterganges und die Furcht vor seiner Wiederholung bis heute in die menschliche Psyche gruben, müssen außergewöhnlich, ja extrem gewesen sein. Katastrophen, Angst und Schrecken, ausgelöst durch konkret erfahrene kosmische Vorgänge, erhoben Sterne und Planeten zu Göttern. Durchgängiges Schreckenselement in den Mythen ist ein kosmisches Feuer – größer als die Sonne. Auf diese Nachrichten beziehen sich Velikovsky, Talbott und andere. Obwohl wir ihren Theorien nicht zustimmen, glauben auch wir an weltverändernde Himmelsereignisse als realen Mythenhintergrund, für die wir nun eine astronomisch physikalisch mögliche Erklärung anbieten wollen, die kataklysmischen Auswirkungen für das ganze Planetensystem eingeschlossen.

Um den Weltunteruntergang nicht als frommes Märchen, sondern den Ursprung des Mythos als reales Himmelsereignis einordnen zu können,

---

[163] Ich halte es für wahrscheinlich, daß in den Offenbarungen des Johannes Vergangenheit und Zukunft durcheinandergeraten sind. Vielleicht schrieb der Evangelist sogar nur aus alten Schriften ab, die derlei Ereignissen berichteten.

müssen wir in Astronomie und Astrophysik graben. Als Auslöser der Mythen kämen im einfachsten Fall unregelmäßig auftretende Himmelserscheinungen wie Kometen oder Meteore infrage. Bei näherer Betrachtung reichen jedoch selbst spektakuläre Ereignisse, wie das Erscheinen von riesigen Großkometen als Erklärung nicht. Ihr Auftreten macht vielleicht Staunen, als Vorlage für den Mythos des realen Weltenbrandes genügen sie nicht. Ein noch so großer Schweifstern beeinflußt das Leben auf der Erde nicht wirklich, jedenfalls solange nicht, wie er nicht in die Erde einschlägt. Schmettert allerdings ein Riesenmeteorit von mehreren Kilometern Durchmesser in den Globus, wird dies das Ende aller Großtiere bedeuten. Ein Kometen- oder Asteroideneinschlag mittlerer Größe (einige hundert Meter Durchmesser) wird einen Feuersturm auslösen, aber keinen globalen Weltenbrand, sondern wird ein lokales Ereignis bleiben, auch wenn er in einer großen Region eine vernichtende Wirkung entfalten wird. Einschläge kosmischer Geschosse stellen ein mögliches und daher echtes Endzeitszenario dar. Sie haben Massensterben ausgelöst und können es jederzeit wieder – bis zur totalen Vernichtung. Den Zusammenhang zwischen der Masse eines einschlagenden Objektes und der Zerstörungswirkung beschreibt die Torino-Skala.[164] Wer sich ein wenig grausen möchte, dem gibt sie reichlich Anlaß.

Falls die Mythen, deren Entstehung in dieses Erklärungsmuster passen, einen wahren Kern enthalten, wäre es unfair, den Verfechtern krauser Erklärungsversuche mangelhaftes Wissen der Physik vorzuwerfen, ohne gleichzeitig ein physikalisch haltbares Szenario anzubieten. Die Herausforderung lautet mithin, für die weltweiten Mythen vom Weltenbrand und seiner teilweise sehr detaillierten Beschreibung ein physikalisch konsistentes Modell zu formulieren.

Statt, wie Talbott es tut, den stillen Wanderer und für eine Sonne viel zu schmächtigen Saturn in eine Sonnenfunktion aufzuwerten, kommen wir zu einem physikalisch vertretbaren und zudem überprüfbaren Szenario, wenn wir den Durchzug einer fremden Sonne durch unser Planetensystem als Hypothese für die Mythenentstehung wählen und ihren Zug mit seinen direkten und mittelbaren Auswirkungen analysieren. Wir wer-

---

[164] http://neo.jpl.nasa.gov/torino_scale.html

den aufzeigen: Die Passage einer zweiten Sonne als Modell gewählt liefert eine umfassende Erklärung für die Entstehung von Mythen und erklärt selbst die Details einer kryptisch beschriebenen historischen Himmelserscheinung. In ihrem Durchzug finden wir die kataklysmischen Auswirkungen für das Leben auf der Erde und darüber hinaus die Ursache für den Zustand des Planetensystems und der Planeten. Über die qualitative innere Konsistenz hinaus kann das gewählte Modell durch mathematische Simulation anhand seiner Vorhersagequalität für die aktuellen physikalischen und astronomischen Zustände des Planetensystems überprüft werden.

Die Prüfung der Vereinbarkeit der Passage einer zweiten Sonne mit dem Zustand des Planetensystems durch Computersimulation liefert keinen, im mathematischen Sinne, endgültigen oder unwiderlegbaren Beweis, aber das Anlegen der Meßlatte der theoretischen Physik sortiert sehr wohl den Unsinn aus und plausibilisiert die gewählte Erklärungsoption. Die physikalisch fundierte Plausibilisierung ist die Mindestanforderung, um diese Hypothese überhaupt weiterzuverfolgen und sie aus der Ecke prähistorischer Verschwörungstheorien herauszumanövrieren. Quantifizierende Berechnungen, die sich aus einer gewählten Hypothese ableiten, müssen mit der vorgefundenen Realität verträglich sein. Ideal wäre, wenn die Rechnungen sogar erklären könnten, wie diese aktuelle Realität entstanden ist. In anderen Worten: Zuvörderst darf der heutige Zustand des Planetensystems nicht im Widerspruch zu unserem Modell der Passage eines Riesenplaneten oder einer fremden Sonne stehen. Noch überzeugender geriete die gewählte Hypothese, wenn die Passage eines fremden Sterns den heutigen Zustand des Planetensystems erklären würde.

Wie kann Physik die Zulässigkeit der Option prüfen oder gar den Beweis führen? Fest steht, falls es jemals die Passage eines fremden Sterns gegeben hat, hat dieser Eindringling die Bahnen der Planeten verändert hinterlassen. D. h., die heutigen Bahnen der Planeten müssen mit der Passage eines fremden Sterns verträglich sein, oder besser, durch sie beschrieben werden. Tatsächlich bietet der Zustand des Planetensystems hinreichend Anlaß zu der Vermutung, daß wir es nicht in dem Zustand vorfinden, wie es ursprünglich entstanden ist. Einen externen Störer als Verursacher anzunehmen, ist daher a priori nicht unsinnig.

Mit ihrer Schwerkraft veränderte eine eindringende zweite Sonne die Bahnen der Planeten, mit ihrer Hitze störte sie deren Wärmebilanz und stürzte auch das Klima der Erde unweigerlich ins Chaos.

Ihr Durchzug wäre der Mythenauslöser schlechthin. Wenn jemals eine fremde Sonne durch das Planetensystem zog, erschraken bei ihrem Erscheinen nicht nur die Menschen, sondern die Menschheit erlebte das Grauen eines Kataklysmus. Der Weltuntergang nähme konkrete Gestalt an. Aus dem Chaos des erlittenen Weltunterganges und nach dem großen Sterben können wir als Nachricht nur Erinnerungssplitter erwarten. Überlebende hätten danach wieder nahe Null angefangen.

Falls die Querung in prähistorischer Zeit stattgefunden hat, dann wird das gewaltige Himmelsereignis nicht allein das Bewußtsein und die Weltsicht all derer, die die Passage erlebten – und mit Glück überlebten -, verändert haben; es wird sich als Urereignis in das Gedächtnis der Menschheit gegraben haben. Ereignete sich der Durchzug zu schriftloser Zeit oder folgte ihm eine dunkle Zwischenzeit, fänden wir seinen Widerhall nur noch und ausschließlich in Mythen – und Religionen. Denn, auch wenn Staaten und Völker vergehen, Religion und Tradition bleiben bestehen. Der von antiken Schriftstellern beschworene Zusammenhang zwischen Mythen und Astronomie würde verständlich und gründete mit dem Aufdecken des Ursprungs der Mythenbildung durch himmelsmechanische Berechnungen auf eine nachvollziehbare, feste Basis.

Wenn wir die Nachrichten von der zweiten Sonne ernst nehmen, müssen wir getreu bei den überlieferten Worten und Bildern bleiben. Exegese ist gefährlich, in diesem Fall sogar vernebelnd bis unzulässig. Wir dürfen die Botschaften der Vergangenheit nicht erst verfremden, um sie anschließend holprig zu interpretieren, so daß wir am Ende in Umkehrung unserer Absicht nicht den Mythos, sondern die Interpretation mit Inhalt füllen. Halten wir es also einfach und gehen davon aus, das Gesagte gibt auch das Gemeinte, ja das Erlebte, wieder.

Wie kommen wir von unserer Hypothese zu einem rechenbaren Modell? Bis hierher zitierte qualitative Berichte reichen zur Festlegung der Anfangsbedingungen für eine quantitative himmelsmechanische Berechnung nicht aus. Durch die Einbeziehung und Konsistenzprüfung möglichst vieler Mythen für eine Ableitung und Eingrenzung der Rechenparameter müssen wir den Parametersatz eines rechenbaren Szenarios ermitteln, zumindest die Anfangsbedingungen der Berechnungen eingrenzen. Möglicherweise erstaunlich, aber erfreulicherweise, werden wir feststellen, daß wir mehr und konkretere Daten aufspüren können, als man es angesichts des bislang praktizierten, hypothesenfreien Vorgehens alternativer Prähistoriker vermuten würde. Mit dem gewählten Ansatz treten bei der Suche, nach verwertbaren Parametereingrenzungen auf Mythen geschaut, eine Vielzahl an Daten und Einsichten zutage, die bisher unbeachtet in Reliefs, Statuen, religiösen Texten, Mythen und den Werken antiker Schriftsteller schlummern.

Als erste quantitativ relevante Botschaft wollen wir uns die ägyptischen Mythen um das Auftreten und die Fahrt des Sonnengottes Ra vornehmen. Ganz im Sinne des Götterverständnisses von Aristoteles verkörpert – nach aktueller Interpretation und dem Verstehen der späten pharaonischen Ägypter – der ägyptische Gott Ra unsere Heimatsonne.[165] Solange wir uns dieser Ansicht anschließen, ist der Mythos um Ra für unsere Suche nach Anfangswerten zur Berechnung der Passage einer zweiten Sonne steril. Stellen wir allerdings die Gleichsetzung von Ra mit der Heimatsonne in Frage und ordnen sein Auftreten und seine Charakterisierung einer zweiten Sonne zu, wofür die Argumente noch ausgeführt werden, stoßen wir auf verwertbare Daten für die Simulation der Passage einer zweiten Sonne.

Welche Fakten können wir für das vorgeschlagene, andere Verständnis des Gottes Ra ins Feld führen? Kaum bestreitbar ist spätestens nach dem Untergang des Alten Reiches für die jüngere ägyptische Geschichte und Religion die Verbindung von Ra mit unserer Sonne richtig. Wir müssen im ersten Schritt daher unterscheiden zwischen einem alten und einem neuen Mythos. Der jüngere Mythos um Ra beschreibt die nächtliche Fahrt der Barke des Sonnengottes durch die Unterwelt. Nach Kämpfen und allerlei Begegnungen während dieser Reise geht am Morgen eine

[165] Nur als Fußnote sei auf die erstaunliche Namensgleichheit des ägyptischen Amun-Ra mit der japanischen Sonnengöttin Amaterasu hingewiesen. Nicht täglich, aber auch sie versteckte sich in einer Höhle und mußte trickreich wieder vorgelockt werden.

verjüngte Sonne auf. Fraglos vermittelt dieser Mythos eine ausgesprochen komplizierte und in der täglichen Wiederholung einer gefährlichen Fahrt eine arabesk überfrachtete Welterklärung, die in ihrer religiösen Wirkung auf die Gläubigen und für den Erhalt priesterlicher Machtausübung von der Angst getragen wird, daß Ra irgendwann den Kampf verliert und die Sonne nicht mehr aufgeht.

Gehen wir in das Alte Reich und davor zurück, ändert sich der Mythos und beschreibt erkennbar ein anderes Ereignis als den täglichen Lauf unserer Sonne. Unsere Aufmerksamkeit gilt diesem frühen Mythos. Daß in späteren Zeiten eine Verfremdung und Anpassung des ursprünglichen Ra-Mythos erfolgte, kann nicht verwundern. Als das Geschehen, das zu dem ursprünglichen Mythos Anlaß gegeben hatte, in immer fernere Vergangenheit rückte und der Kult immer unverständlicher wurde, sah die Priesterschaft sich veranlaßt, ihn wieder in Einklang mit der täglichen Erfahrung zu bringen und auf die einzig sichtbare Sonne zu adaptieren. Die Langeweile ständiger ereignisloser Nachtfahrten behoben die ägyptischen Priester durch eine Ausschmückung mit allerlei Geschichten um die Sonnenbarke und ihrer Passagiere. Als Reminiszenz an den tatsächlichen Ursprung konservierte der zeitgemäß aufgepeppte Mythos lediglich den kämpfenden Gott – und geheimnisvolle Begleiter. Wie sehr die Ägypter an ihrem Götterhimmel und ihren Mythen schraubten, führen die in sich widersprüchlichen und offenkundig durch Vermischung entstandenen Texte des ägyptischen Totenbuchs vor Augen.

Im Ra der prähistorischen Zeit etwas anderes als die personifizierte Heimatsonne zu gewahren, legen zwei Nachrichten nahe. Zum einen beschreiben sie einen anderen Weg über dem Himmel als den unserer Sonne, und zum zweiten unterscheidet sich diese alte Ra-Sonne in ihrer charakteristischen Farbe Rot von unserer gelben Sonne.

In alten Mythen ist der Gott Ra von roter Farbe, die ihn in diesem wenig spektakulären, aber unpassenden Merkmal als verschieden von unserer Sonne ausweist. Die rote Farbe der auf- und untergehenden Sonne mag die klassische Interpretation noch retten, weitere – im Folgenden spezifizierte – Widersprüche beseitigt diese Hilfskonstruktion zur Farberklärung jedoch nicht.

Mit der Andersfarbigkeit ist ein Anfang der Parameterfestlegung für die Berechnung der Passage einer fremden Sonne gefunden. Aus der Farbe können wir auf die Masse der fremden Sonne schließen und damit ihre Gravitationswirkung eingrenzen. Die Eingrenzung gelingt, weil Masse und Farbe bei Sternen korrelieren (jedenfalls über den größten Teil ihres Lebens)[166]. Als Beziehung gilt: Je kleiner desto tiefer das Rot, in dem der Stern strahlt. Wenn je eine andere Sonne durch das Planetensystem gezogen ist und sie von roter Farbe war, war diese fremde Sonne mindestens eine Zehnerpotenz masseärmer als unsere Sonne. Eine geringe Masse erschließt sich allerdings auch, unabhängig von der Masseklassifikation aufgrund der Farbe, aus der Tatsache, daß es uns noch gibt. Die elliptischen und geneigten Planetenbahnen können aus einem symmetrischeren Urzustand aufgrund einer Störung durch eine durchziehende schwere Masse hervorgegangen sein; zerrissen hat der Störer das System nicht. Der langsame Durchzug eines großen Sterns, vergleichbar unserer Sonne, durch das Innere (~ Merkurbahnabstand) des Sonnensystems hätte die Planetenbahnen ins Chaos gestürzt. Uns gäbe es nicht. Das Planetensystem wäre nicht gestört, sondern zerstört worden. Die Planeten wären von einem überschweren Störer aus dem Sonnensystem geschleudert, mindestens auf extrem elliptische Bahnen geworfen worden, so daß im Wechsel von Sonnennähe und Sonnenferne in abwechselnd extremer Hitze und klirrender Kälte die bekannte Form des Lebens auf der Erde ausgelöscht worden wäre. Die geringe Masse und rote Farbe als Charakteristikum genommen, werden wir fortan die fremde Sonne zur Unterscheidung von unserer Heimatsonne als Rote Sonne bezeichnen.

Der ägyptische Urmythos[167] verrät weitere verwertbare, und zudem weniger deutungsoffene Details. Ihm zufolge durchläuft die Rote Sonne alle Himmelsbezirke; Osten, Westen, Süden und Norden. Diese Wegbeschreibung ist so unpassend zur Sonne, daß sie unsere These bestätigt, im alten Mythos nicht unsere Heimatsonne vor uns zu haben, sondern

---

[166] Albrecht Unsöld; Der neue Kosmos; Springer Verlag; Berlin 1974.
Eine lesbare Einführung auch in: https://astro.uni-bonn.de/~deboer/sterne/hrdtxt.html

[167] Ernest Alfred Thompson Wallis Budge, THE GODS OF THE EGYPTIANS OR STUDIES IN EGYPTIAN MYTHOLOGY, Methuen & Co. London (1904), im Internet: https://ia601407.us.archive.org/25/items/godsofegyptianso02budg/godsofegyptianso02budg.pdf

daß eine fremde Sonne als Vorlage gedient hat. Was lehrt der beschriebene Weg der Roten Sonne über die Passage? Der Zug von Osten nach Westen ist eine triviale Bewegung, in der jeder Himmelskörper entgegen der Erddrehung über den Himmel zieht. Ebenso wenig wird den Bewohner der Nordhalbkugel eine Stellung der Sonne im Süden überraschen. Solange er nördlich des Wendekreises lebt, wird er sie auch nie im Norden sehen. Eine durchziehende fremde Sonne, die nicht nahe zur Bahnebene der Ekliptik einfällt, wechselt hingegen beim Durchzug oder, wenn die Sonnen einander in extremer Nahbegegnung umschwingen, auf Hin- und Rückweg die Himmelsrichtung. Steht sie für den Erdling auf dem Hinweg südlich, zieht sie im Norden stehend weg. Zieht sie anfangs nördlich, wechselt ihre Position nach Süden.

Diesen Nord-/Süd-Wechsel der Stellung am Himmel bestätigt eine weitere Aussage, in der es heißt, die Ra-Sonne habe beim Wegziehen kopfüber gestanden. Eine Aussage, die uns ratlos zurückläßt, wenn sie unsere Sonne beschreiben soll, aber extrem aufschlußreich ist, wenn wir sie auf eine andere, noch näher zu charakterisierende fremde Sonne beziehen. Aus der Beschreibung ihres Kommens aus einem fernen Himmelsbezirk und ihrer Bahnbeschreibung schließen wir auf eine Flugbahn der Roten Sonne, wie Abbildung 10 sie zeigt. Zum jetzigen Diskussionsstand eine gewagte bis vorgreifende Aussage, für die wir im Folgenden schlüssige Argumente nachliefern werden. Die Abbildungen 10 und 11 fassen die Ergebnisse einer Bahnsimulation zusammen. Die in den Graphiken gezeigte berechnete Bahn spiegelt, bei diesem Stand der Diskussion rein phänomenologisch, einen Weg wider, wie ihn der frühe Mythos um den Ra-Gott beschreibt. Die Mythen gaben uns bereits die entscheidenden Hinweise, mit denen wir nach weiterer Verfeinerung die quantitativ simulierte Bahn begründen. Den Mythen zufolge

- standen zeitweise zwei Sonnen am Himmel
- eine übergroße Akkretionsscheibe überstrahlte zeitweise die Sonne
- trat die zweite Sonne aus dem Dunkel des Himmelhintergrundes hervor
- schwenkte ihr Lauf (von Süden) nach oben (Norden)
- durchwanderte sie alle vier Himmelsbezirke
- stand sie beim Wegziehen kopfüber (im Norden)

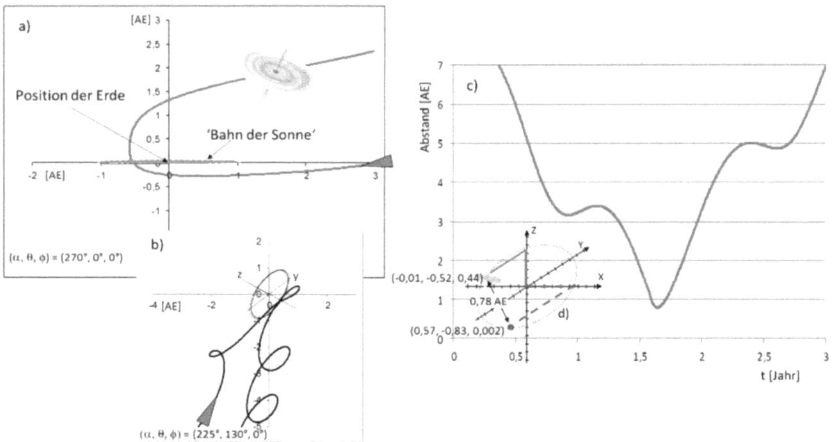

Abbildung 10
Durchzug der Roten Sonne

a) Computersimulierte Bahn der Roten Sonne (fett gezeichnete Linie) und der Heimatsonne aus Sicht der Erde (Auftragung im geozentrischen Koordinatensystem). Wie von den Mythen nahegelegt, umgibt die Rote Sonne eine Akkretionsscheibe, aus deren Zentrum in beide Richtungen eine Plasma-Fackel herausschießt.
b) Bei anderer Drehung des Koordinatensystems wird der verschlungene Weg der Roten Sonne (wieder aus Sicht der Erde) erkennbar. Der Umlauf der Erde um die Sonne überlagert die Bewegung der Roten Sonne, die im Nahbereich zur Heimatsonne zu schleifenförmigen Bahnkurven führt.
c) Abstandsentwicklung zwischen Roter Sonne und Erde im Abstandsbereich bis 7 AE beziehungsweise über 2,64 Jahre. Das Insert d) unten links in c) veranschaulicht und quantifiziert (in [AE]) die Vektorpositionen von Roter Sonne (durchgezogene Linien) bzw. Erde (gebrochene Linien) bei ihrem Minimalabstand.

Die Zahlentripel (α, θ, φ) nennen die drei Eulerschen Winkel, um die das Koordinatensystem in der jeweiligen Graphik gedreht wurde.

Weitere Nachrichten zum Aussehen der Roten Sonne und zu den Geschehnissen während ihres Auftretens erweitern unser Modell von einer Roten Sonne als Kataklysmusauslöser. Die Mythen berichten von Blitzen, die aus der Roten Sonne herausfahren und von ihren Formänderungen im Verlauf ihrer Passage. In diesen Nachrichten stoßen wir auf den

Talbottschen Stern, der ihn zu seiner Saturnkosmologie leitete bzw. verleitete.

Wir erfassen diese Ergänzung und Detaillierung der Mythen in unserem Modell, indem wir einen jungen sich entwickelnden Stern annehmen, den wir inmitten einer Akkretionsscheibe[168, 169] plazieren. Eine hochspekulativ erscheinende Annahme, die eine Abstützung in einer Vielzahl von Fakten erfahren wird. Fakten, auf die wir sowohl aus den historischen Botschaften über die Begleitumstände der Passage der Roten Sonne schließen sowie ergänzend durch solche Fakten, wie wir sie aus dem aktuellen Zustand des Planetensystems und seiner Objekte ablesen. Mehrere und kaum übergehbare Nachrichten sprechen für, oder erfordern sogar die Erweiterung des durchziehenden Sterns um eine rotierende Akkretionsscheibe. Im Lichte dieser Zusatzinformationen gerät ihre Aufnahme in unser Modell wohlbegründet.

In dieser Erweiterung des Modells ordnet sich eine Nachricht ein, die wir im mexikanischen Chilam Balam[170], eine Sammlung von Überlieferungen aus Yukatan, entdecken. Dort wird von einem Gott Bolon-ti-ku berichtet.

> *Rot war die Matte, auf der Bolon-ti-ku saß. Sein Hintern ist scharf gerundet, wie er auf seiner Matte sitzt. Dann stieg Gier aus dem Herzen des Himmels, Gier nach Macht, Gier nach Herrschaft.*[171]

Die klassische Interpretation erkennt in Bolon-ti-ku den Planeten Jupiter, ohne seinem Sitzen auf der Matte Bedeutung beizumessen. Und weiter im Text:

---

168 Eine leicht lesbare Einführung in diesen Aspekt unseres Modells in: http://www3.mpifr-bonn.mpg.de/old_mpifr/research/highlight/yearbook02b/index.html

169 Im wirklich Großen sind Akkretionsscheiben typisches Merkmal schwarzer Löcher im Zentrum aktiver Galaxien, in denen relativistische Geschwindigkeiten am Rand des Schwarzen Lochs Magnetfelder von gewaltiger Ausdehnung und Stärke erzeugen, so daß Plasmafackeln ins schier Unermeßliche wachsen.

170 http://metaphysicspirit.com/books/The%20Book%20of%20Chilam%20Balam%20of%20Chumayel.pdf

171 Englischer Text:
Red was the mat on which Bolon-ti-ku sat. His buttock is sharply rounded, as he sits on his mat. Then descended greed from the heart of the sky, greed for power, greed for rule.

Zwang durch Elend; kam während seiner Herrschaft, als er auf der Matte sitzend erschien ... Plötzlich flammte ein großes Feuer auf. Das Gesicht der Sonne wurde weggerissen, weggenommen von der Erde. Das Kleid seiner Regierungszeit. Dies war der Grund seine Macht zu beklagen, zu dieser Zeit gab es zu viel Kraft.[172]

Wenn es dann noch heißt, daß die ganze Welt unter der Herrschaft von Bolon-ti-ku rot wurde, entschlüsseln wir in der Beschreibung den Gott nicht als Jupiter, sondern als unsere Rote Sonne. Die Akkretionsscheibe als Matte, auf der ein runder Hintern hockt, verwendet einerseits ein lustiges Bild, anderseits ein bemerkenswert gelungenes.

Jüngst haben Astronomen mit dem Protostern Herbig-Haro-Objekt 24 im Sternbild Orion einen Stern in diesem Zustand entdeckt und fotografiert[173], wodurch die Zulässigkeit unseres Modells nicht nur theoretisch zulässig, sondern faktisch nachgewiesen ist.

Weitere Nachrichten, die uns veranlassen eine Akkretionsscheibe in unser Modell aufzunehmen, sind vielfältig und kaum anders interpretierbar.[174] Die Mythen berichten, wie der ägyptische Sonnengott mit einem Schiff über den Himmel segelte, welches die Gestalt einer Schlange hatte, und beschreiben, wie das schreckliche Monster sich um den Gott gewunden habe. Für die Akkretionsscheibe das Bild einer umwindenden Schlange zu verwenden, ist gut gewählt. Insbesondere erfaßt diese Wahl des Symbols das Winden und die Verknotung, die eine anfängliche ebene Akkretionsscheibe im Schwerefeld der großen Sonne erfährt.

Nicht allein Mythen auch Zeichnungen auf Papyri und Reliefs zeigen die Ra-Sonne, wie sie von einer Schlange umwunden wird. Diese Modifizierung des Sonnenmodells verstärkend wird der Laut ‚r' (Ra) als Hieroglyphe durch einen von einer Schlange umwundenen Kreis geschrieben.

---

[172] Im englischen Text:
„, compulsion by misery; it came during his reign, when he arrived to sit upon the mat ... Suddenly on high fire flamed up. The face of the sun was snatched away, taken from earth. This was his garment in his reign. This was the reason for mourning his power, at that time there was too much vigor.

[173] http://www.spektrum.de/news/ein-kurzlebiges-spektakel-der-sternentstehung-das-herbig-haro-objekt-hh-24/1389893?utm_source=zon&utm_medium=teaser&utm_content=news&utm_ campaign=ZON_KOOP

[174] http://www.bearfabrique.org/Catastrophism/Saturn/greenie.html

Wir deuten diese Schreibweise als zusätzlichen Hinweis auf eine gewundene, kreisförmige Gestalt oder auf eine Spirale, in der der Gott Ra in Erscheinung getreten ist.[175] Ähnlich deutlich tritt die für die Akkretionsscheibe verwendete Symbolik in den konzentrischen Kreisen zutage, mit denen der Name des Atum-Re geschrieben wird. Den Namen des alten Schöpfergottes schreiben die Hieroglyphen als Kreis im Kreis ⊙.[176] Wir erkennen in diesem Zeichen die zentrale Sonne mit dem sie umgebenden Feuerrad der Akkretionsscheibe, deren bildhafte Beschreibung in der Totenbuchübersetzung von Wallis Budge absolut stimmig als Feuerbecken (pool of fire) übersetzt wird.[177] Für diese detaillierte Beschreibung kann unsere Sonne nie und nimmer als Vorlage gedient haben. Die Rote Sonne nimmt eine zunehmend konkrete Gestalt an. Die Existenz einer zweiten Sonne wandelt sich von einer Spekulation zu einer begründeten, validen Hypothese.

Konzentrische Kreisdarstellungen finden wir in der Prähistorie in großer Zahl und allerorten. Niemand weiß, wer sie errichtete und wofür sie stehen. Ob in Afrika[178] oder Europa[179] sind sie uralte Zeugen verlorenen Wissens. In ihnen Gräber, Observatorien und Kalender zu sehen, muß nicht stimmen, insbesondere dann melden sich Zweifel, wenn zu den Kreisen Sicheln und Schiffsformen hinzutreten. Mit dieser Ergänzung des einfachen Kreises kommen wir zu geometrischen Strukturen, die sich bestens in unser Akkretionsscheibenmodell einfügen. Sind die unzähligen weltweit existierenden Ringsteinsetzungen, die deutlich vor der Zeit des Alten Reiches datieren, die makroskopische Wiedergabe der Ra-Hieroglyphe und erinnern sie an das gleiche Ereignis? Zumindest plausibel ist diese Hypothese.[180]

---

[175] The Search for God in Ancient Egypt, Jan Assmann, Cornell University, 2001 (in Auszügen: https://books.google.de/books)

[176] https://grahamhancock.com/fordr4/

[177] E. A. Wallis Budge, The Book of the Dead - The Papyrus of Ani;http://www.hermetics.org/pdf/sacred/BookOfDead.pdf

[178] http://www.ummto.dz/IMG/pdf/Memoire-_Les_monuments_funeraires_un_patrimoine_pluriel_en_peril.pdf

[179] http://www.archaeocosmology.org/eng/woodcircleaoucistictestplan.htm

[180] A Book of the Beginnings, Gerald Massay, Cosimo Classics (New York 2007), ersterschienen 1881.

Nach Feststellung einer globalen Verbreitung gleicher Zeichen können wir spekulieren, ob Gravuren in megalithischen Bauwerken, etwa die Verzierungen der Eingangssteine von Newgrange oder auf den prähistorischen Bauten Maltas[181], in ihrer Darstellung eines rotierenden Etwas ebenfalls Widerhall der Passage einer sonnenhellen Akkretionsscheibe sind. Als bis heute noch lebendige Erinnerung könnte sich die Akkretionsscheibe der Roten Sonne in den Spiralen des Näpfchenkults[182] Nordeuropas erhalten haben.

Im Sinne unseres Modells ist auch das Kapitel CXXXVI des ägyptischen Totenbuchs verstehbar mit seiner Überschrift 'Das Kapitel vom Segeln des Großen Bootes über dem Ring aus hellen Flammen'. Das Boot kreist demnach nicht um den Beobachter, sondern um eine zentrale Sonne, die ihrerseits (relativ?) still steht.[183] Eine durchziehende Sonne mit Akkretionsscheibe liefert exakt die Vorlage für dieses Motiv.

Trivialerweise wird im Unterschied zu unserer Sonne eine fremde Sonne, wenn sie ausreichend hoch über der Ekliptik steht, für den Bewohner einer Erdhalbkugel, tagsüber wie nachts am Himmel sichtbar sein.[184,185]

Mythen anderer Kulturen ergänzen und bestätigen in schriftlicher Form, was Ägypten an Nachrichten hinterlassen hat. In Übereinstimmung mit den Beschreibungen zum Aussehen des Gottes Ra berichtet der babylonische Schöpfungsmythos Enuma Elish über das Erscheinungsbild des Gottes Marduk als eine kreisende Himmelserscheinung. E. A. Wallis Budge hält den gemeinsamen Ursprung des Marduk und Ra Mythos für sicher und sieht im Enuma Elish die ältere Nachricht. In seinen charakteristischen Merkmalen als Himmelsobjekt ordnet Marduk sich perfekt in unsere Hypothese ein. Die oftmals erkennbare Ähnlichkeit der My-

---

181 http://www.visioninconsciousness.org/Ancient_Civilizations_38.htm

182 https://get.google.com/albumarchive/110015946063862745486/album/AF1QipO3_FKPJB8ihTApoMIYy2AqPzjws5CjKht05QlT

183 David Talbott: http://www.bearfabrique.org/Catastrophism/Saturn/shipart.html (Wenn auch seine Saturnkosmologie Fragen aufwirft und verquer ist, die Referenzen sind bemerkenswert.)

184 http://totenbuch.awk.nrw.de/spruch/137#NachweiseSpruchtext

185 http://totenbuch.awk.nrw.de/spruch/141

then um den babylonischen Gott Marduk mit dem ägyptischen Ra-Mythos verknüpft auch mit dieser Übereinstimmung die beiden Kulturkreise und weist den Mythos um die zweite Sonne im Ursprung als gemeinsam aus. Wie gleichlautend die Beschreibung der Götter Ra und Marduk ausfällt, wird augenfällig, wenn die englische Übersetzung für den akkadischen Urtext zur Charakterisierung des Aussehens Marduks die Worte Wirbelwind (whirlwind) und Zyklon[186] verwendet. Wir stoßen mit dieser Wortwahl (und im hoffentlich so richtig übersetztem Urtext) wieder auf eine mustergültige Beschreibung einer rotierenden Akkretionsscheibe.

Mit dem Enuma Elish halten wir neben den Mythen der Ägypter einen unabhängig tradierten Mythos in Händen, der erkennbar ein gleiches Ereignis beschreibt. Die gleiche optische Anmutung für Marduk wie für Ra repräsentiert ein essentielles Indiz dafür, mit unserem Modell einer durchziehenden Akkretionsscheibe die Natur eines urzeitlichen Himmelsphänomens richtig erfaßt zu haben.

Mit der Nennung an verschiedenen Orten und einer gleichen Charakterisierung wird die Rote Sonne zum geschichtlichen Ereignis.

Die Existenz einer Akkretionsscheibe kennzeichnet die Rote Sonne als jungen Stern. Zu dem Zeitpunkt, da er sich unserer Sonne nähert, ist die Bildung von Planeten aus Gas und Staub in der Scheibe, die ihn umgibt, in vollem Gange. Die Schwerkraft werdender Planeten, sogenannter Planetesimale, hat bereits Lücken in die Scheibe gerissen, die ihr, aus der Ferne betrachtet, den optischen Eindruck eines Wirbelwindes verleihen.

Das anfänglich eingeschwungene und ruhige Kreisen sowie der langsame Massezuwachs der Planetesimale in der Akkretionsscheibe der kleinen Sonne gerät aus dem Tritt, als die Schwerkraft einer mehrfach massereicheren Sonne nach ihr greift. Wo bisher Objekte auf anschmiegenden Bahnen kreisten und allmählich zu Planeten heranwuchsen, rasen nun Querschläger und Bahnkreuzer. Aus Kreisbahnen werden Ellipsen, die Planarität der Scheibe verbiegt sich, ein selbstverstärkendes Chaos zerfetzt die eingeschwungene Struktur der Akkretionsscheibe und ihrer Ringe. Der Zusammenprall massiver Klumpen, kollidierender

[186] http://www.earlyworld.de/enuma_elish.htm

Staub und verwirbeltes Gas heizen die Scheibe auf Rotglut mit heißen Spots an den Stellen auf, an denen die Planetesimale stehen. Nahe dem Zentrum, wo im Wirbel der Akkretionsscheibe die höchsten Geschwindigkeiten und die höchsten Dichten herrschen, wird durch Hitze und Stoß verfestigter Staub wieder zu Gas. Atome werden durch Stoß zum Plasma ionisiert. Um die Rote Sonne rotiert bald ein Plasma, das ein starkes Magnetfeld erzeugt. Elektrisch geladene Teilchen, die mit senkrechter Geschwindigkeitskomponente in dieses Magnetfeld gestoßen werden, werden entlang der Achse des Magnetfeldes gebündelt und zum Konus geformt ins All geblasen. Zwei Plasmafackeln stehen über der Akkretionsscheibe. Der Sonnenwind der großen Sonne verbiegt – wie heute die Schweife der Kometen – die senkrecht zur Akkretionsscheibe austretenden Plasmafackeln, worin der Beobachter auf der Erde einen sichelförmigen Sonnenwagen erkennt, oder er ergänzt die weggebogenen Jets zu den Hörnern eines Widders. Das um die Akkretionsscheibe erweiterte Modell generiert ein volles Verständnis für die Beschreibung des Durchzugs eines erschreckenden Himmelsphänomens als Sonnenwagen oder Widder, und es erklärt früheste Steinsetzungen, indem es ihnen real Gesehenes zuordnet, das von untergegangenen Kulturen in Form von Sicheln und Kreisen festgehalten wurde.

Neben dem Material, das aus der Akkretionsscheibe als Fackel in den Weltraum geblasen wird, stürzt ein Teil des im Innersten kreisenden Gases auf die Rote Sonne. Die bei diesem Masseeinfall freiwerdende Gravitationsenergie[187] läßt die Rote Sonne, die zuvor eher als Riesenplanet anzusprechen war, aufleuchten. Ein zuvor schwach glimmender Brauner Zwerg verwandelt sich in die heiße Rote Sonne der Mythen. Wir verstehen nun das Hervortreten der zweiten Sonne im vergleichsweise sonnennahen Asteroidengürtel. Eine massearme Sonne, die mehr Riesenplanet als Sonne, bei schwacher Leuchtkraft unbeachtet heranzieht, wird im Störfeld unserer Sonne ständig heller und tritt erst zusammen mit ihrem durch Störung angefeuerten Riesenrad im Duat der Ägypter[188] gewaltig aus dem Dunkel des Raums hervor. Wir nehmen an und werden plausibilisieren, daß die Akkretionsscheibe mit einem Planeten, der

---

[187] Siehe etwa: http://itp1.uni-stuttgart.de/institut/arbeitsgruppen/wunner/Astrophysik1.pdf
[188] http://www.ancientegyptonline.co.uk/bookgates5.html

im Asteroidengürtel (= Duat) umlief, kollidierte. Erst durch diese Kollision wuchs ein zuvor dunkler Brauner Zwerg zum Strahlungsgiganten. In der Kollision ging der Planet Tiamat (ein Name aus den Mythen) unter, mit Folgen, die sich als Schlüssel für ein Gesamtverständnis unseres Planetensystems erweisen werden. Jetzt erschließt sich auch der volle Sinn des oben zitierten Satzes aus dem Chilam Balam:

> *Plötzlich flammte ein großes Feuer auf. Das Gesicht der Sonne wurde weggerissen, weggenommen von der Erde.*

Als die Rote Sonne bei der Zerschlagung Tiamats aufflammte, überstrahlte sie durch Größe und Helligkeit die Sonne und ließ sie dadurch optisch verschwinden.

Eine Zwergsonne mit umgebender Akkretionsscheibe löst auch das Rätsel um die Nachricht, daß die Rote Sonne auf dem Rückweg kopfüber am Himmel gestanden hat. Die Aussage des kopfüber Stehens beschreibt mehr als den Wechsel des Standortes von Süden nach Norden. Denn eine isotrope, kopfüber stehende Kugel ist ununterscheidbar von einer aufrecht stehenden Kugel. Wir suchen und finden in der Akkretionsscheibe ein nach Blickrichtung und Scheibenstellung eingefordertes perspektivisch anisotropes Gebilde. Das vorgeschlagene Modell der Sonne mit Akkretionsscheibe erklärt nicht nur das Kopfüberstehen, sondern auch die erweiterte Nachricht von einer Formänderung im Verlaufe des Durchzugs. Wie in der Zeichnung der Abbildung 11 graphisch veranschaulicht, ruft die Änderung des Blickwinkels während des Annäherns und beim Wegziehen der Roten Sonne diesen perspektivischen Eindruck hervor. Die in den Mythen beschriebene Formänderung ist intrinsisch in unserem Modell enthalten. Aus der Ferne erschien im Verlaufe ihres Durchzugs die Rote Sonne mit ihrer Scheibe als Ellipse – je nach Position relativ zur Erde, und je Scheibenneigung sowie Blickwinkel erschien die Akkretionsscheibe unterschiedlich schlank. Vergleichbar den Ringen des Saturn, deren Aussehen zwischen einem breiten Sombrero und in Kantensicht bis zu einem Strich variiert.

Nach den Ausführungen zum Aufbau und Aussehen der Roten Sonne zurück zur Parametersuche als begründete Basis für die Wegberechnung der Roten Sonne.

Wenn die Rote Sonne beim Verlassen des Sonnensystems von der Erde aus gesehen Kopf stand, bedeutet dies, daß sie der Sonne sehr nahe kam und zudem nahe dem Perihel ihrer Bahn die Ekliptik durchstoßen hat. Einen entscheidenden Hinweis für eine Bahnfestlegung leiten wir daraus ab, daß die Mythen die Passage der Roten Sonne mit einer kosmischen Katastrophe verbinden, in der wir die Zerschlagung eines früheren Planeten zwischen Mars und Jupiter erkennen. Von Norden nach Süden einfallend durchstieß die Rote Sonne in diesem Abstand zur Sonne zum ersten Mal die Ekliptik. Der von nun an als fünfter Planet bezeichnete Planet Tiamat lief durch ihre Akkretionsscheibe und ging in ihr unter.

Den durch Mythen begründeten stärksten Hinweis für den Untergang Tiamats leiten wir aus dem Enuma Elish ab, in dem beschrieben wird, wie Marduk mit seinem Wirbelwind den Drachen Tiamat tötet. Indem wir den Mythos um den Drachenkampf Marduks als Zerschlagung eines großen Planeten verstehen, erschließt sich nun auch die Nachricht im oben zitierten polynesischen Mythos. Dieser Mythos beschreibt, wie sich die hawaiianische Göttin Haumea (= Tiamat) im Netz Kaulus (= Rote Sonne) verfängt und darin stirbt. Die Nachricht ist exakt gleich der, die wir im Enuma Elish der Babylonier finden. Auch bei den Polynesiern geht der fünfte Planet in einem Netz/Wirbelwind unter.

Der kleinere Teil der Masse des vormaligen Planeten, eher klägliche Reste, bilden heute den Asteroidengürtel. Diesem Planeten und dem Asteroidengürtel werden wir uns im Kapitel ‚Der verlorene Planet' widmen. Der untergegangene Planet Tiamat füllt die Planetenlücke zwischen Mars und Jupiter, in der nach verschiedenen Abstandsgesetzen eigentlich ein großer Planet zu erwarten wäre, und wo er unserem Modell zufolge auch existiert hat. War der gleiche Mythos in Mesopotamien und Ägypten noch als entlehnt erklärbar, mit dem Mythos der Polynesier und Maya wird die Nachricht endgültig global und damit real.

Der Untergang des Planeten Tiamat im Wirbel der Akkretionscheibe störte die eingeschwungene Akkretionsscheibe weit stärker als die Gravitation der noch fernen großen Sonne. Nicht allein das sonnenhelle Aufgleißen des explodierenden Planeten, das Lichtgewitter kleinerer Einschläge, die die Zerschlagung des Planeten umrahmten, ließen einen dunklen Stern plötzlich als Strahlungsriesen in Erscheinung treten. Die Zerschlagung Tiamats war die Geburtsstunde der Roten Sonne. Nach der Zerstörung des Planeten, schossen die Planetentrümmer in die Akkretionsscheibe. Das ruhige Kreisen der Akkretionsscheibe nahm ein jähes Ende. Das Durchtreten des Planeten durch die Akkretionsscheibe und erst recht seine Zerschlagung fachten schlagartig das Höllenfeuer der Akkretionsscheibe an. Was bisher schwach leuchtend daherkam, wurde in diesem Moment zum Strahlungsriesen. Wir verstehen nun, zu welchem Zeitpunkt und durch welches Ereignis Marduk, Ra und Bolonti-ku als Großgötter geboren wurden. Dieses Hervortreten der Roten Sonne im Abstandsbereich des Asteroidengürtels kann aus ägyptischen Texten herausgelesen werden, und die Physik bestätigt es. Die Sichtbarkeit der Roten Sonne währte den Quellen zufolge sieben Monate. Sieben Monate dauert es, bis eine externe Masse, die mit langsamer Grundgeschwindigkeit in das Planetensystem einfällt, auf Hin- und Rückweg den Asteroidengürtel passiert. Siehe hierzu auch Abbildung 13.

Mit den Mythen als Informationsquelle und nach dem soeben formulierten Szenario nehmen wir für die weitere Verfeinerung der Bahnparametrisierung an, daß die Rote Sonne mit ihrer Akkretionsscheibe nahe dem Bahnabstand des ‚verlorenen' fünften Planeten die Ekliptik kreuzte. In dieser Bahnkonstellation kommen die Rote Sonne mit ihrer Akkretionsscheibe und der fünfte Planet einander so nahe, daß die Zerschlagung des Planeten wahrscheinlich wird.

Mit diesem Fixpunkt in der Bahn ist die Flugbahn der Roten Sonne weiter eingegrenzt. Insbesondere steht sie nun nach dem Umschwingen der Sonne auf ihrem Rückweg aus dem Planetensystem zwangsläufig im Norden hoch über der Ekliptik[189] und damit, wie eingefordert, hoch über dem Kopf eines irdischen Beobachters (auf der Nordhalbkugel).

Den Einfallswinkel der Roten Sonne relativ zur Ekliptik können wir aus den Mythen nicht ablesen, können uns aber für eine plausible Festlegung mit Auffälligkeiten unseres Planetensystems behelfen. Die relativ geringen Bahnneigungen der äußeren Planeten indizieren, daß der Störer in ihrem Bahnabstand hoch über der Ekliptik gestanden hat. Nach

---

[189] Im gewählten Koordinatensystem laufen die Planeten im Gegenuhrzeigersinn um, wie auf Landkarten ist dann Norden oben und Süden unten.

diesem qualitativen Hinweis leiten wir den Einfallswinkel der Roten Sonne aus der mittleren Bahnneigung der Zwergplaneten (Zentauren[190]) ab. Einerlei, ob wir die Zentauren als Bahnkreuzer einstufen, die die Rote Sonne aus dem Kuipergürtel ins Innere des Planetensystems warf, oder ob wir sie als Planetesimale auffassen, die unsere Sonne von ihr losriß, lassen wir die Rote Sonne entsprechend dem Schwerpunkt der Bahnneigungen der Zentauren mit etwa 25° zur Ekliptik einfallen.

Für ein letztes Finetuning der Simulationsparameter bestimmten wir die aktuelle Bahn des Merkur als Folge einer Störung durch die Rote Sonne. Als Urbahn Merkurs wählten wir eine Kreisbahn im mittleren heutigen Bahnabstand und in einer Urekliptik (~ Bahnebene der Gasplaneten) liegend. Die Anfangsdaten der Simulation (Geschwindigkeit und Position der Roten Sonne) wurden sodann iterativ angepaßt, bis die berechnete Merkurbahn befriedigend gut mit der aktuellen Bahn übereinstimmte. Nach dieser finalen Festlegung von Anfangsdaten für die Bahnberechnung ergeben sich die – aus Sicht der Erde – beobachteten perspektivischen Gestaltänderungen der Roten Sonne, wie die Mythen sie vermelden. Liegt die Ebene der Akkretionsscheibe ungefähr parallel zur Ekliptik verformt eine anfängliche schlanke Ellipse sich während des Durchzugs perspektivisch zum Kreis. Kollisionen in der Scheibe in Verbindung mit den überlagernden Gravitationsgradienten zweier Sonnen zerfasern die Scheibe an den Rändern und erzeugen in ihr Buckel und Wellenmuster.

In unserem Simulationsszenario (siehe zum Rechenweg Kapitel ‚Umwälzung des Planetensystems – 1. Kataklysmus') zieht die Rote Sonne, wie in Abbildung 11 für die Sicht aus Erdperspektive gezeigt, nach dem Passieren des Asteroidengürtels anfangs nahe zur Position der Sonne von Osten nach Westen über den Himmel und sinkt zugleich tiefer Richtung Süden. Beim Abziehen steht sie sehr hoch über der Ekliptik und für die Bewohner der Nordhalbkugel am Tage wie nachts über dem Horizont.

Die Strahlungsleistung der ruhigen Roten Sonne liegt weit unter der der Sonne. Nach dem Anheizen der Akkretionsscheibe leuchtet ein Flächenstrahler statt einer vergleichsweise punktförmigen Gaskugel. In diesem

[190] http://www.spektrum.de/news/die-meisten-zentauren-sind-kometen/1202447

Zustand übersteigt die Strahlungsleistung der Roten Sonne die der großen Heimatsonne um ein Mehrfaches. Die Hitze der angefeuerte Akkretionsscheibe bedeutet für das Leben auf der Erde eine Katastrophe. Unter ihrem Infrarotschirm gerät das Strahlungsgleichgewicht der Erde völlig aus den Fugen. Die Erde wird zur Sauna. Anhaltende Wolkenbrüche und Schmelzwasser lassen die Gewässer anschwellen. Bäche werden zu Strömen. Die Welt steht unter Wasser.

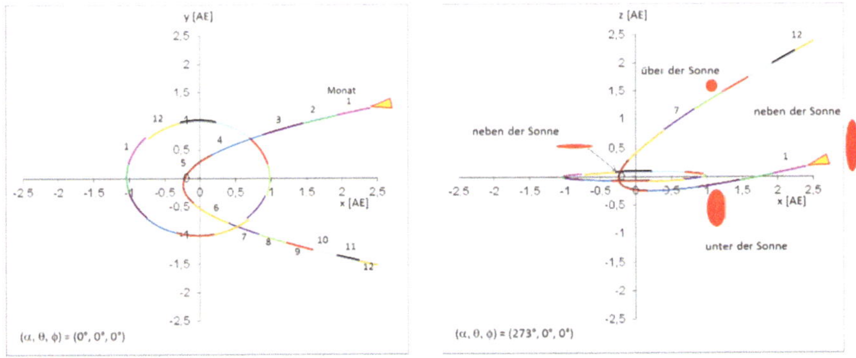

Abbildung 11
Position von Erde und Roter Sonne während der inneren Passage

a) Links: Bahnen von Erde und Roter Sonne bei Blick auf die Ekliptik. Die farbig unterschiedlichen Bahnsegmente repräsentieren die Monatsabschnitte des Weges. Die Zahlen zählen die Monate des Durchzugs beginnend bei einem Abstand von 2,6 AE.
b) Rechts: Bahnen von Erde und Roter Sonne bei Blick fast parallel zur Ekliptik. Die roten Ellipsen veranschaulichen (qualitativ) das Aussehen der Roten Sonne aus der Perspektive eines Beobachters auf der Erde und ihr Schrumpfen durch Verlust der außen kreisenden Objekte und infolge der Verknotung der Bahnen.

Wenn die Simulation der Flugbahn, wie die Abbildung 11 sie in zeitlicher Auflösung zeigt, die Realität widerspiegelt, hatte die Erde – und hatten vor allem ihre Bewohner – beim Durchzug der Roten Sonne viel Glück. (Für die volle Berechnung der Bahn der Roten Sonne siehe das Kapitel ‚Umwälzung des Planetensystems – 1. Kataklysmus'.) In unserer

Bahnsimulation wahrt die Erde beim Heranziehen der Roten Sonne einen nahezu maximalen Abstand, indem sie während einer Zeit von fast vier Monaten in Opposition zur Roten Sonne steht; sich quasi hinter der Heimatsonne versteckt. (Diese Position der Erde ergab sich ohne Vorsatz allein aufgrund der Forderung, aus einer kreisförmigen Urbahn die heutige Bahn zu reproduzieren.) Mit Blick auf Abbildung 11 wird nun vollends verstehbar, daß dem Chilam Balam zufolge das Gesicht der Sonne weggenommen wurde. Der kleine gelbe Fleck der Sonne verschwindet in der riesigen Akkretionsscheibe der Roten Sonne.

Bei ihrem anfänglichen Heranziehen steht die Rote Sonne erst in der Ekliptik und dann leicht südlich unter der Ekliptik, in dieser Position von der Erde aus gesehen als schlanke Ellipse unter der eigenen Sonne. Der Umlauf der Erde um die Sonne und ihre Eigenbewegung hält die Rote Sonne zunächst in dieser Position, dann sinkt sie leicht tiefer und schiebt sich während ihrer Annäherung an die Sonne zunehmend nach Osten. In dieser Position geht sie dem Sonnenaufgang voran und zunehmend früher auf.

Über die Bahnebene der Akkretionsscheibe, relativ zur Zugrichtung, und zur Größe der Akkretionsscheibe können wir aus den erhaltenen Beschreibungen zur Roten Sonne begründbare Annahmen treffen. Ihre Charakterisierung als Zyklon und die beschriebenen Gestaltänderungen – aus Sicht der Erde – während ihres Zuges durch das innere Planetensystem sprechen für eine nur geringe Verkippung in Querrichtung der Scheibe (senkrecht zur Hauptzugrichtung) und ebenso dafür, daß sie auch relativ zur Ekliptik nur wenig vornüber bzw. rückwärts geneigt war.

Mit Heranrücken an die Sonne wird infolge des Sinkens nach Süden der Sichtwinkel steiler, so daß die anfänglich schlanke Ellipse ihrer Akkretionsscheibe sich perspektivisch verbreitert und ihre Strahlungsleistung – rein geometrisch verursacht – zunimmt. Als die Rote Sonne ihr Perihel erreicht und bald danach durch die Ekliptik steil nach Norden wegzieht, schrumpft die Scheibe der Ellipse kurzzeitig zum Strich – zumindest in dem Maße, wie die Störung der Sonne die Planarität der Akkretionsscheibe intakt gelassen hat. Mit dem Höhersteigen im Norden wächst die schmale Ellipse des Perihels rasch zu einem glühenden Kreis am Himmel, der Tag wie Nacht auf die Nordhalbkugel der Erde brennt.

In dieser Position ist phänomenologisch und den Simulationsergebnissen zufolge von der Scheibe nicht viel übriggeblieben. Die gravitative Störung unserer Sonne hat die Akkretionsscheibe der Roten Sonne nahezu aufgelöst und flächenmäßig stark schrumpfen lassen. Die flache Akkretionsscheibe hat sich im Laufe der Passage, wie im ägyptischen Totenbuch beschrieben, zu einer Feuerkugel verknotet. Beim Wegziehen kommt es mit 0,783 AE (Abbildung 10) zum kleinsten Abstand zwischen einer bereits abgeschwächt leuchtenden Roten Sonne und der Erde. Die abziehende Rote Sonne malt verengende Spiralen an den Himmel, bis sie erkaltend im Dunkel des Alls verdämmert. Als kalter Stern kam sie aus dem Duat, wo ihr Zusammentreffen mit dem Planeten Tiamat ihre Akkretionsscheibe zum Feuerorkan angefacht hatte, und im Duat erlischt sie.

Nach dieser Klärung der Bahn und der Ursachen der Gestaltänderung wollen wir nochmals auf die globale Verbreitung des Urmotivs einer flammenden Himmelserscheinung verweisen. Nachrichten, die zuvor bestenfalls dramatische und sprachgewaltige Poesie waren, füllt nun Inhalt. Nicht nur in Ägypten und Sumer auch in der Edda finden wir einen Widerhall des Erscheinens der Roten Sonne:

Surtur fährt von Süden mit flammendem Schwert,
von seiner Klinge scheint die Sonne der Götter
...
Schwarz wird die Sonne, die Erde sinkt ins Meer,
vom Himmel schwinden die heitern Sterne.
Glutwirbel umwühlen den allnährenden Weltbaum,
die heiße Lohe beleckt den Himmel.

In der Klinge erkennen wir die im ägyptischen Mythos beschriebenen Hörner der Roten Sonne. Beide Symbole, Hörner wie Klinge, passen zu unserem Modell eines Plasmajets, der aus dem Zentrum der Akkretionsscheibe schießt.

Die Akkretionsscheibe als Schild, den rasenden Zyklon als Schlange sowie die Variation der Form erfaßt die folgende Strophe der Edda:

Hrym fährt von Osten
erhebt den Schild,
im Riesenzorn
rast die Schlange.
Sie schlägt Wellen
...

Wie bereits ausgeführt, hängt die Form der Akkretionsscheibe von der Sichtlinie ab. In bildhafter Übertragung erfassen einige Zeilen im Gesang der Voluspa das Aussehen dieser Spirale und ihr Auftauchen aus den Tiefen des Alls:

Der düstre Drache
tief drunten fliegt,
die schillernde Schlange
aus Schlachtendunkel
...

Leicht ist der Bezug zum Mythos des ägyptischen Ra hergestellt. Den Zug Ras wandelt die Voluspa – vergleichbar dem Kampf Marduks im Enuma Elish – zum Schlachtengemälde.

Niemand beschwere sich über die Wortgewalt der alten Sagen. Mir scheint, weder vorher noch nachher wurde ein Weltuntergang so grandios in Worte gefaßt. Der Gesang beeindruckt umso mehr, als wir in vorliegender Interpretation ihm Realität, Ursprung und Erklärung zuordnen können. Wir lesen nicht nur Worte, sondern wir erkennen ihre Bedeutung und begreifen den Anlass ihrer Entstehung.

Die Ägypter verbanden mit den Plasmafackeln aus dem Zentrum der Akkretionsscheibe zwei Hörner. Petroglyphen Nordeuropas (nachlebend im Näpfchenkult?) zeigen uns sowohl die Spirale der Akkretionsscheibe wie den Strahl, der aus ihrem Zentrum ragt. Wir gewinnen den Eindruck, der Norden Europas hat nicht nur in Worten, sondern auch in stilisierenden Reliefs das kosmische Ereignis festgehalten.

Allen mythischen Göttern, von der japanischen Gottheit Shukongō-jin bis zum kurzstieligen Hammer Thors, ist der Donnerkeil gemeinsam und ihre schrecklichste Waffe.[191] Den Donnerkeil wie diese Gottheiten ordnen wir als Abwandlung des babylonischen Marduk ein. In seiner symmetrischen Ausformung als doppelten Dreizack, siehe Bild L, erkennen wir in ihm die Plasmajets der Akkretionsscheibe und damit das Bild der Waffe, mit der Marduk Tiamat tötete. Der geflügelte Marduk wie die Flügel Tiamats verlegen den Kampf in den Himmel. In abgewandelter Form halten in anderen Reliefs Götter, siehe etwa auch den Gott in Bild K, statt des doppelten Dreizacks als Insignien ihrer Macht eine Schlaufe oder zum Kreis gewickelte Schnur – ägyptisch Shen[192] – (die Akkretionsscheibe) mit zwei abstehenden Schlaufenenden in den Händen, für uns eine vereinfachte Darstellung der Akkretionsscheibe mit ihren Plasmajets.

Alles paßt auf einmal zusammen! Das Schiff Ras, das Netz Kaulus, Marduks Zyklon, die Matte des Bolon-ti-ku im Chilam Balam der Maya und der grausige Zug des Totenschiffs Naglfar hätten keine bessere Vorlage haben können. Wir hören und lesen stets die gleiche Beschreibung, durch die eine durchziehende Akkretionsscheibe als Vorlage exakt getroffen wird.

Mit der Hinzunahme einer Akkretionsscheibe in das Modell der Passage einer fremden Sonne haben wir eine bis dato geheimnisvolle Bildsprache entschlüsselt, mit der die Alten anfangs die Rote Sonne und dann später die eigene Sonne charakterisierten. Den Zug der Roten Sonne im Hintergrund, wurden in Märchen und Sagen Himmelsungeheuer, deren feuerspeiende Glut die Welt heimsucht, aus einer funkensprühenden Scheibe geboren; die Rote Sonne mit ihrer Akkretionsscheibe wurde zum Urbild des Drachen-Mythos. Unser Modell erweist sich als erklärungsmächtig und führt bislang isoliert geglaubte Nachrichten zum Bericht über ein einziges Ereignis zusammen.

Die kataklysmischen Folgen verewigten sich als Urschrecken in den Köpfen und in der Erinnerung der Menschen. Für die Menschen muß der Durchzug der Roten Sonne eine traumatische Erfahrung gewesen sein, sie sahen das Grauen kommen und waren ihm hilflos ausgeliefert.

---

191 http://symbol.map-base.info/symbol_thunderbolt/index.shtml
192 http://www.ancient-symbols.com/german/ancient_egyptian_symbols2.html

Fraglich ist, wie frei der Blick auf die wegziehende Sonne war. Zu diesem Zeitpunkt dürfte das vormalige Strahlungsgleichgewicht der Erde völlig aus dem Ruder gelaufen sein. Dichte Wolken verdunkelten den Himmel. Wahrscheinlich war es unter einer kilometerdicken Wolkendecke stockfinster. Aus einem nicht endenden Wolkenbruch prasselten Sturzbäche auf die Erde, Flüsse traten über die Ufer; das Land versank im Wasser. Die Regensintflut – der Auslöser der großen Sintflut wird noch zu klären sein – hinterließ der Durchzug der Roten Sonne als Dreingabe.

Bild L
Marduks Kampf mit dem Drachen Tiamat[193,194]
Man beachte den doppelten Dreizack in Marduks Händen.

Die Edda hat diese erste Sintflut festgehalten mit den Worten (Übersetzung nach Simrock):

---

[193] https://commons.wikimedia.org/wiki/File:Bildhuggarkonst,_Marduks_strid_med_draken,_Nordisk_familjebok.png

[194] Relief am Eingangstor eines kleinen Tempels in Nimrud (assyrisch: Kalhu) 30 km südlich Mossul (Diese historische Stätte wurde 2015 wohl endgültig durch den ‚Islamischen Staat' zerstört.)

Schwarz wird die Sonne,
die Erde sinkt ins Meer,
vom Himmel schwinden
die heitren Sterne.
Glutwirbel umwühlen
den allnährenden Weltbaum.
Die heiße Lohe
beleckt den Himmel.

So sehr die Erde in der Hitze der abziehenden Roten Sonne briet, nach deren Abzug wurde es bitterkalt. Die geschlossene und dicke Wolkendecke reflektierte das Sonnenlicht in nie dagewesenem Ausmaß. Das Strahlungsgleichgewicht kippte. Die mittlere globale Temperatur sank unter null °C. Mensch, Tiere und Pflanzen erfroren. Wer nicht erfror, der (ver)hungerte. Die Überlebenden verkrochen sich in Höhlen, die zugleich Schutz gegen die Unwetter wie auch etwas Wärme boten. Wenn die Archäologie Hockgräber im Hochgebirge als Bestattungsritus einstuft, bringt unser Modell als – fallweise zu bewertende – Alternative das Erfrieren in zusammengekauerter Stellung ins Spiel.

Falls der Durchzug so zeitnah erfolgte, daß er in der Erinnerung der Menschheit nachklingt, kann sich das Objekt nicht viele Lichtjahre von der Sonne entfernt haben, sondern muss sich noch im erweiterten Vorhof der Sonne aufhalten. Vor wenigen Jahren wäre jeder, der solch eine Überlegung auch nur in Erwägung gezogen hätte, ausgelacht worden; inzwischen ist ein solcher Gedanke nicht mehr grundsätzlich verboten.

Nachdem einige Jahre im Wissenschaftszirkus Ruhe herrschte und die Suche nach einem großen weiteren Planeten auf die Giftliste der Unzulässigkeiten geraten war, gibt es inzwischen wieder Bewegung. Bahndaten von Objekten im Kuipergürtel indizieren die Anwesenheit eines schweren Planeten IX in einigen 100 AE Abstand.[195, 196] In der Literatur

[195] Konstantin Batygin and Michael E. Brown 'Evidence for a Distant Giant Planet in the Solar System' The Astronomical Journal, Volume 151, Number 2 (2016).
[196] Scott Sheppard and Chadwick Trujillo; https://carnegiescience.edu/news/hunt-ninth-planet-reveals-new-extremely-distant-solar-system-objects

wird er manchmal unter dem Namen Tyche (Göttin des Schicksals) geführt. Keine schlechte Namenswahl für ein Objekt, das das Schicksal (altgriechisch = τυχη) des Planetensystems so nachhaltig gestaltete.

Für eine Absicherung der Existenz und eine Positionsbestimmung von Tyche wollen die Astronomen Bahndaten von künstlichen Satelliten und weiteren kleinen Objekten am Rand des Sonnensystems heranziehen. Entgegen diesen aktuellen Mutmaßungen spricht unser Modell für ein entfernteres, aber dafür deutlich schwereres Objekt. Es bleibt spannend, die Entfernung und Masse dieses neuerlich ins Spiel gebrachten gravitativen Schwergewichtes und fernen Sonnenbegleiters einzugrenzen.

Über kataklysmische Ereignisse, die durch ein Gravitationsschwergewicht im Sonnensystem ausgelöst werden, spekuliert auch Daniel P. Whitmire.[197] In einer 1985 erstmals publizierten These schlägt er einen massereichen Planeten X mit einer Umlaufzeit um die Sonne von 27 Millionen Jahren vor, der auf elliptischer Bahn beim tieferen Eindringen in die Oortsche Wolke[198] regelmäßig Kometenschauer auslöst. Die nachfolgend gehäuft auftretenden Einschläge großer Boliden in die Erde macht er für das periodische Massenaussterben irdischen Lebens verantwortlich.[199] Na ja!

Mehr als merkwürdig mutet eine neuerlich publizierte These – eher eine wilde Spekulation – an, die den Planet X in Haftung nimmt, um die Achsneigung der Sonne gegen die Ekliptik zu erklären. Woher das Drehmoment für die Kippung der Sonne kommen soll, darüber schweigen sich die Autoren aus. Seltsamer erscheint mir im Lichte dieser Forschung jede beliebige Verschwörungstheorie zu diesem Thema auch nicht mehr.

---

[197] Daniel P. Whitmire 'Periodic mass extinctions and the Planet X model reconsidered' MNRAS (Monthly Notice Letters of the Royal Astronomic Society) Vol. 455 L114-L117, January 01, 2016.

[198] http://www.spektrum.de/magazin/die-oortsche-wolke/824987

[199] Daniel P. Whitmire & John J. Matese 'Periodic comet showers and planet X' Nature 313, 36 - 38 (03 January 1985)

Ganz falsch liegen in meinen Augen Konstantin Batygin and Mike Brownie dennoch nicht.[200] Sowohl die Neigung der Objekte des Kuipergürtels wie die Bahnneigung der Planeten erklären sie mit Störungen durch den neunten Planeten. Wie wir, nehmen die Wissenschaftler eine 30° geneigte Umlaufbahn an. Ihre Ausführungen stimmen mit unseren Analysen und Rechnungen überein, in denen wir konkreter und quantitativer als sie, die Passage der Roten Sonn (= Planet X) durch das Innere Sonnensystem simuliert haben. Interessant, zu diesem Zeitpunkt (2016) die eigenen Überlegungen von einem renommierten Institut bestätigt zu finden. Zur Klarstellung der Priorität: Einen Vortrag zur Passage der Roten Sonne und den Auswirkungen auf die Planetenbahnen habe ich bereits 2013 auf der Bochumer Herbsttagung gehalten.[201]

---

200 http://www.spektrum.de/news/liess-planet-x-die-sonne-kippen/1426833?utm_source=zon&utm_medium=teaser&utm_content=news&utm_campaign=ZON_KOOP und http://www.caltech.edu/news/curious-tilt-sun-traced-undiscovered-planet-52710

201 http://www.boheta.de/fset_rueck2013.htm; https://www.youtube.com/watch?v=ZSdMsjEiuy8

In the time before time, in the age before the heaven and the earth were put in their places, in the age when the Ancient Ones were rulers of all that existed and did not exist, there was nought but darkness. There was no Moon. There was no Sun. No planets were there, and no stars. No grain, no tree, no plant grew. The Ancient Ones were Masters of Spaces now unknown or forgotten, and all was CHAOS.

Necronomicon, Abdul Alhazred[202]

Kataklysmen in der Menschheitsgeschichte

Die Geschichte der Vorzeit früher beginnen zu lassen und deutlich anders zu erklären als die klassische Lehre, wird seit mindestens 100 Jahren propagiert. Ein Großteil dieses alternativen Geschichtsbildes speist sich aus Mythen, die von alternativen Prähistorikern in einen Kontext mit kosmischen Ereignissen gestellt werden. Allzu oft verheddern sich naturwissenschaftliche Laien und auch studierte Historiker, die dergleichen vorschlagen, in den Fallstricken der Physik.[203, 204]

Herbeigeschwurbelte Erklärungen, Zirkelschlüsse und pseudowissenschaftliches Schwadronieren feiern fröhliche Urstände. Die Unsinnsskala ist nach oben offen, wie zum Beispiel der Blick in das Buch ‚Die Venus-Katastrophe' von Martin Heinrich[205] zeigt.

---

202 http://www.cthulu.info/

203 http://www.extremnews.com/berichte/wissenschaft/14dc11bc112bd3a

204 http://dieletztereise.tripod.com/verfaelschungderwahrheit.pdf

205 Martin Heinrich, Die Venus-Katastrophe: Wie das Sonnensystem verändert wurde; Ullstein Taschenbuch Verlag (2007).

Als seriöser Vorgänger solcher Phantasten darf der Jesuitenpater Franz Xaver Kugler[206] gelten, der nach einer Sichtung und Analyse antiker Quellen mehrere kosmische Katastrophen als Hintergrund und Ursprung einiger Mythen annahm, ausgeführt in seinem Buch „Sibyllinischer Sternkampf und Phaëton in naturgeschichtlicher Beleuchtung“.[207] Die Erkenntnisse und Ausführungen Kuglers sind – häufig ungenügend als Zitat gekennzeichnet – in stumpfsinnigen Wiederholungen bis hin zu blanken Plagiaten in die Werke wirrer und verwirrter Epigonen eingeflossen.

Kugler war Universalgelehrter, promovierte in Chemie, absolvierte außerdem ein Vollstudium in Philosophie und Theologie, und schlußendlich war er auch noch Experte für alte Sprachen. Als Assyriologe konnte er Keilschrift lesen, verfügte über ein hervorragendes Wissen in antiker Literatur, kannte sich in Mythologie aus und – entscheidend – verstand auch noch eine Menge von Astronomie. Aus diesem bemerkenswerten wissenschaftlichen Überblick heraus bewertete er und führte versprengte Zitate antiker Schriftsteller von urgeschichtlichen Ereignissen als Beschreibung und Nachweis realer Ereignisse zusammen. Angesichts seines Wissensumfangs ein schwer zu übertreffender Geniestreich, dem vielleicht die Ausführungen Hertha von Dechends das Wasser reichen können.

Wenn Kugler spekuliert, fabuliert er nicht, sondern ist stets um Beweisführung bemüht. Immer untermauert er seine Schlußfolgerungen durch Zitate aus der Primärliteratur. Wie er selber sagt, erst *„Nach vieljähriger Beschäftigung mit keilschriftlichen Quellen“* folgert er, daß die *„astralmythischen Anschauungen weder eines realen Hintergrundes noch einer gesunden Logik entbehren“*. Für einen katholischen Theologen vertraut er erstaunlich wenig auf das Wirken Gottes.

Nach diesem wissenschaftlich untadeligen Vorgehen zitiert er etwa aus den Sibyllinischen Büchern:

512 Einer glänzenden ‚Sonne‘ Drohung unter den Sternen sah ich

---

206 * 27. November 1862; † 25. Januar 1929.

207 Kugler, Franz Xaver ‚Sibyllinischer Sternkampf und Phaethon in Naturgeschichtlicher Beleuchtung‘ Aschendorffsche Verlagsbuchhandlung (1927).
Kostenfrei zu finden: http://abob.libs.uga.edu/bobk/kugler/

513 Und eines ‚Mondes' schrecklichen Zorn in Blitzen
514 Die Sterne waren kampfgebärend. Gott ließ sie kämpfen.
515 An Stelle der ‚Sonne' lange Flammen fuhren durcheinander.

Sein Zitat schließt in Wortwahl und Hintergrund erkennbar an die Zitate an, die wir im vorigen Kapitel aus der Edda und den klassischen Mythen Ägyptens und Sumers herausdestilliert hatten. In fundierter und überaus kritischer Beurteilung von Originaltexten kommt Kugler zu dem Schluß, daß in Mythen und in antiken Schriften mit astronomischem Hintergrund bzw. astronomischer Relevanz mindestens zwei außergewöhnliche kosmische Ereignisse eingeflossen sein müssen, die oft nachträglich zu einer einzigen Geschichte verwoben wurden. Für ihn – wie für uns – ist klar, hinter jedem Mythos steckt ein reales Ereignis. Wenn wir den Mythos verstehen wollen, müssen wir seinen geschichtlichen Auslöser finden.

Eine von Kugler bereits ausgegrabene und für unsere Hypothese vom Durchzug eines fremden Sterns relevante Textstelle hat der römische Astronom und Astrologe Marcus Manilius über frühere Himmelserscheinungen hinterlassen. In seinem Werk ‚Astronomica' berichtet er von einer kreisenden Bewegung der Erde, einem glühenden Stern und einer Änderung der Sternenkonstellation.[208]

In eigener deutscher Übersetzung lautet der lateinische Text:

Dem Land stützend auf festem Fundament entgleitet manchmal der Boden unter den Füßen; der Erdkreis schwimmt in sich, und Oceanus erbricht die Meeresflut, um sie gierig wieder aufzunehmen und nicht zu entbehren. Derart versanken einstmals die Städte und das Menschengeschlecht mit Deukalion als dem alleinigen Erben der Steinwelt. In der Art wie die Völker verbrannten, als Phaethon sich versuchte an den Zügeln des Vaters, fürchtete man ein Anzünden des Himmels, und (die

[208] *concutitur tellus validis compagibus haerens subducitque solum pedibus; natat orbis in ipso et vomit Oceanus pontum sitiensque resorbet nec sese ipse capit. sic quondam erserat urbes, humani generis cum solus constitit heres Deucalion scopuloque orbem possedit in uno. nec non, cum patrias Phaethon temptavit habenas, arserunt gentes timuitque incendia caelum fugeruntque novas ardentia sidera flammas atque uno metuit condi natura sepulcro.*

Menschen) flüchteten vor den unbekannten, brennenden Sternflammen und ängstigten sich, von der Natur begraben zu werden.

Aus der Mitteilung über die Veränderungen des Sternenhimmels schließt Kugler auf die Dauer des Ereignisses. Die von ihm ermittelte Zeit beträgt etwas mehr als sieben Monate, wie bereits ausgeführt, ist die in guter Übereinstimmung mit unserer Simulation (Abbildung 13). Für ihn und auch für unser Modell von Belang schließt diese lange Zeit eine extreme Nahbegegnung der Erde mit einem fremden Himmelskörper als Anlaß und Hintergrund der Mythenbildung aus. Eine wirklich nahe Begegnung zwischen einem fremden Himmelskörper und der Erde, die an die Roche Grenze[209] der Erde rührt, kann maximal eine Stunde dauern, aber nicht Monate. Des Weiteren schließt Kugler aus den Beschreibungen der Himmelsereignisse: weder kann der Lauf der Sonne als Vorlage für den Mythos gedient haben, noch kann der Mond die tradierten Vorgänge verursacht haben. Schlußendlich ist er (obwohl Altphilologe) mit seinem Latein am Ende und begnügt sich mit einer Hypothese, indem er den Mythos der stürzenden Sonne, der sich mit dem Sohn Apolls (Phaeton) verbindet, als Durchzug eines riesigen Kometen einordnet. Diese Erklärung ist erkennbar zeitgeistig und mindestens unvollständig. Denn weder erreicht ein Komet die Helligkeit der Sonne noch ist seine Masse ausreichend, den Lauf der Planeten zu stören, schon gar nicht im Sinne des verwendeten Wortes ‚kampfgebärend'. Zu seiner Entschuldigung und als Erklärung für seine falsche Hypothese ist zu bedenken, das Wissen um die Natur und Masse von Kometen und Meteoriten war zu Kuglers Zeiten so rudimentär, daß in der Rückschau seine Fehleinschätzung vertretbar wird.

Kuglers Kometenhypothese verwerfen wir, in an anderen Punkten aber schließen wir uns der Meinung Kuglers an etwa, wenn wir mehr als ein Ereignis für die beschriebenen Vorgänge und Erscheinungen, von denen die Mythen erzählen, einfordern. Wir fordern allerdings vier separate kosmische Ereignisse ein, um die Mythen in allen Aspekten mit realen Ereignissen verknüpfen zu können und um zugleich den Zustand des

209 Die Roche Grenze ist der kleinste Abstand, bei dem ein umlaufender kleinerer Himmelskörper gerade noch nicht von den Gezeitenkräften des Hauptkörpers zerrissen wird. http://www.physica.ch/docs/Himmelsmechanik%20GF.pdf

Planetensystems und die Vorgänge auf der Erde konsistent in einem übergeordneten Modell zusammenzuführen, und nicht nur zwei, wie Kugler es tat. Ursächlich zusammengehörig, werden wir für die Mythenentstehung drei zeitlich getrennte Ereignisse in Betracht ziehen, die entweder unmittelbar mit der Roten Sonne während ihrer Passage einhergingen, oder solche, die nach ihrem Verschwinden als Folge ihres Wirkens und Zerstörens eintraten.

Um unserem Anspruch Genüge zu leisten, Spekulationen durch exakte Naturwissenschaft zu Hypothesen aufzuwerten und diese durch Computersimulation zu prüfen, werden wir zwei Katastrophen der Menschheitsgeschichte von einer qualitativen Spekulation, wie wir sie aus dem Mythen herauslesen, durch mathematische Berechnung nachbilden und mithin in potentiell mögliche Szenarien überführen. (Teilweise haben wir dieses Vorhaben im bisherigen Text bereits umgesetzt, etwa als wir die Venus im Kapitel ‚Die Venusmythologie' zur Sonne erhoben haben oder mit der Einführung der Roten Sonne).

Unserem Modell zufolge erlebte die Menschheit in zeitlicher Abfolge:

1. Den Durchzug einer (massearmen) Roten Sonne (Typ: Brauner Zwerg) mit einer sie umgebenden Akkretionsscheibe. Diese Sternenpassage verursachte auf der Erde eine Klimakatastrophe, die wir als 1. Sintflut und als 1. Kataklysmus bezeichnen. Die fremde Sonne störte die zuvor hochsymmetrischen Bahnen der Planeten des Sonnensystems, indem sie diese elliptisch verformte und gegeneinander neigte.

2. Den Einschlag eines mondgroßen Asteroiden in die Venus. Die Kollision ließ den zweiten Planeten als Sonne aufgleißen, wodurch die Erdtemperatur stieg und eine Hitzeperiode, begleitet von Überschwemmungen, auftrat. Für das Leben auf der Erde eine katastrophale Nebenerscheinung aber kein Kataklysmus. Dieses Ereignis wurde im Kapitel ‚Die Venus Mythologie' bereits vorgestellt und qualitativ bewertet.

3. Den Einfang des Mondes durch die Erde. Die Verformung des Erdkörpers infolge der Nahbegegnung mit dem Mond verursachte die

große Sintflut der Bibel. Die dritte und vernichtende Sintflut, die wir als 2. Kataklysmus zählen.

4. Den Einschlag des Asteroiden Phaeton in die Nordsee, der einen Riesen-Tsunami bewirkte, der weite Teile Nordeuropas verwüstete. Wir zählen dieses Ereignis als die 4. Sintflut.

Die Menschheit erlitt nach dieser Auflistung vier Ereignisse, auf die das Merkmal ‚Sintflut' zutrifft und zwei Katastrophen, die Massensterben auslösten und den Planeten in seinen Grundfesten erschütterten.

Wie das zweite der aufgelisteten Ereignisse, das Aufgleißen der Venus, löste auch der Einschlag des Asteroiden Phaeton keinen globalen Kataklysmus aus. Da er uns jedoch zeitlich am nächsten liegt, fand er in Vermischung mit erhaltenen Berichten vorgeschichtlicher Katastrophen einen überproportionalen Widerhall in der antiken Literatur.

Die Nachricht vom Durchzug der Roten Sonne ist, wie oben bereits festgestellt, auch in den Sybillinischen Büchern festgehalten und wird von Kugler wie folgt kommentiert[210]:

> *Er ist in Wahrheit ein sonnengroßes Meteor, das drohend am Himmel aufleuchtet. Ein solches Meteor vom scheinbaren Durchmesser der Sonne oder des Mondes wurde oftmals beobachtet*. Schon die Babylonier nannten es samsu ‚Sonne'. Seine Gestalt ist aber keineswegs immer kreis- bzw. kugelförmig, sondern sehr wechselreich und gleicht nicht selten der teilweise beleuchteten Mondscheibe. Und von einem solchen ist gewiß in Vers 513ff in Rede.*
>
> ...
>
> *Dies schon wegen des Zusammenhangs mit dem Vorhergehenden; mehr noch aber wegen des folgenden „schrecklichen Zornes", der sich „in Blitzen" äußert. Der eigentliche Mond ist ein friedlicher Wanderer, der nicht blitzt und donnert. Anders der Meteor„mond"; er vermag — wie die Boliden insgemein — beides.*

Dieses Zitat ist für uns eine nochmalige, versichernde Bestätigung unserer beiden Thesen über einem früheren sonnengleichen Zustand der Venus und vom Durchzug einer Roten Sonne, wenn auch der Text die

---

[210] https://archive.org/stream/MN40024ucmf_4/MN40024ucmf_4_djvu.txt

beiden nach unserem Modell getrennten Ereignisse zu einem vermengt. Das Indiz für ein kurz zurückliegendes Aufleuchten der Venus, das wir aus ihrem aktuellen thermischen Zustand abgeleitet haben, ergibt sich aus der Nennung des Namens ‚samsu'. So nannten die Mesopotamier die Venus. Unser Modell findet trotz der kritischen Zuordnung, die zwei für uns getrennte Ereignisse in einen Topf wirft, Stützung in der Mythenerklärung Kuglers.

Kugler war und ist nicht der letzte, der sich als kompetenter Astronom mit Prähistorie und Mythen auseinandersetzte. Als befreiendes Erlebnis und hilfreich für die Überwindung, mindestens die Infragestellung, verkrusteter Weltbilder kann ich die Veröffentlichung der Vorlesung „Welt-Alter"[211] von Hertha von Dechend empfehlen. In einem Feuerwerk von Zitaten und durch Aufzeigen von Zusammenhängen läßt sie aufblitzen, welche und wie viele versteckte Nachrichten in den Schriften antiker Autoren und in den Mythen der Welt verborgen sind und nur darauf warten, entdeckt zu werden. In atemberaubendem Tempo jagt sie den Zuhörer, nun Leser, durch Zeit und Raum, kaum innehaltend zur Erläuterung oder Vertiefung brilliert sie mit ihrem schier unerschöpflichen Literatur- und Faktenwissen. Als übergeordneten Ansatz – und leider, wie mir scheint, ab und an doch mit präjudizierender Sicht – schnürt sie den Flickenteppich unterschiedlicher Mythen in einem astronomischen Modell zu einem Paket. Sie erschließt Zeiten und Dauer von Hochkulturen und Epochen aus der Korrelation mit Umwälzungen am Himmel und kommt vermittels kalendarisch astronomischer Zusammenhänge oftmals zu einer Gesamterklärung.

Vertiefte Kenntnisse in Astronomie und Naturwissenschaften sowie in Ergänzung die Ausbreitung staunenswerter etymologischer Beziehungsgeflechte erheben in ihrem Vortrag Behauptungen zu Erklärungen. Nicht ohne Seitenhiebe auf die interpretationsbestimmende klassische Lehre verficht sie ihre alternative, naturwissenschaftlich geprägte Sicht auf die Frühgeschichte, schreckt aber doch vor der Konsequenz zurück, den Paradigmenwechsel einzufordern, obwohl die angeführten Zitate und deren Interpretation es eigentlich nahelegen. Die Revolution im

[211] http://www.physik.uni-frankfurt.de/Dechend/Dateien/Weltalter%20SS%201966%20A0.html

gelehrten Weltbild durch nun eingeordnete Himmelsereignisse verweigert sie; verharrt bei der Beschreibung früherer Zustände des Firmaments, indem ihr die Bewegungen der Sternbilder während eines platonischen Jahrs[212] als Erklärung ausreichen.

Aus ihren Zitaten möchte ich eines herausgreifen, das ich in so zitierfähiger Form an keiner anderen Stelle gefunden habe.

> *Der chinesische Urkaiser Yü der Große hatte die größte Mühe, um mit dem Gestank fertig zu werden, den die Leiche des Vasallen jenes Kong-Kong verbreitete, der einstmals den Pu-chu Berg mit den Hörnern eingerannt hatte, worauf stars and planets were shifted[213], und jenes übel beleumundete gähnende Loch Yin im NW entstand (where the sky fails[214]), und es zu allem Überfluß eine Sintflut setzte.*[215]

Insbesondere an dieser Stelle kreide ich ihr das Zurückschrecken vor der Konsequenz der eigenen Worte an. Wenn das Neigen der Erdachse zur beobachteten Tatsache erhoben wird, beläßt sie es beim Zitat und verschließt sich der unvermeidbaren Schlußfolgerung.

Die gleiche Nachricht – wie im obigen Zitat aus der chinesischen Quelle – über ein Neigen der Erdachse finden wir bei einem spätgriechischen Dichter Nonnos (5. Jahrhundert n. Chr.) in seinem Werk Typhoneia. Womit wir bei einem weiteren globalen Ereignis angekommen wären, welches kulturkreisunabhängig überliefert ist. Hier die Nachricht Nonnos' in Übersetzung, zitiert aus ‚Weltalter' von Hertha von Dechend:

> *Aufruhr ergriff den Äther und brachte des heiligen Weltalls sichere Ordnung zum Wanken. Sogar die Achse des Himmels, mitten gestreckt durch den kreisenden Äther, neigte sich seitwärts.*

Das Neigen der Erdachse in geschichtlicher Zeit wirft nicht allein die gelehrte Paläogeologie, sondern auch die Paläontologie über den Haufen. Das plötzliche Neigen der Erdachse zu frühgeschichtlichen Zeiten zur

---

212 Nach einem platonischen Jahr (25.920 Jahre) kommt die Präzession der Erdachse an ihren Ausgangspunkt zurück.

213 Sterne und Planeten waren verschoben.

214 Wo kein Himmel existiert.

215 Siehe auch Auszug aus 'The Lost Civilization of Lemuria: The Rise and Fall of the World's Oldest Culture' von F. Joseph in: https://www.google.de/search?hl=de&tbo=p&tbm=bks&q=isbn:1591439493

Tatsache erhoben, erklärt jeden Kataklysmus. Was das Neigen verursacht haben könnte und welche unmittelbaren Auswirkungen damit einhergegangen sein werden, wird Gegenstand in einem Folgekapitel mit dem Titel ‚Das Kippen der Erdachse' sein. ‚Himmlische' Katastrophen, die eher das Adjektiv ‚höllisch' verdienten, haben Erde und Menschheit gebeutelt. Zivilisationen gingen unter, die Menschheit hat den Kataklysmus überlebt. Andere Spezies hatten weniger Glück. Mammut, Säbelzahntiger und das Diprotodon Australiens hat er dahingerafft.

Zur Illustration der Vielzahl antiker Überlieferungen über das Auftreten kosmischer Phänomene, die Naturkatastrophen ausgelöst haben, sei noch ein Zitat[216] von Plinius dem Älteren[217] angeführt:

> *Ein schreckliches Zeichen beobachteten die Äthiopier und Ägypter, wo Typhon damals – im nach ihm benannten Zeitalter – König war. Es hatte ein feuriges Aussehen und war gewunden wie eine Spirale und von finsterem Aussehen; es war kein richtiger Stern, sondern eher wie ein feuriger Knoten.*

Dieses von Plinius beschriebene Himmelsobjekt als normales und wiederkehrendes Himmelsphänomen einzuordnen, scheitert. Die Beschreibung ist zu wenig passend für bekannte Objekte, zumal Plinius im nachfolgenden Absatz die verheerende, feurige Erscheinung von Kometen explizit abgrenzt, indem er diesen ‚Haare' – also einen Schweif – zuweist, die dem feurigen Schreckensobjekt fehlten. Sowohl aufgrund der Beschreibung der Erscheinung wie aus der Abgrenzung zu einem Kometen drängt sich die Rote Sonne mit ihrer Akkretionsscheibe als Erklärung förmlich auf.

Die konkrete und realistische Beschreibung eines Himmelsereignisses, welches wir als den Durchzug eines fremden Sterns durch das Planetensystem deuten, ist global und wie bereits ausgefüht keineswegs auf Europa und den Nahen Osten beschränkt. Die polynesische Kosmologie stützt unser Durchzugsmodell mitsamt der Erweiterung der fremden

---

[216] https://www.hs-augsburg.de/~harsch/Chronologia/Lspost01/PliniusMaior/plm_h000.html
[217] Plinius der Ältere: * 23 oder 24 n. Chr.; † 79 beim Ausbruch des Vesuv.

Sonne um eine Akkretionsscheibe. Wieder können wir Hertha von Dechend zitieren, die – ohne eine Erklärung anzubieten – in ihrer Vorlesung dazu ausführt:

> *In Tahiti etwa ist fetiaave = a "star with a train", a comet, fetiaura, der "rote Stern" ist der Mars; Hawaiiach hokuaea bedeutet generell Planet, "wandering star". Und als Verbum haben wir auf Tahiti fetua, "to roll in succession, as the waves of the sea; hetuhetu, to roll, as the waves on the shore"; auf Hawaii meint hoku auch: "a word, a thought, something rising in the mind". Sie gewahren wohl, daß es sich bei 'aufsteigen', 'herabsinken' und dgl. um astronomische Worte handelt, die Kreisbahnen beschreiben; es ist eben ein whetu/hoku, auf den solche Verben wie whiti und heke gemünzt sind – hiti meint "the revolution of time", fetua "to roll in succession".*[218]

Nicht nur Hertha von Dechend, an diesem Text haben sich schon einige Interpreten die Zähne ausgebissen. Wirklich Sinnvolles ist nicht herausgekommen. Mit der Hypothese, die Beschreibung einer Akkretionsscheibe vor uns zu haben, löst sich das Rätsel um das, was das Zitat beschreibt, von alleine. Die Erinnerung der Polynesier hat bewahrt, was einst am Himmel zu sehen war, und sie hat uns diese bemerkenswert klare Beschreibung einer Akkretionsscheibe hinterlassen.

---

[218] Vorlesung von H. v. Dechend zu Frankfurt am Main: Polynesische Kosmologie I WS 1977-78.
http://www.physik.uni-frankfurt.de/Dechend/Dateien/Polynesische%20Kosmologie%20I%20T1.html

Men and maidens, faint and famished,
Perished in the cold and darkness,
From the absence of the sunshine,
From the absence of the moonlight.

Kalevala; RUNE XLIX

Resümee

Wir haben wieder einmal festgestellt, der Wechsel eines eingeübten Weltbildes verbunden mit einer unkonventionellen These kann Erstaunliches zutage fördern. Antike Texte, die bisher lediglich als Ideal für sprachliche Eleganz galten, weisen weit mehr auf als Poesie. Die vorgetragene inhaltliche Neuinterpretation macht sie zu Botschaften aus untergegangenen Welten. Nicht mehr die Ästhetik und Melodie des Hexameters und Pentameters ist Fundament und Kern der Werke, die Vermittlung antiker und prähistorischer Nachrichten war Anliegen und Anspruch. Die Tradierung in dichterischer Ausformulierung garantierte als Memotechnik zeitlose Unverfälschtheit mündlich weitergegebener Geschichte.

Die Dichter manch antiker Werke spannen nicht, wenn sie Mythen in Epen verewigten. Wenn wir einen realen Hintergrund des Mythos vermuten, sollten wir eine Hypothese des Urereignisses formulieren, und diese durch harte Wissenschaft auf Realitätsabbildung abklopfen. Wir plädieren dringend dafür, diese Herangehensweise zu präferieren. Nur bei völliger Ideenlosigkeit dürfen wir uns auf Kult als Erklärung zurückziehen, um hilfsweise unverstandene Mythen und die Götterwelt der Alten einzuordnen. Nehmen wir den Anspruch des Verstehenwollens ihrer Entstehung ernst, können wir Mythen der Märchenwelt entreißen und die Mythenentstehung mit realem, historischem Geschehen füllen; unter glücklichen Umständen Einzelinformationen und Nachrichten-Fragmente zu einem widerspruchsfreien und erklärenden Modell verbinden. Schlußendlich entwickeln wir durch Deduktion und nicht durch Raten eine alternative Theorie der frühen Prähistorie.

Mit diesem Anspruch, und um diesen Pfad angesichts der erreichten Konsistenz beim Zusammenführen einzelner Nachrichten zu Ende zu verfolgen, werden wir eine Simulation himmelsmechanischer Vorgänge vornehmen. Theoretische Himmelsmechanik soll die vorgestellte, alternative Sicht auf die Mythenwelt Ägyptens und Sumers erhärten. Die kataklysmischen Auswirkungen für die Erde und damit für die Menschheit ergeben sich, folgen automatisch, ohne ein separates Modell zu bemühen, als intrinsisches Abfallprodukt der Simulation.

Was verdrängt wird oder nicht bekannt ist: Das Universum ist so gefährlich, daß nur überlebt, wer in Krähwinkel lebt, und selbst dort braucht er Glück. Es muß nicht immer Sintflut sein; der Kataklysmus-Möglichkeiten gibt es viele. Eine nahe Supernova, ein gut gezielter Gammablitz und es heißt: Game over! Es braucht nicht einmal eine kosmische Ursache; die Geologie der Erde hat mehr tödliche Pfeile im Köcher, als uns lieb ist. Der Ausbruch eines Supervulkans wird die Menschheit nicht ausrotten aber ärger dezimieren als ein Atomkrieg. Manche Gefahr, die seit Menschengedenken schläft, ist vergessen oder erscheint als zu unwahrscheinlich, um bedacht zu werden. Dazu als Beispiel: Wer bedenkt das Katastrophenszenario, bei dem die Erdkruste über dem Erdmantel verrutscht? Keineswegs eine absurde Annahme. Entsteht durch Kontinentaldrift eine zu starke asymmetrische Masseverteilung in der Erdkruste, wird die ganze Kruste zur Kompensation der entstandenen Unwucht in eine neue Position gleiten. Für die Bewohner der Oberfläche neigt sich der Himmel, obwohl die Rotationsachse stabil im Raum stehen bleibt. Das Leben an der Erdoberfläche erlebt eine ungeheure Katastrophe. Infolge der Rutschbewegung wird die Kruste reißen, Vulkane werden ausbrechen, hervorquellendes Magma wird ganze Regionen begraben und die schwappenden Riesenflutwellen der Ozeanbecken werden das Land überschwemmen. Tatsächlich ist ein solches Verrutschen der Kruste in der Erdgeschichte aufgetreten: gesichert vor 800 Mio. Jahren und 525 Mio. Jahren[219], [220] – und mithin deutlich vor dem Auftreten des Menschen. Aber, was einmal passierte, kann wieder geschehen.

---

[219] http://www.scinexx.de/wissen-aktuell-5247-2006-08-28.html
[220] http://www.scinexx.de/wissen-aktuell-12095-2010-08-12.html

Katastrophen haben sich ereignet und die nächste – möglicherweise die alles Leben auslöschende – lauert schon irgendwo in den Tiefen des Weltalls oder im Inneren der Erde. Die Frage ist nicht ob, sondern wann. Der nächste Kataklysmus für unsere Welt ist unabwendbar. Mit Glück bricht ein neues Zeitalter an. Bei weniger Glück bringt es das Ende. Wir Menschen dürfen uns freuen, Eintagsfliegen im Universum zu sein. Leben wir Äonen würden wir das ganze Elend durchleiden und müßten es aushalten oder würden darin umkommen.

Mit riesenhaften Gliedern überragte er sie alle an Größe.
„Mein Kind, mein Kind!
Mein Sohn! Sonne! Sonne der Himmel!"
Bekleidet ist er mit dem Glanz von zehn Göttern, höchst stark,
Alle Schrecken sind auf ihn gehäuft.

Enuma Elish

Umwälzung des Planetensystems – 1. Kataklysmus

In vorangegangenen Kapiteln haben wir Argumente gesammelt, die auf eine prähistorische Anwesenheit von Extraterranern hinweisen, und sind auf erstaunlich Überzeugendes gestoßen. Wenn die frühere Anwesenheit klar zutage tritt, stellt sich die Frage: Warum und wann ist der Kontakt abgebrochen? Wenn wir die Erklärung einer untergegangenen Hochtechnologiezivilisation – zwar nicht irdisch, aber doch auf der Erde – schlüssig halten wollen, müssen wir etwas vorweisen, das ihr Verschwinden erklärt und das bisher nicht bedacht ist. Katastrophen wie sintflutartige Überschwemmungen durch Meteoriteneinschläge, durch Erdbeben oder Vulkane ausgelöste Tsunamis oder das Vollaufen leerer Bassins wie des Schwarzen Meeres werden klassisch als die Katastrophen angenommen, die Mythen ins Leben riefen. Jedes dieser Ereignisse ist entweder tatsächlich oder kann so aufgetreten sein. Es wäre vermessen, sie nicht zur Kenntnis zu nehmen oder zu leugnen. Festzustellen bleibt, in ihrer zeitlichen und geographischen Begrenztheit löschen solche regional begrenzten Katastrophen keine globale Zivilisation aus, insbesondere nicht, wenn diese über Hochtechnologie verfügt. Auch wenn bei den größten anzunehmenden Katastrophen, wie oben aufgeführt, hohe Opferzahlen zu beklagen sein werden, hinreichend viele werden überleben. Schlimmstenfalls kommt es zu einem Rückschlag in Wissenschaft und der technischen Entwicklung, aber einen Neuanfang werden derlei Katastrophen nicht herausfordern, das komplette Verschwinden einer interplanetaren Zivilisation schon gar nicht.

Solange wir der These treu bleiben, daß im Sonnensystem eine Zivilisation existierte, die fortgeschrittener als unsere eigene und interplanetar präsent war, müssen wir ein Ereignis denken, für das ein globaler Kataklysmus zu kurz greift. Wollen wir die Auslöschung einer interplanetaren Hochtechnologie-Zivilisation erklären, dann kommen wir erst dann zu einer konklusiven Erklärung, wenn wir eine kosmische Katastrophe in Betracht ziehen.

Die vorgestellte Passage eines fremden Sterns durch das Sonnensystem könnte die eingeforderte kosmische Katastrophe gewesen sein. In seinem Feuer wurden die inneren Planeten gegrillt, und als er sich zurückzog, existierten als Reste des fünften Planeten nur noch irrlichternde Kleinplaneten und ein Haufen Geröll. Diese aus alten Botschaften herausgelesene Hypothese wurde bis hierher nur qualitativ plausibilisiert, indem wir sie mit dem globalen Mythenkranz von der Passage der Roten Sonne in Zusammenhang gebracht haben. Mythen, Nachrichten antiker Schriftsteller und religiöse Lehren sind als Anfang gut, eine physikalische Ableitung wäre besser.

Alternative Historiker haben sich an Spekulationen, ein Kataklysmus habe das ganze Planetensystem in Mitleidenschaft gezogen, in unterschiedlicher Qualität und Detaillierung versucht. Der eingeübte Verriß dieser These als Verschwörungstheorie ist vorschnell, denn er blendet aus, daß uns mit der Himmelsmechanik ein mathematisches Instrument zur Verfügung steht, das die Verträglichkeit der kosmischen Kataklysmus-Hypothese durch Vergleich mit dem aktuellen Zustand des Planetensystems überprüfen kann. Wenn die Mythen mit der Annahme vom Durchzug einer fremden Sonne richtig interpretiert sind, müssen Auswirkungen der Störungen, ausgelöst durch diese Passage, in der Mechanik des Planetensystems konserviert vorliegen.

Schreiben wir unser Modell mit dem fort, was uns die Mythen über die fremde Sonne lehren und was wir aus physikalischer Gesetzmäßigkeit abgeleitet haben. Da wir die Masse des durchziehenden Sterns im Kapitel ‚Der andere Stern' bereits als deutlich kleiner als die Masse unserer

Sonne bestimmt hatten, werden wir das Planetensystem trotz einer Störung weitgehend in dem Zustand vorfinden, in dem es entstanden ist. Nehmen wir es anfänglich hochsymmetrisch an, müßten sich die Störungen durch die Rote Sonne in den Elliptizitäten und den Neigungen der Planetenbahnen widerspiegeln.

Um exzentrische Bahnen und Bahnneigungen aufgrund einer Störung durch eine durchziehende, schwere Masse quantitativ zu erklären, nehmen wir den Computer zur Hilfe und simulieren rechnerisch den heutigen Zustand des Planetensystems als Folge dieser Störung. Gelingt die Überführung eines anfänglich wohlgeordneten Planetensystems in den aktuellen Zustand, wäre damit zwar kein finaler Beweis für Existenz und Durchzug eines externen Störers erbracht, aber die durch unser Modell beschriebene Hypothese würde aufgewertet, indem sie als mögliche Erklärung mit der Physik vereinbar wäre. Unser Modell sowie die aus ihm gezogenen Schußfolgerungen bekämen ein festeres Fundament.

> Unter denselben Bedingungen wird ein, außerhalb der sphärischen Oberfläche befindlicher, kleiner Körper durch eine Kraft nach dem Mittelpunkte der Kugel hingezogen, welche Kraft sich umgekehrt wie das Quadrat des Abstandes des kleinen Körpers vom Mittelpunkte verhält.
>
> *Sir Isaac Newton*[221]
> *Mathematische Principien der Naturlehre*[222]

Algorithmus für himmelsmechanische Berechnungen

Ist das physikalische Gesetz bekannt und als mathematische Gleichung formuliert, löst Numerik in Verbindung mit einem Computer das ver-

221 * 25. Dezember 1642; † 31. März 1727.

222 https://de.wikisource.org/wiki/Mathematische_Principien_der_Naturlehre

trackteste Problem, – zumindest wirft Numerik die Lösung in hinreichend guter Näherung aus. Konsequenterweise waltet im Computerzeitalter die rohe Gewalt der Numerik, wo zu früheren Zeiten komplizierte Analytik regierte.

In der Himmelsmechanik finden wir in Newtons Gravitationsgesetz die gesamte Physik und Mathematik, die wir für eine numerische Berechnung von Bahnen benötigen (von relativistischen Korrekturen wollen wir absehen). Mit dem Newtonsche Gravitationsgesetz in expliziter Formulierung als Beschleunigung wechselwirkender Massen aufgeschrieben

$$\vec{a}_i = \sum_j^n \frac{G \cdot m_j}{r_{i,j}^2} \frac{\vec{r}_i - \vec{r}_j}{|\vec{r}_{i,j}|} \; ; i \neq j$$

berechnen wir für jede Masse durch Summation über alle anderen Massen die Beschleunigung eines gegebenen Himmelskörpers. G ist gleich der Gravitationskonstante (G = 6,672428·10⁻¹¹ m³/kg s²) und r_{ij} mißt den Abstand zwischen Masse i und Masse j. Die Summation der Beschleunigungen über alle wechselwirkenden Massen j liefert in Vektoraddition die Nettobeschleunigung, die die Massen mit Laufindex j auf eine gegebene Masse i ausüben.

Explizit beschrieben, funktioniert die Numerik wie folgt: Aus der Beschleunigung eines Körpers i durch die umgebenden Massen j berechnen wir für das Zeitintervall $\Delta t = t_n - t_{n-1}$ die Änderung seiner Geschwindigkeit $\vec{v}_{tn}$und seiner Position $\vec{s}_{tn}$ zum Zeitpunkt t_n zu:

$$\vec{v}_{tn} = \vec{v}_{tn-1} + \vec{a} \cdot \Delta t$$

$$\vec{s}_{tn} = \vec{s}_{tn-1} + \vec{v}_{tn} \cdot \Delta t + \frac{1}{2}\vec{a} \cdot \Delta t^2$$

Als Anfangsbedingungen sind einzusetzen: die Massen, die Positionen und die Geschwindigkeiten der Objekte. In Zeitintervallen Δt, die in den durchgeführten Rechnungen – bewegungs- und abstandsabhängig – zwischen Stunden und Bruchteilen einer Sekunde variierten, berechnen wir aus der Beschleunigung, der Vorposition und Vorgeschwindigkeit die Position und Geschwindigkeit zur Zeit $t + \Delta t$. Dieses Vorgehen ist durch iterative Wiederholung auf beliebig lange Zeiträume ausdehnbar. Allein die bei jedem Iterationsschritt sich aufsummierenden Fehler begrenzen die Berechenbarkeit von Langzeitszenarien.

Numerik kann nicht mit der Eleganz analytischer Berechnungen aufwarten, ist aber als Instrument mächtiger, indem sie z. B. analytisch schwer oder nur statistisch zu behandelnde Mehrkörperwechselwirkung so problemlos löst (richtiger annähert), wie die analytische Methode es für das Zweikörperproblem leistet. Ohne Fallstricke ist auch die Numerik nicht. Hinreichend genaue Ergebnisse erhalten wir nur, wenn der gewählte Rechenweg den sich aufsummierenden Fehler über viele Iterationsschritte klein hält. Da jede Iteration nur eine Näherung des tatsächlichen Wertes liefert, driften die Näherungswerte und wahren Werte allmählich auseinander. Die größte Herausforderung in der Numerik besteht darin, diese Drift zu minimieren oder sie zumindest für den Anwendungsfall hinreichend klein zu halten.

Um im vorliegenden Fall die Konvergenz der numerischen Berechnung zu gewährleisten, wurde in den Rechnungen nicht die vektorielle Form des Gravitationsgesetzes verwendet, sondern seine skalare Variante:

$$|a_i| = \sum_j \frac{G \cdot m_j}{{r_{i,j}}^2}; \quad i \neq j,$$

und das, obwohl für die Bahnberechnung die Kenntnis der vektoriellen Daten zwingend ist. Die Berechnung der Vektorkomponenten der Beschleunigung wurde durch einen ‚Rechentrick' verlagert. Für jede Berechnung eines Beschleunigungswertes wurde das Koordinatensystem so gedreht, daß die Massen auf der x-Koordinatenachse lagen. In dieser geometrisch vereinfachten Position ersetzt das skalare Abstandsgesetz die vektorielle Formel. Nach Berechnung der skalaren Beschleunigung wurde das zuvor gedrehten Koordinaten auf die Achsen des Hauptkoordinatensystems zurückgedreht, wobei die Rückdrehung die skalar ermittelte Beschleunigung in ihre Vektorkomponenten zerlegte. Der Rechenansatz erwies sich als so stabil, d. h. die Drift der Näherung weg vom wahren Wert blieb so klein, daß nicht nur einfache Umlaufbahnen, sondern auch Langzeiteffekte – wie etwa die Drehung der Apsiden von Plutoiden oder anderen Objekten auf exzentrischen Bahnen und selbst die Drehung des Knotens der Mondbahn – numerisch berechnet werden konnten.

Viel weiß der Weise, weit seh ich voraus
Der Welt Untergang, der Asen Fall.
Gräßlich heult Garm vor der Gnupahöhle,
Die Fessel bricht und Freki rennt.

Die Edda: Der Seherin Gesicht

Daten der Anfangsbedingungen

Als Ausgangszustand der Modellierung nehmen wir ein perfekt geordnetes Planetensystem an, auf das der hypothetische Störer, die Rote Sonne, wirkt. Bei dieser Wahl der Anfangsbedingung laufen die Planeten in einer gemeinsamen Ebene auf exakten Kreisbahnen um die Sonne. Lediglich der Bahnabstand ist freier Parameter.

Für die Simulation der Passage sind – bei Kenntnis der Massen, Positionen und Bewegungen der Körper des Sonnensystems – folgende Daten des Störers einzusetzen: seine Masse, seine Anfangsposition und seine Anfangsgeschwindigkeit. Aus den Nachrichten der Mythen haben wir einen groben Parametersatz abgeleitet. Die folgenden Ausführungen wiederholen zu einem Großteil die im Kapitel ‚Der andere Stern – 1. Kataklysmus' bereits erläuterte Parameterfestlegung. Triviale Eingrenzungen ergeben sich daraus, daß der Störer tief in das Planetensystem eindringen muß, um die Bahn Merkurs ausreichend stark zu neigen und zu der Ellipse zu strecken, deren Neigung und Exzentrizität die Merkurbahn heute gegenüber den anderen Planetenbahnen herausstellt.

Die Forderung nach diesem sonnennahen Perihel erzwingt die Anfangsbedingung, daß der Störer sich mit geringer Quergeschwindigkeit der Sonne nähert; d. h. seine anfängliche Bahnbewegung zielt in fast zentralem Stoß auf die Sonne. Aus den Bahnen der äußeren Planeten leiten wir eine weitere Anfangsbedingung ab. Da die äußeren Planeten auf kreisnahen und mit wenig unterschiedlich geneigten Bahnen um die Sonne laufen, werden in unserem Modell deren Bahnen nur schwach gestört worden sein. Diesen Befund berücksichtigen wir, indem wir den Störer hoch über der Ekliptik einfallen lassen. Den Einfallswinkel zur Ekliptik leiten wir aus den Bahnneigungen der Zwergplaneten ab, indem wir sie als Relikte der Passage des Störers auffassen. Ihre Bahnneigungen, die schwerpunktmäßig um 25° zur Ekliptik variieren, indizieren den Einfallswinkel der Roten Sonne.

Die Masse des Störers muß einerseits signifikant niedriger gewählt werden als die Sonnenmasse, da ansonsten das Planetensystem stärker in Unordnung geraten wäre, als es der Fall ist. Andererseits, um Planetenbahnen in der kurzen Zeit der Wechselwirkung zu neigen und zu Ellipsen zu verformen, muß die Masse deutlich größer angenommen werden als die eines Planeten.

Nach einigen iterativen Proberechnungen zur Auswirkung eines Störers auf die Planetenbahnen, insbesondere mit der Merkurbahn als Testbahn zur Parameterfestlegung, wurden Masse der Roten Sonne, ihre Anfangsposition und -geschwindigkeit wie folgt bestimmt:

$$M_{Rote\ Sonne} = \frac{M_{Sonne}}{37{,}52} = 27{,}9 \cdot M_{Jupiter}$$

Diese Masse entspricht der eines kleinen Braunen Zwergs[223]. Einen Stern dieser Masse ordnet die Astronomie in die Spektralklasse L mit einer Oberflächentemperatur um 2500 K ein. Relativ sonnennah finden wir in Teide 1[224] einen solchen Stern.

---

223 Die Durchmusterung des Himmels ergab eine erstaunlich große Zahl leichter Sonnen und Brauner Zwerge. Daß schwere Vagabunden zwischen den großen Sternen in die Oortsche Wolke – oder näher in das Sonnensystem eindringen, ja kürzlich eingedrungen sind, lehrt ein Objekt (Doppelstern mit 0,15 Sonnenmassen und damit circa 160mal schwerer als Jupiter), das im Jahr 2014 gefunden wurde. Durch Bahnrückrechnung wissen wir, daß der Stern vor vierzigtausend Jahren in der Oortschen Wolke gestanden hat. The Astrophysical Journal Letters Volume 800 Number 1; Eric E. Mamajek at al.; The Closest Known Flyby of a Star to the Solar System. (http://arxiv.org/pdf/1502.04655v1.pdf)

224 http://www.mpia.de/homes/joergens/ringberg2012_proc/rebolo.pdf

Bei einem Sonnenabstand von 515,9 AE (AE = astronomische Einheit) wurde die vektorielle Anfangsposition zu

$$\vec{r}_0 = (466\ ;\ 0\ ;\ 221{,}3)\ AE$$

gewählt. Dieser für die Simulation gewählte Anfangsabstand liegt um das Sechsfache jenseits des Kuipergürtels in der Oortschen Wolke.

Die Geschwindigkeit zu diesem Zeitpunkt und an dieser Position wurde iterativ solange justiert, bis der Störer den innersten Planet Merkur von einer Kreisbahn auf seine heutige Umlaufbahn warf.

Die vektorielle Geschwindigkeit an der gewählten (!) Anfangsposition wurde nahe Null zu

$$\vec{v}_0 = (0\ ;\ 32{,}01\ ;\ -27{,}6)\ m/s$$

bestimmt.

Die Festlegung dieser Anfangsbedingungen mit ihren kleinen Geschwindigkeitswerten bei gleichzeitig großer Entfernung zur Sonne zeigte die Grenzen des Simulationsmodells auf. Die winzigen Winkeländerungen bei einer derart geringen transversalen Geschwindigkeit erzwangen Zeitintervalle von mehreren Wochen, um eine Positionsverschiebung zu erhalten, die als Differenz zur Vorposition numerisch verarbeitbar wird. Die iterative Feinjustierung und die numerischen Unzulänglichkeiten im Fernbereich der Flugbahn spiegeln sich in den möglicherweise erratisch anmutenden Anfangswerten. Ohne Relevanz für das Ergebnis zu haben, verlegten wir wegen dieses rechentechnischen Problems den Startwert der Simulation in relative Sonnennähe. Für die Simulation war die Bewegung in diesem Abstandbereich ohnehin nicht relevant, für die Parameterfestlegung maßgeblich war, daß die Rote Sonne in Sonnennähe der angestrebten Bahnkurve folgte, so wie wir sie aus den Mythen herausgelesen haben.

In der Bahnsimulation taucht die Rote Sonne auf dem Hinweg flach unter der Erdbahn durch, der Rückweg verläuft weit oberhalb der Ekliptik.

In der Abbildung 11 hatten wir im Koordinatensystem der Erde den Abstand der Roten Sonne zur Erde und ihre Flugbahn im Bereich der inneren Planeten im Vorgriff bereits gezeigt.

> Von da aus bot sich mir ein Blick ins All, und herrlich schien mir's, groß und wunderbar. Sterne waren da, wie wir von unten hier sie nie gesehen, und groß, wie wir es nie geahnt. Der kleinste ihrer war's, der zuunterst an dem Himmel, zunächst den Erdbewohnern, aufleuchtete in fremdem Licht. Die anderen Sterne aber ließen in ihrer Kugelgröße der Erde Umfang bei weitem hinter sich zurück, und diese selbst, so klein nahm sie sich aus, dass ich mich unseres Weltreichs schämen musste, weil winzig wie ein Punkt nur ist, was es bedeckt.
>
> *Marcus Tullius Cicero; De Re Publica VI: Somnium Scipionis*

Weg des Störers durch das Planetensystem

Die obigen Anfangsbedingungen von Ort und Geschwindigkeit bestimmen zusammen mit der Masse der Sonne – und in vernachlässigbarem Ausmaß mit den Massen der Planeten – die Flugbahn der Roten Sonne durch das Sonnensystem. Bahnabschnitte der Flugbahn der Roten Sonne bei ihrer Annäherung an das Planetensystem und bei ihrem Wegziehen zeigen die Graphiken der Abbildung 12 in unterschiedlichen Ausschnitten und Vergrößerungen.

Unter den gewählten Anfangsbedingungen schneidet die Bahn des Störers die primordiale Ekliptik bei 2,3 AE Sonnenabstand von Norden nach Süden. (Das Koordinatensystem wurde so gewählt, daß die Planeten im Gegenuhrzeigersinn umlaufen.) Im Perihel nähert sich der Eindringling der Sonne auf 0,25 AE und durchstößt die Ekliptik noch innerhalb der Merkurbahn bei 0,33 AE wieder nach Norden.

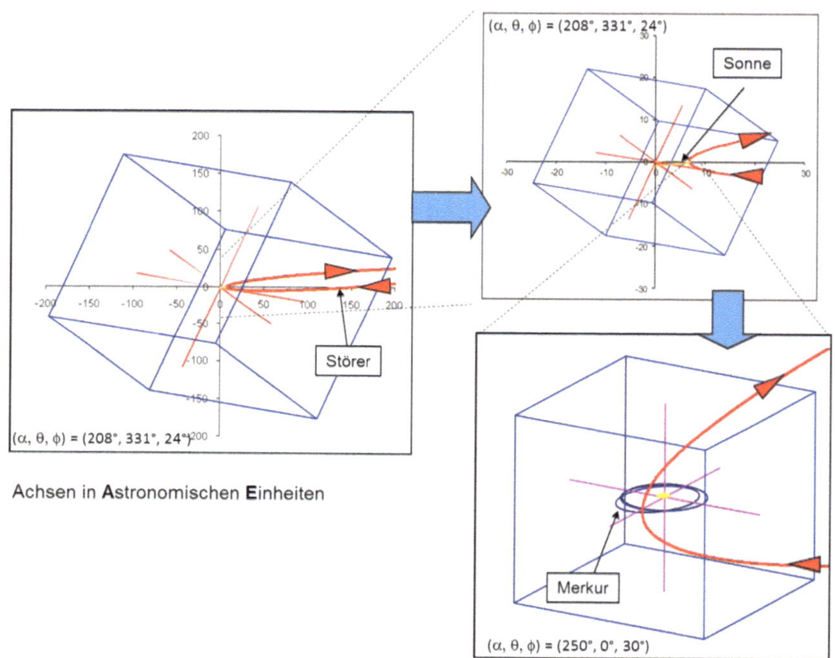

Abbildung 12
Flugbahn des Störers durch das Sonnensystem
Die wechselseitige Anziehung zwischen Roter Sonne und Heimatsonne, deren Anfangsposition und -geschwindigkeit zu Null gesetzt wurde, beschleunigt die beiden Objekte umgekehrt proportional zu ihren Massen aufeinander zu.
Die Graphik rechts oben zeigt die relative Bewegung nahe dem Perihelabstand der beiden Objekte.
Die Graphik rechts wiederholt vergrößert in anderem Maßstab und im Koordinatensystem der Sonne den Bahnabschnitt des Störers in seinem Perihel. Ebenfalls eingezeichnet ist die Bahn des Merkurs vor, während und nach der Störung. Die gekippten Würfel veranschaulichen die Lage der Bahnkurven im Raum mit der Ekliptik in der x,y-Ebene. Die Winkelangaben benennen die Euler-Winkel der jeweiligen Drehung des Koordinatensystems.

Im Perihel kommt die Rote Sonne der Heimatsonne so nah, daß der Rand ihrer Akkretionsscheibe – trotz Zerfall und Auflösung ihrer Planarität – noch an Sonnenrand heranreicht. Die Sonne weist einen Drehimpuls von etwa $1 \cdot 10^{42}$ kgm^2/s (homogene Kugel und angenommene Rotation 27 Tage) auf. Schlagen aus der zerfallenden Akkretionsscheibe auch nur 100 Mondmassen ($7{,}4 \cdot 10^{24}$ kg oder ungefähr Masse der Erde) mit 700 km/s in den Sonnenrand ein, beträgt der eingetragene Drehimpuls 0,3 % des Sonnendrehimpulses – bei unterstellter homogener Rotation. Obwohl der Wert klein erscheint, reicht er doch hin, um die heutige Achsstellung und die nach Breite und Tiefe differentiell rotierende Sonne zu erklären. Denn nicht die ganze Sonne, sondern nur eine dünne Oberflächenschale wurde geneigt, siehe hierzu auch Appendix B. Kam es zu diesem Fräsen der kosmischen Säge am Sonnenrand, würde dies eines der großen Rätsel des Sonnensystems, die schräg zu Ekliptik stehende Sonnenachse und die komplizierte Rotation des Sonnenkörpers, auflösen.

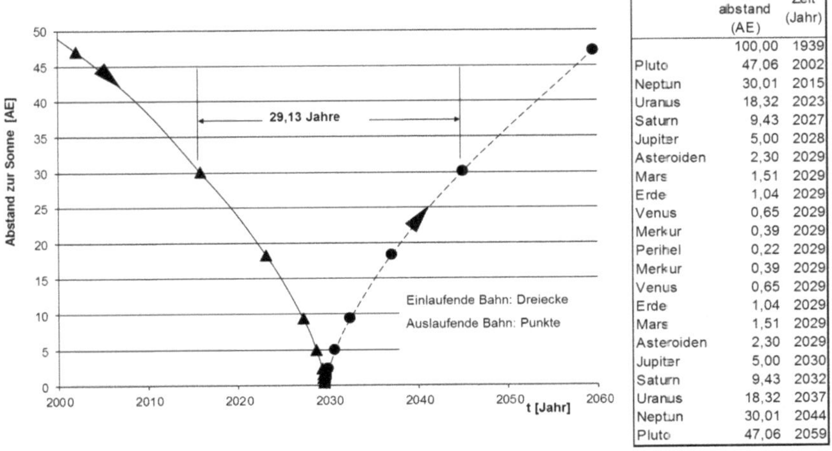

	Sonnen abstand (AE)	Zeit (Jahr)
	100,00	1939
Pluto	47,06	2002
Neptun	30,01	2015
Uranus	18,32	2023
Saturn	9,43	2027
Jupiter	5,00	2028
Asteroiden	2,30	2029
Mars	1,51	2029
Erde	1,04	2029
Venus	0,65	2029
Merkur	0,39	2029
Perihel	0,22	2029
Merkur	0,39	2029
Venus	0,65	2029
Erde	1,04	2029
Mars	1,51	2029
Asteroiden	2,30	2029
Jupiter	5,00	2030
Saturn	9,43	2032
Uranus	18,32	2037
Neptun	30,01	2044
Pluto	47,06	2059

Abbildung 13
Bahn der Roten Sonne durch das Planetensystem als Funktion der Zeit
Auf der x-Achse ist die Zeit aufgetragen, zu der der Störer (in Projektion auf die Ekliptik) den Bahnabstand des jeweiligen Planeten erreicht. Die Zeit an der Anfangsposition $s_0 = 515{,}9$ AE wurde zu $t = 0$ gesetzt. Es dauerte aus dieser Position mithin etwas länger als 2000 Jahre, bevor Rote Sonne und unsere Heimatsonne einander umschwangen.

Den zeitlichen Ablauf des Durchgangs der Roten Sonne durch das Planetensystem, quantitativ festgemacht an ihrem Kreuzen der Planetenbahnen, zeigt Abbildung 13. Die Krümmung der Kurve spiegelt den Geschwindigkeitszuwachs der Roten Sonne als Funktion ihres Abstandes zu unserer Sonne wider.

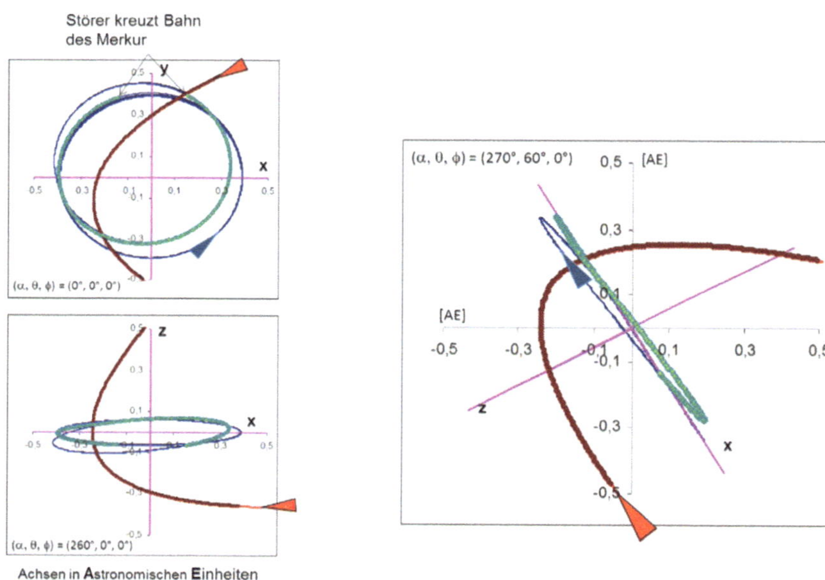

Abbildung 14
Dreidimensional animierte Darstellungen der Merkurbahn und ihrer Änderung während des Durchgangs der Roten Sonne aus unterschiedlichen Blickwinkeln
Die rot gezeichnete Kurve zeigt die Bahn des Roten Sonne. Der in grün gehaltene Teil der Merkurbahn repräsentiert die Zeit, in der die Rote Sonne sich innerhalb der ursprünglichen Bahn bewegt. Das Zahlentripel in den Einzelgraphiken gibt die Eulerschen Winkel der Drehung des Koordinatensystems an.
In Violett die Achsen des Hauptkoordinatensystems mit x- und y-Achse in der Ekliptik.

Die mit den Daten dieser Flugbahn durchgeführten Simulationsrechnungen quantifizierten die Bahnstörungen, die die Rote Sonne auf die

Bahn jedes Planeten ausübte. In den Rechnungen traten zwei weitere freie Parameter auf: Zum einen die Position des Planeten auf seiner Bahn während der Passage der Roten Sonne und zum zweiten sein Bahnradius vor der Störung. In einem iterativen Prozess wurden die Position des Planeten während der Passage des Störers und der Radius seiner primordialen Kreisbahn – möglichst wenig abweichend vom aktuellen Abstand – variiert, bis die heutige Bahn hinreichend genau approximiert war. Die relative Position des Planeten auf seiner Bahn bestimmte die Verformung seiner Bahn maßgeblich, da durch die Anfangsposition der Abstandsverlauf zum Störer und somit die gravitative Wechselwirkung festgelegt wurde.

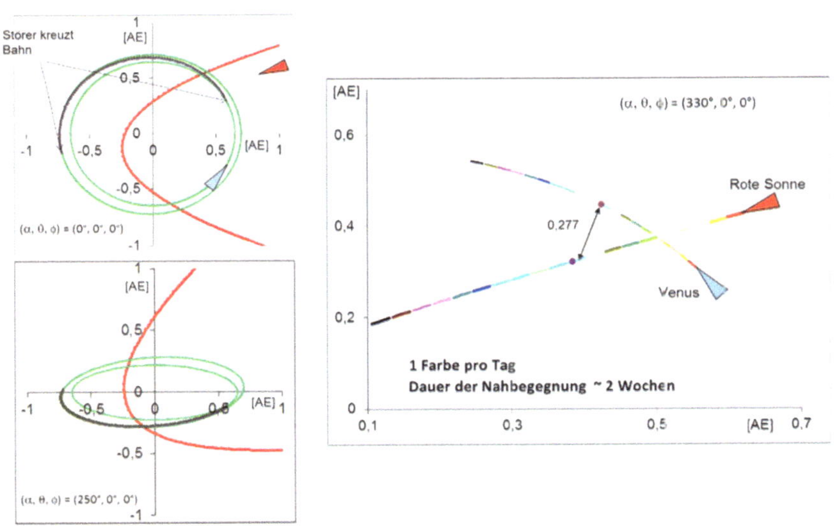

Abbildung 15

Auftragung der Simulationsergebnisse zur Störung der Venus-Bahn

Gezeigt ist in unterschiedlicher Perspektive und Vergrößerung die dreidimensional animierte Bahnkurve während des Transits der Roten Sonne (rote Kurve) im Abstandsbereich der Venus. Der kräftiger gezeichnete Teil der Kurven markiert den Teil des Weges, den die Rote Sonne innerhalb der Venusbahn zurücklegte. Die Graphik rechts zeichnet vergrößert die Nahbegegnungssituation heraus. Jede Farbe markiert die Wegabschnitte, die Venus bzw. die Rote Sonne während eines Tages zurücklegen. Die Zahl am Doppelpfeil nennt den Minimalabstand 0,277 AE, in dem die beiden Objekte sich begegnen.

Abbildung 14 illustriert, wie die Schwerkraft der Roten Sonne die angenommene Kreisbahn des innersten Planeten Merkur streckt und neigt und ihn auf seine heutige Bahn lenkt. Abbildung 15 gibt die Begegnungs-Konstellation wieder, die zur besten Anpassung einer primordial kreisförmigen Venusbahn an ihre heutige Bahn führt. Die Kreuzungskonstellation, bei der die Rote Sonne unter dem Planeten durchzieht, weitet dessen, nach Voraussetzung, kreisnahe Anfangsbahn in eine neue kreisnahe Bahn auf und hebt den Planeten um fast 5° aus der Urekliptik.

Die Nahbegegnung von Roter Sonne und Venus ist in unserem Modell nicht nur bahnstörungstechnisch eine außergewöhnliche Konstellation, sondern für jegliches Leben auf dem Planeten Venus ein absolut tödliches Ereignis. Während der Bahnkreuzung steht der Planet über einer gigantischen Herdplatte. Wenn der Planet bis dahin Leben aufgewiesen hat, es verbrennt – jede organische Verbindung auf der Südhalbkugel verkokt. Dem Todesstoß des Zwergplaneten, ausgeführt im Kapitel ‚Die Venus Mythologie', geht in diesem Szenario eine Auslöschung allen Lebens durch das Feuer der Akkretionsscheibe der Roten Sonne voraus.

Die Simulation der Störung der Roten Sonne auf die Venusbahn verdeutlicht, wie entscheidend die Planetenposition während des Durchzuges des Störers für die neu eingeschlagene Planetenbahn ist. Die aktuell kreisnahe Bahn der Venus blieb – ausgehend von einer vorherigen Kreisbahn – unter Einwirkung des angenommenen Störers am besten erhalten, wenn der Störer senkrecht unter dem Planeten durchzog.

Die unerfreulich große Anzahl der wählbaren Parameter für den Störer und seine Bahn sowie für die relative Planetenposition ist Warnung, die Simulation und ihre Ergebnisse nicht überzuinterpretieren. Andere Flugbahnen eines Störers mit einer (leicht!) anderen Masse und dann anderen Planetenpositionen können auf eine vergleichbar gute Übereinstimmung führen, wie sie im vorliegenden Fall erreicht wurde. Der frei wählbare Parameter der Bahnposition des Planeten ist größter Schwachpunkt der Analyse, da insbesondere infolge dieser Wahlfreiheit für eine vergleichbar gute Übereinstimmung zwischen Simulationsergebnis und heutigen Bahndaten die Masse und die Flugbahn eines Störers variieren können.

Mit dieser Mahnung vor Augen beweist die Simulation dennoch, ein hinreichend schwerer Störer konnte die Bahnen von Planeten, die ursprünglich auf symmetrischen und gegeneinander nicht geneigten Bahnen umliefen, in ihre heutige Gestalt überführen. Mit diesem Ergebnis wird die Forderung, einem qualitativen Modell ein argumentierbares Fundament zu geben, erreicht. Wir wissen nun, es muß nicht genau die Rote Sonne gewesen sein, aber es kann so ein oder ein so ähnlicher Stern gewesen sein. Und ein anderer Störer auf anderer Bahn ändert das Modell nicht grundsätzlich.

> ... die Sonne kannte
> ihre Säle nicht;
> die Sterne kannten
> ihre Stätte nicht;
> der Mond kannte
> seine Macht noch nicht.
>
> *Die Edda: Der Seherin Gesicht*

Planetenbahnen

In Tabelle 2 sind die primordialen Kreisbahnen eingetragen, die nach dem Kriterium bestimmt wurden, daß die Störung der Rote Sonne sie in ihre aktuellen Ellipsenbahnen überführte. Des Weiteren listet die Tabelle die durch die Simulationen berechneten Perihele und Aphele der Planetenbahnen sowie die korrespondierenden aktuellen Daten auf.

Die berechneten mittleren Bahnradien weichen maximal 0,5 % von den heutigen Werten ab. Aphel- und Perihelabstände werden von der Simulation weniger genau getroffen. Für die Perihele finden wir bei der Venus mit 2,5 % die größte Abweichung zwischen berechnetem Wert und Meßwert. Für alle anderen Planeten beträgt die Abweichung weniger als 1 %. Wie im Falle des Perihels weicht für die Venus der aus einer Urbahn berechnete Aphelabstand mit 1,6 % wieder am stärksten vom aktuellen Wert ab. Die Beibehaltung einer kreisnahen Bahn für Venus erwies sich in der Simulation der Passage der Roten Sonne als größte Herausforderung, jedenfalls solange wie wir von einer primordialen Kreisbahn ausgingen.

Die erreichte Übereinstimmung ist dennoch und insbesondere dann als exzellent zu bewerten, wenn wir die aktuelle Dynamik des Planetensystems berücksichtigen. Die Bahndaten der Planeten sind in der Tat nicht wirklich eingefroren, wenngleich die Messung der Änderungsgeschwindigkeiten in Grad pro Jahrhundert von ihrer Geringfügigkeit zeugt.[225] Über geologische Zeiträume hinweg sind diese Änderungen keineswegs vernachlässigbar.

Planet		Bahnradius [AE]	Primordiale Bahn [AE]	Perihel [AE]	Aphel [AE]	Bahnneigung [°]
Merkur	berechnet	0,39	0,39	0,31	0,47	6,1
	aktuell	0,39		0,31	0,46	7,0
Venus	berechnet	0,72	0,65	0,70	0,74	4,7
	aktuell	0,72		0,72	0,73	3,4
Erde	berechnet	1,00	1,04	0,98	1,02	1,9
	aktuell	1,00		0,98	1,02	0
Mars	berechnet	1,53	1,51	1,38	1,67	0,56
	aktuell	1,52		1,38	1,67	1,85
Asteroiden	berechnet					
	aktuell					
Jupiter	berechnet	5,21	5,00	4,95	5,46	0,73
	aktuell	5,20		4,95	5,45	1,3
Saturn	berechnet	9,54	9,43	8,99	10,08	2,4
	aktuell	9,54		9,00	10,07	2,5
Uranus	berechnet	19,18	18,32	18,29	20,07	1,6
	aktuell	19,18		18,28	20,08	0,8
Neptun	berechnet	30,05	30,01	30,52	29,57	2,1
	aktuell	30,05		30,33	29,79	1,8

Tabelle 2
Zusammenstellung primordialer, aus der hypothetischen Störung berechneter und aktueller[226] Bahndaten der Planeten

[225] http://www.ulrich-cordes.de/astro/german/kepler.htm
[226] http://nssdc.gsfc.nasa.gov/planetary/factsheet/index.html

Langzeitsimulationen mit einem chaostheoretischen Ansatz, die sich über viele Millionen Jahre erstrecken, indizieren, wie Bahnabstände, Bahnformen (Elliptizität) und Bahnneigungen in ein chaotisches Muster fallen können.[227] Wir werden in Appendix A Zweifel an dieser Vorhersage von totalem Chaos anmelden und die Zweifel auch begründen. Bei den Vorhersagen der Chaostheorie ist zudem zu bedenken, daß diese Rechnungen zu Langzeiteffekten vom heutigen (wie wir vermuten gestörten) Zustand ausgehen. In einem perfekt geordneten System wären die Veränderungen kleiner und Änderungen der Bahnneigungen würden bei einheitlicher Bahnebene aller Massen gar nicht erst auftreten.

Heym fährt von Osten,
er hebt den Schild;
im Riesenzorn
rast die Schlange.

Die Edda: Der Seherin Gesicht

Bahnneigung der Planetenbahnen

Das Vertrauen in die Realitätsabbildung und Aussagekraft der Simulation stiege, wenn sie nicht nur – die durch Wahl der Anfangs- und Randbedingungen beeinflußbaren – Bahnformen der Planeten liefern würde, sondern zugleich ihre Bahnneigungen. Da die Bahnneigung kein Kriterium bei der Ermittlung der Planetenposition für das Einschwenken auf die aktuelle Ellipsenbahn war, kämen wir zu einem Plausibilitätscheck für einen Bahnzustand, der nicht durch Simulationsannahmen präjudiziert war.

Wie schlecht die Neigung der Planetenbahnen sich mit dem Modell der Planetenentstehung aus einer Akkretionsscheibe verträgt, lehrt der Blick

[227] http://www.wissenschaft.de/archiv/-/journal_content/56/12054/1584111/Aufruhr-im-Sonnensystem

auf den Ring des Planeten Saturn. Wenn wir die Dicke und Planarität des Saturnrings (weniger als 1 km Dicke bei 1 Million km Durchmesser) als Modell für die Akkretionsscheibe wählen, aus der Sonne und Planeten hervorgingen, veranschaulicht die Übertragung dieser Verhältnisse die Problematik. Denn, war die primordiale Akkretionsscheibe der Sonne vergleichbar flach wie die Saturnringe, erwarten wir Bahnneigungen von millionstel Bogengraden – also nicht um Faktoren, sondern eine um Größenordnungen kleinere Varianz der Bahnneigungen als die, die wir heute beobachten.

Da in einem perfekt planaren System Drehmomente für ein Anheben der Bahnen aus der Ebene fehlen, können wir zudem interne Wechselwirkungen für ein späteres Entstehen der Neigungen ausschließen und müssen eine externe Störung annehmen. Gegen diese Logik hilft auch keine Chaostheorie. Die aus mechanischer Sicht vertrackte Lage hat schon große Geister zu wilden Spekulationen verleitet. Newton, Johann Heinrich Lambert und andere Wissenschaftler des 18. Jahrhunderts gingen so weit, die (Un)Ordnung der Planetenbahnen und vor allem ihre unterschiedlichen Neigungen dem Wirken Gottes zuzuschreiben und die Unordnung (!) als Gottesbeweis zu werten. Mit einem externen Störer im Rücken sind auch die Planetenbahnen für einen Gottesbeweis untauglich.

Die Prüfung der Übereinstimmung von berechneten mit den heutigen Bahnneigungen ist nicht trivial aus den Simulationsergebnissen abzulesen, sondern muß drei Effekte berücksichtigen. Erstens verändert die Wahl der Erdbahn als Referenzebene anstelle der Urekliptik den Neigungswinkel der anderen Planetenbahnen. Die Korrektur berücksichtigt, daß der Störer nicht nur die Bahn der anderen Planeten gegen die Ur-Ekliptik geneigt hat, sondern auch die Bahnebene der Erde. Da die äußeren Planeten der hoch über der Ekliptik ziehenden Roten Sonne nie nahe kamen, wurden sie nur wenig aus der Bahn gehoben, so daß ihre ohnehin kleinen Neigungen zum Großteil eine Folge der geneigten Erdbahn sein werden.

Ferner ist bei einer Analyse der Bahnneigungen der Planeten zu berücksichtigen, daß aus Sicht der nun als Referenzebene festgehaltenen Bahnebene der Erde die Bahnneigungen der anderen Planeten sich abhängig von der relativen Lage der Bahnknoten heben und senken. (Bahnknoten = Punkt, an dem die Planetenbahn infolge ihrer Neigung die Ekliptik durchstößt.) Liegen die Bahnknoten beim gleichen Winkel wird die relative Neigung minimal, sind sie um 180° gedreht wird der Winkel maximal. Die Positionen der Bahnknoten drehen sich als Folge der gravitativen Wechselwirkungen der Planeten untereinander und zusätzlich, bei den inneren Planeten (!), ein wenig aufgrund relativistischer Korrekturen im Gravitationsfeld der Sonne. (Bekannt wurde dieser Effekt, da er als Nachweis der Allgemeinen Relativitätstheorie einen klassisch unerklärlichen Rest in der Periheldrehung des Merkur vorhersagte.) Die Apsiden (= große Hauptachse der Bahnellipse) rotieren so langsam, daß ihre Änderung in Grad pro Jahrhundert angegeben wird. Über geologische Zeiträume ist auch diese Korrektur wieder nicht zu vernachlässigen.

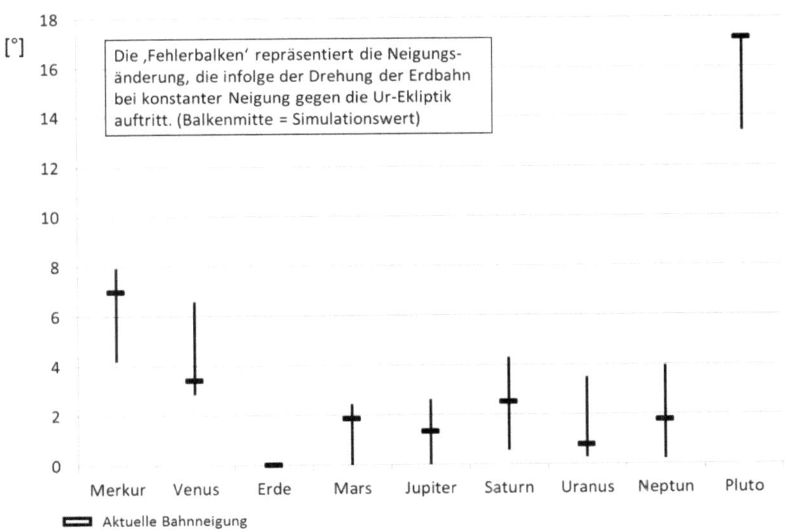

Abbildung 16
Spreizung der zeitlichen Variation der Bahnneigungen nach dem Simulationsergebnis
Die Apsidendrehung der Erdbahn bewirkt ein Taumeln der Neigungen der anderen Planetenbahnen um +/- 1,9 Grad (= Länge der senkrechten Balken).
Die fett gezeichneten horizontalen Balken repräsentieren die aktuellen Meßwerte.

Wie an den beiden Extrempositionen gerade erläutert, führt unterschiedlich schnelles Drehen der Knoten zu einer Änderung der Neigung gegen die als Referenz angenommene Ebene der Erdbahn, die sich natürlich auch dreht. Infolge der verschieden schnellen – und nicht immer gleichsinnigen – Drehungen der Apsiden taumeln die Bahnneigungen der anderen Planeten gegen die Erdbahnebene.

Ausgehend von unserem Simulationsergebnis zur Neigung der Erdbahn und allein infolge ihrer Wahl als Referenzebene heben und senken sich die Bahnen der anderen Planeten um die 1,9°, die die Erdbahn unserer Simulation zufolge durch die Rote Sonne gegenüber der Urekliptik geneigt wurde. Mit der Erdbahn als Bezugsebene schwanken die Bahnneigungen der anderen Planeten, wie quantitativ in Abbildung 16 gezeigt, somit 3,8° um den Wert, um den sie selbst aus der Urekliptik gehoben wurden. Das zeitliche Heben und Senken wird Funktion der Differenz der Winkelgeschwindigkeiten, mit der die Apsiden von Erde und Planet sich gegeneinander drehen.

Diese Betrachtungsweise ist problemvereinfachend und stellt eine untere Abschätzung dar, weil die Drehmomente, die die Planeten auf ihren geneigten Bahnen untereinander ausüben, vernachlässigt sind. An diesem Punkt hat die Chaostheorie ihre Berechtigung und ihren Auftritt. Wenn wir aber davon ausgehen, daß der Durchgang der Roten Sonne in prähistorischer Zeit, also kürzlich, erfolgte, können wir chaotische Veränderungen der Bahnparameter begründet vernachlässigen und allein die 1,9° Neigung der Erdbahn gegenüber der Ur-Ekliptik als relevant für die gemessene Bahnneigung der anderen Planeten in Betracht ziehen.

Wie Abbildung 16 ausweist, ist die Übereinstimmung der Simulationswerte mit den realen Bahnneigungen befriedigend bis gut. Wir stellen fest: Keine Bahnneigung liegt außerhalb des Intervalls, welches die Neigungsschwankung infolge der Apsidendrehungen von Erde und Planet zuläßt. Berechnen wir – etwas übermütig – aus der Geschwindigkeit der Apsidendrehungen den Zeitpunkt der Passage der Roten Sonne erhalten wir für 330.000 Jahre vor unserer Zeit eine recht gute Übereinstimmung der Simulationswerte mit dem damaligen soeben entstandenen Zustand der Bahnneigungen. Die Bahnneigungen von Merkur, Venus, Mars und Saturn werden bei dieser Rückrechnung gut getroffen. Die Neigungen der anderen Planeten weichen um bis zu 2 ° (Uranus) vom Simulationswert ab, wobei anzumerken bleibt, daß ihre relativen Apsidenrotationen vergleichsweise kurzperiodisch sind und somit bei der Rückrechnung extrem sensitiv reagieren. Bereits eine kleine Korrektur der Drehgeschwindigkeit der Apsiden würde Übereinstimmung herbeiführen.

Die Ergebnisse zu den Bahnneigungen werten das gewählte Modell, wie erhofft auf, indem die Simulation der Störung durch die gewählte Rote Sonne nicht allein die elliptischen Bahnen der Planeten erklären kann, sondern außerdem eine befriedigende Übereinstimmung mit den aktuellen Werten auch die Neigungen der Planetenbahnen liefert.

Es rauscht der alte Baum, da der Riese frei wird.
Sie bangen alle in den Banden Hels
Bevor sie Surturs Flamme verschlingt.

Die Edda: Der Seherin Gesicht

Resümee

Durch Computersimulation konnten wir die Unordnung in unserem Planetensystem in entscheidenden Aspekten, wie Form und Neigung der Planetenbahnen, als Folge einer externen Störung plausibilisieren. Das durchgerechnete Störungsmodell stellt eine Alternative zu der Erklärung dar, die chaotische Veränderungen der Bahn- und Planetenmechanik – zumindest für die inneren Planeten – für die aktuelle Situation ursächlich verantwortlich macht. Obwohl unsere Computersimulation in guter bis sehr guter Übereinstimmung aus einem hochgeordneten Planetensystem das aktuelle System ableitet, können wir auf Basis der Rechnungen allein nicht die Richtigkeit des gewählten Modells behaupten, da die Anzahl der freien Parameter und der wählbaren Anfangsbedingungen für diesen Schluß zu groß ist.

Ein alternatives Szenario ergibt sich, wenn wir statt der gewählten Roten Sonne einen kleineren Braunen Zwerg oder Riesenplaneten mit extrem langer Umlaufzeit annehmen. Die Passage eines solchen Störers könnte wiederkehrend Kataklysmen in der Erdgeschichte verursacht haben. Unerklärbar würde der Mythenkranz, der von einem feurigen Rad berichtet, da die Akkretionsscheibe eines kleinen Sterns den Durchzug durch das Sonnensystem nicht übersteht. Eine Wiederholung der dramatischen Ereignisse bei mehreren Passagen ist ausgeschlossen. Wir haben somit für unsere Simulation ein Modell gewählt, das die Mythen und den Zustand des Planetensystems zu einem widerspruchsfreien Bild zusammenführt.

In der Astronomie sind Braune Zwerge eine schwer faßbare Größe. Da sie als insolierte Objekte extrem schwer aufzuspüren sind, kann ihre Anzahl nur abgeschätzt werden. Noch am ehesten zu finden sind sie als Begleiter einer größeren Sonne, da dessen Position während ihres Umlaufs vor dem Hintergrund wackelt. Obwohl ein Brauner Zwerg sehr kleiner Masse und extrem nahe zur Sonne derzeit nicht bekannt ist, schließen die Schwierigkeiten, ein solches Objekt aufzuspüren, das gewählte Modell nicht aus.

Daß Leichtgewichte zwischen den Sternen der Sonne nahe gekommen sind, wissen wir seit Ende 2013. Der Potsdamer Astronom Ralf-Dieter Scholz fand mit dem Objekt WISE J072003.20-084651.2 (Doppelstern mit 0,15 Sonnenmassen und damit circa 160mal schwerer als Jupiter) einen Stern, der der Sonne einst näher stand als irgendeine andere bekannte Sonne. Die Bahnrückrechnung[228] verortet ihn – im Rahmen der Fehlertoleranz bei der Positionsbestimmung, der gemessenen Geschwindigkeit und infolge unbekannt störender Schwerkraftfelder – vor siebzigtausend Jahren in einem Abstand von 52.000 AE zur Sonne. Der Abstand blieb mithin groß, lag aber schon deutlich innerhalb der Oortschen Wolke, die sich (vermutlich) bis 100.000 AE in den Weltraum dehnt. Dieser Stern und die Besonderheit seiner ‚kürzlichen' Nahbegegnung mit der Sonne blieb so lange unentdeckt, weil er wegen seiner geringen

[228] The Astrophysical Journal Letters Volume 800 Number 1; Eric E. Mamajek at al.; The Closest Known Flyby of a Star to the Solar System. (http://arxiv.org/pdf/1502.04655v1.pdf)

scheinbaren Helligkeit (mehr als hundertmal lichtschwächer als Pluto) unauffällig war und seine Entfernung von 20 Lichtjahren prima vista nicht für eine Nahbegegnung vor kurzer Zeit sprach.

Völlig anders als unsere hypothetische Rote Sonne weist WISE J072003.20-084651.2 eine sehr hohe Geschwindigkeit relativ zur Sonne auf. Die Geschwindigkeit ist den Messungen zufolge dominant radial zur Sonne gerichtet (die Radialkomponente beträgt 83,1 bei einer Gesamtgeschwindigkeit von 83,2 km/s). Die Rote Sonne hatten wir mit einer geringen Radialgeschwindigkeit vergleichsweise eher als Sonnenbegleiter denn als kreuzenden, unabhängigen Stern angenommen.

Obwohl Scholz' Stern der rückgerechneten Bahn zufolge das Sonnensystem nur streifte, war es naheliegend zu berechnen, welche Auswirkungen eine hypothetische sehr enge Passage von WISE J072003.20-084651.2 für das Planetensystem gehabt haben könnte. Für die Simulation sind in diesem Fall die Begegnungsdaten Geschwindigkeit und Masse bekannt; als Einfallswinkel wurde der Wert der Roten Sonne übernommen.

Die Simulation zeigt, der fremde Stern schießt mit wenig Ablenkung auf nahezu geradem Weg durch das Sonnensystem. Die enge Begegnung von Sonne und Scholz' Stern beschleunigt im durchgerechneten Szenario das ganze Sonnensystem, ohne die Bahnen und Bahnneigungen der Planeten übermäßig zu verändern. Das Planetensystem erweist sich gegen diese Art der Störung als erstaunlich stabil. Wie Abbildung 17 zeigt, verändert es sich selbst bei einer Passage des Eindringlings innerhalb des Abstandes der Jupiterbahn kaum.

In einem Hauptkoordinatensystem mit der anfänglichen Sonnenposition im Ursprung scheinen die Planeten sich nach der Passage des Störers auf Schraubenlinien zu bewegen mit der Sonne in der Achse dieser Spirale. Eine Auftragung der Planetenbewegungen im mitbewegten Sonnenkoordinatensystem korrigiert dieses Bild scheinbarer Kompliziertheit. Trotz der Störung bleiben die Kreisbahnen der Planeten und selbst die Bahnneigungen, wie beispielhaft in Abbildung 17 D) gezeigt, in guter Näherung erhalten.

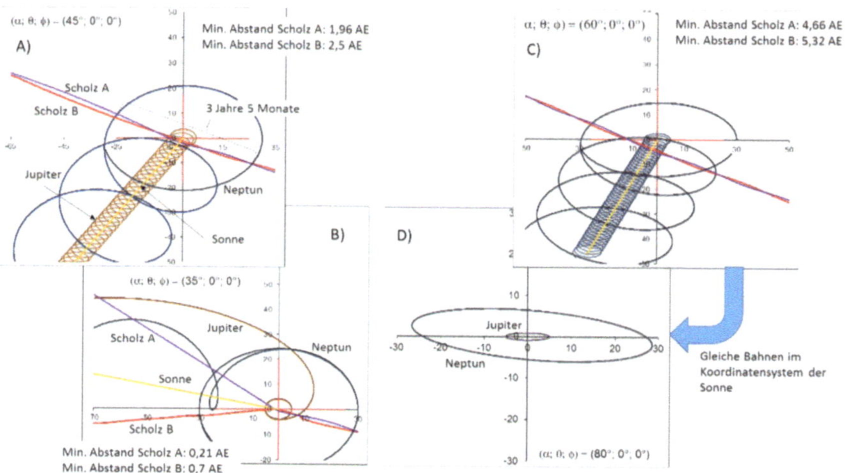

Abbildung 17
Simulation einer Passage des Objektes WISE J072003.20-084651.2[229] durch das innere Planetensystem
Drei bespielhaft berechnete Bahnkurven einer hypothetischen Passage des Scholz'schen Doppelsterns durch das Zentrum des Planetensystems, Die Daten der Nahbegegnung sind in den jeweiligen Diagrammen eingetragen.
Bei einem 100 % zentralen Stoß (Graphik B) reißen sich die beiden Sonnen voneinander los und ein signifikanter Impuls wird auf unsere Sonne übertragen. In dieser Konstellation zerfällt das Planetensystem, obwohl nur ein vergleichsweise kleiner Stern durchzieht.
Die Schraubenlinien im ruhenden Koordinatensystem führen im mitgeführten Koordinatensystem der Sonne auf nur marginal geneigte Bahnen. In der Simulation der beiden Graphiken C und D streift die fremde Doppelsonne die Jupiterumlaufbahn, hebt dessen Bahn aber nur um 0,3° aus der Urbahn. Tiefer liegende Planetenbahnen werden nochmals schwächer verformt.

Das Planetensystem fällt allerdings ins Chaos, wenn die Sonnen des Doppelsterns die Sonne in die Zange nehmen und in dieser Konstellation durch die Gravitation der Sonne voneinander losgerissen werden. Der mit dieser Extrembegegnung einhergehende Drehimpulsübertrag

[229] Daten.des Scholz'schen Doppelsterns:
Scholz A: 86 Jupitermassen (einsetzende Kernverschmelzung),
Scholz B: 65 Jupitermassen (keine bis extrem geringe Kernverschmelzung).
Die beiden Sterne umkreisen einander in 0,8 AE Abstand.

beschleunigt die Sonne so heftig, daß ihr die Planeten nur verzögert folgen, siehe Abbildung 17 B), und das primordiale Planetensystem bis zur Unkenntlichkeit zerstört wird. Die ursprünglichen Kreisbahnen der Gasplaneten werden zu langgestreckte Ellipsen verformt.

Die schnell laufende Sonne WISE J072003.20-084651.2 durchquert das Planetensystem (Neptunbahn → Neptunbahn) in etwas mehr als drei Jahren, während die Rote Sonne aus ihrem Fast-Stillstand in der Anfangsposition – gut 500 AE entfernt von der Sonne – für den gleichen Weg im Planetensystem fast die zehnfache Zeit benötigt.

Als Fazit diese Rechnungen halten wir fest: Die Ergebnisse der Berechnungen zu einer solch hypothetischen engen Begegnung von Scholz' Stern mit der Sonne sind unvereinbar mit den Nachrichten der Mythen. Weder kann der Durchzug die aktuellen Bahnformen noch die Bahnneigungen der Planeten erklären. So hätte Scholz' Stern bei einem Durchgang durch das Innerste des Sonnensystems genau gegenteilig zur aktuellen Situation die Bahnen der äußeren Planeten stärker geneigt als die der inneren. Die Neigungen und Kreisbahnen der Gesteinsplaneten hätten sich in einem überlebenden Planetensystem sogar kaum geändert.

Trotz der Unvereinbarkeit in Scholz' Stern den Störer der Planetenbahnen und Auslöser der Kataklysmen entdeckt zu haben, können wir dem Scholz'schen Stern in unserem Modell eine Schlüsselrolle übertragen. Er könnte der Störer gewesen sein, der einen entfernten Sonnenbegleiter aus seiner Bahn warf und der den dunklen Riesen zum Sternkometen, zur Roten Sonne, verwandelte.

Die späte Entdeckung des Scholz'schen Sterns und die Aufdeckung seiner nahen Passage beweisen, daß es keineswegs ein finales Gegenargument zu unserem Modell bedeutet, wenn auf das Fehlen des einzufordernden Braunen Zwergs verwiesen wird. Er ist einfach noch nicht gefunden! Schon in einigen tausend AE Abstand, bei geringer Differenzgeschwindigkeit zur Sonne und mit dem Schrumpfen durch Eigengravitation als einziger Energiequelle könnte die Rote Sonne weiterhin der in Mythen als Nibiru benannte Planet sein, der sich heute in der Hintergrundhelligkeit des Weltalls versteckt.

Um Konsistenz zwischen Mythen und physikalischer Simulation des Zustandes des Planetensystems zu erreichen, war ein leichter, langsam einfallender und sehr junger Stern die verträglichste Wahl. Nur ein solch junger Stern kann mit seiner Akkretionsscheibe die optischen Effekte hervorrufen, die die Mythen beschreiben. Neben den optischen Effekten kann die aus den Mythen herausgelesene Zerschlagung des fünften Planeten, wenn wir die Wahrscheinlichkeit eines Aufeinanderprallens berücksichtigen, plausibel nur eine ausgedehnte Akkretionsscheibe verursacht haben. Falls die Rote Sonne als kosmische Säge durch das Planetensystem fuhr, erklärt dies – zusätzlich zur Übereinstimmung mit den Nachrichten der Mythen – die Entstehung des Asteroidengürtels, die Morphologie der Asteroiden und ihre chemische Unterschiedlichkeit. Diesem Thema und der Stichhaltigkeit unseres Zerschlagungsszenarios werden wir uns noch intensiv im nächsten Kapitel ‚Der verlorene Planet' widmen.

Der Untergang Tiamats löst umfänglich Rätsel der Planetologie, und insbesondere erklärt dieses Modell das erneute Auftreten massereicher Bahnkreuzer. Die Riesentrümmer des vernichteten Planeten gestalten das Planetensystem nahe zur Jetztzeit innerhalb kurzer Zeit um. Die Folgen gewaltiger Asteroideneinschläge prägen seither – und nicht zu Urzeiten, wie die klassische Lehre es vorsichtshalber annimmt, – die Mechanik, das Klima und die Geologie der inneren Planeten. Die Zerschlagung des fünften Planeten erklärt zudem, wie die großen Planeten zu ihren so unterschiedlichen Monden kamen, deren morphologische, chemische und physikalische Vielfalt werden wir in folgenden Kapiteln ursächlich dem Aufbau des zerschlagenen Planeten zuordnen.

In seiner Fortschreibung kommen wir mit dem vorgeschlagenen Modell der Beschreibung des Zustandes des Planetensystems und seiner Objekte einer Theorie ‚Für Alles' bemerkenswert nah. Nahe, nicht im Sinne von bewiesen, aber von möglich.

Es breitete der Herr sein Netz aus, fing sie darin,
Er ließ vor ihr los den schlimmen Wind, den er aufbewahrt hatte.

Enuma Elish

Der verlorene Planet

Bereits im Kapitel ‚Der andere Stern – 1. Kataklysmus' hatten wir auf den Mythos um den babylonischen Gott Marduk verwiesen und angemerkt, daß die ihn umrankenden Mythen ihn in die Nähe des ägyptischen Gottes Ra rücken, ihn zu seinem Pendant machen. Im babylonischen Schöpfungsmythus Enuma Elish[230] wagt Marduk als einziger der Götter den Kampf mit dem Drachen Tiamat. In seinem Kampf mit dem Himmelsdrachen erkennen wir das gleiche Motiv, auf das wir bei der Nachtreise des ägyptischen Sonnengottes Ra stoßen. So wie Ra die Schlange Apophis tötet, tötet Marduk den Himmelsdrachen Tiamat. Die ägyptischen Priester schufen einen Mythos, in dem ein einmaliges Ereignis in eine tägliche – unsichtbare – Wiederholung umgedeutet wurde. Die Babylonier haben uns mit dem Epos Enuma Elish und seinem Bericht über den Kampf zweier Gestirne ein Himmelsereignis konkreter hinterlassen als die Ägypter mit der verklausulierten Nachtreise ihres Gottes. In unserem Modell bildet die Zerschlagung des fünften Planeten, Tiamat, durch die Akkretionsscheibe der Roten Sonne den Hintergrund der Mythen um den Kampf der Götter mit einem Drachen. Beide, Marduk wie Ra repräsentieren die Rote Sonne. Der verlorene Planet Tiamat gibt in diesem Schauspiel den Drachen.

Wie Aristoteles schreibt, verstanden die Alten die Planeten, den Mond und die Sonne als Götter, womit er ein historisches und nachhaltiges Götterverständnis formuliert, dem wir schon in Sumer begegnen. Das

---

[230] Der Text wurde fast vollständig in der zerstörten Bibliothek Ashurbanipals (assyrischer König 668 - 627 v. Chr.) bei der Ausgrabung Ninives durch Austen Henry Layard (ab 1849) gefunden. Der Schutt einer Brandschatzung erwies sich über mehr als zwei Jahrtausende als ein außergewöhnlicher aber extrem sicherer Aufbewahrungsort.

gewaltige Spektakel, das den Himmel beherrschte, als die Akkretionsscheibe der Roten Sonne den Planeten Tiamat zerschlug, fügt sich in dieses Götterverständnis ein. Es erhob den babylonischen Marduk wie den ägyptischen Ra über die anderen Götter, da ihr gewaltiges Erscheinen alles Bekannte nach Größe und Helligkeit in den Schatten stellte. Der Untergang eines Planeten – bzw. der Tod einer Göttin, wie die Alten das Ereignis verstanden – krempelte den bestehenden Götterhimmel um, konsequenterweise gehören Ra wie auch Marduk nicht zur ersten Göttergeneration. Wenn Marduk nach gewonnenem Kampf die Erde erschafft, die doch vorher bereits existierte, ist die Übertreibung der Bedeutung und Leistung dieses Gottes in den Mythen nur verstehbar als Folge einer erlebten Zäsur in der Geschichte. Wie die Mythologie der Babylonier und der Ragnarök der Germanen verbinden auch die Maya mit dem Erscheinen von Bolon-ti-ku den Beginn des neuen Zeitalters der neun Götter[231], von dem das Chilam Balam[232] berichtet. In der widersprüchlichen Mythologie der Ägypter geht in einer Version der Schöpfergott Ptah dem Gott Ra voraus. Durchgängig löst in allen Mythen ein Himmelsereignis die Zeitenwende aus. Auffällig finden wir weitere Sageninhalte gemeinsam, etwa bei der Erschaffung der Welt. In der Edda ist es nicht der Körper Tiamats, sondern der Körper des Riesen Ymir, aus dem die Götter die Welt formen.

Mit dem Vernichtungswerk, der Zerschlagung Tiamats, werden Ra (und Marduk) im Asteroidengürtel in einer plötzlich aufflammenden Roten Sonne geboren. Gewaltiger als das Aufgleißen der Venus bei ihrer Kollision mit einem Riesenasteroiden wird die Zerschlagung des Planeten Tiamat den Himmel beherrscht haben. Eine riesig ausgedehnte, glühende Wolke, zerschnitten von einer nochmals größeren Scheibe, stand plötzlich dort, wo zuvor ein heller Punkt geblinkt hatte. In die Glutwolke schlug der rasende Zyklon Marduks, sprich der Akkretionsscheibe, die bis dahin dunkel, bestenfalls schwach geleuchtet hatte. Angestrahlt durch die gleißenden Trümmer der Planetenexplosion und durch die

---

[231] *“Y fueron cogidos los Trece dioses por los Nueve dioses.”* Siehe dazu auch die Erläuterung in der spanischen Übersetzung: „*Este es el relato de la formidable batalla entre Oxlahun-ti-Ku (Trece dioses) y Bolon-ti-ku (Nueve dioses), resultado de la cual fue la creación del mundo.*“

[232] http://www.pueblosindigenaspcn.net/biblioteca/literatura-indigena/doc_view/135-los-libros-de-chilam-balam-de-chumayel.html

Störung quertreibender Boliden zum Himmelsdrachen angefacht, zog die Akkretionsscheibe Richtung Sonne und somit auch Richtung Erde. In diesem kosmischen Feuerorkan wurden Ra und Marduk als die neuen Großgötter geboren.

Die Kollision mit dem fünften Planeten legte mächtig Feuer an eine bis dahin kühle Akkretionsscheibe, die gerade erst infolge der Gravitationsstörung durch die Sonne aus ihrem Dunkel erwacht war. Optisch vorbereitet durch die Lichtblitze kleinerer Einschläge und den Sprühregen von Staubmeteoren traf ein Planetesimal der Akkretionsscheibe Tiamat. Im Lichtblitz der Kollision zerbarst der Planet, glühten und gleißten seine Trümmer. Der sich ausdehnende Planetenschutt verwandelte die ruhige Akkretionsscheibe in den mythischen Feuerdrachen. In der Erzählung des Enuma Elish fährt der schlimme Wind Marduks in den aufgerissenen Rachen Tiamats, in der Realität hämmerte die Akkretionsscheibe in eine Trümmerwolke, zerhackte sie weiter und verstreute sie in den Weltraum. Nach dem Abziehen der Roten Sonne zog aus Sicht der Erde dort, wo früher der helle fünfte Planet geprangt hatte, eine zerfallende Feuerspur einen kosmischen Kondensstreifen, in dem die Alten Kleingötter erkannten. 300 setzte Marduk als Wächter in den Himmel. Später herrschte Leere, ein Planet fehlte. Die Göttin Tiamat war verschwunden – tot. Statt eines blinkenden Planeten näherte sich von ihrem früheren Himmelsstandort ein in Flammen geborener Gott, der nicht als Planet, sondern als Feuerrad am Himmel stand. Abhängig von der Position des Beobachters strahlte er zeitversetzt zur Sonne, machte in Opposition stehend die Nacht zum Tag.

Der Untergang des fünften Planeten in der Akkretionsscheibe der Roten Sonne bringt unser Modell der Sternenpassage in Übereinstimmung mit den Nachrichten der Mythen, mit Ereignissen, die wir als Folgen dieses Ereignisses noch einordnen werden, und mit dem Zustand, in dem wir heute das Planetensystem antreffen.

Die Existenz einer Akkretionsscheibe statt eines einzelnen schweren Körpers löst Widersprüche auf, die frühere Protagonisten einer Untergangs-Theorie verwirrten, wenn sie den Asteroidengürtel als Reste eines untergegangenen Planeten erklärten. Ohne Akkretionsscheibe hätte ein durchziehender Stern mit dem Planeten kollidieren müssen, um ihn zu vernichten. Die Forderung nach einer so engen Nahbegegnung krankt an ihrer Unwahrscheinlichkeit. Außerdem hadert ein solches Szenario grundsätzlich mit der Physik. Wäre es zu einer Begegnung gekommen, die die Massen unter dem Abstand der Roche-Grenze zusammengeführt hätte, gäbe es keinen Asteroidengürtel. Der Verlust kinetischer Bewegungsenergie, der mit einem Fastzusammenstoß an der Roche-Grenze einhergegangen wäre, hätte kein Fragment dem Schwerkraftgriff der Roten Sonne entkommen lassen. Bestenfalls wären eng umlaufende Trabanten und Ringe um das gravitative Schwergewicht entstanden, aber es wären keine großen Trümmer auf unabhängige Bahnen gelangt.

Die Einführung einer Akkretionsscheibe heilt die Defizite der einfachen Zerschlagungstheorie. Die Wahrscheinlichkeit der Kollision eines Planeten mit der ausgedehnten Akkretionsscheibe liegt um Größenordnungen höher als die einer direkten Kollision zweier, in Relation zu den Abmessungen des Planetensystems, winziger Kugeln. Bei einer Ausdehnung von einigen astronomischen Einheiten zieht die Akkretionsscheibe wie eine kosmische Säge durch den Raum, zerschmetternd, was sich ihr in den Weg stellt. Gerät ein Planet in ihr weites Netz, wird sie ihn zersprengen, spätestens dann, wenn ein hinreichend großes Planetesimal in den Planeten einschlägt. Einmal zerschlagen, treibt die Mühle der Akkretionsscheibe die Planetentrümmer auseinander und verhindert ihre Reaggregation.

Im Modell der Akkretionsscheibe halten die beiden Massenschwerpunkte (Tiamat und Rote Sonne) einen Abstand, der nicht zum Einfang der Planetentrümmer durch die Rote Sonne führt und der in seiner Störwirkung noch verträglich ist mit den heutigen Asteroidenbahnen und mit anderen Auswirkungen und Zuständen, die wir im Planetensystem vorfinden und die wir auf die Zerschlagung Tiamats zurückführen.

Die Sprengung trieb die Fragmente des Planeten auseinander, die überlagernden Schwerkräfte zweier Sonnen, der anhaltende Zusammenstoß mit Akkretionsscheibenmaterial und schließlich noch Nahbegegnungen und Stöße der Fragmente untereinander führten jeden Trümmer auf eine andere Bahn, so daß am Ende nur ein geringer Teil der Planetentrümmer nahe der früheren Bahn Tiamats verharrte.

In den großen Fragmenten, die die Schwerkraft der Roten Sonne auf elliptische Bahnen warf, entdecken wir die Monde der Gasplaneten und zugleich die Herkunft der Zwergplaneten, die wir einforderten, um die Mechanik – vor allem die Schiefstellung der Achsen der inneren Planeten – als Folge von gewaltigen Kollisionen zu erklären. Die vagabundierenden Riesen sind verschwunden, untergegangen in Kollisionen, eingefangen zu Monden oder von den Gasriesen aus dem Planetensystem gefegt; der Asteroiden-Kleinschrott fliegt uns noch heute um die Ohren.

Im Abstandsbereich der Gesteinsplaneten greift die Schwerkraft der Sonne immer stärker in die Akkretionsscheibe der kleinen Roten Sonne, wodurch das ruhige Kreisen von Gas, Staub und der massiven Plantesimalen instabil wird. Beginnend am äußeren Rand pflanzen sich die Störungen nach Innen fort. Kreisbahnen verformen sich zu Ellipsen, Bahnen heben sich aus der Ebene. Die Akkretionsscheibe verliert ihre Planarität. Die zuvor gemächliche Bildung von Planeten durch langsame Agglomeration von Akkretionsmaterial wandelt sich zum Orkan kollidierender Massen. An den Rändern zerfallend sinkt die Scheibe in sich zusammen. Freiwerdende Gravitationsenergie und die kinetische Energie der Stöße heizen sie auf Rotglut. Lichtblitze zucken aus der Scheibe, wenn größere Massen aufeinanderstoßen und ihre kinetische Energie sich beim Zusammenstoß entlädt. Die anfangs flache Scheibe verknotet sich im wachsenden Feld der Sonne sukzessive zu einem Feuerball, den die Sonnengravitation vom Rand her zerreißt.

Wie unsere Computersimulationen ergeben, hat die Sonne die Akkretionsscheibe der Roten Sonne bei ihrem Durchgang durch den sonnennächsten Punkt bis auf einen inneren Kranz aufgelöst. Fast gänzlich zerstört ist ihre Flachheit. Auch innen kreisende Objekte, die beim Umschwingen der Sonne an die Rote Sonne gebunden bleiben, werden aus der Scheibenebene gehoben und zu einem Bahnwirrwarr verknotet. Lediglich der allerinnerste Wirbel (< 0,1 AE) erhält den Scheibencharakter. Wegen geschrumpfter Größe, gefallener Dichte – im Vergleich zur ursprünglichen Akkretionsscheibe – und abnehmender Störung durch die schwere Sonne büßt die thermisch und optisch dominierende Akkretionsscheibe und damit der ganze wegziehende Stern rasch an Helligkeit ein.

Welche Kräfte in der Überlappungszone der Gravitation der beiden Sonnen walten, lehren unsere Bahnsimulationen zu Trabanten der Roten Sonne. Ob ein Objekt sich losreißt oder als Trabant der Roten Sonne treu bleibt, hängt in komplizierter Weise von einer Vielzahl von Parametern ab. Neben dem Abstand zur Roten Sonne kommt der Phase, die der Trabant bei Annäherung an die Sonne auf seiner Bahn um die Rote Sonne einnimmt, entscheidende Bedeutung zu. Die Position auf seiner Umlaufbahn bestimmt, ob der Kraftgradient der Sonnengravitation ausreicht, das Objekt vom Heimatstern loszureißen – oder eben nicht. Bleibt der Gradient klein, folgt der Trabant auch in Sonnennähe und bei betragsmäßig dominierender Sonnengravitation weiterhin der Roten Sonne.

Die Simulationen indizieren grob, daß Trabanten, die die Rote Sonne in weniger als 0,5 AE Abstand umkreisen, bei günstiger Konstellation (!) an sie gebunden bleiben können. In diesem Befund zeigt sich das generell zu beobachtende Beharrungsvermögen, das Objekte bevorzugt ihren ursprünglichen Weg verfolgen läßt. Obwohl die beiden Sonnen einander auf 0,3 AE nahe kommen, und die Sonne über 37mal schwerer ist als die Rote Sonne, schafft der Gravitationskoloß es nicht, ein als Beispiel gewähltes Objekt, das anfangs in 0,3 AE Abstand umläuft, von der Roten Sonne loszureißen.

Abbildung 18 zeigt die Bahnen von drei Objekten, die die Rote Sonne in 0,3, 0,6 und 1,1 AE Abstand umkreisen. Für die drei ausgewählten Objekte, illustriert die Abbildung, wie sich ihre Bahnen (bei Vernachlässigung von Wechselwirkungen und Stößen innerhalb der Akkretionsscheibe!) allein als Folge der Schwerkraftüberlappung der beiden Sonnen verändern und bei welchem Abstand die Sonne sie ihrer roten Muttersonne entführt.

In der Bahnsimulation lösen sich die Trabanten bei einem Abstand zwischen 7 und 3 AE zur Sonne von ihrem Muttergestirn. Der äußere der drei im Beispiel gewählten Trabanten reißt sich erwartungsgemäß am frühesten los und umrundet aufgrund der mitgetragenen Geschwindigkeit die Sonne sogar retrograd. Seine Bahn illustriert, welche Rolle die Phase (Bahnposition beim Losreißen) für die weitere Flugbahn hat. Den Trabanten mit mittlerem Abstand entführt die Sonne ebenfalls endgültig seinem Stern. Im gewählten Fallbeispiel beobachten wir eine außergewöhnliche Bahn, die nach Umrunden der Sonne nochmals die Bahn der Roten Sonne tangiert. Diese Wechselwirkung bremst den Trabanten soweit ab, daß er bei 38 AE sein Aphel zur Sonne erreicht und eine enge Ellipsenbahn um die Sonne einschlägt. Wir stoßen mit diesem Beispiel auf einen Kandidaten, der bei ausreichender Masse mit einer Gewaltkollision in Planetenmechanik eingreifen könnte und der in das Bahnmuster der Zentauren paßt.

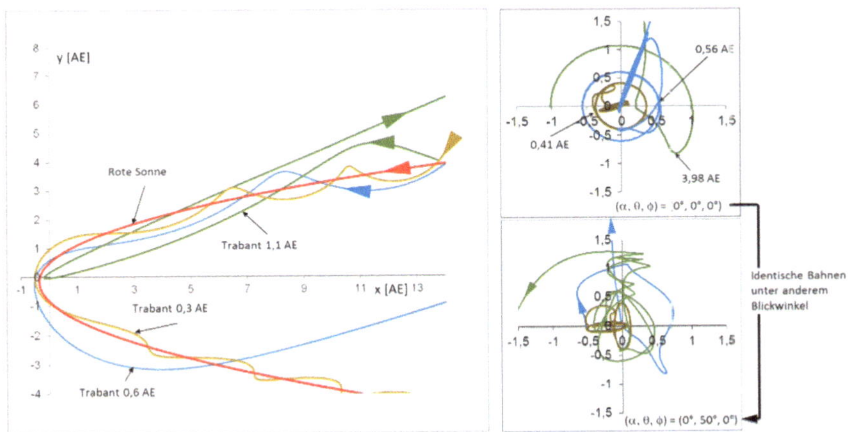

Abbildung 18
Bahnen von drei Trabanten der Roten Sonne
Links: Bahn der Roten Sonne und Flugbahn von drei hypothetischen Trabanten. (Die Rechnungen vereinfachen, indem sie das Chaos in der Akkretionsscheibe ausblenden. Sie sollen exemplarisch einen Eindruck von der Wirkung der Sonne auf die Stabilität der Akkretionsscheibe vermitteln).
Rechts oben: Bahnberechnungen der drei beispielhaft gewählten Trabanten im Koordinatensystem der Roten Sonne (Blick senkrecht auf die Bahnebene.) Die Pfeile an die jeweilige Bahn geben den Abstand zur Sonne an, bei der die Kreisbahn um die Rote Sonne sich merklich verändert.
Rechts unten: Blick auf die Bahnen nach Drehung des Koordinatensystems um 50° um die y-Achse. In dieser gedrehten Ansicht wird die Komplexität der Bahnen anschaulich. Erkennbar wird beim innersten Trabanten (0,3 AE Bahnradius) die um fast 90° gedrehte Bahnebene.

Selbst der Innerste der drei Trabanten (0,3 AE Abstand) verliert im Nahfeld der Sonne zwischenzeitlich seine Bindung an die Rote Sonne; seine Bahn folgt allerdings so nah der der Roten Sonne, daß er nach Durchlaufen des Perihels sich ihr wieder anschließt. Das Beispiel dieses Trabanten demonstriert die Sogwirkung, die die Schwerkraft der Roten Sonne nach Umrundung der Sonne auf nahlaufende Trabanten hat. In der vorliegenden Simulation verbiegt die Störung durch die Sonne die Bahn dieses recht eng umlaufenden Trabanten zu einer schmalen Ellipse, die zudem senkrecht auf der früheren Bahnebene steht, siehe die Graphik unten rechts in Abbildung 18. Die Bahnänderung steht mustergültig für die Verknotung und Aufspreizung einer ehemals flachen Trabanten-Bahnebene. Unsere Rechnungen bestätigen die Entstehung des Pool of Fire[233] (Kapitel ‚Der andere Stern'), von dem Wallis Budge[234] berichtet.

Wenn wir die Zerschlagung des fünften Planeten bisher hauptsächlich mit mythischen Nachrichten begründet haben, ein möglicherweise triviales Argument für die Zulässigkeit unseres Modells folgt aus dem Fehlen eines fünften Planeten zwischen Mars und Jupiter. Sowohl die Titius-Bode-Reihe als auch eine eigene Abstandsformel (siehe Appendix A) sagen im Asteroidengürtel einen Planeten voraus. Die soeben qualitativ geführte Diskussion zum Entstehen des Asteroidengürtels führt ein empirisch begründetes Argument für seine frühere Existenz ins Feld. Die qualitativen Indizien wollen wir nun untermauern.

Die häufig kolportierte Erklärung für das Fehlen des fünften Planeten, die Schwerkraft Jupiters hätte sein Entstehen verhindert, ist nicht überzeugend und kaum nachzuvollziehen, wenn wir uns die Schwerkraftausdehnung der Planeten im Vergleich zur Sonne vor Augen führen (Abbildung 19). Die Auftragung der Gravitationsausdehnung der Planeten zusammen mit der Gravitation der Sonne reduziert ihre relative Stärke zu nadelartigen Spitzen über dem dominierenden Untergrund der Sonnengravitation. Erst die Subtraktion der Sonnengravitation macht die Ausdehnung der mit $1/r^2$ fallenden Gravitation der Planeten

[233] Feuerbecken.

[234] The Book of the Dead the Papyrus of Ani; E. A. Wallis Budge; http://www.hermetics.org/pdf/sacred/BookOfDead.pdf

(in logarithmischer Auftragung!) überhaupt sichtbar, indem bei abgezogenem Untergrund die Gravitationsspitzen im Fußbereich breiter werden. Die Jupitergravitation (und deren Gradient!) erreicht im Abstand zum fehlenden Planeten keineswegs die prohibitive Stärke, die eine Planetenentstehung verhindern würde.

Das im Vergleich zum fehlenden Planeten schwerwiegendere Argument sind die Objekte des Asteroidengürtels, die die Zerstörung eines einstmals existierenden Planeten anmahnen, weil ihre Eigenschaften ansonsten unerklärlich sind. Im Abstandsbereich des eingeforderten Planeten tummeln sich Tausende von Asteroiden. In unserem Modell des untergegangenen Planeten ist ihre Existenz bloß ein nachgeordnetes Argument, ihre Morphologie und ihre Zusammensetzung sind das wichtigere und entscheidende.

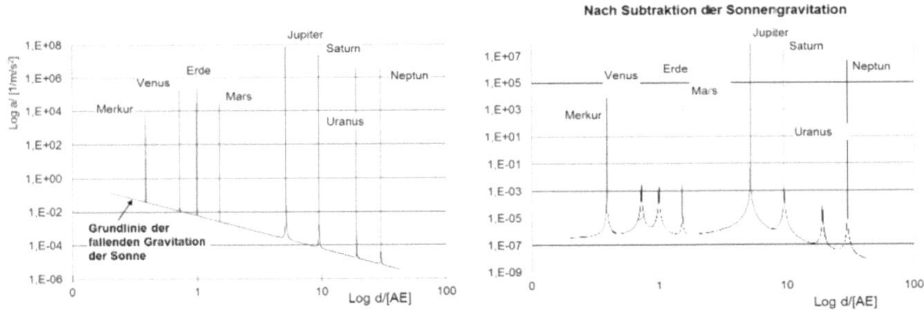

Abbildung 19
Gravitationsverhältnisse (aufgetragen als Beschleunigung a) im Sonnensystem
Beachte: Die Graphik zeigt die seltene Konstellation, in der alle Planeten in einer Reihe stehen – also den Zustand maximaler Überlagerung.

Die zwischen Mars und Jupiter umlaufenden Asteroiden sind von erstaunlicher Diversität. Ihre Zusammensetzung reicht von gesteins- bis wassereisartig. Einheitlich ist ihre dichte Verkraterung, die von harten Kollisionen zeugt, die auch schon mal Krater von der Größe des halben Asteroidendurchmessers geschlagen haben. Wenn die Kraterdichte auf so kleinen Objekten erstaunt, noch merkwürdiger fällt das Fehlen von scharfen Kanten und schrundigen Oberflächen auf; es scheint gerade so, als ob die Asteroiden poliert wären.

Wenn jeder Asteroid nicht aus einem großen Protoplaneten, sondern separat entstanden wäre, gäbe es keinen Grund für ihre chemische Unterschiedlichkeit. Denn Temperatur und Elementverteilung waren in der primordialen Sonnenakkretionsscheibe im Kreistorus des Asteroidengürtels sicher gleich. Das Spektrum ihres chemischen Aufbaus läßt uns bei unabhängiger Entstehung ratlos zurück. Wohingegen das angenommene Hervorgehen aus den Trümmern eines großen Vorläuferplaneten die vorgefundenen Verhältnisse konsistent vorhersagt. Die vorgefundene Variation der Asteroiden nach Morphologie und Chemie spiegelt dann nämlich den Schalenaufbau des Planeten wider.

Im Zuge der Planetengenese Tiamats aus der primordialen Akkretionsscheibe unserer Sonne erfolgte eine Materialtrennung in der anfänglichen Masseverklumpung, indem im Zusammenwirken von Schwerkraft und Chemie Elemente und Festkörperphasen sich separierten. Im glühenden Geburtsstadium schwamm leichtes Material auf, spezifisch schweres Metall sank zum Kern. Hitze und die Schwerkraft des großen Planeten schmiedeten das Material und verpreßten es auf eine Dichte, wie wir sie heute bei den Planeten und (!) bei den Asteroiden antreffen. Die Mehrzahl der Asteroiden ist felsig, besteht also aus Oxiden. Oxide sind typischerweise hochschmelzend und infolge kovalenter chemischer Bindung hart und spröde, entsprechend schwer sind sie zu verdichten. Die Minigravitation der Asteroiden fällt weit unter diese Anforderung für eine gravitative Verdichtung. Ohne Verdichtung durch Druck und Temperatur könnten wir statt massiver Asteroidensteine bestenfalls locker aggregierte oder von Wasser verklebte Staubhaufen erwarten.

In unserem Modell treffen wir nach dem Untergang des Planeten in den Asteroiden auf seine Bruchstücke, die ihren unterschiedlichen Herkunftsort aus Kruste, Mantel und Kern bewahrt haben. Ihre Unterschiedlichkeit wandelt sich von unverständlich zu offensichtlich.

Die Diversität wird zum beweiskräftigen Baustein unseres Modells. Felsig erscheinen einige Asteroiden, andere sind spezifisch erstaunlich leicht. Das größte Objekt im Asteroidengürtel, der Zwergplanet Ceres, ist mit 2080 kg/m^3 zwar nicht wasserleicht, dennoch wird sein spezifisches Gewicht nur erklärlich, wenn Wasser einen wesentlichen Anteil seiner Masse ausmacht. Im gleichen Sonnenabstand wie Ceres kreisen felsige Zwergplaneten von irregulärer Form wie der Asteroid Vesta, der ein spezifisches Gewicht von 3420 kg/m^3 aufweist, oder das kartoffelförmige Ellipsoid Ida (2500 kg/m^3) begleitet von seinem winzigen Mond Dactyl. Das spezifische Gewicht von Asteroiden wie Vesta gegeben, bestehen sie hauptsächlich aus Aluminiumsilikaten. Ihre Dichte liegt zwischen der Dichte der Erdkruste, die abhängig vom Anteil an Tiefengestein von 2700 bis 3000 kg/m^3 schwankt, und der Dichte des oberen Erdmantels (4200 kg/m^3). Die Dichte der Asteroiden entspricht den schweren Silikatverbindungen wie Vesuvianit oder Grossular.

Die Bezeichnung Asteroidengürtel suggeriert ein häufiges Vorkommen von Objekten in diesem Raumvolumen. Tatsächlich ist das Gebiet angesichts seines Volumens trotz der großen Zahl der Objekte fast leer. Die Seltenheit pro Raumvolumen und die geringe Größe der Körper des Asteroidengürtels kontrastiert zu ihren verkraterten Oberflächen. Die hohe Einschlagdichte verlangt eine deutlich höhere Raumfüllung, als wir sie heute beobachten. Die von Einschlägen übersäten Oberflächen finden im Modell der Zerschlagung eines Planeten eine banale Erklärung. Der platzende Planet erzeugt eine Wolke von Sprengstücken, konzentriert in einem kleinen Volumen. Die Trümmer bewegen sich anfangs in einer Umgebung hoher Raumerfüllung. Die sonnenheiße Hitze der Explosion, die chaotischen Bewegungen der Bruchstücke, ihre Stöße untereinander und das Trommelfeuer der Akkretionsscheibe stiften genau die Verhältnisse, die wir als Ursache für die Morphologie der Asteroiden erwarten: Dicht und oberflächig angeschmolzen.

Stoßen Trümmer aneinander entstehen bei kleiner Masse und geringer Relativgeschwindigkeit flache Krater. Die Hitze der Gas- und Staubwolke schmilzt die Oberflächen an. Der Trümmergries des Planeten und der Staub der Akkretionsscheibe reiben und polieren die schrundige Oberfläche und verrunden, unterstützt von der hohen Umgebungstemperatur, die allerdings während der adiabatischen Ausdehnung der Wolke rasch fällt, scharfe Kanten.

Der Zweifler wird einwenden, daß die vier Milliarden Jahre, seit denen das Sonnensystem existiert, eine lange Zeit sei, in der andere Bedingungen die heutige Situation herbeigeführt haben könnten. Das rettende Rinnsal auf die Mühlen der Schattenkrieger, die lieber weiter glauben, was sie immer schon glaubten. Sie vertrauen auf die Zeit, die trotz unwahrscheinlicher Kollisionen derart kleinen Körpern ausreichend Zeit und Gelegenheit gegeben haben soll, um geschmirgelte Oberflächen und die hohe Kraterdichte zu erzeugen. Unerklärt bleibt bei dieser Sichtweise, warum wir dichte, feuergeborene Aggregate vorfinden. Die Kompaktheit der Asteroiden kann ihre Eigengravitation nicht erzeugt haben, noch kann ein kleiner Asteroid durch kinetische Impaktenergie bis zur Schmelze aufgeheizt worden sein. Erstens treten bei sehr ähnlichen Umlaufbahnen keine hohen Einschlaggeschwindigkeiten auf, zumal die gravitative Beschleunigung bei Annäherung zweier kleiner Massen gegen Null geht, und zweitens ist Verdichten durch Aufschmelzen unmöglich, da bei einem lockeren Haufen der Zerfall dem Schmelzen vorangeht. Im propagierten Modell einer verhinderten Planetenentstehung würden wir Asteroiden mit Verhältnissen erwarten, wie wir sie bei Kometen vorfinden.

Die Eigenverdichtung ist im Falle des Asteroiden Ceres noch argumentierbar, weil diesen Asteroiden eine außergewöhnlich geringe spezifische Dichte charakterisiert. Aus relativ niederviskosem Material bestehend, vermutlich Eis vermischt mit Staub und Kies, könnte die Eigenschwerkraft diesen größten der Asteroiden verdichtet und ihm zugleich seine gut ausgebildete Kugelgestalt verliehen haben. Dichte Gesteinsasteroiden bleiben unerklärt.

Asteroiden wie Vesta beweisen die Zulässigkeit – wohl eher die Richtigkeit – unserer These von ihrer Entstehung aus einer Planetenzerschlagung. Dieser zweitgrößte Asteroid zeigt sich von kartoffelförmiger Gestalt und weist eine zu hoher Dichte auf, um eine Eigengenese plausibel zu halten. Auffällig überziehen Vesta die gleichen Riefen, die auch den Marsmond Phobos kennzeichnen. Entgegen der Meinung einiger Planetologen halten wir diese Riefen nicht für Dehnungsbrüche, sondern für Schleifspuren und damit für ein Relikt konserviert aus der Entstehung in einer Gries- und Staubwolke. Ganz im Sinne unseres Modells begegnet uns auch der Asteroid Ida (Bild M) als weiterer modellhafter

Asteroidenvertreter. Wie Vesta ist er einerseits kompakt und dennoch zugleich spezifisch leicht. Die Oberfläche erscheint trotz vieler Einschlagkrater schmelzglatt. Große Teile des Asteroiden sind von einer Staubschicht, silikatischem Regolith, bedeckt. Dieser Befund ergänzt ein Puzzleteilchen zur Stützung unseres Modells. In unserem Szenario bildete sich diese Schicht, als in der abkühlenden Fragment- und Staubwolke des explodierten Planeten Staub und Kieselgries nicht nur rieben, sondern sich in einer verdünnten Wolke bei geringer Relativgeschwindigkeit auch auf der Oberfläche Idas niederschlugen.

Bild M
Aufnahme des Asteroiden Ida[235], ein großes Objekt aus dem Asteroidengürtel
Die große Halbachse seiner Bahn beträgt 2,86 AE.
Im Hintergrund rechts sein Mond Dactyl.
Ida hat die Form eines unregelmäßigen Ellipsoiden mit den Abmessungen 59,8 × 25,4 × 18,6 km bei einem mittleren Durchmesser von 31 km; Masse $4{,}1 \cdot 10^{16}$ kg.

Beschäftigen wir uns näher mit der chemischen Zusammensetzung der Asteroiden. Im Kondensationsmodell der Planetenentstehung korreliert

---

[235] https://commons.wikimedia.org/wiki/File:243_Ida_-_August_ 1993_(16366655925).jpg

die chemische Zusammensetzung eines Planeten mit der Keimbildung seiner Hauptbestandteile als Funktion der Temperatur. Im einfachsten Modell werden die Planeten des Sonnensystems von innen nach außen spezifisch leichter. Die Kondensationstemperatur von Eisen (Siedetemperatur 2862 °C) liegt gut 3000 °C höher als die von Wasserstoff (Siedetemperatur -253 °C). Die Stufung der spezifischen Dichte in der Planetenabfolge ist leicht modifiziert, weil verbreitet vorkommende Metalloxide (Quarz: 2230 °C oder Aluminiumoxid: 2977 °C) die Siedetemperatur und Kondensationstemperatur [236] vieler Metalle (Magnesium: 1091 °C, Silicium: 2357 °C) übersteigen oder im gleichen Temperaturbereich liegen. In diesem Modell der Planetengenese gibt es ein Abstandsintervall, in dem Wasser und Hydroxide die chemische Häufigkeit dominierten.[237]

Das thermisch definierte Intervall für die genannten Verbindungen läge in qualitativer Einstufung im Abstandsbereich des Asteroidengürtels, zwischen dem oxidreichen steinigen Mars und dem Wasserstoffplaneten Jupiter. Für den verlorenen Planeten schlagen wir einen dreischaligen Aufbau vor: Ein Drittel des Durchmessers bildet ein Eispanzer, darunter liegt ein Gesteinsmantel gefolgt von einem kleinen Metallkern. Die Entfernung zur Sonne machte den fünften Planeten, trotz des vermutet vielen Wassers, nicht zu einer lebensfreundlichen Welt. In einer Sonnenentfernung von 2,3 AE liegt die Temperatur unter dem Gefrierpunkt; im thermischen Gleichgewicht von Ein- und Abstrahlung und ohne Berücksichtigung von Albedo, Emissivität und Treibhausgasen beträgt sie -92 °C. Zwischen Mars und Jupiter kreiste in unserem Modell einstmals ein planetengroßer Eisklotz. Er war stärker abgekühlt als die inneren Planeten, da die geringere Menge radioaktiver Elemente ihn schwächer heizte und schneller abkühlen ließ als die Metallplaneten Venus und Erde.

Betrachten wir quantitativ, wie die Passage der Roten Sonne den Untergang des fünften Planeten herbeigeführt haben wird. Im ersten Schritt

---

[236] ftp://ftp.min.rub.de/pub/Dohmen/Geochemie/Vorlesung%202.pdf
[237] http://www.tat.physik.uni-tuebingen.de/~kley/lehre/planeten/folien/kap7b.pdf

berechnen wir, welche Bahn ein Planet einschlägt, wenn er der durchziehenden Roten Sonne so nahe kommt, daß er durch ihre Akkretionsscheibe wandert.

Aus der geringen Masse der Roten Sonne schließen wir auf eine, im Vergleich zur primordialen Akkretionsscheibe unserer Sonne, recht kleine Akkretionsscheibe. Die Scheibe, aus der die Planeten unseres Sonnensystems entstanden, reichte bis mindestens zum Neptun (30 AE). Zu bedenken ist außerdem, nur die Kollision mit einem Planetesimal kann den Planeten Tiamat gesprengt haben. Fordern wir dieses Planetesimal ein und gegeben, daß die Akkretionsscheibe nach außen massеärmer wird, sollte ein maximaler Abstand von 1 AE zwischen dem Planeten und der Roten Sonne ein realistisches Szenario für eine wahrscheinliche Zerschlagung darstellen.

Welche Bahn schlägt ein Planet ein, der der Roten Sonne so nahe kommt? Abbildung 20 präsentiert das Ergebnis von Bahnsimulationen, bei denen der Planet – unzerstört (!) – in unterschiedlichen Abständen vor bzw. hinter der Roten Sonne vorbeizieht. Wir finden die klassischen Swing-by Lösung: kreuzt der Planet vor der Roten Sonne engt sich seine Bahn ein, zieht er hinter ihr vorbei, weitet sie sich auf. Die Physik lehrt: Ein Zerfall des Planeten ohne Fremdeinwirkung – das stoßende Planetesimal vernachlässigt – ändert die Bahn des Masseschwerpunktes nicht. Wie der Impluseintrag durch das Planetesimal – und potentiell zusätzliche andere Bestandteile der Akkretionsscheibe – die Bahnbewegung verändern, respektive stören, werden wir später betrachten.

Zu den betrachteten Begegnungskonstellationen siehe auch die Angaben in der Graphik der Abbildung 20. In den drei Beispielrechnungen liegt das Aphel der aufgeweiteten Bahnen zwischen 4,1 und 14,5 AE. Die eingeengte Bahn liegt mit 1,5 AE über einen weiten Bogen innerhalb der großen Halbachse der Marsbahn. Hatten wir vorhin bereits losgerissene Trabanten der Roten Sonne als mögliche Gewaltkollidierer der Planeten ausgemacht, spätestens in den Fragmenten Tiamats finden wir weitere Vertreter der gesuchten Kolosse, die in Planeten einschlugen und dadurch deren Mechanik umgestalteten. Die großen Fragmente, die nicht einschlugen, umkreisen die Planeten heute als Monde oder wurden von den Gasplaneten aus dem Planetensystem geschleudert.

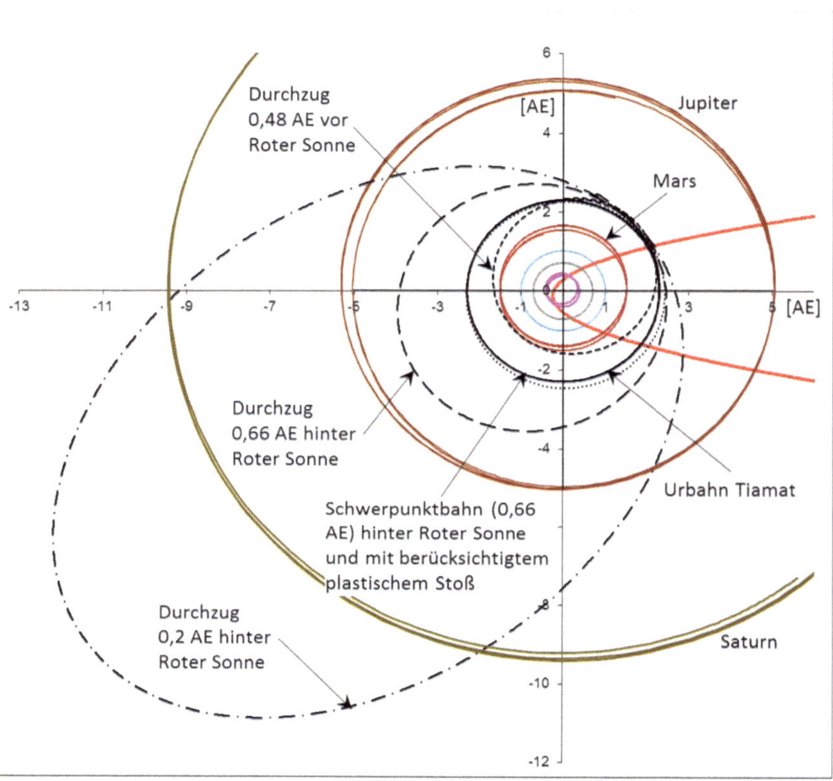

Abbildung 20
Szenarien von möglichen Bahnstörungen durch die Rote Sonne auf die Schwerpunktbahn des Planeten Tiamat
Die verschiedenen Bahnen sind den ausgewiesenen Nahbegegnung zugeordnet, in der Graphik gekennzeichnet durch die Angabe des Minimalabstandes. Die Bahnkurve, die die Urbahn nahezu überdeckt (dünn punktiert), beschreibt die Bahn, die die Geschwindigkeitsänderung (das Bremsen) der Schwerpunktbewegung durch den Stoß des einschlagenden Planetesimals berücksichtigt. Ebenfalls gezeigt sind die Bahnen der klassischen Planeten vor und nach dem Durchzug der Roten Sonne.

Dieses Szenario, in den Trümmern Tiamats die Umgestalter der Planeten zu verorten, hat schon bei der Bahnfestlegung der Roten Sonne Eingang gefunden. Nur falls die Rote Sonne die Ekliptik im Bahnabstand des fünften Planeten durchstößt, werden die Planetentrümmer weiter nahe der Ebene der Ekliptik kreisen; und nur solche Bahnen führen zu einer raschen Nahbegegnung, die wir einfordern, um die Passage der Roten Sonne mit den nachfolgenden Ereignissen in eine geologisch junge Vergangenheit verlegen zu können. Das Umlaufen der Bahnkreuzer nahe der Bahnebene des Planeten war auch eine Bedingung, um nach einer Kollision die weiterhin senkrecht stehende Rotationsache der Venus zu erklären.

Um einen Planeten zu zerschlagen, muß die Energie des Einschlags mindestens die gravitative Bindungsenergie des Planeten übersteigen. Nehmen wir für Tiamat die Daten der Erde (Masse und Durchmesser) an, beträgt die Bindungsenergie gemäß der Formel

$$E_{Grav} = \frac{3 \cdot G \cdot m^2}{5 \cdot r}$$

$2{,}4 \cdot 10^{32}$ J.

Ein Planetesimal, das 5 % der Erdmasse aufwiese (~$3{,}2 \cdot 10^{23}$ kg gleich vierfacher Mondmasse) und mit 47 km/s (vektorielle Addition der Bahngeschwindigkeiten Tiamats (19,7 km/s) plus der Geschwindigkeit der Roten Sonne (29 km/s) plus Fluchtgeschwindigkeit Tiamats (12 km/s)) in den Planeten einschlüge, würde bei einer Kollision das Anderthalbfache der Energie eintragen ($3{,}5 \cdot 10^{32}$ J), die den Planeten gravitativ zusammenhält. Unter dem Gesichtspunkt des Energieeintrags ist die Zerschlagung Tiamats durch ein plausibel groß gewähltes Planetesimal erklärbar. Zudem bleibt ein Teil der Bindungsenergie in massivsten Trümmern erhalten, und das einschlagende Material der Akkretionsscheibe verstärkt den Energieeintrag.

Den vom Planetesimal netto eingetragenen Impuls von $1{,}5 \cdot 10^{28}$ kgm/s dürfen wir bei der Schwerpunktbewegung Tiamats nicht, wie in den vorgestellten Rechnungen der Abbildung 20 angenommen, vernachlässigen. Der Impulseintrag des angenommenen Planetesimals greift – vereinfachend berücksichtigt als eine Vereinigung der beiden Massen – signifikant in die Schwerpunktbewegung ein. Im Modell eines plastischen Stoßes bremst die Kollision des Planetesimals den Planeten Tiamat, den wir, wie später abgeschätzt, erdschwer annehmen, um 2,5 km/s ab. Dieser Einbremsung durch das Planetesimal auf Gegenkurs steht einer Bahnaufweitung durch Swing-by entgegen. Mit den obigen Daten zu Massen und Geschwindigkeiten von Planet und Planetesimal weitet sich die Schwerpunktbahn im Vergleich zur Urbahn Tiamats nur noch sehr wenig auf, siehe auch hierzu wieder Abbildung 20. Wenn heute Objekte des Asteroidengürtels im Abstandsbereich Tiamats um die Sonne laufen, ist dieser Befund mit unserem Modell verträglich. Angesichts der gegriffenen Daten stoßen wir auf Plausibilität, überbewerten dürfen wir die Ergebnisse dieser Abschätzung nicht.

Die durch Berücksichtigung des Zusammenstoßes korrigierte Schwerpunktbewegung erklärt die Asteroidenbahnen. Die Schwerpunktbewegung bleibt ein Konstrukt, tatsächlich fliegen die Fragmente des Planeten in alle Richtungen auseinander. Einige Fragmente werden schneller, andere langsamer als Tiamat. Führen wir uns die Zerschlagung des Planeten als gewaltige Sprengung vor Augen, erwarten wir für die Bruchstücke ein Bahnspektrum, welches im Aphel bis über die Saturnbahn reicht und im Perihel noch die Venusbahn kreuzt. Einmal eine neue Bahn eingeschlagen, kann die großen Fragmente nur ein harter Stoß oder eine extreme Nahbegegnung mit einem vergleichbar großen Trümmerstück aus ihrer neuen Bahn schieben; sie behalten weitgehend unbeirrt von vieltausendfachen, kleinen Einschlägen in den überlagernden Schwerkraftfelder der beiden Sonnen ihren Weg durch die Akkretionsscheibe und Trümmerwolke solange bei, bis sie einem Planeten begegnen.

Egal, auf welcher Bahn die Fragmente nach Durchlaufen der Akkretionsscheibe um die Sonne laufen, alle tragen das pockennarbige Gesicht, das ihnen die Kollisionen während der Geburt in der Trümmerwolke geschlagen haben. Waren die Fragmente klein und hart, konnte ihre Eigengravitation sie nicht wieder zu Kugeln pressen. Zurück blieben die heutigen anisotropen Asteroide mit ihren verkraterten Oberflächen, deren Kompaktheit sie als Kinder eines massereichen Objektes ausweist.

Ein großer Volumenanteil des zerfallenen Eisplaneten fällt auf Wasser und kieselgroßen Grieß. Bei abnehmender Temperatur und nachlassender Dichte der Akkretionsscheibe verringerte sich das Inferno in der Trümmerwolke. Wasser und Metall bildeten Hydroxide und verklebten den Trümmergries. Während dieser Phase der Abkühlung entstand, wie in einem Sprühtrockner, ein vielphasiges Komposit. In Ceres treffen wir auf den größten Vertreter dieser ‚Kondensatasteroide'.

Daß in der Entstehungsphase der Asteroiden die Dichte der Fragmente hoch war, beweist das Vorkommen von Doppel- und Mehrfachasteroiden. Bei einem Zusammenhalt, der an der Grenze der Hill-Sphäre[238] (maximaler Abstand für eine gravitative Bindung) kratzt, ist ein Einfang durch Nahbegegnung unwahrscheinlich, da die Physik angesichts der kleinen Schwerkraft der Asteroiden Relativgeschwindigkeiten sehr nahe Null einfordert. Auch in diesem Punkt bietet die Trümmerwolke des zerschlagenen Planeten wieder eine einfache Erklärung für einen Mondeinfang.

Große Teile von Dampf, Gas und Mikrosplittern der Explosion wurden durch fortdauernde Wechselwirkung mit dem Material der Akkretionsscheibe abgebremst. Sie blieben hinter der Wolke der schweren Trümmer zurück, fielen zur Sonne oder verwirbelten mit dem Material der Akkretionsscheibe und heizten diese durch freiwerdende kinetische Energie weiter auf. Die Wechselwirkung der Gase und Mikroteilchen der Akkretionsscheibe und des explodierten Planeten fegte den Raum des Asteroidengürtels von diesen Spuren der Explosion leer. Was an Gas und Staub nicht kondensierte, diffundierte in den Weltraum, wo der Sonnenwind den molekularen und nanoskaligen Rückstand des Einschlags längst verweht hat.

Mit dem Einschlag des Planetesimals rissen Abermillionen Megatonnen-Explosionen einen Krater, der von der der Oberfläche bis in das Innere des Planeten reichte. Die Hitze der Explosionen zerlegte das Wasser in seine atomaren Bestandteile und produzierte in der Schnittlinie, die das an der Roche-Grenze zerfallende Planetesimal in den weichen Planeten stanzte, ein Plasma. Wasser wurde zum Sprengmittel. Bei 100 °C beträgt der Faktor der Volumenausdehnung zwischen Flüssigkeit und Gas 1200; tatsächlich wurde Wasser lokal zum Plasma, das temperaturabhängig eine zusätzliche und vielfache Volumenausdehnung aufweist. Die Ei-

[238] http://www.jgiesen.de/astro/stars/roche.htm

gengravitation Tiamats war zu schwach, sich der Ausdehnung des Gases in seinem Inneren zu widersetzen. Dieser innere Gasdruck sprengte den Planeten. Er platzte wie eine Bombe.

Eine Blase aus Wasserdampf und Staub hüllte den Hexenkessel ein. Vielleicht hätten die Trümmer wieder zu einem Planeten zusammengefunden, wenn nicht auch noch die überlappenden Schwerkräfte zweier Sonnen und das anhaltende Trommelfeuer der Akkretionsscheibe die Reste zerstreut hätten.

Als die Rote Sonne abzog und die Hitze der Explosionswolke infolge rascher adiabatischer Abkühlung nachließ, zogen die großen Trümmer Tiamats das erkaltende Gas und den Dampf der zerfasernden Wolke an. Von hinreichender Schwerkraft, um zumindest zeitweise eine Atmosphäre zu binden, umgaben sich durchziehende Großfragmente, als ihre Oberfläche abkühlte und die Glut der nahen Akkretionsscheibe nachließ, in der Kälte des sonnenfernen Weltraums mit einem Ozean und wurden zu Wasserplaneten.

Wenn die großen Fragmente Wasser und Gas sammeln und festhalten konnten, die kleinen Fragmente konnten es nicht. Ihre Gravitation war zu schwach, um kondensiertes Wasser oder niedergeschlagene Gase auf Dauer festzuhalten. Trotz der Minusgrade in diesem Abstand zur Sonne sublimierte gefrorenes Wasser und verflüchtigte sich in den Weltraum, wo der Sonnenwind es unwiederbringlich forttrug. Zurück blieben harte, trockene Klumpen, deren Oberfläche Zeugnis ablegen von der Geburt in der Hitze einer Sonne und eines tausendfachen Bombardements. Ob der Marsmond Phobos, die Asteroiden Vesta oder Ida, alle diese Objekte gehören in diese Kategorie.

Wollen wir den Aufbau des untergegangenen Planeten studieren, müssen wir uns nur bücken. Die auseinanderspritzenden Planetentrümmer wurden auch auf Bahnen gelenkt, die die Erdbahn kreuzen. Chondritische Meteoriten, die tagtäglich in großer Zahl auf die Erde fallen, weisen genau den eingefrorenen Zustand auf, den wir bei ihrer Entstehung in einer heißen Wolke erwarten. Die mineralogisch heterogene Zusammensetzung der Meteoriten im Millimeter- und Mikrometerbereich beweist ihre Entstehung aus einem Materialgemisch, das in einer heißen, chemisch komplexen Umgebung entstand. Von metallischen Einschlüssen bis zur den Oxiden und Sulfiden des Gesteinsmantels Tiamats reicht die Zusammensetzung. Das Sprühtrockner-Modell für die Entstehung von Meteoriten erklärt den Zustand, in dem Teilchen, die zuerst extremer Hitze und nachfolgend rascher Abkühlung ausgesetzt waren, mit niederschmelzenden Bestandteilen vermischt zusammensinterten.

Wichtig festzuhalten: Komposite dieser Zusammensetzung und Dichte können nicht aus der kalten protoplanetaren Gas- und Staubwolke entstanden sein. Ein derart differenzierter Mikroaufbau erfordert Segregation und Entmischung unter hoher Temperatur und hohem Druck.

Nicht nur die chrondritischen Meteorite, auch die seltener vorkommenden Eisenmeteoriten fügen sich in das vorgeschlagene Modell ein; sie sind die Überreste des explodierten Metallkerns Tiamats. Die schlagartige Druckentlastung nach dem Wegplatzen des Mantels bringt das Metall des kleinen Kerns des Planeten zum Kochen. Das vom Druck befreite überhitzte Metall verdampft, um sogleich wieder in kleinen Tropfen zu kondensieren. Großtechnisch ausgeübte Gasverdüsung[239] zur Herstellung von feinteiligen Metallpulvern funktioniert genau nach diesem Prinzip.

Das vorgetragene Modell liefert auf qualitativem Niveau eine widerspruchsfreie Plausibilität für das Entstehen des Asteroidengürtels. Die Zertrümmerung Tiamats könnte das Rätsel lösen, woher die Riesenasteroiden stammen könnten, die in jüngerer Zeit in die Gesteinsplaneten einschlugen. Die auf weite Bahnen gelenkten Fragmente sind nicht minder interessant. Unverstanden und für gewöhnlich als Fakt unkommentiert hingenommen ist die merkwürdig unterschiedliche chemische Zusammensetzung der Monde, die die Gasplaneten umkreisen. Die Unterschiede könnten größer kaum sein. Die Dichte der Galileischen Monde Jupiters reicht von 1830 kg/m³ (Kallisto) bis zu 3560 kg/m³ (Io). Wohl eher nicht zufällig, kennzeichnet sie eine ähnliche Unterschiedlichkeit wie die Objekte des Asteroidengürtels. Wir treffen auf Monde, wie Io, der marsähnlich aus Gestein besteht, und auf solche, die ein Wassermantel einhüllt, wie den Saturnmond Enceladus (Dichte 1610 kg/m³), oder die sogar weitgehend aus Wasser bestehen, wie Rhea (Dichte 1230

---

239 http://www.lpwtechnology.com/de/technical-library/technical-information/methoden-fuer-die-pulverproduktion/

kg/m³). Wenn wir ihre Entstehung in den Asteroidengürtel verlegen, und es sich bei ihnen um Fragmente des untergegangen Planeten Tiamat handelt, liefert dies die plausible Auflösung der Frage zur Entstehung ihrer Unterschiedlichkeit.

Einen anderen auffälligen Mond, der in unserem Modell problemlos unterzubringen ist, stellt der Saturnmond Hyperion dar. Sein lamellenartiger Aufbau mit Hohlräumen zwischen den Lamellen erklärt seine geringe makroskopische Dichte von 580 kg/m³. In unserer Hypothese ist dieser Mond ein bemerkenswert passendes Beispiel für ein Fragment, bei dem das harte Silikatgerüst eines Planetenfragments stehen geblieben ist, während zwischengelagerte Schichten flüchtiger Bestandteile in der Hitze der Explosion und Akkretionsscheibe verdampften oder später langsam sublimierten, da die Schwerkraft des kleinen Mondes sie nicht festgehalten konnte.

Nicht alle Monde sind Kinder des Asteroidengürtels. Zu den Monden, in denen wir große Bruchstücke des Planeten Tiamat vermuten, kommen andere, denen wir aufgrund von Chemie und Struktur eher eine Herkunft aus dem Kuipergürtel zuweisen. Dies gilt insbesondere für die Monde der äußeren Gasplaneten Uranus und Neptun. Zugleich bestätigt der völlig andere Charakter der Monde der inneren und äußeren Gasplaneten die Annahme, daß die Monde der inneren Gasplaneten eingefangene Objekte anderer Provenienz sind und nicht aus dem Kuipergürtel stammen. Wir behaupten: Ganz zu Anfang umkreisten die Gasplaneten gar keine Monde. Erst der verlorene Planet lieferte sie. Aufgebaut sind sie nach ihrem Ursprung, indem sie die Komplexität und Schichtung Tiamats widerspiegeln.

Grob abschätzen können wir die Masse des untergegangenen Planeten Tiamat aus der Addition aller Mondmassen, indem wir angefangen beim Erdmond, die Massen der Monde von Jupiter und Saturn hinzuaddieren, plus der hypothetischen Massen der Riesenasteroiden, die in Venus- und Mars einschlugen, plus der Masse aller Asteroiden des Asteroidengürtels. Diese Addition ergibt $7 \cdot 10^{23}$ kg und übersteigt damit die Masse des Mars. Ergänzen müssen wir die Summe um eine unbekannt große, fehlende Masse an Gas und Staub, die der Sonnenwind verweht hat. Eine weitere große Massekorrektur dürften die Objekte beisteuern, die wir nicht mehr sehen, weil der Swing-by an einem der Riesenplaneten sie endgültig aus dem Planetensystem geschleudert hat. In Summe enden wir mit dieser Abschätzung bei einem Planeten, der etwa erdschwer war und sich sinnvoll in die Abfolge der Planetenmassen des Sonnensystems einsortiert. Der als Schwergewicht erkannte Planet zwischen Mars und Jupiter füllt die Lücke in der Titius Bode-Reihe mit einem großen Planeten und nicht ersatzweise mit Krümeln.

Kommen wir zurück zu den Bahnen der Trümmer Tiamats. Einmal zum Bahnkreuzer eines Gasriesen geworden, steht es schlecht um die Bahnstabilität dieses Asteroiden. Abbildung 21 zeigt die Ergebnisse von drei Langzeitsimulationen einer Asteroidenbahn, die die Jupiterbahn kreuzt. Der einzige Unterschied in den Rechnungen bestand darin, daß unterschiedliche Anfangspositionen gewählt wurden. Dieser Ansatz soll die chaotische Situation der Wechselwirkungen beleuchten, indem kleine Änderungen des Anfangswertes ein völlig anderes Bahnmuster ergeben. Das Ergebnis ist insofern typisch, als es die geringe Stabilität einer solchen Bahn beweist. Abhängig von der Swing-by Konstellation kann die Bahn sowohl eingeengt als auch aufgeweitet werden.

Im ersten Beispiel wird als Folge einer extrem nahen Begegnung die Bahnkurve zur Hyperbel, und Jupiter wirft den Asteroiden aus dem Sonnensystem. Kleine Trümmer werden durch Swing-by gegenüber großen schneller aus dem Planetensystem geworfen. Große Fragmente erfahren bei der Begegnung mit einem Gasriesen einen Verlust kinetischer Energie durch gravitative Verformung oder durch das Anhalten ihrer Rotation, wenn ihnen ein geologischer Tidenberg wächst; zwei Verlustmechanismen, die kleinen Objekten fehlen, und die den Mondeinfang großer Körper durch einen Planeten wahrscheinlicher machen als sein Herausschleudern aus dem Sonnensystem.

Wie die Rechnungen zeigen, enden bahnkreuzende Asteroiden Jupiters früher oder später entweder als Mond, schlagen in den Planeten ein, oder die Schwerkraft Jupiters fegt sie für immer aus dem Sonnensystem. Insbesondere beweisen die Simulationen, wie Störungen jeden Bahnkreuzer Jupiters über ausreichend lange Zeit zum Bahnkreuzer anderer Planeten werden lassen. Kommt es nicht zum Mondeinfang, ist selbst eine Bahneinengung bis hin zur Kreuzung der Bahnen der innersten Planeten ist – wie der Weg aus dem Sonnensystem – lediglich eine Frage der Zeit.

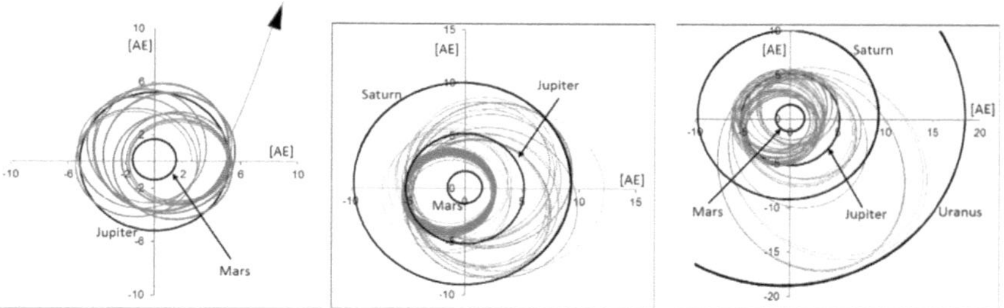

Abbildung 21
Beispielrechnung für die Bahninstabilität eines Asteroiden, der die Jupiterbahn in flachem Winkel kreuzt
Die Simulationen erfolgten allein unter der Berücksichtigung der Gravitation Jupiters und der Sonne. Startwerte für die Bahnberechnung des Asteroiden: Perihel 2,6 AE; Aphel 5,4 AE; Umlaufdauer 3,63 Jahre (Bahn des Asteroiden ist in der Bahnebene Jupiters liegend angenommen.) Die drei gezeigten Langzeit-Bahnsimulationen gehen alle von der gleichen Urbahn aus und unterscheiden sich lediglich in der Anfangsposition des Asteroiden auf seiner Bahn.
Bild links: Nach 40 Umläufen schleudert Jupiter den Asteroiden aus dem Sonnensystem. Die Simulation wurde abgebrochen, als das Fragment sich auf 100AE entfernt hatte und keine Bahnkrümmung erkennbar war. Simulationszeitraum der gezeigten Bahnen: 481 Jahre.
Bild in der Mitte: Obwohl nicht in 1:3 Resonanz, sondern in ein 4:13 Umlaufverhältnis gefallen, oszilliert die Bahn des Asteroiden für 1209 Jahre nur wenig um die Ausgangsbahn. (Die Verbreiterung des Bandes der Umlaufbahnen ist zum Teil Folge der Drehung der Apsiden.) Nach vielen Umläufen, einmal dem Jupiter doch zu nahe gekommen, verliert die Bahn ihre Stabilität, schwingt aus und engt sich zwischenzeitlich auch wieder ein. Die zeichnerische Dicke der Bahnlinien indiziert die Anzahl der Umläufe auf einer zeitweise stabilen Bahn. Der Wechsel von Ausschwingen und Einengen der Bahn spiegelt die Zufälligkeit der Nahbegegnung mit ihren Swing-by-Auswirkungen wider. Simulationszeitraum: 1930 Jahre.
Bild rechts: Bahnmuster mit umgehender und großer Bahninstabilität. Im Wechsel weitet Jupiter die Asteroidenbahn auf und engt sie dann sogleich wieder ein. Die Simulation endet bei einer Bahn, die mit 17,2 AE Aphelabstand fast an die Uranusbahn heranreicht. Simulationszeitraum: 1090 Jahre.

Fünfhundert Türen und viermal zehn
Wähn ich in Walhall.
Achthundert Einherier ziehn aus je einer,
Wenn es dem Wolf zu wehren gilt.

Die Edda: Das Lied von Grimnir

Prähistorisches Wissen

Im Kapitel ‚Homo Sapiens' haben wir prähistorisches Wissen in Chemie und Genetik aus alten Dokumenten und Artefakten herausgelesen. Eindeutig und unbestreitbar stoßen wir auch in anderen Disziplinen auf beeindruckendes Wissen, das nicht mit der klassischen Sicht der Vorgeschichte in Einklang steht. So besaßen, auf unbekanntem Weg erworben, prähistorische Hochkulturen ein erstaunliches mathematisches Wissen, in der Regel begleitet und/oder getrieben von einer manischen Beschäftigung mit der Zeitmessung und der Vermessung des Himmels. Einige Kalender maßen Jahre und Monate mit einer Genauigkeit, wie sie erst im 19. Jahrhundert wieder erreicht wurde. Es führt kein Weg an dem Befund vorbei, Wissen ging in einer dunklen Zwischenzeit infolge von Umweltkatastrophen oder politischer Wirren verloren. Archäologisch nachgewiesen, trat ein prähistorischer Wissensverlust weltweit auf. Zeitlich lag er Jahrtausende vor dem bekannten dunklen Zeitalter der griechischen Antike (~ 1200 bis 1000 v. Chr.) oder dem Zivilisationsrückschritt nach der Völkerwanderung (~400 bis 600 n. Chr.). Ausgrabungen bestätigen für diese graue Zwischen-Vorzeit einen unerklärlichen Einbruch nicht allein im Wissen, sondern auch in Kunst und Handwerk. Aus global verbreiteten, deckungsgleichen bis deckungsähnlichen Mythen wetterleuchtet eine gemeinsame versunkene Geschichte. Die prähistorischen Kulturen waren demnach keineswegs isolierte Inseln. Sie existierten, gemeinsam, und sie gingen ebenso gemeinsam unter. Unter der irreleitenden Überschrift ‚Atlantis' listet die Referenz[240] am Beispiel

[240] http://atlan.org/articles/navajos/

der Navajo-Mythen erstaunliche global wirksame Zusammenhänge und Erklärungsmuster auf, die nicht nur die beiden amerikanischen Subkontinente verbinden.

Die Ursache für die beiden genannten, zeitnahen dunklen Zeitalter kennen wir; bildungsferne Völker überrollten dekadente Kulturvölker, legten alles in Schutt und Asche und massakrierten, was und wer ihnen im Wege war – oder sie vernichteten Kulturen und Werte aus purer Lust an der Zerstörung. Wie uns Kriege immer wieder lehren, Marodieren kann zum Spaß der Soldaten werden. Entgleitet der Führung das Heer, verkommt es zur Soldateska. Der dreißigjährige Krieg (1618-1648) oder der Sacco di Roma (1527) sind nur 2 Beispiele. Brechen ganze Völker mit Kind und Kegel in den Krieg auf, brechen schon aus Not alle Dämme.

Was in prähistorischer Vergangenheit den globalen Wissensverlust herbeiführte, wissen wir nicht. Vielleicht war es nicht Krieg und die Kulturen gingen in Umweltkatastrophen unter, oder das verlorene Wissen war nicht autochthonen Ursprungs und brach mit dem Verschwinden der Lehrmeister ein.

Im Falle der verlorenen Gentechnik haben wir seinen Verlust nachgewiesen, konnten wir einen früheren hohen Wissenstand anhand von erhaltenen Erinnerungsfetzen wiederentdecken. Von der zufällig wiederentdeckten verlorenen Gentechnik schließen wir auf einen vergleichbaren Verlust, mindestens Niedergang des Wissens auf anderen Gebieten. Wenn die Träger des Wissens fremde Lehrer waren, wird der Wissensverlust verständlich. Ohne Lehrer entwickelten sich Helfer und Schüler zu Abschreibern und Dilettanten. Was wir dann in den überlieferten Nachrichten vorfinden und womit wir uns abplagen, sind von Kopisten abgemalte und verfremdete Reste des vormals Gewußten.

Für die Vermutung, in alten Texten aufgepfropftes Wissen vor uns zu haben, spricht die zeitliche Koinzidenz des Aufblühens der ‚neuen' klassischen Hochkulturen. Nicht nur im Niedergang, sondern auch im Entstehen eine globale Wirkungsmacht im Hintergrund anzunehmen, legt das gleichzeitige Erwachen von Hochkulturen an verschiedenen Orten nahe. Bestärkt wird dieser Verdacht, wenn gleichzeitig eine neue Zeitrechnung einsetzte.

Auf den 13. August 3114 v. Chr. (5074 Jahre vor dem Mauerbau) fällt die Stunde null des Mayakalenders. An diesem Tag setzt ihre Lange Zählung ein. Nicht exakt, aber in erstaunlicher Übereinstimmung mit dem Beginn dieses Kalenders in Amerika, wählten ebenfalls andere Völker den Beginn ihres Zeitalters. Perser und Chinesen benennen zu Beginn ihrer Zeitrechnung vier helle Sterne als die Wächter der vier ausgezeichneten Himmelrichtungen. Wenn wir das Datum der Äquinoktien und der Solstitien als diese ausgezeichneten Positionen am Himmel annehmen, standen vor 5000 Jahren mit Aldebaran (14.), Antares (16.), Regulus (21.) und Formalhaut (18.) vier Sterne der 1. Größenklasse so am Himmel, daß der Befund von ihrer Wächterfunktion zum Jahreslauf der Sonne passend gewesen wäre. (Die Klammern hinter den Sternen geben den Rang des Sterns in der Liste der hellsten Sterne an.) Nur leicht verschoben zum Mayakalender legt für das hinduistische Indien das Buch ‚Surya Siddhanta' das Datum Null taggenau auf Mitternacht vom 17. auf den 18.2.3102 v. Chr. In dieser Nacht begann für die Hindu das derzeitige Kali-Yuga Zeitalter.

Neben der (Fast)Übereinstimmung des Datums, zu dem die neuen Kalender einsetzten, erstaunt ihre Präzision, die in mindestens einem Fall sogar die Genauigkeit des heute verwendeten gregorianischen Kalenders übertrifft. Nicht nur die Dauer des Umlaufs der Erde um die Sonne – die Länge eines Jahres – maß der Mayakalender exakter als der aktuell verwendete Kalender.[241] Einen noch präziseren Wert gaben sie für die mittlere Dauer des Mondumlaufs um die Erde an. Die erreichte Präzision ist umso bemerkenswerter, als der Mond in Wüsten oder vegetationsarmen Regionen unter klarem Himmel für das Alltagsleben als kalte Leuchtquelle eine wichtige Rolle gespielt haben mag, aber welchen Nutzen bringt sein mattes Licht im Regenwald?

Im Vergleich zum heutigen besten Wert (29,5305883 Tage)[242] schrieben die Maya – oder deren Lehrmeister – dem synodischen Mondmonat eine Länge von 29,5302 Tagen zu, um 0,0013 % kürzer, als der beste aktuelle Wert ihn angibt. So genau der Wert erscheint, tatsächlich war er noch genauer! Da der Mond sich jedes Jahr um 3,8 cm von der Erde entfernt,

[241] http://www.schlag.name/ETZ.pdf
[242] http://www.nabkal.de/akzel.html

verlängert sich seine Umlaufzeit um 9,4 s in 100 Jahren. Mit ihrer Mondmonatslänge (Quelle Codex Dresdensis) hätten die Maya vor 357 Jahren bei einem damals 13,6 m geringerem Mondabstand abweichungsfrei zum besten modernen Wert gelegen. Die Genauigkeit ist auch deshalb unglaublich, weil die Dauer des Mondumlaufs einer Vielzahl von Schwankungen unterliegt. Die Lunation – Bestimmung der Variation der Dauer eines Mondumlaufs – gehört zu den schwierigsten himmelsmechanischen Berechnungen. Evektion (Streckung und Stauchung der Bahn durch die Sonnengravitation), die Drehung der Apsidenlinie sowie die Schwankung des Perihels sind nur die Haupteffekte, die die Umlaufdauer des Mondes verändern und die Zeitmessung seiner Umlauf-Periodizität durch Positionsbestimmung erschweren. Ohne unterstützende mathematische Berechnungen sind jahrhundertelange Beobachtungen erforderlich, um die Schwankungen auszumitteln und die obige Genauigkeit zu erreichen.

Was in Erklärungen zur Praxis der langen Zählung als Meßmethode völlig ausgeblendet wurde: Wenn die bloße Datenerhebung und ihre Aufzeichnung schon schwierig genug ist, die Auswertung des Datenwusts ist ohne Computer kaum leistbar. Da bleibt nur der Zufall als Ursache der Genauigkeit. Die Wahrscheinlichkeit zufällig dem wahren Wert so nahe zu kommen, ist allerdings von Null nur unwesentlich verschieden. Im Vergleich erscheint dann eine extraterrane Hochkultur als Quelle der Genauigkeit geradezu wahrscheinlich.

Wie genau die Maya Zeit maßen, zeigt ihr Wert für die Jahreslänge. Die Abweichung zum aktuell besten Wert (365,24219878173 Tage)[243] tritt an der 7. Stelle auf. Ist das noch ungenau oder wurde bei dem gerundeten Wert 365,242... bewußt abgebrochen? Gesteigerte Genauigkeiten werden spätestens dann absurd, wenn man viele Jahrzehntausende warten müßte, bevor ein Schalttag einzuschieben oder wegzulassen wäre.

Der Unterschied der Zahlenwerte zwischen Maya-Kalender und bestem heutigen Wert beträgt 0,002 %. Von Fehler zu sprechen ist auch deshalb irreführend, weil die Erde aufgrund der Gezeitenreibung abgebremst wird, und die Länge des Jahres keine Naturkonstante darstellt. Die Ver-

243 http://www.nabkal.de/akzel.html

längerung der Tageszeit um 0,0016 s pro Jahrhundert ist in diesem Genauigkeitsbereich keineswegs mehr zu vernachlässigen. Vor 4500 Jahren gab es keine Abweichung, der Maya-Kalender war damals – im Rahmen heutiger Meßgenauigkeit – exakt. Wurde er tatsächliche 3100 v. Chr. eingeführt, wäre die Abweichung selbst mit heutigen Methoden unmeßbar gewesen.

Wie konnte ein Volk, das technologisch kaum über die Jungsteinzeit hinauskam, das Jahr auf das Millionstel genau bestimmen? In der Literatur wird eine Lösung kolportiert, die angeblich auf einfache Weise die Messgenauigkeit erreicht. Die Lösung und eine – angeblich beherrschbare – verbleibende Herausforderung liegt demnach in einer ausreichend langen Meßdauer. Die Maya – und ihre Vorläuferkulturen – errichteten tatsächlich Bauwerke, die als Zeitmesser fungierten. Nur zu einer bestimmten Stunde an einem einzigen Tag im Jahr fiel das Sonnenlicht durch einen Spalt – oder Gang. Zeitmessung in unserem Sinne mit Uhren kannten sie nicht. Für die Messung verwendeten sie außer Peillinien bestenfalls, wenn überhaupt, Gnome, eine Art schattenwerfende Sonnenuhr.[244]

Wenn nun die Zwischentage richtig gezählt wurden, gelangte man zu einer stetigen Verfeinerung. Da die Maya keine Bruchrechnung kannten und die Meßmethode mit dem Tag als kleinste Einheit vergleichsweise grob ist, konnten sie nur ganze Tage als Zeitraum messen und mußten daher sehr, sehr lange zählen.

So weit, so gut. Nachdem die Maya dieser Lehrmeinung zufolge also lange genug ihre Bücher fehlerfrei geführt hatten, justierten sie in hochkomplexer Weise ihren Kalender. Aufbauend auf ganzen Zahlen fügte ihr Kalender alle 52 Jahre 13 Tage ein und zog alle 3172 Jahre 25 Tage ab. Nachdem ihr Kalender mit dem Jahr 3114 v. Chr. beginnt, haben sie die letzte Korrektur nur einmal vorgenommen.[245] Die von der Archäologie

244 Für eine interessante Diskussion siehe Universalgeschichte der Zahlen; Georges Ifrah; Zweitausendeins als Lizenzausgabe mit Genehmigung des Campus Verlages, Frankfurt 1993.

245 Der jüdische (biblische) Kalender kennt keinen vergleichbaren historischen Beginn. Der Kalender und seine Zeiteinteilung gehen auf eine sumerisch, babylonische Systematik zurück und wurden über Jahrhunderte iterativ verbessert. Das Jahr Null, wurde aus Bibeldaten rückgerechnet. Demnach erschuf Gott die Welt 3761 v. Chr. Das jüdische

propagierte Erklärung der langen Zählerei als Lösung des Problems hat den vorhin angeschnittenen Pferdefuß. Welche Zivilisation führt 3000 Jahre lang so genau Buch? Ob Hungersnöte, Kriege oder Naturkatastrophen, es wurde ohne Unterbrechung taggenau Buch geführt, gezählt, multipliziert, subtrahiert und addiert.

Zu bedenken ist ferner: Wer einen Kalender derartiger Genauigkeit einführt, muß vor seiner Einführung schon lange gezählt haben. Flugs landen wir nicht 5000 Jahre vor unserer Zeit, sondern einige weitere Jahrtausende in der Vergangenheit. Wer an die Langzeit-Zähltheorie glaubt, ist mindestens ein Optimist. Die Vorstellung von einer langen Zählung, bei der irgendwann ein Schamane begann die Tage und Monate als Strichliste auf einem Palmwedel festzuhalten, um daraus einen komplizierten Kalender zu entwickeln ist nicht mehr absurd, sondern lächerlich.

Wie dem auch sei: Den Fehler von 26 Sekunden, um die der Gregorianische Kalender das Jahr zu lang angibt, reduziert der Maya-Kalender auf 7 Sekunden zu kurz.

Warum die Maya die Umlaufzeit der Venus in ihren Kalender eingebaut haben, stellt ein weiteres Rätsel dar. Einen Hinweis gibt der Glaube der Mixteken, demzufolge ihre Herrscher von der Venus herabstiegen,[246] womit wir zu unseren hypothetischen Besuchern und zu ihrem von uns vermuteten Heimatplanet zurückkämen. Das Venusjahr bestimmten die Maya zu 584 Tagen.[247] Die verbleibende Abweichung zum exakten Wert von 583,92 ist wohl weniger einem Meßfehler als der Notwendigkeit geschuldet, eine Anbindung an die beiden anderen verwendeten Kalender (Ritualkalender zu 260 Tagen und Sonnenkalender 365 Tage plus Korrekturen) herbeizuführen. Da das Verhältnis der Umlaufzeiten von Venus zu Erde zwar nahe an, aber nicht genau 13:8 und damit nicht kommensurabel ist, blieb den Facharbeitern der Steinzeit keine andere

Jahr dauert durch Einfügen von Schaltmonaten für eine Anpassung an das Mondjahr 365,2468 Tage.

[246] C.A. Burland in ‚Völker der Sonne'; Gustav Lübbe Verlag (1977); S. 84.

[247] Kunst und Religion der Mayavölker II; E. P. Dieseldorff, als Freitext im Internet unter: http://libarch.nmu.org.ua/bitstream/handle/GenofondUA/3923/21f6aa5ee270a6ba6b1ffbd742140403.pdf?sequence=1

Wahl, als das Dilemma bei der Anpassung durch Ungenauigkeit zu kaschieren.

Die Einbindung der Venus in das Messen der Zeit findet sich nicht nur bei den Maya, auch megalithische Bauwerke in Europa und die Mythen Asiens betonen eine Sonderstellung der Venus durch den Einbau von Peilrichtungen und Gängen, die periodisch auf Venus deuteten. Die Motivation für diesen prähistorischen Venuskult ist unbekannt. Unsere Hypothese für diese Venusverrücktheit der Alten wurde in diesem Buch im Kapitel ‚Die Venus Mythologie' bereits vorgestellt.

Die Maya trieben den Kalender-Kult auf die Spitze. Sie waren jedoch nicht die Einzigen, die sich um unheimlich anmutende Exaktheit in Kalenderangelegenheiten bemühten. Im indischen Surya Siromani wird die Länge eines siderischen Jahres zu 365 Tagen, 6 Stunden, 12 Minuten und 9 Sekunden angegeben. In dezimaler Schreibweise ergibt dies eine Jahreslänge von 365,258438 Tagen. Gegenüber dem heutigen Wert um 23,4 Minuten zu lang. Dieser Fehler ist angesichts der angegebenen Stellen viel zu groß und widerspricht dem Aufwand, mit dem in diesem Buch Sternenkonstellationen und Ortsbestimmungen vorgerechnet werden. Wagt man, einen möglichen Vorzeichenfehler zu korrigieren und in einer Rechnung statt + 12 Minuten – 12 Minuten einzusetzen, reduziert dieser Vorzeichenwechsel die Abweichung zum wahren Wert auf 37 Sekunden.

Im anderen Klassiker der prähistorischen indischen Astronomie, dem Surya Siddhanta, beträgt die Jahreslänge 365 Tage, 6 Stunden, 12 Minuten und 36,56 Sekunden. Diese Angabe wird genau, wenn wir wieder den gleichen Vorzeichenfehler unterstellen. Die zugegeben dreiste Vorzeichenkorrektur reduziert die Abweichung zum aktuell besten Wert dann auf 9,4 Sekunden pro Jahr.

Die vorgeschlagenen Korrekturen scheinen trotz Bauchschmerzen berechtigt, insbesondere, da die Bücher bei den Zahlen und Erläuterungen wiederholt Inkonsistenzen aufweisen. Wir nehmen an, daß wir ähnlich wie in den mexikanischen Codcies Kopien, und darüber hinaus in den beiden indischen Klassikern problemvereinfachende Kompendien verlorener Bücher vor uns haben. Nach unserer Vermutung zogen die Autoren des Surya Siddhanta Quellen unterschiedlicher Qualität heran und verstanden nur unzulänglich, was in den Originalen stand, so daß sich beim Kopieren komplexer Sachverhalte Fehler einschlichen. Die Unkenntnis möglicher Kopisten beweisen angesichts der Qualität der Ausführungen läßliche und damit unverständlich Fehler. Mangelndes Verständnis wird z.B. in Verwechselungen erkennbar. Das Surya Siddhanta gibt die Länge des siderischen Tags zu 86.400 Sekunden, obwohl dies die Länge des synodischen Tages ist. Ein Fehler, der keinem Fachmann unterlaufen wäre.

Die unterschiedliche Qualität der Quellen, aus denen die beiden Kompendien schöpften, und/oder Fehler beim Kopieren illustrieren besonders auffällig die Angaben zur Kreiszahl Pi. Die angegebene Relation zwischen Durchmesser und Umfang der Erde spricht dafür, daß den Ur-Verfassern die Zahl Pi auf mindestens fünf Nachkomma-Stellen genau bekannt war. Das Surya Siddhanta, wie auch das Surya Siromani messen Längen in Yojana. Wenn die ursprüngliche Längeneinheit sich über die Zeit bis heute gerettet hat, ist 1 Yoyana gleich 14,56 km.[248] Der Durchmesser der Erde wird zu 1581 + (1/24)tel Yojana, der Erdumfang mit 4967 Yojana angegeben.[249] Aus diesen Angaben zurückgerechnet, beträgt Pi 3,141599684..., was dem tatsächlichen Wert 3,141592654... bemerkenswert nahe kommt. Wir anerkennen zudem, daß die alten Inder nicht nur den Wert für Pi – mindestens in hervorragender Näherung – kannten, sie kannten offensichtlich auch die Formel für die Berechnung einer Kugeloberfläche aus dem Radius:

$$O_{Kugel} = \pi \cdot d^2 = 4\pi \cdot r^2$$

Wenn das Verhältnis von Erdumfang und -durchmesser die beeindruckend genaue Kenntnis des Wertes von Pi nachweist, war das kein Zufall. Die gleiche Genauigkeit folgt aus der angewendeten Oberflächenformel. Die Erdoberfläche wird mit 7.853.034 Quadrat-Yojanas angegeben. Die Rückberechnung von Pi aus der Oberflächenangabe und dem Erddurchmesser weicht um 2 Millionstel (Abweichung in der 6. Stelle) vom wahren Wert Pi's ab.

---

[248] http://www.tibet-encyclopaedia.de/laengenmasse.html

[249] Siddhanta Siromani, Kapitel II, 53, Seite 122 in der Übersetzung von Lancelot Wilkinson, überarbeitet von Pundit Bapu Deva Sastri (Calcutta 1861).

In auffälliger Inkonsistenz zu sonstigen Kenntnissen wird auf Seite 11 des Surya Siddhanta (Kapitel I, 59) erst der Erddurchmesser übertrieben – etwa doppelt zu groß – mit 1600 Yojana (23.296 km) angegeben und dann auch noch mit $\sqrt{10}$ als Näherungswert für Pi der Erdumfang berechnet. Diese ungenaue Näherung von Pi durch $\sqrt{10}$ wird anschließend durchgängig in recht verquasten Rechnungen zur Bestimmung von Sternpositionen verwendet. Zur Erklärung können wir nur auf verlorenes Wissen tippen. Ein Fehler größer 2 % führt bei astronomischen Positionsbestimmungen zu Abweichungen, die auch bei Einsatz einfacher Meßtechnik auffallen (müßten). Der festzustellende und widersprüchliche Kenntnisstand im gleichen Buch unterstreicht unsere These vom Abschreiben aus älteren Quellen und von verlorenem Wissen.

Die Formel zur Berechnung der Oberfläche einer Kugel kannten vermutlich auch die Ägypter,[250] so daß sowohl Inder als auch Ägypter dem offiziell gehandelten Entdecker der Formel, dem griechischen Gelehrten Archimedes, um einige tausend Jahre voraus waren. In einem erhaltenen Beweis zeigte Archimedes, daß die Kugeloberfläche gleich dem Vierfachen der maximal großen Schnittfläche ist. So richtig diese Aussage ist, bei der Zahl Pi hakte es; er schachtelte sie im Intervall zwischen größer 3+10/71 und kleiner als 3+10/70 ein. Sein bester Wert betrug somit 3,1428571 und war damit mehr als 100mal ungenauer als der Wert der alten Inder.[251] Wer sich für das Thema über das hier Ausgeführte hinaus interessiert, kann sich vom Stand der prähistorischen indischen Mathematik im Brahmasphuta-siddhanta[252] ein Bild machen.

Wie genau die Ägypter die Zahl Pi kannten und ob sie sich ihrer Bedeutung überhaupt bewußt waren, ist strittig. In diesem Zusammenhang bemerkenswert sind einige Relationen in den Abmessungen der Cheops Pyramide. Die doppelte Länge der Seitenlänge geteilt durch die Höhe ergibt 22/7. Dieser Wert liegt sehr nahe bei Pi; die Abweichung beträgt nur 0,04 %. Vermutet wird, daß die Relation ohne Kenntnis der Zahl Pi

---

250 Otto Neugebauer: Vorlesungen über Geschichte der antiken mathematischen Wissenschaften: Vorgriechische Mathematik; Springer-Verlag Berlin Heidelberg (1969).

251 http://www-history.mcs.st-andrews.ac.uk/HistTopics/Pi_chronology.html#s26

252 https://ia801403.us.archive.org/8/items/algebrawitharith00brahuoft/algebrawitharith00brahuoft.pdf

infolge des verwendeten Meßverfahrens zustande kam. Dieser Erklärung zufolge haben die Erbauer Längen abgemessen, indem sie ein Rad abrollten. Bei diesem Vorgehen würden sich Längenverhältnisse als Vielfaches von Pi in der Tat zwangsläufig einstellen.

Surya Siddhanta und Siddhanta-Siromani verblüffen nicht allein mit mathematischem Wissen und – halbwegs – zutreffenden Angaben zur Größe der Erde, sondern auch mit weiteren quantitativen geophysikalischen und astronomischen Angaben. Die Höhe der Atmosphäre gibt das Siddhanta-Siromani mit 175 km an. Kein schlechter Wert, entspricht er doch der doppelten Höhe der Schichtung, die wir als Stratosphäre bezeichnen. Die Angabe ist durchaus vernünftig. In dieser Höhe beginnen Sternschnuppen zu glühen, werden Radiowellen reflektiert (untere Appleton Schicht) und treten Polarlichter auf. Wenn in dieser Höhe Himmelserscheinungen auftreten und die NASA den Beginn des Weltraums auf (eindeutig zu niedrige!) 100 km festlegt, können wir uns mit der Höhenangabe der Inder für die Erdatmosphäre durchaus anfreunden, wenngleich die Fortführung des Textes, daß oberhalb der Atmosphäre Winde wehen, die die Planeten schieben, wieder unsinnig ist.[253] Zu diesem merkwürdigen Verständnis paßt ein Zitat aus dem Bhagavad-Gita[254]:

> *„Ich gehe in jeden Planeten ein, und durch meine Energie bleiben Sie in ihrer Bahn…*

Womit wir nun doch recht nahe an den katholischen Planeten-Schieberengeln wären. Geht wohl auf Thomas von Aquin zurück, der für diesen Unsinn Aristoteles zitiert, weil der wiederum dafür Anaxagoras (499 bis 426 v. Chr.) lobt.[255]

Das Konzept, Winde für die Bewegung verantwortlich zu machen, zählt zu den unverständlichen Inkonsistenzen und der wirren Vermischung

---

[253] Das Konzept der anschiebenden Winde mag falsch sein, gefällt mir persönlich aber immer noch besser als die im Mittelalter propagierte Idee, die Engel als Anschieber einführt.

[254] Kap. 15, 13 in http://prabhupada.de/bg/Prabhupada%20-%20Bhagavad-gita%20Wie%20Sie%20Ist.pdf

[255] Aus „Summa contra Gentiles".

richtigen und falschen Vorstellungen. Obwohl die Atmosphäre in niedriger Höhe endet, wehen oberhalb von ihr Winde? Mehr als seltsam! Diese Winde müßten zudem nicht allein oberhalb der Atmosphäre, sondern in unglaublicher Erdentfernung wehen. Die Entfernung der Planeten schätzten die Inder nämlich ziemlich richtig ein. Für die Mondentfernung nennt das Surya Siddhanta 324.000 Yojana (Kapitel 12). Diese Angabe entspricht 4.720.000 km und überschätzt damit die mittlere Mondentfernung um mehr als das Zehnfache. Der Grund für diese völlige Überschätzung kann einem falschen Modell geschuldet sein, demzufolge der planeten- und mondschiebende Wind immer gleich schnell weht. Erst der viel zu weit entfernt angenommene Mond bringt in dieser Theorie die Planeten auf ihren – einigermaßen – wahren Abstand.

Mit dem falschen Mondabstand als Basis berechnen die alten Inder in einem geozentrischen Weltbild den Abstand der Planeten (und der Sonne) aus dem Verhältnis der Umlaufzeiten.

$$d_{Planet} = d_{Mond} \frac{Umlaufzeit\ Planet}{Umlaufzeit\ Mond}$$

Die Mond-Umlaufzeit gleich 27,322 Tage als Basis verwendet, führt auf die Daten der Abbildung 22. Die angenommene Proportionalität zwischen Umlaufzeit und Abstand beruht auf der Annahme einer gleichen Bahngeschwindigkeit aller Planeten und ist von daher um den Kepler-Faktor (3. Keplersches Gesetz: Die Quadrate der Umlaufzeiten verhalten sich wie die Kuben der großen Halbachsen) falsch.

Die berechneten Werte sind zwar um den Kepler-Faktor systematisch falsch aber von richtiger Größenordnung. Für Jupiter stimmt der Abstandswert des Surya Siddhanta sogar gut mit dem wahren Abstand überein. Für Merkur ist er entsprechend dem Kepler-Faktor um den Faktor 3 zu klein, für Saturn schon um 30 % zu groß. Wegen des falschen Weltbildes sind die Abstände zwar systematisch falsch, aber im verwendeten Weltbild wieder erstaunlich genau berechnet. Eigenes Nachrechnen der Bahnabstände nach der obigen Geschwindigkeits-Formel bestätigt die Daten des Surya Siddhanta. Die Abweichungen zwischen den genannten Abständen und den nachberechneten Werten liegen im Promillebereich.

Die Berechnungen der Inder erforderten eine genaue Kenntnis der Umlaufzeiten der Planeten. Ihr Weltbild mag geozentrisch und somit falsch gewesen sein, gute Astronomen waren sie in jedem Fall. Beeindruckend ist, daß sie in ihrem falschen Weltbild präzise Daten für die Planetenaphele maßen. Die Leistung erstaunt, kannten sie doch die Bewegung der Erde um die Sonne nicht (oder hatten dieses Wissen verloren) und maßen die Planetenbewegungen in ihrem geozentrischen Weltbild. Eine phantastische Leistung!

Die Promillegenauigkeit der falsch, aber konsistent berechneten Planetenabstände (zur Sonne) gilt für alle Planeten außer für die Venus! Ihr Abstand wird abweichend zur Rechenformel um 1,3 % zu nah angegeben. Ein Fingerzeig? Stammen die Basisdaten für die Berechnung aus einer Zeit vor dem – von uns vermuteten – Asteroideneinschlag?
Wie Tabelle 2 ausweist, liefert unsere Simulation zur Störung der Planetenbahnen durch die Rote Sonne im Vergleich zum heutigen Wert einen um 9 % geringeren pimordialen Venusabstand.

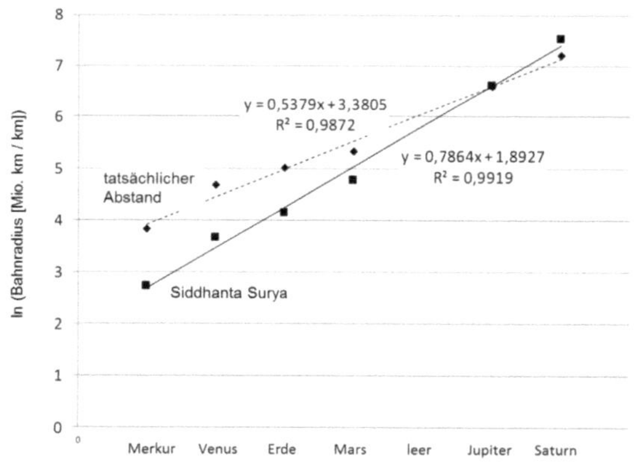

	<Abstand>	Siddhanta Surya
	Mio. km	Mio. km
Merkur	45,9	15,2
Venus	107,4	38,8
Erde	149,6	63,1
Mars	206,7	118,6
Tiamat		
Jupiter	740,9	748,0
Saturn	1347	1858,8

Abbildung 22
Vergleich der Bahnabstände nach altindischer Quelle mit realen Werten
Tatsächliche Planetenabstände (Raute) und nach den Angaben im Surya Siddhanta (Quadrat). Siehe auch Text. Rechts die Wertetabelle für die Graphik.

Als Erklärung für den völlig aus dem Rahmen fallenden Fehler in der Angabe der Mondentfernung kann man nur vermuten, daß ein hilfloser Kopist zu retten versuchte, was er nicht retten konnte. Irgendwie mußte er die Umlaufzeiten, die modellgegebene gleichmäßige Geschwindigkeit des Mondes und der Planeten und eine vorliegende Abstandstabelle überein bringen.

Wie schon die Werte für die Planetenabstände ausweisen, Angst vor großen Zahlen kannten die Verfasser der indischen Kompendien nicht. Die Planetenabstände sind keineswegs die Obergrenze der Vorstellungskraft gewesen. Den Radius der Sonnenumgebung gibt das Siddhanta Siromani mit 18.712.080.864.000.000 Yojana (~28.000 Lichtjahre) an. Kein schlechter Wert für unsere Galaxie, die 100.000 Lichtjahre im Durchmesser und im Mittel 10.000 Lichtjahre in der Dicke mißt. Betrachten wir die mittlere Größe, macht der Mittelwert aus Durchmesser und Dicke Staunen: (100.000 + 10.000)/2 ~ 60.000 → 30.000 Lichtjahre als mittlerer Radius. Noch das frühe zwanzigste Jahrhundert kannte diesen Wert nicht.

In ebenso phantastische Größenordnungen steigen andere Angaben; das Bestehen des Weltalls wird mit 4.300.560.000 Jahren angegeben. Erstaunlicherweise – oder auch nicht – stimmt dieser Wert recht genau mit dem Alter der Erde (heutiger Schätzwert: 4,5 Mrd Jahre[256]) überein. Dem Hinduismus zufolge entsprechen 4,32 Mrd. Jahre übrigens einem Tag im Leben Brahmas. Wieder ein Beispiel, wie Religion und Astronomie verwoben sind?

Die indischen Riesenzahlen erstaunen endgültig, wenn wir bedenken, daß die Bibel die Erschaffung der Welt maximal 7.000 Jahre zurückverlegt und noch der Starphysiker des 19. Jahrhunderts Lord Kelvin das Alter der Erde auf maximal 24 Millionen Jahre schätzte.

Das Wissen der Inder stellt einen schlagenden Beweis für verlorenes Wissen dar. Die größenordnungsmäßig richtigen Angaben zu Planetenabständen und zu Zeitaltern sind zu genau und fallen zur sehr aus dem möglichen Wissen der Steinzeit, um geraten zu sein.

In der Form, wie sie heute vorliegen, wurden die beiden herangezogenen Bücher vermutlich vor etwa 3000 Jahren verfaßt. Dieser Zeitpunkt

---

[256] https://lp.uni-goettingen.de/get/text/7289

der Abfassung grenzt sich ein, da das Siddhanta Surya den Frühlingspunkt in das Sternbild Widder legt, wodurch seine Entstehung um 1000 v. Chr. (Widderzeitalter ca. 2000 v. Chr. bis Zeitenwende) anzusiedeln ist.

Biochemie, Kalender und nun endgültig auch Astronomie bildeten einen Teil des Kanons prähistorischen Wissens, andere Kenntnisse beeindrucken nicht minder. So kann die Existenz von Weltkarten aus einer Zeit vor Beginn der Entdeckerreisen[257] europäischer Seefahrer klassisch nicht erklärt werden. Sowohl die verwendete Projektion, wie die genaue Wiedergabe einiger Küstenlinien lassen vermuten, daß die Karten vor den Eiszeiten angefertigt wurden. Ein Befund, der ihre Entstehung flott einige 10.000 Jahre zurückverlegt. Einen fundierten und kritischen Blick auf die Herkunft dieser Karten werfen die Untersuchungen von Charles Hutchins Hapgood[258], auf die wir interessierte Leser verweisen. Mit der bekanntesten dieser alten Weltkarte werden wir uns im Kapitel ‚Das Kippen der Erdachse' noch intensiv beschäftigen.

> It is stated in the Surya-Siddhanta that a dialogue took place between a man partaking of the nature of the Sun and a Demon called Maya 2,164,960 years before the present time.[259]
>
> *Surya-Siddhanta*

Resümee

Es ist nicht wegzudiskutieren und nicht durch den Schlachtruf ‚Verschwörungstheorie' zu diskreditieren, wir sind an vielen Orten, in vielen Nachrichten und zu zu vielen Zeiten auf verlorenes Wissen gestoßen.

---

[257] Gisa und Peter Hertel, Ungelöste Rätsel alter Erdkarten, Aulis Verlag (Köln 1984).

[258] Charles Hapgood Review in http://members.tripod.com/~Glove_r/Hapgood.html und d http://www.diegocuoghi.com/Piri_Reis/Hapgood.htm

[259] Im Surya-Siddhanta ist festgehalten, daß vor 2.164.960 Jahren ein Gespräch zwischen einem Mann und einem Dämon namens Maya stattfand, der Teilhabe am Wesen der Sonne hatte.

Als Erklärung für den Wissensverlust bleibt das ungute Gefühl, allzu oft muß der Menschheit Schreckliches widerfahren sein, was sie von zivilisatorischer Höhe auf Barbarei zurückwarf.

Für uns zeitlich naheliegende dunkle Zeitalter kennen wir die Ursachen oder meinen zumindest, sie zu kennen; für ferne Vergangenheit fehlt uns dieses Wissen. Der Untergang der minoischen Kultur und der Untergang des römischen Reiches waren durch Kriege und Überwanderung ausgelöste Zäsuren, die einen beängstigenden Rückschritt in Technik, Wissenschaft und Kultur nach sich zogen. Mancher Rückschritt bleibt völlig rätselhaft. Unbegreiflich ist, wie ein Volk Kenntnisse verlieren kann, von denen sein Überleben abhängt. Die Byzantiner vergaßen die Herstellung ihrer effektivsten Waffe, die Zusammensetzung des griechischen Feuers. Wir können nur vermuten, daß in diesem Fall die Angst vor Wissensverbreitung zum Vergessen geführt hat. Geheimgesellschaften und Geheimwissen agieren bis heute nach diesem Muster. Die Initiation in die eleusinischen Mysterien oder die Aufnahme in den Bund der Pytagoräer war mit der strengen Auflage verbunden, das gelehrte Wissen nicht zu verbreiten. Die angedrohten und praktizierten Sanktionen reichten bis zur Todesstrafe. Wohl bei der Einführung nicht bedacht, hat die Abkapselung des Wissens so perfekt funktioniert, daß es verloren ging.

Wie sehr Zeitgeist Wissen verdrängen oder dem Verlieren anheimstellen kann, lehrt das Mittelalter. Wir haben Cicero und Aristoteles mit einem Wissen zitiert, das zwar nie verloren ging, aber dennoch aus dem öffentlichen Bewußtsein und wissenschaftlicher Diskussion verschwand. Das Wiederfinden und die Besinnung auf antikes Wissen wurden zum Auslöser der Renaissance und damit zu dem, was wir als Neuzeit bezeichnen. Wir dürfen annehmen, Mystizismus und Scholastik waren trotz eines Thomas von Aquin intellektuell so steril geworden, daß Erkenntnissuchende und von zu viel heiliger Einfalt Frustrierte nach diesem, über die Zwischenzeit geretteten Strohhalm einer Welterklärung griffen. Erstaunlich festzustellen, wie selektiv Handwerk und Technik durch das Mittelalter kamen. Die Kloaka Maxima wurde vergessen, aber Dome zu bauen, verlernten die Techniker nicht. Die Baumeister perfektionierten sogar das Wissen in handwerklicher Statik und Bautechnik, intuitiv und manchmal durch Versuch und Irrtum, wie der Einsturz der Kathedrale von Beauvais während des Baus und die nachfolgenden Statikanpassungen beweisen. Sie bewahrten und verbesserten ein Wissen, das der Bau großer Kirchen und Burgen an Baukunst ins Mittelalter gerettet hatten.

Anfangend in der Renaissance initiierten höhere Mathematik und exakte Naturwissenschaften Umbrüche im Weltbild, veränderten Philosophie und Bewußtsein, prägen bis heute den Zeitgeist. Warum fand die damit einhergehende technische Revolution nicht im Ägypten der Ptolemäer oder im Rom der Kaiser statt? Während der Diadochenzeit hatten Physik, insbesondere die Mechanik und Mathematik das Niveau der Renaissance erreicht. Die klassische Antike wäre mit dem vorhandenen Wissen in der Lage gewesen, die technische Revolution über 2000 Jahre früher stattfinden zu lassen.[260] Aber die seelenlose Schicksalswaage und die billige Muskelkraft der Sklavenheere schützten das Eingeübte und verhinderten den Umbruch.

Was die Renaissance wiederentdeckte, war zuvor in erschreckend kurzer Zeit aus dem bewußten Wissenskanon verdrängt worden. Vom endgültig Verschwundenen ganz zu schweigen; es muß immens gewesen sein. In wenigen hundert Jahren schaffte es die Alte Welt, den erreichten Bildungs- und Kenntnisstand völlig zu verlieren und wieder auf das Niveau einer Scheibenwelt voll von Zauberei und Aberglauben zurückzufallen. Ohne Klöster, Byzanz und wissensbewahrende Araber wäre der Wissensverlust endgültig gewesen.

Dieses Exempel des mittelalterlichen Vergessens lehrt Nachdenkenswertes über den Umfang des potentiellen Verlustes von Wissen einer weit ferneren Vergangenheit: Wenn sogar – theoretisch – in Bibliotheken nachzulesendes Wissen in kurzer Zeit aus dem Bewußtsein verschwinden kann, wieviel wird dann in vorhergehenden Jahrtausenden verloren gegangen sein? Zum Untergang des römischen Reiches gibt es viele Theorien und hat es mehr als ein historisch gleichwertiges Ereignis gegeben. Wenn wir nicht einmal für das römische Reich die Ursache des Untergangs wirklich kennen, wie sollten wir dann die wahren Gründe für andere Kulturbrüche kennen. In mittelferner Vergangenheit dürften der Untergang Sumers oder die dunkle Zeit Griechenlands und Kleinasiens nach der Invasion der Seevölker vergleichbar radikale zivilisatorische

[260] Lucio Russo „Die vergessene Revolution“ Springer Verlag 2005.

Brüche nach sich gezogen haben wie die Völkerwanderung in neuerer Zeit.

Wir müssen annehmen, auch in diesen Zeitenwenden wurde ein Großteil des zuvor Gewußten für immer ausgelöscht. Die Spuren, die wir bisher wiedergefunden haben, sind in diesem Licht nicht mehr kläglich, sondern überraschend umfangreich und gehaltvoll.

> … daß einst Phaïton, der Sohn des Helios, den Wagen seines Vaters bestieg und, weil er es nicht verstand, auf dem Wege seines Vaters zu fahren, alles auf der Erde verbrannte und selber vom Blitze erschlagen ward, das klingt zwar wie eine Fabel, doch ist das Wahre daran die veränderte Bewegung der die Erde umkreisenden Himmelskörper und die Vernichtung von allem, …
>
> *Platon, Timaios*

Phaeton und die antike Sintflut

Bei einer Sichtung prähistorischer Großereignisse wenden wir uns nun den Mythen um die Fahrt des Phaeton in Apolls Sonnenwagen zu. Der Mythenkranz um dieses Ereignis gehört zu den verbreitetsten und detailliertesten der Antike. Im Mittelpunkt steht wieder ein Himmelsereignis mit katastrophalen Auswirkungen. Der Sage nach verlor Phaeton, dieser übermütige Sohn Apolls,[261] die Kontrolle über den erbettelten Sonnenwagen seines Vaters und stürzte mit ihm auf die Erde.

Was die Anzahl und Detailliertheit der Berichte anbetrifft, kann kein anderes Schrecken und Massensterben verursachendes astronomisches Ereignis der Antike mit so zahlreichen Quellen aufwarten. Schriftsteller und Philosophen von Platon bis Cicero wissen um dieses Himmelsereignis, welches einen Weltenbrand verursachte. Wir vermuten, ihre Ausführungen gehen zurück auf ein schreckliches kosmisches Ereignis aus einer für sie näheren Vergangenheit, und sie vermischen diese Katastrophe mit dem Nachhall früherer Kataklysmen.

---

[261] Einen passenderen Namen hätte VW für seine kommerziell krachend gescheiterte Nobelkarosse kaum wählen können.

Verwoben und als Einleitung in die Geschichte um Atlantis berichtet etwa Platon in seinem Timaios über wiederkehrende Bewegungen des Himmels.

> *Es haben schon viele und vielerlei Vertilgungen der Menschen stattgefunden und werden auch fernerhin noch stattfinden, die umfänglichsten durch Feuer und Wasser, andere, geringere aber durch unzählige andere Ursachen. Denn was auch bei euch erzählt wird, daß einst Phaëton, der Sohn des Helios, den Wagen seines Vaters bestieg und, weil er es nicht verstand, auf dem Wege seines Vaters zu fahren, alles auf der Erde verbrannte und selber vom Blitze erschlagen ward, das klingt zwar wie eine Fabel, doch ist das Wahre daran die veränderte Bewegung der die Erde umkreisenden Himmelskörper und die Vernichtung von allem, was auf der Erde befindlich ist, durch vieles Feuer, welche nach dem Verlauf gewisser großer Zeiträume eintritt.*

Andere Schriftsteller bestätigen den Bericht vom abstürzenden Phaeton und führen aus, einst habe ein gewaltiger Feuerball die Erde in Brand gesetzt. Aristoteles schreibt sogar detaillierter, daß nicht ein einzelner Feuerball, sondern mehrere und gleichzeitig auftretende die Katastrophe auslösten.

Wir schließen uns Kugler an, der dieser Sage den Ursprung in einem realen Himmelsereignis zuweist. Diese Berichte sind detailliert und inhaltsschwer genug, um Physik zu bemühen und zu versuchen, dem Entstehen des Mythos wissenschaftlich auf den Grund zu gehen.

Bleiben wir bei unserem Modell und führen das Auftreten Phaetons auf das Urereignis zurück, das die Umwälzungen des Himmels initiierte, den Durchzug der Roten Sonne. Nachdem die Säge ihrer Akkretionsscheibe den Planeten Tiamat zerschmettert und die Schwerkraft unserer Sonne die Akkretionsscheibe im Verlauf der Passage weitgehend aufgelöst hat, läuft die Uhr, bis sich die Erde und der zurückgelassene, bahnkreuzende Phaeton begegnen werden.

Mechanisch locker aufgebaute Kometen können auf ihrem Weg um die Sonne unter dem Druck innerer Gase, welche die Hitze der Sonne in ihren perihelnahen Bahnteilen freisetzt, zerfallen. Einerlei, ob ihr Ursprung im Asteroidengürtel liegt, es sich um Reste der Akkretionsscheibe der Roten Sonne handelt, oder sie aus dem Kuipergürtel stammen, wo die Rote Sonne ihre Bahnen zur Sonne krümmte, bei ausreichend großer Masse sind sie alle gefährlich, manchmal tödlich.

Gasreiche Kometen mit einem Perihel in Sonnennähe kann der Innendruck der Gase, die in der Hitze der Sonne frei werden, sprengen. Dieser Zerfall von Kometen in Sonnennähe verringert die vernichtende Wirkung eines Einschlags. Geht der Zerfall hinreichend weit, werden die Kometenreste harmlos, verlieren ihre Kraft und werden beim Zusammentreffen mit der Erde zu Sternschnuppen oder Meteoriten. Zerfallen sie unter dem Druck eingeschlossener Gase nicht, weil die Wärme der Sonne nicht tief genug eindringt, oder weil sie so groß sind, daß ihre Schwerkraft sie trotz inneren Gasdrucks und Gasverlusts zusammenhält, umkreisen sie zu Steinklumpen verwandelt die Sonne. Kreuzen solche Kaventsmänner in ihrem jungfräulichen oder später in ihrem entgasten Zustand die Planetenbahnen, drohen kataklysmische Einschläge.

Die Gefahr eines Kometen- oder Asteroideneinschlags in die Erde ist realer, als uns lieb sein kann. Irgendwann schlagen diese Objekte mit statistischer Wahrscheinlichkeit, aber eben doch Gewißheit, zu. Alles Leben auslöschen können Kometen und kalte Bahnkreuzer, solange sich ihre Masse auf einige Millionen Tonnen (<= 300 m Durchmesser[262]) beschränkt, auf einem Planeten nicht. Für ein regionales Massensterben reicht der Einschlag allemal.

Der Zerfall sehr großer Kometen und Asteroiden erfolgt spätestens bei ihrem Eintritt in die Erdatmosphäre. Ist der lockere Haufen des Kometen hinreichend groß, zerfällt er vor dem Erreichen der Atmosphäre des Planeten an seiner Roche Grenze. Egal, ob der Asteroid am Stück oder eine Trümmerwolke den Boden erreicht oder ob er in großer Höhe explodiert, in jedem Fall kann der Einschlag riesige Gebiete verwüsten. Der Einschlag eines vergleichsweise kleinen Asteoriden oder Kometen (so genau weiß man das nicht) wurde im Jahr 1908 mit der Explosion des

---

[262] In diese Klasse gehört der Asteroid Apophis, der nach Bahnberechnungen 2029 in 30.000 km Abstand die Erde passieren wird. (http://www.scinexx.de/dossier-480-1.html)

Tunguska Meteoriten[263] beobachtet. Glücklicherweise erfolgte die Explosion von geschätzten 10 bis 15 Megatonnen über unbewohntem Gebiet. Noch mal Glück gehabt! Ein Meteoriteneinschlag dieser Größe über dichtbesiedeltem Gebiet kann Millionenstädte ausradieren. Noch gefährlicher als Schutthaufen, die in der Atmosphäre explodieren, sind massive Meteoriten, die die Atmosphäre durchschlagen und, wenn es übel kommt, in einen Ozean krachen. Der durch solch einen Einschlag ausgelöste Tsunami kann Kontinente überspülen.

Falls die Berichte von Platon und Aristoteles über das Auftreten Phaetons zutreffen, kam es vor etwa 11.500 Jahren zu einem weitaus heftigeren Einschlag als dem, der 1908 Sibirien traf. Bemühen wir die Physik und entwerfen ein Szenario für ein Ereignis, das die Nachrichten der Alten möglichst getreu abbildet. Als Auslöser der Katastrophe und damit der Mythen halten wir einen Asteroiden für wahrscheinlich. In unserem Szenario handelt es sich bei Phaeton um ein Relikt aus dem Mantel Tiamats, um einen zusammengesinterten Haufen von Steinbrocken, Staub und Metallpartikeln.

Auf seiner sonnennahen Umlaufbahn hat Phaeton alle flüchtigen Gase in den Weltraum abgestoßen und seinen anfänglichen Kometenschweif längst verloren. Die Schwerkraft der Erde erhöht die Einschlaggeschwindigkeit Phaetons bei seiner Annäherung um die irdische Fluchtgeschwindigkeit von 11,2 km/s auf circa 20 km/s.

Phaeton kracht nicht in einem gewaltigen Aufprall in die Erde, sein Weg wird zu einem tödlichen Himmelsschauspiel. Entwickeln wir ein Szenario nach den Schilderungen der Antike. Um ein Haar hätte der Asteroid die Erde verfehlt, seine Flugbahn berührt die Erdatmosphäre und schwenkt dem Zug der Schwerkraft folgend um die Erde herum. In 200 km Höhe glüht Phaeton auf, nähert sich der Erdoberfläche bis auf 50 km. Statt Sonnenstrahlung setzt ihm nun eine auf mehr als tausend Grad erhitzte Oberfläche zu. Gase verdampfen, die bisher tief im Inneren gefroren oder chemisch gebunden – etwa als Hydroxid oder Carbonat – überlebt haben. Ebenfalls verdampft Wasser, welches zuvor physikalisch in Gestein verkapselt schwache Erwärmung überdauert hatte. Der

[263] http://www.geo.de/natur/7197-rtkl-30-juni-1908-tunguska-flammen

plötzliche Druckanstieg im Inneren und die Stoßwellen an seinem Kopfende sprengen den Asteroiden in mehrere Teile. Der überschallschnelle Asteroid hinterläßt in seinem Stoßwellentrichter eine hunderte Kilometer lange, leuchtende Gaswolke. In mehrere Fragmente zerfallen, zieht bald jedes Bruchstück einen Feuerschweif hinter sich her. In der Plasmafackel des Schweifes reagieren Gase und Metalldämpfe mit Wasser, Sauerstoff, Kohlenstoff und Stickstoff zu einem wilden Spektrum von Verbindungen.

Die Temperatur in der Plasmafackel beträgt einige Tausend Grad. Wie ein Riesenstreichholz zieht Phaeton über das Land. Die Strahlungshitze entzündet die Vegetation. Unter dem mit mehrfacher Schallgeschwindigkeit dahinrasenden Meteoriten breitet sich ein Flächenbrand aus. Bald steht alles Brennbare in Flammen. Die Feuerwalze überlebt zunächst, was tief im Boden existiert oder sich dorthin verkrochen hat. Rettung gibt es dennoch keine, da der Feuersturm der Luft den Sauerstoff entzieht; unter dem Weg Phaetons geht jedes höhere Lebewesen, das nicht verbrennt, an Sauerstoffmangel zugrunde. Der Überflug Phaetons hinterläßt einen Feuersturm, der tausende von Quadratkilometern in ein Aschemeer verwandelt.

Mikrofragmente wie Staub und kleine Splitter bremst die Atmosphärenreibung umgehend ab. Sie verglühen und sinken als Feuerregen zu Boden. Die größten Bruchstücke des Asteroiden durchschlagen trotz Abbremsung die Atmosphäre und verschwinden wieder im Weltraum, um von dort mit Urgewalt zurückstürzend wieder über die Erde herzufallen. Bei jedem neuen Durchqueren der Atmosphäre ziehen sie sengende Plasmafackeln hinter sich her, der Himmel brennt und steckt die Erde in Brand. Der Feuerschweif der Überflüge legt ganze Regionen in Asche. Infolge der Erdrotation überfliegen der Asteroid und seine Fragmente wechselnde Oberflächen. Je weiter der Zerfall voranschreitet umso breiter wird der Streifen der Vernichtung.

In dem Maße, in dem die Fragmente Phaetons Geschwindigkeit einbüßten, wurden die Ellipsen ihrer Bahn um die Erde enger. Bei zu steilem Eintauchwinkel schlugen die Boliden ein. Ein schwerer Brocken, wohl der Kern des Asteroiden, schmetterte in das flache Nordmeer, welches die Griechen als Eridanus bezeichneten. In der deutschen Bucht schlug dieser größte Meteoritentrümmer ein Loch in den Boden, das wir als Helgoländer Loch kennen. Der Einschlag in die Nordsee war nicht der einzige, die Menschheit mußte viele Treffer wegstecken. Als Funktion der Größe und des Impulsübertrags bei der Explosion Phaetons nahm jedes der Fragmente eine andere Flugroute. Das Einschlagfeld könnte die ganze Erde überdeckt haben. Das Helgoländer Loch beweist einen Einschlag, zu vermutende andere Einschläge sind vergessen oder noch nicht aufgefallen. Dieses Ereignis als Weltenbrand zu charakterisieren, ist nur allzu berechtigt.

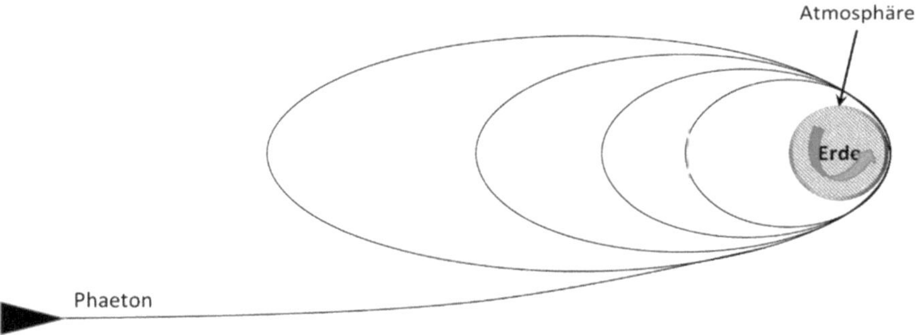

Abbildung 23
Asteroid, die Erdatmosphäre streifend, mit mehrfachen Überflügen vor dem Einschlag
Skizze der Bahn eines Asteroiden, der abgebremst durch die Atmosphäre, die Erde in sich verengenden Bahnen umkreist.

Phaeton hatte seinen Beitrag geleistet, die Katastrophe setzte sich in den Folgen des Einschlags fort. Der Einschlag hatte nicht nur ein Loch geschlagen, riesige Mengen Staub stiegen in die Atmosphäre. Vom Himmel fiel der Regen verdampften Wassers vermischt mit Staub und Asche. In diesem schmutzigen Sturzbach versanken Äcker und Weideland, wodurch die Lebensgrundlage von Mensch und Tier zerstört wurde. Asche und Staub verdunkelten die Sonne; die Nordhalbkugel der Erde versank innerhalb weniger Tage in Zwielicht. Wenn schon der lokale Einschlag von der Größe des Tunguska Meteoriten kurzzeitig das

Klima veränderte, nach Einschlag der Phaeton Trümmer wurde es deutlich kälter auf der Erde. Ernten fielen aus oder die Erträge sanken ins Bodenlose. So mancher, der nicht in den Flammen umkam oder in der Flut ertrank, starb hungers.

Für die Auslöschung lokaler Zivilisationen reichte das Vernichtungswerk. Aus der Ferne waren das Schauspiel und die krachenden Donner furchteinflößend. Tödlich war es für die Lebewesen und Menschen, die im Feuerorkan der Überflüge umkamen und für die, die küstennah siedelten. Als der Kern des Asteroiden in die Nordsee krachte, überspülte eine riesige Welle alle angrenzenden Länder. Von Südnorwegen, über Dänemark und die deutsche Bucht bis England überlebten nur wenige. Die Megalithkultur des Nordens wurde ausgelöscht. Die Flutwelle scheint hoch genug gewesen zu sein, um auch noch die Tiefebenen Frankreichs von Mensch und Tier leer zu waschen. Erst an den Pyrenäen brach sich die Flut. Die Berge retteten die Völker im Süden Europas. Die in dieser Sturmflut Ertrunkenen hat niemand gezählt. In die verödeten Landstriche Nordeuropas sickerten die Kurgan-Völker der Ukraine und Südrußlands ein.

Stimmt das Szenario, erklärt es das Verschwinden der Megalithkulturen des Nordens. Sie blühten Jahrtausende vor den Hochkulturen des Orients und hinterließen außer beeindruckenden Steinsetzungen wenig; vor allem nichts Schriftliches. (Traurige als Donauschrift bekannte Kritzeleien sind möglicherweise Schriftzeichen. Lesen kann sie niemand.) Die Megalithkulturen endeten, ohne erkennbar auf eine nächste Stufe der Zivilisation überzuleiteten. Ihr plötzliches Verschwinden spricht für ein Katastrophenszenario. Wir haben mit dem Einschlag Phaetons eines skizziert.

Die vorgetragene Überlegung ist nicht neu. Eine durchaus lesbare Zusammenfassung – aus dem Blickwinkel der Atlantisforschung – mit vielen Zitaten hat Walter Stender im Internet veröffentlicht.[264]

---

[264] http://www.efodon.de/html/archiv/vorgeschichte/stender/1997-SY24%20stender_phaeton.pdf

Das vermutete Ereignis erklärt einen historischen Bruch in der Menschheitsgeschichte, und es erklärt die erhaltenen Zeugnisse antiker Autoren. Die Feuersturm-auslösenden Überflüge und die finalen Einschläge werden den Zeitgenossen nachhaltig in Erinnerung geblieben sein und noch viele Jahre später ihren Niederschlag in antiken Texten gefunden haben. Angesichts eines so dramatischen Ereignisses wird Vergangenheit relativ. Sein Eingraben in die menschliche Psyche wirkt nach. Erkennbar daran, daß das Thema noch in römischer Zeit eine gewisse Aktualität gehabt haben muß und in der Literatur motivstiftend wirkte. Die Quellenlage scheint jedenfalls noch mit quantitativen Daten aufgewartet zu haben, die so ergiebig waren, daß der Überflug und Einschlag geographisch eingegrenzt werden konnte. In Nachfolge von Platons Timaios verarbeitete Ovid[265] das schreckliche Geschehen in seinen Metamorphosen, in denen er konkret Orte des Überflugs und des Einschlags benennt:

… Und, der treibt sein Spiel mit geschlängelten Wellen, Maiandros;
Melas, Mygdoniens Fluss, und der Tainarosstrom Eurotas.
Babylons Strom auch brennt, Euphrates; es brennet Orontes,
Ganges, Phasis zugleich und der schnelle Thermodon und Ister[265].
…
Fern ans Ende der Welt entwich der erschrockene Nilstrom,
Und er versteckte das Haupt, das er jetzt noch birgt, und die sieben
Mündungen lagen in Staub, nun sieben vertrocknete Täler.
…
Dorthin fällt das Gebiss, und dort von der Deichsel gerissen
Liegt die Achse und hier die Speichen zerbrochener Räder,
Und weit fliegen zerstreut vom zertrümmerten Wagen die Reste.
Phaethon aber, vom Brand die rötlichen Haare verwüstet,
Stürzt kopfüber hinab, und im Strich langhin durch die Lüfte.
…
Fern vom heimischen Land nimmt jenen im Westen der große
Strom Eridanus auf und bespült sein rauchendes Antlitz. …

[265] Publius Ovidius Naso im 2. Buch der Metamorphosen.
Latein: http://www.gottwein.de/Lat/ov/met02la.php
Deutsche Übersetzung in http://www.gottwein.de/Lat/ov/met02de.php
[266] Ister = Donau.

Ovid faßt das Ereignis nicht nur dichterisch in schöne Worte. Das ganze Geschehen am Himmel wird plastisch beschrieben und selbst der Zerfall des Asteroiden wird erkennbar. Die Gebiete des Überflugs werden aufgezählt, und mit Eridanus ist die Nordsee als Einschlagsort eines großen Trümmers benannt. Selbst den Rauch der aufsteigenden Wolke hat der Dichter in der Urnachricht gefunden.

Phaeton war nicht die letzte Katastrophe, bei der den Menschen der Himmel auf den Kopf fiel. In den 5000 Jahren halbwegs gesicherter Geschichte wird es weitere Meteoriteneinschläge gegeben haben, auch wenn Nachrichten fehlen. Strittig ist, ob vor 2500 Jahren die Trümmer eines Eisenmeteors über dem Chiemgau niedergingen. Für Römer und Griechen wäre auch dieser Meteor ein erschreckendes Spektakel gewesen.[267] Die Angst der Gallier, daß ihnen der Himmel auf den Kopf fallen könnte, erführe eine überaus rationale Erklärung.

Was bis in die griechische und römische Antike drang und dort schriftlich festgehalten wurde, war der ferne Nachhall einer Megakatastrophe jenseits der Alpen und Karpaten. Das Netz der erdbahnkreuzenden Asteroiden zugrunde gelegt, wäre rein statistisch die Zeit reif für den nächsten Impakt. Die hektischen Aktivitäten zur Früherkennung und Abwehr menschheitsbedrohender Steine aus dem Weltall sind nur allzu berechtigt.

[267] http://www.welt.de/wissenschaft/article9174351/Fiel-den-Kelten-eine-kosmische-Bombe-auf-den-Kopf.html

Weiß von Riesen,
weiland gebornen,
die einstmals mich
auferzogen;
weiß neun Heime,
neun Weltenreiche,
des hehren Weltbaums
Wurzeltiefen.

Die Edda: Das Gesicht der Seherin

Hohmann-Bahnen – der Weg zwischen den Planeten

Bei der Suche nach der Heimat der Extraterraner haben wir interstellaren Raumflug als Option ausgeschlossen und uns mit ihrer Herkunft von einem Planeten des eigenen Sonnensystems beschieden. Venus und Mars sind die beiden möglichen Startplaneten in – auch mit klassischer Physik – überwindbarer Entfernung zur Erde. Und beide liegen innerhalb der erweiterten Biosphäre der Sonne. Auf Mythen und Indizien, die die Venus als Herkunftsort der Kulturbringer benennen, haben wir in früheren Kapiteln hingewiesen.

Bevor wir der These, prähistorischen Besuch von den Nachbarplaneten anzunehmen, weiter nachgehen, wollen wir uns in diesem Kapitel der Technik des interplanetaren Raumflugs zuwenden. Die Frage, auf welcher Flugbahn unter minimalem Energieaufwand andere Planeten erreichbar sind, wurde wissenschaftlich erstmals zu Anfang des letzten Jahrhunderts von Walter Hohmann untersucht. Er fand für die Zwei-Planeten-Konstellation als energieoptimale Bahn die recht offensichtliche Lösung einer Ellipsenbahn, die als Ankerpunkte die Bahnen von Start- und Zielplanet berührt. Die von ihm gefundene Bahnlösung trägt seinen Namen.

Folgen wir den Überlegungen Hohmanns und betrachten nicht nur qualitativ das Vorgehen, sondern berechnen Start, Flug und Landung eines interplanetaren Raumschiffs. Beim Start beschleunigt das Raumschiff aus einer Parkbahn um den Planeten (siehe hierzu auch die Ausführungen im Kapitel 'Raketen und Raumfahrt') auf eine Geschwindigkeit, die es dann antriebslos zum Zielplaneten trägt. Auf seinem Flug zwischen den Planeten wird das Raumschiff zum Mini-Trabanten der Sonne.

Die Gravitation hat uns in ein raffiniert konstruiertes Gefängnis gesperrt. Der Start eines großen Raumschiffes von der Erdoberfläche, wie etwa in der Fernsehserie ‚Raumschiff Orion' animiert, ist mit konventioneller Antriebstechnik unmöglich. Die Geschichten um das ‚Raumschiff Enterprise' zeichnen in diesem Punkt das realistischere Szenario. Die Drehbuchautoren lassen die riesige Enterprise immer schön im Weltraum und behelfen sich mit Fähren und phantasievollem Beamen, wenn sie zur Oberfläche der Erde oder über einem fremden Planeten zum Boden absteigen.

So wie zum Verlassen der Gravisphäre des Startplaneten das Raumschiff über die erste Fluchtgeschwindigkeit hinaus beschleunigt werden muß, muß seine Geschwindigkeit bei der Ankunft über dem Zielplaneten der Bahngeschwindigkeit eines Satelliten angepaßt werden. Das Erreichen der Fluchtgeschwindigkeit, die den Start so erschwert, wirkt bei der Ankunft als Beschleunigung, mit dem Problem im Schlepp, daß das sanfte Einschwenken in eine kreisförmige Parkbahn zu einem komplizierten Manöver wird.

Die Rückkehr der Astronauten vom Mond war keine Landung, sondern ein kontrollierter Absturz, bestenfalls technische Grobschlosserei, bei dem mit Glück keine Crew umkam. Beim Ab-/Rücksturz der Apollo-Kapseln bremste hauptsächlich die Erdatmosphäre. Weder wurden Bremsraketen eingesetzt noch konnte die Besatzung den Sturz steuern. Erst tief in der Atmosphäre öffneten sich Fallschirme. Was am Ende ins Wasser fiel, war Schrott. Definitiv kein Vorgehen, das sich für den Transport von Großgerät oder gar von ganzen Expeditionen eignet. Auch heute noch stürzen die Astronauten, wenn sie aus der ISS Raumstation zurückkehren durch Fallschirme passiv gebremst ab. Landen sieht anders aus.

Echte interplanetare Raumfahrt muß anders aussehen. Start und Landung dürfen nicht mit dem Schrotten des Transportvehikels einhergehen. Statt das Raumschiff brutal auf den Planeten stürzen zu lassen, ist eine Parkbahn und die Landung einer rückkehrfähigen Fähre bei interplanetaren Missionen Pflichtprogramm. Die bemannten Mondmissionen sind in dieser Hinsicht Archetyp für das Vorgehen. Ein Mutterschiff umkreist den Ziel-Planeten auf einer Parkbahn. Gelandet wird mit einer mehrstufigen Fähre, in die die Rückkehrrakete integriert ist. (Phantasten bzw. lebensmüde Abenteurer schwadronieren von einer Marsmission ohne Wiederkehr, für die sich angeblich schon Freiwillige, vulgo Verrückte, gemeldet haben. Die wären wir schon mal los!)

Im Orbit bewegt sich ein Raumschiff bereits mit der Parkbahngeschwindigkeit. Der Anschub durch diese Grundgeschwindigkeit senkt den Energiebedarf zur Beschleunigung auf Fluchtgeschwindigkeit auf einen Bruchteil des Wertes, der beim Start von der Oberfläche des Planeten aufzuwenden ist. Das Thema wurde im Kapitel ‚Raketen und Raumfahrt' ausführlich behandelt. Den Start- und Landevorgang wollen wir nun am Beispiel des Flugs eines Großraumschiffs von der Venus zur Erde in konkrete Zahlen fassen.[268]

Die Masse des Raumschiffs wählen wir zu 10 Mio. Tonnen. Die Wahl dieser großen Masse trägt den Mythen Rechnung, die von Seilen berichten, die einst vom Himmel fielen und den Himmel mit der Erde verbanden. (Dieses Thema wurde in den beiden Kapiteln ‚Brücken zwischen den Welten' sowie ‚Weltraumfahrstuhl' auf prähistorische Indizien wie in technischer Hinsicht ausführlich erörtert.) Die Masse dieses Seilfahrstuhls, der über dem Zielplaneten dem Ab- und Aufstieg zwischen einem Orbiter und eine Bodenstation dient, muß zum Zielplaneten verfrachtet werden. Ist das Seil die Ladung, dominiert es die Masse des Raumschiffes.

---

[268] Vereinfachend wurde der Start des Raumschiffs aus einer Bahn um die Venus unter Vernachlässigung der Sonnengravitation simuliert. In der inneren Gravisphäre der Planeten ist dies eine vertretbare Näherung, die Start und Landung ausreichend realitätsnah abbildet.

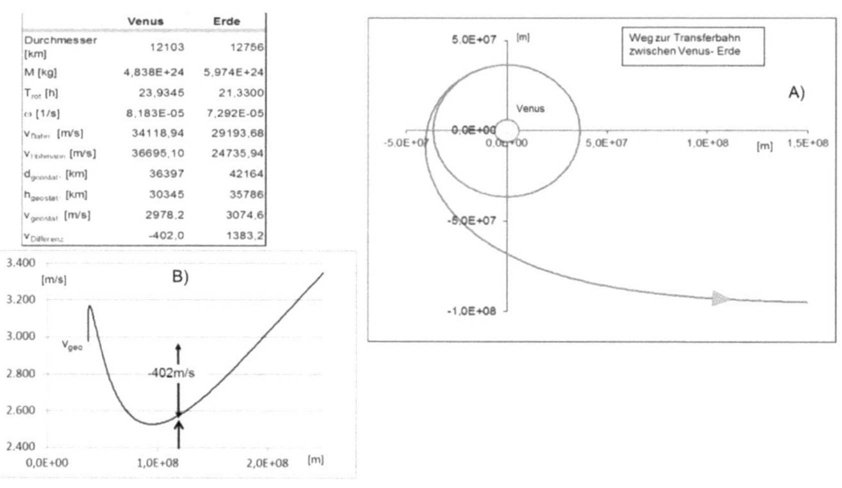

	Venus	Erde
Durchmesser [km]	12103	12756
M [kg]	4,838E+24	5,974E+24
T_{rot} [h]	23,9345	21,3300
ω [1/s]	8,183E-05	7,292E-05
v_{Bahn} [m/s]	34118,94	29193,68
$v_{Hohmann}$ [m/s]	36695,10	24735,94
$d_{geostat.}$ [km]	36397	42164
$h_{geostat.}$ [km]	30345	35786
$v_{geostat.}$ [m/s]	2978,2	3074,6
$v_{Differenz}$	-402,0	1383,2

Abbildung 24
Start eines Raumschiffs aus einer Venus-Parkbahn
Die Tabelle oben links listet die wichtigsten physikalischen und mechanischen Daten geostationärer Bahnen über Venus (eine Venus mit den Rotationsdaten der Erde unterstellt) und Erde sowie der Hohmann-Bahn zwischen diesen beiden Planeten auf.
Die Beschleunigung wurde bei konstantem Schub und abnehmender Masse parallel zum Geschwindigkeitsvektor wirkend berechnet. Wie aus der Graphik links unten hervorgeht, wird beim Ablegen trotz Schub der Motoren die Geschwindigkeit beim Steigen gegen die Planetenschwerkraft rasch aufgezehrt und geht durch ein Minimum. Da mit zunehmender Höhe die Orbitgeschwindigkeit und die Planetenschwerkraft sinken, steigt das Raumschiff auch in der Phase abnehmender Geschwindigkeit.

Für den Weg in den geostationären Erdorbit beträgt die Masse eines Weltrumfahrstuhls mit seinen beiden 15 cm Seilen (Planetenseil und kraftkompensierendes Fliehkraftseil) bei 2200 kg/m³ Dichte $5{,}67 \cdot 10^9$ kg. Die Spule, um solche Seile zu wickeln, gerät riesig; zumal die Steifigkeit des Seilmaterials enge Wickelradien verbietet. Die 81 Wickellagen des Planentenseils, aufgewickelt auf eine Trommel von 200 m Durchmesser und 100 m Länge, bringen ihren Außendurchmesser auf 224 m. Bei gleicher Seildicke mißt der Wickel des Raumseils auf gleicher Trommel 225 Wickellagen (268 m Trommeldurchmesser bei aufgewickeltem Seil). Stellen wir uns die Trommel als das Raumschiff vor und verwandeln sie über dem Zielplaneten zum Orbiter, dürften wir dem sinnvollen Vorgehen nahekommen.

Wie vorausgeschickt, bescheiden wir uns und berücksichtigen in unserem Szenario nur bekannte oder perspektivisch mögliche Technik. Für die Simulation des Start- und Landeszenarios werden wir Triebwerke mit den Schubdaten der 1. Stufe der Saturn V einsetzen. Jedes der fünf Triebwerke, das diese Mondrakete beim Abheben und in der ersten Flugphase anschob, erzeugt einen Schub von $3{,}4 \cdot 10^8$ N.

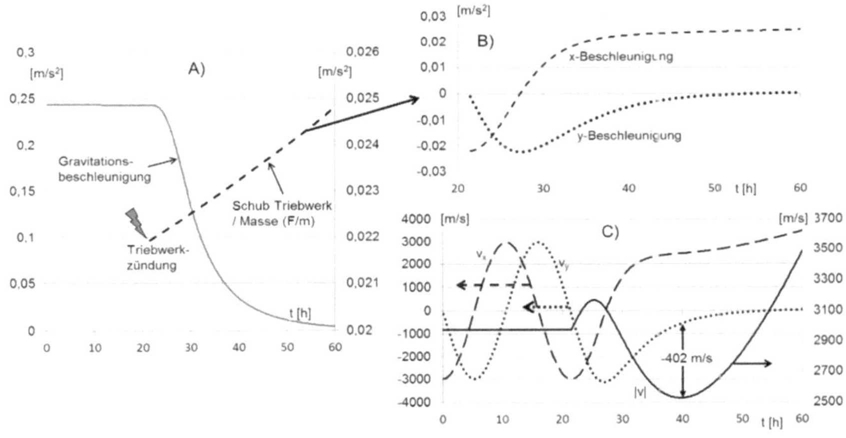

Abbildung 25
Graphiken zur Startsequenz (Beschleunigungen und Geschwindigkeit)

A) Beschleunigungen als Funktion der Zeit. Dargestellt ist die Situation, bei der das Raumschiff 21,5 h auf der geostationären Startbahn kreist (waagerechter Teil der Gravitationsbeschleunigungskurve), bevor die Startrakete zündet.

B) Ab t = 21,5 h beschleunigt das Raumschiff gegen die Schwerkraft mit der in A) strichliert gezeichneten Kurve. Die effektive vektorielle Beschleunigung ist in Abbildung B) gezeigt.

C) Das Minimum in der Geschwindigkeitskurve beruht auf dem Wechselspiel von Geschwindigkeit und Steigrate. Die strichliert gezeichneten Kurven geben die vektoriellen Geschwindigkeitsänderungen wieder. Der mit wachsendem Abstand zur Venus zunehmende Geschwindigkeitsaufbau geht neben der abnehmenden Schwerkraft auf das Leichterwerden des Raumschiffs infolge Treibstoffverbrauchs zurück.

Im vorliegenden Fall des Starts eines Riesenraumschiffs aus einer Parkbahn führt der – angesichts der zu beschleunigenden Masse – geringe Schub der eingesetzten Saturntriebwerke zu einer langen Beschleunigungsphase. Um das Raumschiff von der Venus – aus einem schwerelosen Orbit in 36.400 km Höhe und bei einer Umlaufgeschwindigkeit von 2978 m/s – auf die Transferbahn zur Erde zu befördern, werden die fünf Turbinen 23 Stunden 17 Minuten und 26 Sekunden in jeder Sekunde 13 Tonnen Treibstoff verbrennen. Bei Brennschluß werden knapp 1,1 Million Tonnen Treibstoff verbraucht sein. (Die Brenndauer der Motoren wurde allerdings weit über den Zeitraum hinaus gedehnt, den die Rocketdyne-Turbinen der Saturn V überlebt hätten.)

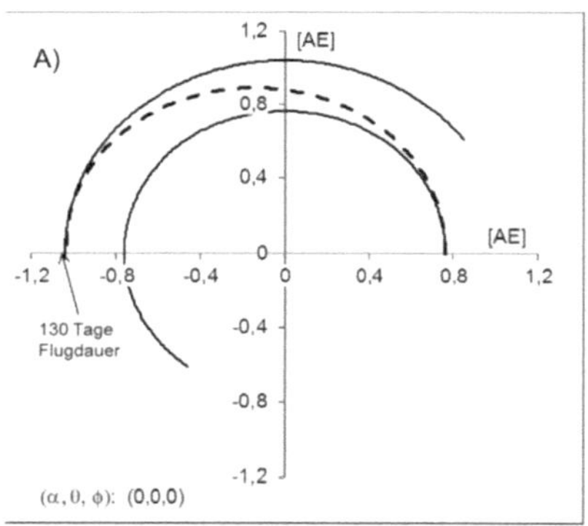

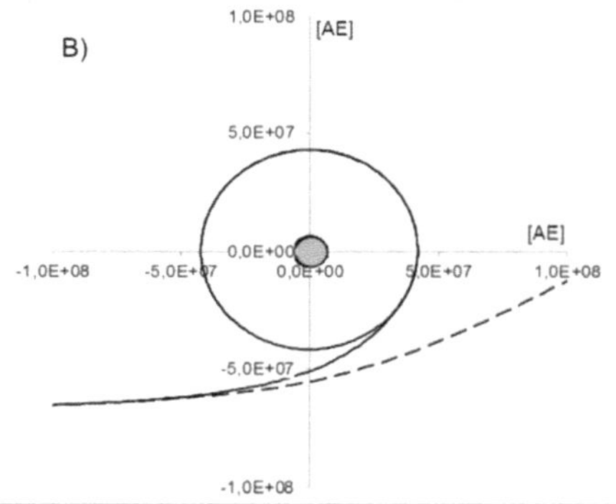

Abbildung 26
Flug und Ankunft eines Raumschiffs aus einer Hohmann-Bahn von der Venus über der Erde

A) Hohmann-Bahn zwischen Venus und Erde. Die Bogensegmente zeigen die Bahn des Raumschiffs und die relativen Positionen der Planeten beim Start und bei der Ankunft.

B) Bahnkurve des Einschwenkens auf eine geostationäre Bahn um die Erde. Reversibel zum Startvorgang fällt das Raumschiff auf eine Umlaufbahn um den Zielplaneten. Die strichliert gezeichnete Kurve zeigt den Weg des Raumschiffs – relativ zur Erde – ohne aktive Geschwindigkeitsanpassung.

Während bei den Apollo Missionen zum Mond mit dem Start des Miniraumschiffs vom Boden lediglich 1,9 % des Startgewichtes den Mond erreichten, schiebt im vorliegenden Beispiel der Start aus der geostationären Umlaufbahn das Neunfache des Treibstoffgewichtes in die Venus-Erde-Transferbahn. Der Unterschied entspricht dem Faktor 470 (!).

Nach dem Brennschluß wird das Raumschiff in 170.000 Kilometern Entfernung zur Venus mit einer Geschwindigkeit, die um 3486 m/s über der Bahngeschwindigkeit der Venus liegt, antriebslos als Trabant der Sonne mit dem Aphel im Bahnabstand der Erde durch den Weltraum treiben.

Wir halten fest, konventionelle Raketenmotoren, die es mit Ach und Krach schafften 50 Tonnen zum Mond zu tragen, können – bei allerdings gewaltig verlängerter Brenndauer – aus dem Orbit um einen Planeten 10 Millionen Tonnen auf eine Bahn zu einem anderen Planeten befördern.

Erreicht das Raumschiff im Aphel seiner Bahn die Erde, liegt die Bahngeschwindigkeit um 2950 m/s unter der Bahngeschwindigkeit der Erde. Ohne Geschwindigkeitsanpassung würde die Erde das Raumschiff überholen und es in einem Swing-By (Kreuzen hinter dem Planeten) auf eine elliptischere Bahn als die Hohmann-Bahn lenken.

Reziprok zum Ablegen muß für ein Einschwenken auf die geostationäre Parkbahngeschwindigkeit, zusätzlich zum Anpassen der Bahngeschwindigkeit, der Geschwindigkeitszuwachs beim Absteigen in den Gravitationstrichter der Erde auf 1,4 km/s begrenzt werden. Das Einschwenken auf eine kreisförmige Parkbahn stellt die eigentliche Herausforderung dar. Schon relativ moderate Bremsmanöver würden ausreichen, ein Entkommen des Raumschiffs aus dem Griff der Planetenschwerkraft zu verhindern. Die durch unkontrolliertes Bremsen erreichte Bahn wäre aber typischerweise elliptisch. Das Erreichen einer kreisförmigen Bahn in geostationärer Höhe über dem Äquator ist die spezielle Lösung des Einschwenkens über dem Planeten. Vorteilhafterweise vermeidet ein solch diffizil durchgeführtes Manöver der unmittelbaren Geschwindigkeitsanpassung spätere Bahnkorrekturen und minimiert den Treibstoffverbrauch.

Der Einschwenkvorgang wird in der vorliegenden Simulation durch ein Manöver simuliert, bei dem die Gravitation des Planeten einen aktiven Part übernimmt und zum Instrument der Geschwindigkeitsanpassung wird. Berechnet wurde der einfache Fall einer konstanten Beschleunigung (Abbremsung), die das Raumschiff ohne weitere Bahnkorrektur direkt auf die geosynchrone Bahn fallen läßt.

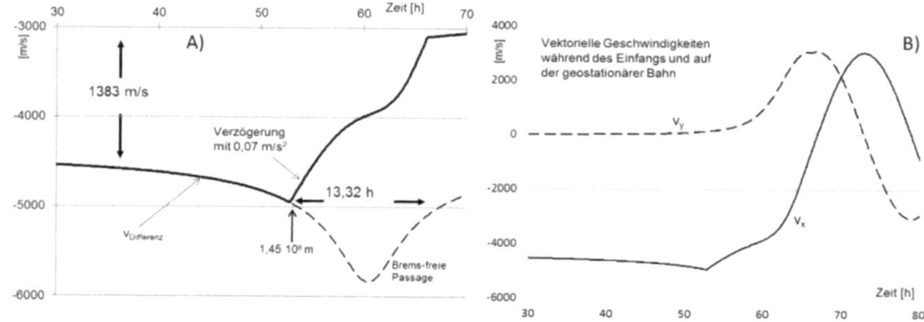

Abbildung 27
Einschwenken aus der Hohmann-Bahn von der Venus in eine Parkbahn um die Erde

A) Geschwindigkeit des Raumschiffs während des Anflugs bis zum Erreichen der Parkbahn über der Erde
B) Geschwindigkeitsvektoren zu Graphik A) bis zum Erreichen der Kreisbahn in geostationärer Höhe

Bereits im merklichen Griff der beschleunigenden Planetenschwerkraft, siehe Geschwindigkeitsprofil in Abbildung 27, setzt die aktive Geschwindigkeitsanpassung ein. Bremst das Raumschiff ab einem Abstand von $1{,}45 \cdot 10^8$ m – etwa halber Abstand zwischen Mond und Erde – mit -0,072 m/s^2,[269] fällt es rotationsrichtig auf eine geostationäre Bahn um die Erde. Natürlich nur dann, wenn es zugleich die Bahn über dem Äquator ist, die gegenüber der Ekliptikbahn geneigt ist. Diese zusätzliche Komplizierung ist hier vernachlässigt.

[269] Daß diese Beschleunigung größer ist (~Faktor 2,5), als die Saturn-Triebwerke in der Lage sind zu leisten, blieb angesichts der Einfachheit des Ansatzes unberücksichtigt. Die geostationäre Bahn wurde nicht exakt getroffen; nach einigen iterativen Anpassungen beim Bremszeitpunkt und der Brenndauer der Triebwerke führte die Rechnung – trotz des nahezu trivialen Ansatzes – auf eine bemerkenswert gut getroffene geosynchrone Park-Bahn mit sehr geringer Exzentrizität.

Für die Geschwindigkeitsanpassung beim Einschwenkmanöver verbrennt das Raumschiff 1,66 Millionen Tonnen Treibstoff. Von den 10 Millionen Tonnen Startmasse erreichen mehr als 70 % die Erde.

Da hebt sich von Osten aus den Eliwagar
Des reifkalten Riesen dornige Rute, …

Die Edda: Odins Rabenzauber

Mars – der Wüstenplanet

Mit der Annahme der Passage einer Roten Sonne konnten wir die Bahnen der Planeten infolge einer kurzzeitigen gravitativen Störung erklären. Wie am Beispiel der Venus ausgeführt, hinterließ der Durchzug der Roten Sonne mehr Folgen als die, die wir in den Bahnen der Planeten entdecken. Ihr Durchzug warf ein Netz von Bahnkreuzern über das Planetensystem, das neben einer Unzahl kleiner Asteroiden auch riesige Bahnkreuzer umfaßte. Diese Hinterlassenschaften machten und machen immer noch das Planetensystem zu einem gefährlichen Ort, auch nachdem die größten Boliden inzwischen nach Einfang und Einschlag in einen Planeten verschwunden sind.

Egal, ob im Zuge seiner Entstehung oder als Folge einer Passage eines fremden Sterns, wie heftig es vormals im Planetensystem zugegangen ist, lehren Geologie und Mechanik von Planeten und Monden. Bei keinem Planeten treffen wir auf seinen Urzustand. Noch lange nach der Bildung der Planeten aus dem primordialen Planetensystem haben kosmische Einschläge die Mechanik der Planeten verändert und die Oberflächen der inneren Planeten und aller Monde umgepflügt. Vergleichbare Narben fehlen in den Oberflächen der Gasplaneten. Statt Kraterlandschaften verrät uns hier die Physik, daß auch sie nicht ungeschoren davonkamen. Zum einen zeugen die Schiefstellungen der Achsen von Saturn bis Neptun von gigantischen Kollisionen, zum zweiten sind Spuren der Einschläge in den Ringen erhalten, die alle Gasplaneten als Zeugen für mindestens einen großen Einschlag umgeben. Da die Ringe langzeitinstabil sind, müssen sie auf der geologischen Zeitskala jung sein und sind daher keinesfalls direkt mit der Planetengenese verknüpft.

Wir formulieren als Hypothese: Nachdem in den Milliarden Jahren, die seit der Geburt des Planetensystems verstrichen waren, sich das Planetensystem vom Schutt seiner Geburt gereinigt hatte, schwoll mit dem Durchzug der Roten Sonne nicht allein die Zahl bahnkreuzender Objekte wieder an, plötzlich irrlichterten Kolosse zuvor unbekannter Größe zwischen den Planetenbahnen.

Für die Venus haben wir ausgeführt, wie in vorgeschichtlicher Vergangenheit, aber schon zu Menschenzeiten, ein Zwergplanet diesen Planeten in seinen mechanischen, geologischen und klimatischen Eigenschaften umgestaltete. Schauen wir auf den Mars, müssen wir feststellen, auch ihn zeichnet in seiner Achsstellung und Geologie eine gewaltige Kollision. Wir gehen einen Schritt weiter und verbinden mit dem Einschlag den Verlust seines Wassers und seiner Atmosphäre. Wenngleich es ihn weniger hart traf als die Venus, als kleiner Planet, der ohnehin Mühe hatte, seine Atmosphäre zu halten, ging Mars durch den Einschlag endgültig seiner ganzen lebenspendenden Umwelt verlustig.

Vielfältige Spuren in der Oberflächengeologie des Mars (Ablagerungsschichtungen, Ablaufrinnen, Bodenbeschaffenheit) beweisen, daß dieser kleine Planet in einer frühe(re)n Phase ein Wasserplanet war.[270] Für den Verlust seines Wassers kursieren unterschiedliche Erklärungen – eher handelt es sich um Vermutungen. Nach der einfachsten Theorie verlor der Mars infolge der großen Skalenhöhe[271] (32 km über dem Boden) des Wassermoleküls allmählich sein Wasser durch Diffusion in den Weltraum. Andere Theorien bemühen den Sonnenwind, der zwischenzeitlich zum Sonnensturm anschwoll und Atmosphäre sowie Wasser wegpustete.[272] Wir hätten in unserem Modell noch anzubieten, daß Mars das Pech hatte, durch die Plasmafackel der Roten Sonne zu ziehen. Nicht der Sonnenwind dieser Ionensturm raubte dem Planeten Atmosphäre und Wasser. Für wahrscheinlich halten wir weder die eigene noch die anderen propagierten Erklärungen.

---

[270] http://www.spektrum.de/magazin/die-klimageschichte-des-mars/823591

[271] In der Skalenhöhe sinkt der Druck auf 1/e ab. Mathematisch beschrieben wird der Druckabfall durch die barometrische Höhenformel: $p(h) = p_0\, e^{-\frac{h}{h_S}}$ mit h gleich der Höhe über dem Boden und h_S gleich der Skalenhöhe.

[272] http://www.raumfahrer.net/news/astronomie/11032012173017.shtml

Geologisch auffällig kennzeichnen den Mars zwei unterschiedliche Halbkugeln. Einer vergleichsweise flachen, wenig strukturierten nördlichen Halbkugel steht eine zerklüftete und vernarbte Südhälfte gegenüber. Die Teilung in zwei deutlich unterschiedliche Hemisphären ist das Eine, hinzu kommt überraschend, Mars wartet mit geologischen Rekorden auf, und das, obwohl er ein kleiner Planet ist.

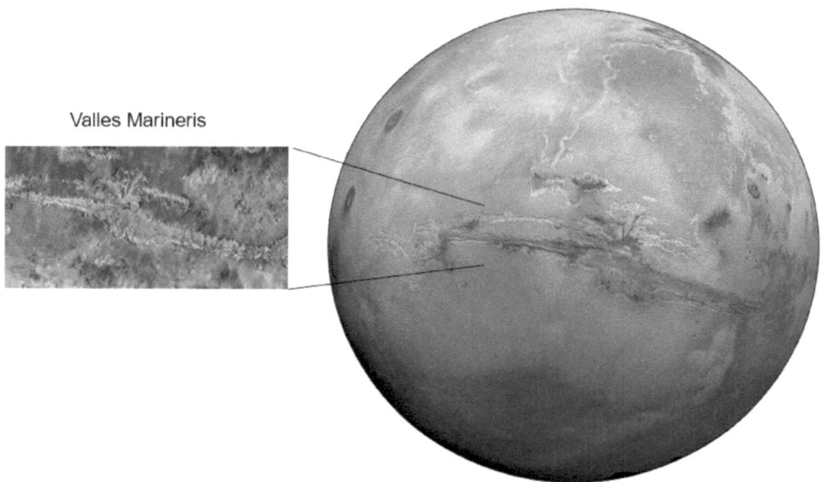

Bild N
Oberfläche[273] des Mars mit einer Karte, die das Grabenbruchsystem des Valles Marineris[274] herauszeichnet

Ein gewaltiger Graben, weit größer als der Grand Canyon, trennt über eine kontinentale Länge das ebene Hochland des Nordens von dem schrundigen, verkraterten Tiefland des Südens. Im Gegensatz zum Grand Canyon hat Wasser ihn sicher nicht gegraben.

---

273 https://commons.wikimedia.org/wiki/File:MarsTopoMap-PIA02031_modeSst_cropped_monochrome.jp

274 https://commons.wikimedia.org/wiki/File:016vallesmarineris.jpg

Bis an die Grenze des gravitativ Zulässigen erhebt sich der Mons Olympus. Ein Vulkankegel höher als irgendein anderer Berg im Sonnensystem. Sein Gipfel thront satte 22 km über dem mittleren Höhenniveau des Planeten und 26 km über seiner unmittelbaren Umgebung. Als gewaltiger Pickel mit 600 km Durchmesser prägt er bereits bei dem Blick aus dem Weltraum das Gesicht des Mars mit.

Die geologische Zweiteilung des Mars halten wir für die Folge des Einschlags eines Riesenasteroiden, der die Südhalbkugel verwüstete und die Achse neigte. Um die Achse des kleinen Planeten zu neigen, bedarf es keines Riesenasteroiden, wie wir ihn beim Anhalten der Venusrotation eingefordert haben.

Eine grobe Abschätzung der Asteroidenabmessung führt zu folgenden Daten: Der einschlagende Asteroid maß mindestens 140 km im Durchmesser, und seine Masse betrug $4 \cdot 10^{18}$ kg bei einer angenommenen Dichte von 3000 kg/m^3.

Die These vom Einschlag eines großen Asteroiden in den Mars ist Konsens unter den Planetologen, den sie – wie wir – als Erklärung für die Neigung der Achse anführen.[275,276] Die von uns abgeleitete Abmessung des Asteroiden ist deutlich kleiner, als die derzeit in der Planetologie diskutierte Einschlagtheorie ihn abschätzt; aufgrund der Kraterabmessungen nimmt dieser Ansatz einen Zwergplaneten von 2000 km Durchmesser an.[277] Genau wie wir argumentieren, verliert der Mars im Szenario der neuen Literatur sein Wasser und seine Atmosphäre als Folge dieses Einschlags.[278]

Die Abmessungen des Valles Marineris (Bild N) sprechen tatsächlich für ein deutlich größeres Objekt als den minimal großen Asteroiden, dessen Einschlag wir als Ursache der Neigung der Marsachse eingefordert hatten. Kein wirklicher Dissens der Meinungen. Sowohl ein äquatornäherer

---

[275] https://www.scientificamerican.com/article/giant-asteroid-collision-may-have-radically-transformed-mars/

[276] http://www.nasa.gov/mission_pages/MRO/news/mro-20080625.html

[277] http://www.dailygalaxy.com/my_weblog/2009/03/mars-discovery.html

[278] http://www.telegraph.co.uk/news/science/10189828/Mars-atmosphere-destroyed-by-catastrophic-event-four-billion-years-ago.html

Einschlag, als von uns angenommen, wie eine potentiell geringere Differenz der Bahngeschwindigkeiten, erfordern einen größeren Kollidierer.

Alternativ deutet die theoretische Planetologie die Schiefstellung der Achsen der inneren Planeten als Folge der Langzeitinstabilität ihrer Rotationsachsen in den überlagernden Schwerefeldern der Sonne und der anderen Planeten. Für die inneren Planeten postuliert diese Theorie gar eine chaotische Variation der Achsneigungen zwischen Null und 90°. Warum die Achsen der Gasplaneten schief stehen, kann dieses auf Chaostheorie basierende Modell nicht erklären, was nicht eben das Vertrauen in ihre Vorhersagequalität für die Gesteinsplaneten erhöht.

Erhebliche Bedenken an Zuverlässigkeit und Aussagekraft der Chaostheorie kommen auf, wenn die Merkurachse – in größtmöglicher Zufälligkeit – senkrecht zur Bahnebene steht. Einfache Mechanik statt Chaos tut es auch, allerdings nicht zufällig. In dieser Erklärung steht die Achse des Merkur stabil senkrecht auf der Bahnebene als Folge der Nähe dieses Planeten zur Sonne. Wie die Erde auf den Mond übt die Sonne einen geologischen Tidenhub auf das Gravitationsleichtgewicht Merkur aus. Ein retardierter geologischer Tidenhub, bei dem die Hebung und Wiederannäherung an die Kugelform wegen der Steifigkeit des Planeten verzögert erfolgt, verschiebt den Masseschwerpunkt aus der Drehachse. Bei schief stehender Achse ist diese Unwucht mit einem Drehmoment verbunden, welches die Achse in Senkrechtposition zwingt und hält. Merkurs Achse steht senkrecht, weil die Sonne es so will. Der Effekt ist schwach, da Merkur sich nur noch sehr langsam in rational gebundener Rotation dreht, aber hinreichend stabilisierend.

Zurück zum Mars. Unter der Annahme, daß der minimal große Asteroid ($4 \cdot 10^{18}$ kg) mit einem Aphel von 2,6 AE aus dem Asteroidengürtel kam, lag die Bahndifferenzgeschwindigkeit bei 3 km/s. Sein Einschlag bei einer südlichen geographischen Breite von 50° hätte die Achse des Mars in seine heutige Neigung gekippt. Abhängig vom Einschlagort – relativ zum Äquator – und der Differenzgeschwindigkeit schwankt die Masse des Asteroiden.

Skizzieren wir das Szenario der Kollision näher. Bevor der Kleinplanet die Oberfläche erreichte, hatte die Schwerkraft des Planeten ihn 10.000

km über der Oberfläche zerlegt. Keine harte Kugel, sondern ein Schrotschuß großer Boliden krachte in den Planeten. Anders als der Einschlag, den wir im Fall der Venus analysiert haben, erfolgte der Einschlag nicht streifend, sondern traf die Achse zentral und eng gebündelt. Der Zwergplanet, der in die Venus einschlug, ging im flüssigen Kern des großen Planeten auf. Hatten wir den Venuskollidierer schwer wie den Erdmond angenommen, die Masse des Asteroiden, der in den Mars einschlug, lag bei 0,005 % des Erdmondes. Der Asteroid schlug zwar ein Riesenloch in die Kruste, war aber nicht in der Lage, den Mantel zu durchschlagen. Hochgeschleudertes Auswurfmaterial verwüstete die Umgebung. Über dem eingeschlagenen Asteroiden schloß sich der Krater. Die Schwerkraft des Mars erzwang die Integration des Riesenasteroiden in den gesteinigen und bis tief ins Innere erstarrten Marskörper. Das bis zur Schmelze erhitzte Material im Krater und am Kraterrand erleichterte das Verschmelzen des Asteroidenkerns mit dem hochviskosen Mantel. Das eingeschlagene Material preßte Gestein zur Seite und die versinkenden Trümmer unterschichteten die Marskruste. Die lokale Wulst sprengte die Marsoberfläche. Der Spannungsriß erzeugte den gewaltigen Graben, den wir Valles Marineres nennen (Bild N). Die Argumente, die eher für ein Versinken des Zwergplaneten als für das Schlagen eines Riesenkraters sprechen, weisen auf eine geringe Differenzgeschwindigkeit zwischen Mars und Kollidierer hin. Die bei der Abschätzung der Minimalgröße des Zwergplaneten von uns angenommene Differenzgeschwindigkeit dürfe damit zu hoch gewählt sein. Die Hypothese der Planetologen, einen größeren Körper anzunehmen, gewinnt an Wahrscheinlichkeit.

Dem Einschlagsort gegenüber beulte sich die Kruste unter der Wucht der Stoßwelle, die der Einschlag in den Planetenkörper sandte, und Mons Olympus erhob sich. Als die Spannung relaxierte, brach sein Gipfel wieder ein aber der angehobene Schild blieb stehen. Der gewaltige Berg des Mars ist kosmischen Ursprungs und wuchs nicht aufgrund innerer Magmabewegungen, die in dem kleinen Planeten viel zu schwach sind, um eine Erhebung dieser Größe in solche Höhe zu stemmen.

Die Hitze des Einschlags heizte die Atmosphäre des ganzen Planeten auf, so daß sie sich über das Maß aufblähte, das sie an den Mars band.

Der Mars, ohnehin Wüste und von einer dünnen Atmosphäre umgeben, verlor den Großteil seiner Atmosphäre, seines Wassers und alles Leben.

In das Muster des Großasteroideneinschlags passen die zwei kleinen Monde des Mars, deren Morphologie und chemisch Zusammensetzung ausschließen, daß sie aus abgesprengtem Krustenmaterial des Mars bestehen.

Betrachten wir den Marsmond Phobos aus der Nähe (Bild O). Seltsam mutet seine Oberfläche an, die von Rinnen und Streifen geprägt ist, und ebenso seine Gestalt mit einem – für die Mondgröße – überdimensionalen Krater. Trotz des in Relation zur Größe gewaltigen Kraters erscheint die Oberfläche nicht zerklüftet, sondern durchgängig glatt, ohne Grate und steile Kanten wirkt sie wie geschmirgelt.

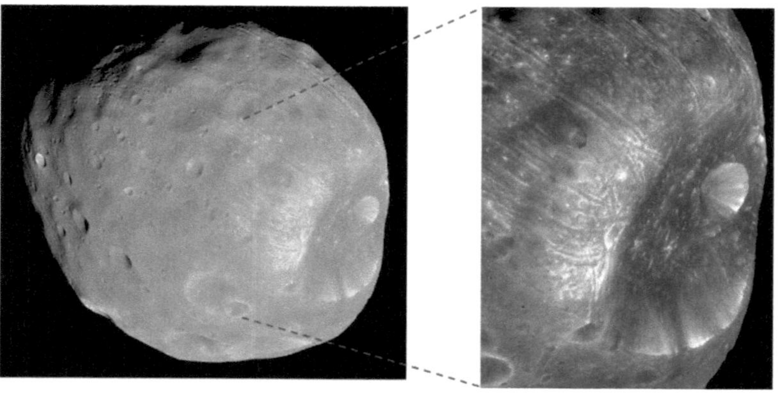

Bild O

Bilder des Mars-Mondes Phobos und herausvergrößerter Krater, aufgenommen vom Mars-Reconnaissance-Orbiter[279]

Links ein Gesamtbild des Mondes, rechts der herausvergrößerte Krater.
Phobos ist ein unregelmäßiger Ellipsoid mit den Abmessungen
~ 27 x 22 x 18 km; Masse $1{,}1 \cdot 10^{16}$ kg.

[279] https://www.wpclipart.com/space/solar_system/moons/Mars_moon_Phobos.jpg.html

Bei den Asteroiden im Asteroidengürtel, siehe das Kapitel ‚Der verlorene Planet', haben wir ein gleiches Aussehen und gleiche Oberflächenanmutung vorgefunden und beides mit ihrer Geburt in der Hölle eines explodierten Planeten erklärt. Allein schon aufgrund dieser Übereinstimmung stufen wir Phobos als ein weiteres Überbleibsel des Planeten Tiamat ein. Mit seinen flachen Kratern, und in der Oberfläche noch glatter als Phobos, stammt auch der andere Marsmond Deimos nach unserem Verständnis aus dem Asteroidengürtel. Wir nehmen an, Deimos hat als Sprengstück des Planeten so nahe am Hitzepol der Explosion gestanden, daß seine ganze Oberfläche anschmolz und die Schmelze ihn glättete.

Betrachten wir den Mond Phobos näher. Nicht als Problem, sondern positiv gewendet als Informationslieferanten. Nicht nur wegen der Anmutung seiner Oberflächen halten wir Phobos für einen zum Mond eingefangenen Asteroiden, auch sein geringes spezifisches Gewicht von unter 2000 kg/m^3 spricht für eine Herkunft aus dem Asteroidengürtel. Falls Phobos im Inneren keine großen Hohlräume aufweist, wofür nichts spricht, ist seine geringe Dichte als originärer Marsbegleiter nicht zu verstehen. Selbst von den Oxiden und Hydroxiden der leichten Elemente kommen nur die allerleichtesten wie Borsäure oder Borax in Betracht, um seine spezifische Dichte zu erklären. Schon Natrium- und Aluminiumhydroxid sind spezifisch zu schwer! Hydroxide bleiben in leichter Modifizierung dennoch die plausibelste Annahme für seine chemische Zusammensetzung. Im Rahmen der Tiamat-Hypothese und angesichts der gewaltigen Wassermengen, die im Asteroidengürtel gefunden werden, ist die Bildung von Hydroxiden, wie $Al(OH)_3$, $AlO(OH)$, $Mg(OH)_2$ oder Kieselsäure $Si(OH)_4$, im wässrigen Milieu der Schuttwolke des untergangenen Planeten überaus plausibel. Besteht der Mond zum Hauptteil aus Hydroxiden würde dies zugleich die sporadisch gemessene minimale Ausgasung von Wasser, das die Marsmonde als Schweif nach sich ziehen, erklären. Wir sind angesichts der Existenz eines Wasserschweifes auf Hydroxide angewiesen; denn freies Wasser wird es auf den kleinen Monden nicht geben. Ihre Sonnennähe in Verbindung mit ihrer winzigen Schwerkraft hätte freies Wasser längst in den Weltraum sublimieren lassen.

Die Hohlräume, die das ausgasende Wasser im Mondkörper hinterläßt, senken die Dichte und lassen dann die sicherlich vorhandenen Beimischungen von spezifisch schweren Oxiden und Hydroxiden zu. Nach diesem Modell wird Phobos im Mikrobereich nun doch hohl. Ein chemischer Aufbau aus Hydroxiden würde außerdem die helle, metallisch anmutende Oberfläche von Phobos begreiflich machen.

Nehmen wir an, der Marsasteroid brachte Trabanten im Gepäck mit. Wie Dactyl sich dem Asteroiden Ida anschloß, wurden sie noch im Gedränge der Fragmente des explodierten Planeten zu Begleitern des Marsasteroiden. Im Gegensatz zum Hauptkörper schlugen sie nicht in den Mars ein, sondern wurden zu Monden eingefangen.

Anders als der einschlagende große Mutterasteroid verfehlten seine beiden Begleiter den Planeten. Das Auseinanderreißen der Gruppe bedeutete Arbeit, die der kinetischen Energie der Gruppe entzogen wurde; auch ohne Einschlag des Mutterasteroiden hätte das Aufbrechen des Systems die Symmetrie der Begegnung mit Mars gestört und zum Einfang führen können. Die Bewegung gegen die Gravitationsenergie, die sie an den eingeschlagenen Asteroiden gebunden hatte, bremste – neben anderen energieverzehrenden Effekten – die Geschwindigkeiten so weit, daß sie von kleinen Begleitern des einschlagenden Großasteroiden zu Monden des Mars wurden.

Da sie enge Begleiter des kollidierten Asteroiden gewesen waren, setzte ihre Bahn die Bewegungsrichtung des großen Asteroiden fort. Die nahezu gleiche Neigung der Bahnebenen der Monde, Unterschied geringer als 1°, spricht für den gleichzeitigen Einfang beider Marsmonde. Die eingefangenen Monde laufen grob in der Bahnebene um, die der Geschwindigkeitsvektor des Mutterasteroiden seinen Trabanten vor seinem Einschlag in den Mars mitgab. Auf welche Bahnen gebundene Objekte kommen können, die die Schwerkraft eines Planeten auseinanderreißt, werden wir in Appendix B am Beispiel des Neptun und seines Mondes Triton durchexerzieren.

Zu klären bleibt, durch welche Prozesse die Monde in ihre gebundene Rotation und auf ihre kreisnahen Umlaufbahnen fielen. Einbremsung durch Swing-By am Mars und das beschriebene gravitative Bremsen durch den fehlenden Asteroiden erklären den Einfang, bieten eine schwache Erklärung für die Bahnebene, aber keine Erklärung für Kreisbahn (und die gebundene Rotation der Monde). Geologischer Tidenhub als Ursache von Energieverzehr und damit Bahnverrundung ist aufgrund der geringen Mondgrößen schwer argumentierbar, auch wenn Phobos bedenklich nahe an der Roche-Grenze den Mars umkreist und der Schwerkraftgradient dementsprechend groß ist. (Siehe zu diesem Effekt des Geschwindigkeitsabbaus auch das Kapitel zum Mondeinfang ‚Der Erdmond – 2. Kataklysmus und Sintflut'.)

Möglich wäre, daß eine zwischenzeitlich in der Hitze des Asteroideneinschlags aufgepumpte Marsatmosphäre ihnen im Perihel der Bahn kinetische Energie entzog und die Bahn so zum Kreis wurde. Dieses Argument mag für Phobos verfangen, Deimos Entfernung zum Mars ist zu groß, um eine Atmosphärenbremsung als Ursache der Kreisbahn in Betracht zu ziehen.

Kein zwingendes Argument aber das Beste, was uns einfällt, sind Kreisbahnen, die zustande kamen, weil die Bahngeschwindigkeit korrigiert um die Umlaufgeschwindigkeit und Bindung an Mutterasteroiden zufällig nahe der heutigen Kreisbahngeschwindigkeit lag. Zu diesem wackeligen Argument eine physikalische Abschätzung: Das Lösen vom Asteroiden bremst einen Trabanten, der den minimal groß angenommenen Riesenasteroiden in 200 km Abstand umkreist um 50 m/s; ein Trabant im sehr nahen 100 km Abstand wird um 70 m/s abgebremst. Zu dieser Geschwindigkeitsabnahme addiert sich maximal die Bahngeschwindigkeit um den Asteroiden, die um $\sqrt{2}$ kleiner ist als die Geschwindigkeit, in die sich die potentielle Bindungsenergie umrechnet. Die Bremsung bleibt auch bei voller Berücksichtigung einer möglichen gravitativen Bremsung um mehr als eine Größenordnung zu klein, um bei gegebener Begegnungsgeschwindigkeit den Mond auf eine Kreisbahn zu bringen. Hätten wir die Einschlaggeschwindigkeit des Asteroiden zu hoch angesetzt, würde auch in unserem - aus den Mechanikdaten der Marsneigung abgeleiteten – Szenario die Masse des Asteroiden zunehmen und damit die Bindungsenergie seiner Monde.

Gehen wir von einem Riesenasteroiden, wie die Krateranalyse ihn einfordert (Masse etwa $1{,}5 \cdot 10^{22}$ kg), aus, betrüge bei größerem, aber immer noch engen 2000 km Abstand zum Mutterasteroiden die Abbremsung

1 km/s. Für einen Einfang ist die Abbremsung mehr als ausreichend, auch für die Kreisbahn passt der Wert dann. Trotz richtiger Größenordnung erklärt auch die Eintragung durch den Riesenasteroid die Kreisbahn nur als Zufall.

Die Differenz der Bahngeschwindigkeit des Asteroiden (und seiner Trabanten) hatten wir mit 3 km/s angesetzt. Die abgeschätzte Geschwindigkeitsabnahme durch Lösen der Bindung der Monde von ihrem hypothetischen Mutterasteroiden reicht prinzipiell aus, um die Kreisbahnen (Phobos: 2132 m/s; Deimos 1348 km/s) zu begründen. Eine weitere Bremse wäre das Anhalten der Rotation der Monde. Geologische Verformung in der Nähe des Planeten zwang die Monde in ihre heutige gebundene Rotation, die damit plausibel abgeleitet wäre. Zwingend zu Kreisbahnen führt das alles nicht! Wir begeben uns in Hochspekulative und beenden die Raterei.

Wer lebt von den Menschen,
wenn der mächtige Winter
auf Erden enden wird?

Schwarz wird die Sonne
Die Sommer drauf
Wetter wüten.

Die Edda; Das Wafthrudnurlied

Der Erdmond – 2. Kataklysmus und biblische Sintflut

Darüber, wie die Erde zu ihrem Mond kam, ist schon viel spekuliert worden. Nach aktuell best-akzeptierter Theorie wurde die Erde in ihrer Frühzeit von einem marsgroßen Planetesimal getroffen. Die Kollision sprengte einen Teil der Erdkruste ab, aus der sich der Mond formte. Als Begründung für diese Theorie werden die spezifische Dichte und die Elementverteilung angeführt, die in der Erdkruste und beim Mond etwa gleich sind. Die Theorie verliert an Überzeugungskraft, wenn wir die Elementverteilung genauer betrachten. Der Mond ist zwar spezifisch etwa gleich schwer wie die Erdkruste, aber in der Elementverteilung unterscheiden sich die beiden sehr wohl.[280] Die Einschlagtheorie wackelt nicht nur aufgrund dieses Befundes, die Risse wurden größer, seit eingeschlossen in Gestein verkapseltes Wasser gefunden wurde. Zwar nur winzige Mengen (615 bis 1410 ppm), aber hinreichend viel, um das Rückzugsgefecht der Einschlagtheoretiker eingeleitet zu haben.[281]

Der Befund, daß Gesteinsproben von der Mond-Oberfläche mit 4,5 Milliarden Jahren ebenso alt sind wie das älteste Erdgestein, liefert keineswegs den Zeitpunkt des Mondeinfangs. Wir können lediglich feststellen,

---

[280] http://www.spektrum.de/news/der-makel-am-mond/1216228,
http://www.nature.com/ngeo/journal/v5/n4/full/ngeo1429.html
[281] http://www.nbcnews.com/id/43185003/

Erde und Mond sind etwa gleich alt. Aus der Altersbestimmung von Gesteinsproben kann sicherlich nicht auf den Ort der Entstehung geschlossen werden.

Wie dem auch sei, von irgendwoher muß der Mond – das Planetesimal – gekommen sein. Versuchen wir, den Ort seiner Entstehung aus der chemischen Zusammensetzung einzugrenzen, indem wir im Rahmen unseres Modells den Mond mit dem Untergang des fünften Planeten in Verbindung bringen. Wenn wir dem Mond eine Entstehung im Asteroidengürtel jenseits des Mars zuweisen, erwarten wir ohne Kollision und Absprengen von Teilen des Erdmantels einen Körper mit der Dichte des Mondes (3340 kg/m^3). Mars kommt mit einer Dichte von 3930 kg/m^3 der Dichte des Erdmondes schon verdächtig nahe. Die Dichte des großen Asteroiden Ceres liegt bei 2080 kg/m^3. Bei dieser Dichte scheint der Asteroid zu einem wesentlichen Teil aus Wasser[282] zu bestehen! Die Dichte des typischen Asteroiden Vesta beträgt 3420 kg/m^3, und die mittlere Dichte aller Asteroiden wird mit 3500 kg/m^3 abgeschätzt. Die spezifische Dichte des Erdmondes fügt sich somit widerspruchsfrei in die These ein, die seine Entstehung und Herkunft in den Asteroidengürtel verlegt. Das spezifische Gewicht als Argument verwandt, ist es naheliegend, unseren Mond als ein Fragment des fünften Planeten oder (!) ihn als seinen Mond aufzufassen.

Unserem Modell zufolge hat die Zerschlagung des Planeten Tiamat in einem nach langer Alterung eingefrorenen Planetensystem ein Reservoir riesiger Bahnkreuzer geschaffen, die seither die Planetengeologie gründlich umgekrempelt haben. Anfangs waren die neuen Sonnentrabanten mehrheitlich Bahnkreuzer des Jupiter. Den eigenen Simulationen zur Zerschlagung des fünften Planeten zufolge wurden die Trümmer tendenziell auf Bahnen gelenkt, die an die Jupiterbahn heran oder über sie hinausreichten. Die Fragmente Tiamats, die als Bahnkreuzer weder in Jupiter einschlugen noch zu seinen Monden wurden, lenkte der Riesenplanet auf ein Bahnspektrum, das in seinen Extremen sowohl tief in den

---

[282] Die Raumsonde Dawn (http://dawnblog.jpl.nasa.gov/) umkreist seit März 2015 Ceres und wird Klarheit über den Aufbau bringen. Zuvor hat Dawn den Asteroiden Vesta umkreist und kartographiert.

Abstandsbereich der Gesteinsplaneten reicht als auch aus dem Sonnensystem führt (Abbildung 28).

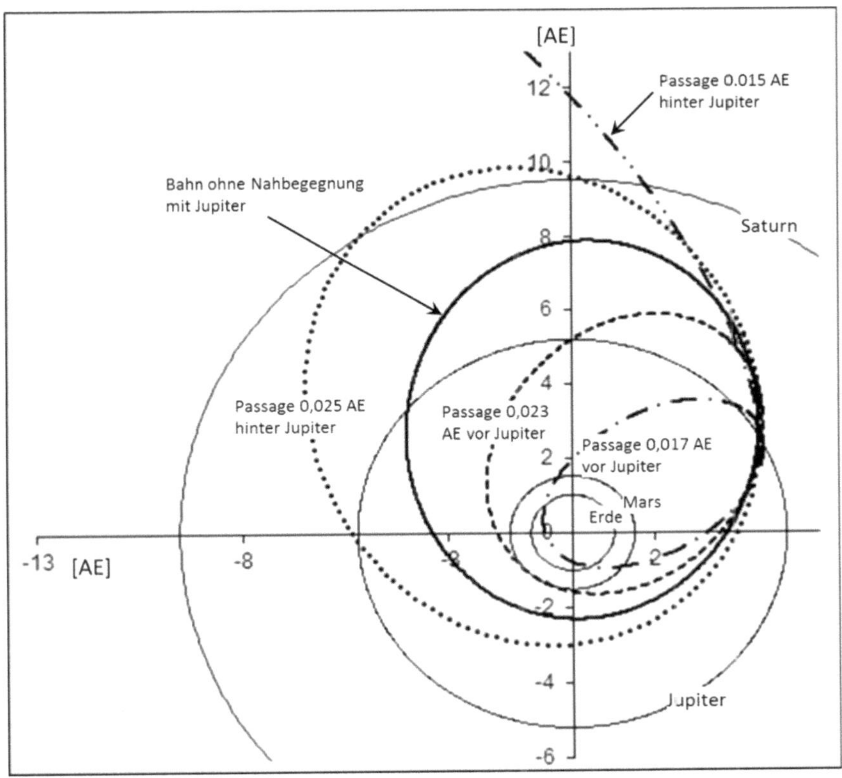

Abbildung 28
Computer-simulierte Bahnablenkungen eines Tiamat-Trümmers durch Swing-by am Jupiter
Ein Kreuzen der Jupiterbahn im Abstand von 0,02 AE vor Jupiter macht das Objekt zum Bahnkreuzer der Erde. Ein Kreuzen hinter dem Planeten wirft den Körper für Swing-by-Abstände näher als 0,02 AE aus dem Sonnensystem.

Das Irrlichtern der Tiamattrümmer gegeben, könnten die Monde von Jupiter und Saturn Fragmente Tiamats gewesen sein. Wie für den Venuskollidierer und den Marsasteroiden in vorhergehenden Kapiteln ausgeführt, werden wir für unseren Mond die Option analysieren, ob auch er ein Relikt der Zerschlagung Tiamats sein kann. Entweder wurde das Tiamatfragment sofort zum Bahnkreuzer der Erde, oder Jupiter hat einen Trümmer des Planeten per Swing-by auf eine enge Bahn geschoben, oder in unserem Mond haben wir die Komponente eines Doppelplaneten vor uns. Ein hypothetischer Tiamat-Mond könnte den Durchgang durch die Akkretionsscheibe überlebt haben, wenn ihn im Gegensatz zu seinem Mutterplaneten kein schweres Planetesimal traf oder er sogar zuerst im Schatten des Planten und dann im Schatten der Trümmerwolke stand Nach Verlust seines Mutterplaneten könnte der Tiamat-Mond infolge der Bremsung durch die verschwundene gravitative Bindung auch ohne nachfolgende Swing-by-Ablenkung am Jupiter eine enge erdbahnkreuzende Bahn eingeschlagen haben. Beide Optionen sind denkbar. Der Schalenaufbau des Mondes macht ihn wahrscheinlicher zum Mond des fünften Planeten als zu einem Fragment der Sprengung. Unseren Mond ohne Wasser vorzufinden, ist leicht als Folge der geringen Masse erklärbar, die selbst in großer Sonnenentfernung weder Atmosphäre noch Wasser festhalten kann.

Wenn der Mond als Bahnkreuzer der Erde aus dem Asteroidengürtel mit einem Aphelabstand von 2,6 AE kam und er im Erdabstand bei 1 AE sein Perihel durchlief, betrug die Differenz der Bahngeschwindigkeiten bei der Nahbegegnung mit der Erde 6,0 km/s. Zu diesem Bahngeschwindigkeitsunterschied addiert sich die Geschwindigkeit durch seine Beschleunigung im Schwerefeld der Erde (und die der Erde im Schwerefeld des Mondes). Bei einer Annäherung auf den heutigen Mondabstand von 384.000 km beschleunigt das Gravitationspotential der Erde den Mond um zusätzliche 1,44 km/s. Die Umlaufgeschwindigkeit des Mondes um die Erde beträgt 1,02 km/s. Um auf eine kreisförmige Bahn in heutigem Abstand zu gelangen, hätte der Mond-Asteroid demnach einen Geschwindigkeitsüberschuß von 6,42 km/s abbauen müssen. Natürlich vereinfacht sich die Mechanik des Einfangs, wenn der Mond auf weniger exzentrischer Bahn und dann geringerer Bahndifferenzgeschwindigkeit auf die Erde trifft.

Behandeln wir den Einfang als einfachen plastischen Stoß. Der Impuls, den der Einfang auf das entstehende Erde-Mond-System überträgt, resultiert aus der Differenz der Bahngeschwindigkeiten und führt im zuvor ruhend angenommenen Koordinatensystem der Erde für das neu gebildete System zu einer höheren Bahngeschwindigkeit von:

$$\Delta v = 6000 \frac{m}{s} \frac{m_{Mond}}{m_{Mond} + M_{Erde}} = 73\ m/s$$

Diese höhere Geschwindigkeit schiebt das Aphel der Erdbahn von einer hypothetischen Kreisbahn (149,6 Mio. km) auf 151 Mio. km und verlängert das Jahr um 2,5 Tage. Die daraus resultierende Exzentrizität beträgt mit 0,005 circa ein Drittel des aktuellen Wertes.

Der Geschwindigkeitsabbau macht den Einfang des Mondes zu einem Husarenritt, da die Körper sehr nahe aneinander einander vorbeischrammen müssen, um dem heranrasenden Prämond einerseits ausreichend kinetische Energie zu entziehen, und andererseits darf es den Mond an der Roche-Grenze der Erde nicht in Stücke reißen.

Damit sind die Eckpunkte eines Modells gelegt, das auf seine physikalische Konsistenz überprüft werden kann. Neben der theoretischen Analyse der Einfangmöglichkeit als Argument für unsere These muß die Nahbegegnung Spuren in der Geologie der Partner hinterlassen haben, die erhalten und heute noch erkennbar sein müssen.

Zu solchen geologischen Fakten, die für einen Einfang und keinen Einschlag mit nachfolgender Mondabspaltung von der Erdkruste sprechen, zählt, daß der Mondkörper weder homogen noch symmetrisch aufgebaut ist. Sein Schwerpunkt liegt aus dem geometrischen Mittelpunkt verschoben, und damit korrespondierend weist der Mond auf der erdabgewandten Seite eine doppelt so dicke Kruste (150 km) auf wie auf der erdzugewandten Seite (70 km). Diese Asymmetrie der Schalenstruktur findet ihre Aufklärung in der Verformung des Mondes beim Einfang.

Falls der Mond während der Nahbegegnung mit der Erde ein weitgehend erkalteter und erstarrter Körper war, hätte die Erde ihn nach vorheriger Streckung zum Ellipsoiden bei einem Abstand von 17.000 km über der Erdoberfläche (Schwerpunktabstand: 9280 km) zerrissen. War der Mond beim Einfang noch flüssig, lag der minimale Abstand vor einem Fragmentieren bei 11.470 km über der Erdoberfläche (Schwerpunktabstand: 18.750 km). Die beiden Zustände des Mondkörpers markieren die Extreme. Die Fragmentierungsgrenze wird zwischen den beiden Abständen liegen. Schrammte der Mond in 20.000 km – Schwerpunktabstand der beiden Massen – an der Erde vorbei, stülpte sich auf dem Mond ein Berg von 1020 km Höhe in Richtung Erde.

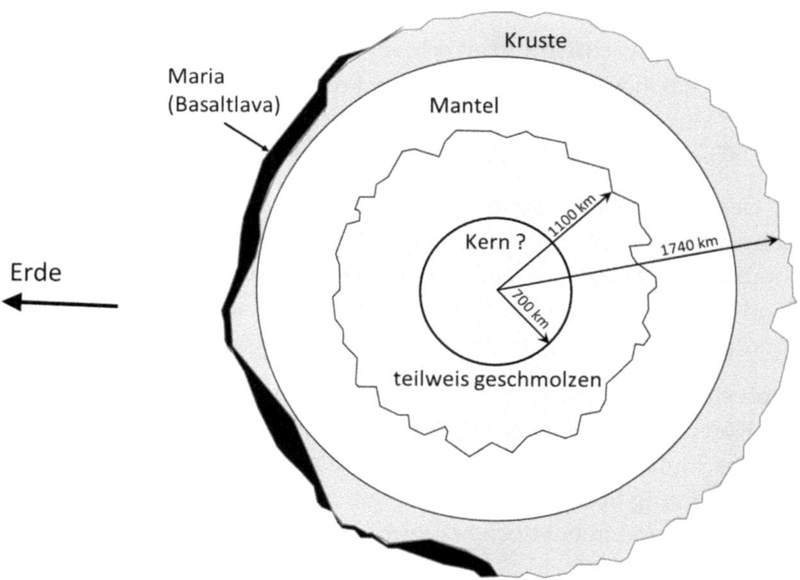

Bild P
Geologischer Aufbau des Mondes[283]
Die Dicke und Dickenunterschiede der Kruste sind zu besseren Veranschaulichung überzeichnet dargestellt.

Der Mond nähme bei dieser Streckung die Form eines Eis an. Bei einem ausgebildeten Schalenaufbau wäre der spezifisch schwerere Kern des Mondes stärker in Richtung Erde gezogen worden als das leichte Mantelmaterial. (Die Kraft der Massenanziehung ist bei gleichem Abstand proportional zur Dichte.) Nach der engen Begegnung von der verformenden externen Kraft der Erdgravitation befreit, verrundet die Eigenschwerkraft des Mondes das Ei wieder zur Kugel, ohne den vorherigen, vollsymmetrischen Zustand wieder herzustellen. Bei der Rückformung

[283] Skizze nach: http://pages.erau.edu/~ericksol/courses/sp200/terrestrial_planets.html

füllt aufgrund der Reibungswärme, die bei der Verformung frei wird, duktiles und daher vergleichsweise niederviskoses Mantelmaterial die Becken, die der rückfedernde Kern als Senken in der Oberfläche hinterläßt. Geologisch finden wir diese Situation modellgerecht erhalten in den flachen Maria auf der erdzugewandten Seite des Mondes. Die heutige Asymmetrie des Schalenaufbaus und die dickere Kruste auf der erdabgewandten Seite sind die natürlichen Folgen einer Extremverformung.

Was nach der Nahbegegnung mit der Erde infolge der Deformation des Mondkörpers und seiner anschließenden Relaxation zurückbleibt, sind Maria, die die Senken eingeebnet haben, und unvollständig geschlossene Spannungsrisse in der Kruste, die als Strahlenkranz von nahezu jedem Mondkrater ausgehen. Seine Kraterlandschaft brachte der Mond aus der Trümmerwolke des gesprengten Planeten mit. Jeder Krater stellte während der Extremverformung eine Schwächung der Kruste dar. Verformt zur Ellipse riß die Kruste ausgehend von diesen Schwachstellen. Als Erde und Mond sich wieder voneinander entfernten, sank die Streckung des Mondes in sich zusammen. Die Gräben, Krustenrisse und Klüfte schlossen sich, hinterließen aber das charakteristische Strahlenmuster, das die Mondoberfläche noch heute prägt, wenn auch verwaschen und im Laufe der Zeit eingeebnet durch die überdeckende Schicht pulverisierten Gesteins. In der Staubschicht auf der Mondoberfläche, dem Regiolith, sehen wir im Übrigen nicht nur die reibende Kraft von Milliarden Jahren Sonnenwind, sondern ebenfalls Niederschlag feingeriebenen Staubs aus der Akkretionsscheibe.

Kommen wir in unserem Modell von der Geologie zur Mechanik des Einfangs. Mit Sicherheit rotierte der Mond vor der Nahbegegnung mit der Erde um seine Achse. Diese Rotation wurde zu einem essentiellen Mechanismus des Einfangvorganges. Während der Nahbegegnung mit der Erde wuchs dem Mond der beschriebene riesige Tidenberg. Dieser Berg wanderte der Rotation des Mondes und seinem Schwenken um die Erde folgend über den Mond. Das Walzen des Tiden-Hubes wirkte wie eine hocheffektive Bremse. Ein Heben und Senken solchen Ausmaßes hielt die Rotation in kürzester Zeit an. Die Arbeit, die für das Bremsen der Rotation zu leisten war, speiste sich aus der translatorischen kinetischen Energie, d. h., der Mond wurde in dem Maße langsamer, wie das Anhalten der Rotation ihm kinetische Energie entzog.

Angesichts des Ausmaßes der Streckung stoppte die Verformung die Rotation des Mondes spätestens beim nächsten Abstand und loggte ihn beim Schwenken um den Erdkörper in eine gebundene Rotation ein. Der Tidenberg weist seitdem konstant in Richtung Erde. Im vorgeschlagenen Einfangmodell ist die gebundene Rotation des Mondes mithin nicht das Ergebnis von mehreren Milliarden Jahren Wechselwirkung zwischen Mond und Erde, sondern unmittelbares Resultat der Nahbegegnung.

Ergänzen wir die qualitative Diskussion um quantitative Physik. Die Rotationsenergie eines Körpers beträgt:

$$E_{Rotation} = \frac{1}{2}\Theta \cdot \omega^2$$

Da wir nicht wissen, wie schnell der Mond rotierte, können wir nur eine plausible Abschätzung vornehmen. Mit dem Trägheitsmoment des Mondes (Annahme einer homogenen Kugel) von

$$\Theta = 8{,}9 \cdot 10^{34} kgm^2$$

und einer Umdrehungszeit von 10 h (etwas langsamer als die Rotation des größten Asteroiden Ceres) erhalten wir für den Ur-Mond:

$$E_{Rotation} = 1{,}4 \cdot 10^{27} J$$

Diese Energie umgerechnet in translatorische Bewegungsenergie (die verbleibende gebundene Rotation vernachlässigt) bremst den Mond um

$$v = \sqrt{\frac{2 \cdot E_{Rotation}}{m_{Mond}}} = 0{,}2\ km/s$$

Das Anhalten der Rotation hätte – im Szenario der gewählten Daten – für einen Einfang von der angenommenen Bahn-Überschußgeschwindigkeit des Prämondes 3 % des abgeschätzten Wertes beigesteuert. Weitere Energieverzehrmechanismen kommen hinzu.

Im Flüssigkeitsmodell der Schwerkraftverformung wächst bei 18.000 km Schwerpunktabstand dem Mond ein Tidenberg, der so hoch ist wie der Mondradius. Um zu berechnen, welche Gravitationsenergie in einem solchen Zustand steckt oder reziprok betrachtet, wieviel Energie aufzuwenden ist, um diesen Zustand herbeizuführen, nähern wir geometrisch den durch Streckung entstandenen Mond-Ellipsoiden durch zwei sich überlagernde Kugeln an. Der Durchmesser jeder Kugel ist um $\sqrt[3]{2}$ kleiner als der Monddurchmesser. Die potentielle Lage-Energie dieses Zustandes, bei dem der Mittelpunkt einer Kugel auf dem Rand der anderen (Schwerpunktabstand $\sqrt[3]{2} \cdot r_{Mond}$= 1380 km) liegt und jede Kugel die halbe Mondmasse vereinigt, beträgt:

$E_{Lage} = 6{,}5 \cdot 10^{28} J$

Die gravitative Selbstenergie des Mondes liegt berechnet gemäß

$E_{grav} = \frac{3}{5} \frac{G \cdot m_{Mond}{}^2}{r_{Mond}}$

zu $1{,}2 \cdot 10^{29}$ J.

Die Differenz zur oben berechneten Lageenergie der beiden Mondhalbmassen beträgt somit $5{,}9 \cdot 10^{28}$ J. Diese Differenzenergie wird der kinetischen Energie des Mondes entzogen und bremst ihn um 1,3 km/s. In Summe der beiden Effekte, Rotationsanhalten und Wachsen des Tidenbergs, nimmt dieser groben Abschätzung zufolge die Geschwindigkeit des vorbeiziehenden Mondes relativ zur Erde von 6,4 auf auf 4,9 km/s ab.

Bei diesem Geschwindigkeitsabbau ist der Mond eingefangen. Wenn auch umlaufend auf einer weit elliptischeren Bahn als seiner heutigen, ist er zum Begleiter der Erde geworden. Die statische gravitative Verformungsenergie der Erde – ohne Reibung – mit nach $E_{Hebung} = g \cdot m \cdot h$ abgeschätzten ~ $1 \cdot 10^{23}$ J können wir bei der Verzögerung der Mondbewegung vernachlässigen. Das Fortschreiten dieser Hebung unter dem sublunaren Punkt, den der Monde bei seinem Zug über dem Erdkörper zieht, erhöht den Wert bestenfalls um das Dreifache, so daß dieser Effekt für den Einfang mit bestenfalls einigen m/s minimal bleibt. Zur gravitativen Hebung des Kugelabschnittes kommen nur qualitativ einschätzbare Verluste durch Reibung im brechenden Gestein und Schollenbrüche, die einen erhebliche größeren Beitrag leisten werden. Eine Bewertung eines potentiellen Anschiebens der Erdrotation quantifiziert den mechanischen Effekt auf einige hundert m/s als Energieäquivalent (siehe unten). Die schnellere Erdrotation wird somit zu einem einzubeziehenden Beitrag im Einfangprozeß.

Dem Wert der Gravitationsenergie durch Verformung sind die inneren Reibungsenergien hinzuzuschlagen, die infolge der Umlagerung und Verschiebung von Multibilliarden Tonnen Gestein in Wärme umgesetzt werden. Der bis an seine Zerreißgrenze gestreckte Mond wird heiß, und das Gestein wird weich(er). Wir finden hierin eine Erklärung für das niederviskose Material, das die Maria füllt.

Wenden wir uns der Erde zu und den Folgen, die die Nahbegegnung in ihrer Geologie hinterlassen hat. Die Nahbegegnung verformt beide Körper – Mond und Erde. Reziprok zur Streckung des Mondes verformt ein geologischer Tidenhub den Erdkörper. Bei einer angenommenen Nahbegegnung mit 20.000 km als Abstand der Schwerpunkte würde der Erde ein Tidenberg von 4 km Höhe in Richtung Mond wachsen. (Siehe zur Verformung der beiden Körper als Funktion des Abstandes auch die Daten der Tabelle 3). Relativ zum Erddurchmesser erscheint der Berg klein, gerade einmal 0,3 Promille des Erddurchmessers. Die Bewohner der Erde, insbesondere alle Großlebewesen, erleben dennoch einen Weltuntergang. Im Vergleich zu einer Beule von 4000 Metern Höhe ist der Himalaya doppelt so hoch, und die Rotation der Erde erzeugt sogar einen 22 km dicken Äquatorwulst. Beides sind jedoch statistische Verformungen des Erdkörpers und stellen Gleichgewichtszustände dar. Ganz anders die dynamische Verformung durch den vorbeischrammenden Mond mit einer Zeitgrößenordnung von Minuten im nächsten Abstandzeitfenster. Die Katastrophe infolge der Gravitationswechselwirkung bahnt sich bereits während der Annäherung des Mondes an und wirkt auf den Erd- und Mondkörper weit länger als nur in der Zeit der nächsten Nahbegegnung.

Wie uns Flut und Ebbe lehren, Wasser, Atmosphäre und der gesamte weiche Erdkörper werden der Gravitationsänderung durch den Mond spontan folgen und nach der Passage ebenso spontan zurückfedern.

Schon während der Annäherung des Mondes bahnte sich in einem aufkommenden Wind das Drama an. Bald fegte ein Orkan unbekannter Heftigkeit übers Land. Ein Wasserberg sammelte sich unter dem wandernden sublunaren Punkt, die abgewandte Seite der Erde fiel trocken.

Für die Geologie prägender als das Wachsen des Tidenberges formten die aufgetürmten Wassermassen die Oberfläche um. Sie schwangen und schwappten; Ozeanbecken leerten sich und Kontinente wurden überspült. Wenn dieses Szenario mehr als eine Schnapsidee sein soll, müssen Folgen sichtbar geblieben sein. Finden wir keine Spuren dieser kosmisch verursachten Sintflut, ist unser Modell falsch.

Existieren sie, muß unser Modell des Mondeinfangs nicht richtig sein, aber es wird zu validen Erklärungsoption. Die andere Option für um die Erde rollende Wassergebirge soll nicht verschwiegen werden: Vergleichbare Riesenwellen könnte der Einschlag eines riesigen Asteroiden in einen Ozean verursachen.

geologischer Tidenhub	Abstand der Schwerpunkte [km]	h [km]
Erde	18000	4,92
	20000	4,00
	30000	1,78
	50000	0,64
Mond	18000	1770
	20000	1020
	30000	300
	50000	90

Tabelle 3
Gravitative Verformung von Erde und Mond als Funktion des statischen Abstandes der beiden Massen

Geschah der Mondeinfang wie gerade ausgemalt, haben wir sie gefunden: Die ultimative Sintflut[284], die keine lokale Überschwemmung war, sondern aus der Verformung des Erdkörpers entstand. Das gängige Totschlagargument gegen das Auftreten einer weltumspannenden Sintflut, es gäbe gar nicht genug Wasser, um die ganze Erde zu überfluten, ist

---

284 Eine Sammlung weltweiter Sintflut-Mythen findet sich in: http://www.talkorigins.org/faqs/flood-myths.html

hinfällig. Die größte und am häufigsten tradierte Katastrophe in der Prähistorie, die größte Menschheitskatastrophe überhaupt, verursachte diesem Modell zufolge der heute so harmlos scheinende Mond.

Die Folgen der Verformung des Erdkörpers sind deshalb so verheerend, weil der Erdkörper weich ist, weitaus weicher als der kleine und stärker abgekühlte Mond. Auf einem flüssigen Erdmantel und Erdkern schwimmt eine dünne Schale, die ihrerseits zu Zweidrittel mit Wasser bedeckt ist. Sowohl das Wasser wie die Luft folgten dem Zug des plötzlich auftretenden Schwerkraftstörers vergleichsweise widerstandslos. Allein die innere Reibung und die Coriolisbeschleunigung der rotierenden Erde leisteten dem freien Strömen Widerstand. Die Dynamik des Hebens und Senkens wirkte tödlich. Wenn Paläontologen auf Massengräber stoßen, in denen Pflanzen und Tierskelette sich zerschmettert und wüst verwirbelt türmen,[285] hat sie der mondverursachte Orkan dort im Windschatten einer Klippe abgelegt. Der geologische Hub durch den Mond hob die Kruste unter dem nahen Mond in wenigen Stunden. Das austarierte Gleichgewicht von Schwerkraft und Zentrifugalkraft, das den Erdgeoiden stabilisiert, geriet aus den Fugen. Im Mantel wurden Magmaströme angeschoben, geologische Grabenrisse öffneten die tektonisch ohnehin gespannte Kruste; an den entstehenden Rissen brachen Vulkane aus.

Schlimmere Verwüstungen als Vulkane und der alles mitreißende Orkan verursachten Tsunami unbekannter Höhe. Indizien für diese Ereignisse finden wir unschwer in der Geologie der Erde. Das Schwappen der Wassermassen spülte hinter den Überlaufkanten der Kontinentalplatten submarine Gräben.[286] Gigantische unterseeische Rinnen fräste das über- und ablaufende Wasser über hunderte Kilometer Länge kilometertief (!) in den Ozeanboden. In unserem Modell haben wir eine beeindruckend einfache Lösung des Rätsels um die Entstehung dieser unterseeischen Einkerbungen an den Kanten der Kontinente sowie für kilometertiefe unterseeische Fließtäler vor uns, siehe die Beispiele in Abbildung 29. In

[285] http://atlantisforschung.de/index.php?title=Das_Ende_der_Eiszeit_-_Epoche_der_Katastrophen

[286] https://www.pices.int/publications/presentations/PICES-2011/2011-S2/S2-1010-Suryan.pdf, Seite 4

der gelehrten Geologie fehlt jegliche Erklärung, wie dergleichen entstanden sein könnte.

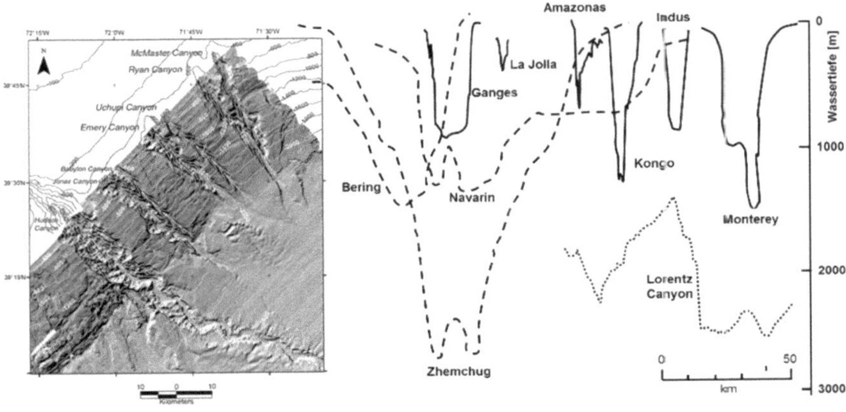

Abbildung 29
Submarine Canyons
Links[287]: Die Rinnen im Kontinentalsockel am Ostufer der USA (Hudson)
Rechts[288]: Profile und Tiefen einiger Canyons (durchgezogene Linien für Flußmündungen; strichliert Canyons am Aleutengraben; gepunktet dargestellt der Tiefseegraben südlich von Neufundland)

Die Tiefe der Canyons reicht weit unter jede denkbare statische Absenkung des Meeresspiegels, wie wir sie etwa mit den Eiszeiten verbinden. Wenn heute oft Flüsse über diese Canyons in den Ozean münden, haben nicht sie die Canyons gefräst, vielmehr markieren ihre Mündungen lediglich die Entwässerungshauptrichtungen der Kontinente.

---

[287] https://commons.wikimedia.org/wiki/File:CanyonsbathyLG_USGS.jpg
[288] http://michael.oards.net/pdf/Book/Chapter70.pdf, aus Giant submarine canyons: Is size any clue to their importance in the rock record?
William R. Normark Paul R. Carlson Geological Society of America Special Paper 370 (2003).

Wie die Riesenflut das Land umgestaltete lehren demnach nicht nur die Dimensionen submariner Canyons auch die großen inländischen Urstromtäler und Riesencanyons schuf die gewaltige Flut.[289] In Fortschreibung dieses Verständnisses erkennen wir in den Urstromtälern heutiger Flüsse nicht von ihnen gewaschene Täler, sondern die Hauptablaufrinnen überfluteter Kontinente. Diese Deutung ihrer Entstehung fügt sich nicht nur nahtlos in unser Sintflut-Puzzle ein, wir halten sie für beweiswirksam.

Das Trockenfallen überschwemmter Kontinente beim Ablaufen der Flut bietet eine denkbar plausible Erklärung für Riesengräben und überbreite Urstromtäler. Wer z. B. das Rinnsal des Colorado 2000 m tiefer unter sich und auf der anderen Seite in vielen Kilometern Entfernung (6 bis 30 km) die Gegenkante sieht, dem kommen Zweifel, ob dieser kleine Fluß wirklich so Gewaltiges geschaffen hat. Entleerte sich durch dieses Tal jedoch in kurzer Zeit ein riesiger See, wären Tiefe und Breite sofort erklärt. Mit der Urstromtaltheorie, die diese breiten Täler als Hinterlassenschaft der Eiszeit einstuft, stimmt ebenfalls einiges nicht. In Mitteleuropa laufen Urstromtäler und Flüsse tendenziell von Süden nach Norden (Rhein, Weser, Elbe, Oder, Weichsel, Düna). Wie kann das sein? In dieser Richtung versperrte doch der zurückweichende Eisschild dem Wasser den Weg.

Für die Überflutung von Kontinenten sprechen neben den Abflußrinnen gewaltiger Wassermassen auch Salzpfannen im Landesinneren. Teilweise in extremer Höhe gelegen, muß man Jahrmillionen zurückgehen, um sie als Meeresboden wiederzufinden – wenn überhaupt. Unser Modell hat mit ihrem Vorkommen kein Problem, sie sind die Relikte des Meerwassers, das nach der Flut in abflußlosen Inlandbecken gefangen war, und somit Rückstand des eingeschlossenen und verdampften Salzwassers.

Erwartungsgemäß liegen die tiefsten Canyons nicht an den Rändern der Kontinente, wo Wassermassen kontinentaler Überschwemmungen in leere Ozeanbecken zurückstürzten, sondern an den Überlaufkanten flacher Meere. Ihre Ausrichtungen in Nord-Süd-Richtung stimmen bestens

[289] Michael P. Lamb und Mark A. Fonstad; Rapid formation of a modern bedrock canyon by a single flood event; Nature Geoscience 3, 477 - 481 (2010).

mit unserer Erwartung überein. Aus ihrer geographischen Lage können wir sogar auf das Gebiet schließen, über dem Erde und Mond sich am nächsten standen. Der Zhemchug Canyon am Rand der Beringsee reicht fast 3000 m tief. Er endet im Aleutengraben, der eine maximale Tiefe von 7800 m aufweist. Mit Blick auf seine gewaltige Dimension der Canyons wie des Tiefseegrabens scheint das ganze Nordmeer über die Schelfkante der Nordamerikanischen Platte in den Pazifik geströmt zu sein. Als diese Fluten über die Schelfkante stürzten, haben sie hinter dem Wehr des Festlandsockels den Aleutengraben[290] gespült und den Zhemchug sowie weitere parallellaufende Canyons geschnitten. Wie sich hinter einem Wehr ein Graben bildet, spülten die tosenden Wasser eines überlaufenden Meeres gewaltige Schluchten. Mit einem Unterschied: Die Dimension dieser Wasserbewegung war um viele Größenordnungen gewaltiger als alles, was wir heute kennen.

Die steilen Wände der submarinen Canyons und ihre kaum verwitterte Struktur indizieren geologisch junge Strukturen. Kontinentaldrift hat sie weder erkennbar geschert noch gestaucht; und Schwemm-Ablagerungen haben sie auch nicht verfüllt. (Einzig der Canyon an der Mündung des Ganges ist relativ flach. In seinem Fall könnte der Schutt des Himalaya rasche Arbeit geleistet haben, siehe Abbildung 29.) Verlegen wir den Mondeinfang nahe an unsere Zeit und damit weit nach der Entstehung der Erde, gerät die Erklärung einfach. Die submarinen Canyons werden zu dem gesuchten starken Indiz für die vorgeschlagene Theorie eines sehr späten, um nicht zu sagen kürzlichen Mondeinfangs. Wie viel Zeit ist seit der großen Flut verstrichen? Können wir ihr Alter durch andere Fakten eingrenzen? Welche Hinweise stützen neben den gut erhaltenen submarinen Canyons und dem antarktischen Sund überhaupt die Annahme, daß der Mond ein junger Begleiter der Erde ist? Auch wenn wir einen Einfang der nach Jahrzehntausenden zählt, mit einer ersten einfachen Überlegung nicht beweisen können, mit wenig Physik können wir den aktuell gehandelten Zeitpunkt für den Mondeinfang von 4,5 Milliarden doch auf höchstens 400 Millionen Jahre verkürzen. Die physikalische Argumentation vorangestellt, werden wir später (siehe

[290] http://www.scinexx.de/dossier-bild-415-5-11545.html

unten) auf ein historisches Dokument stoßen, das den Mondeinfand auf weniger als 100.000 Jahre zurückverlegt.

Dazu folgende Überlegung: Derzeit nimmt der Abstand zwischen Mond und Erde jedes Jahr um 3,82 cm zu. Das klingt nach wenig und bedeutet doch über geologische Zeiträumen viel. Bei konstanter Änderungsrate wäre der Mond vor 4,5 Milliarden Jahren der Erde um 170.000 km näher gestanden als heute. Ein Befund, gegen den auf den ersten Blick nichts spricht.

Die unterstellte Linearität der Entfernungszunahme ist physikalisch aber nicht haltbar. Der Widerspruch zur Annahme einer zeitlich linearen Entfernungszunahme folgt evident, wenn wir auf die Ursache der Abstandsänderung schauen. Die Zunahme der Mondentfernung ist im aktuellen Erklärungsmodell an die Drehimpulsänderung der Erdrotation gekoppelt: Die Erde rotiert langsamer, weil Ebbe und Flut – verursacht durch den Mond – die Drehung bremsen, und deshalb nimmt der Mondabstand zu. Wir erleben die Drehimpulserhaltung bei der Arbeit. Die Abbremsung der Erdrotation – damit die Rate der Abstandsänderung – wird jedoch keinesfalls proportional mit dem Abstand zunehmen, sondern wird sich parallel zum Gradienten der Schwerkraft kubisch erhöhen, wenn wir nicht nur die Hebung im sublunaren Punkt, sondern das Strecken des ganzen Erdkörpers berücksichtigen. Schränken wir die Bremsung auf die Effekte verursacht durch das Heben und Senken von Ebbe und Flut ein, erfolgt die Abstandsänderung proportional zur Mondschwerkraft und somit quadratisch zum Abstand. Schon die kraftproportionale Änderung der Wechselwirkung führt auf erheblich kürzere Zeiten als auf das Alter der Erde. Bei der kraftproportionalen Abstandsänderung beträgt der Mondabstand Null Kilometer, wenn wir 400 Millionen Jahre zurückgehen. Bei dieser auch noch unsinnigen Minimalentfernung hätte die Erde den Mond allerfrühestens im Devon einfangen können. Die Annahme einer abstandsabhängigen kubischen Änderungsrate des Abstandes führt zu dem Ergebnis, Mond und Erde wurden frühestens vor 60 Millionen Jahren zum Doppelplaneten. Dieser Zeitpunkt läge am Ende der Kreidezeit oder zu Anfang des Tertiärs. Beide Zeiten sind zu lang abgeschätzt, da der Mond ganz sicher nicht mit Nullabstand eingefangen wurde.

Der von uns vorgeschlagene späte Einfang erklärt nicht nur die nahezu verwitterungsfrei erhaltenen submarinen Canyons, sondern erklärt zudem den Mondabstand und, warum der Mond die Erde nicht auf einer Kreisbahn umrundet. Der Mondabstand schwankt zwischen 356,5 und 406,7 tausend Kilometern. Diese Abstandsschwankung hat Folgen. Auf der Erde verursacht die Mondschwerkraft Ebbe und Flut, die auftreten, weil die Erde sich unter dem Mond dreht. Da der Mond der Erde immer die gleiche Seite zeigt, gibt es diesen Effekt der durch Eigendrehung verursachten kurzperiodischen Tide auf dem Mond nicht; aber die Abstandsänderung der beiden Massen zeitigt einen vergleichbaren Effekt. Die mit dem Abstand variierende Erdschwerkraft beult den Mond gegen seine Eigenschwerkraft mal stärker mal schwächer in Richtung Erde aus. Dieses Gravitationsschwanken infolge von Abstandsänderungen verursacht auf dem Mond einen geologischen Tidenhub von 17 Meter Höhendifferenz. Bei 17 Meter Hub heben und senken sich um die 10^{15} Tonnen (1 Billiarde Tonnen) Mondgestein. Das periodische Annähern und Entfernen walkt mithin den Mond durch und entzieht ihm kinetische Energie. Abnehmende Bahngeschwindigkeit verringert den Aphelabstand des Mondes und die Bahn wird zunehmend kreisförmig. Diese mit dem Tidenhub der Mondoberfläche verbundene Energieumwandlung endet, sobald der Mond zusätzlich zur (erreichten) gebundenen Rotation auf einer Kreisbahn um die Erde läuft.

Wie effektiv dieser kreisbahnerzeugende Mechanismus wirkt, erkennen wir am Beispiel der großen Monde der Gasplaneten, die samt und sonders kreisbahnnah ihren Planeten umrunden.

Nachdem Sintflut und submarine Canyons auf den Mondeinfang zurückgeführt sind, untersuchen wir, welche Auswirkungen der Mondeinfang auf die Mechanik der Erde hatte. Eine Wechselwirkung, die den Mond in seiner Rotation anhielt und ihn zum Trabanten der Erde machte, griff nicht allein in die Geologie, sondern unbedingt auch in die Mechanik der Erde ein. An der Drehimpulserhaltung führt so wenig ein Weg vorbei, wie an der Energieerhaltung. Der Drehimpuls ist sogar die hartnäckigere Konstante, da ihr im Gegensatz zur Energie außer Bewegung keine anderen Senken zur Verfügung stehen. Die Antwort, wie der Mond die Mechanik der Erde veränderte, ist einfacher zu beantworten als vielleicht vermutet, wenn wir Newtons drittes Gesetz zu Rate ziehen, demzufolge zu jeder Kraft eine gleich große Gegenkraft existiert. Folglich wirkten die gleichen Kräfte, die den Mond einfingen und seine Rotation anhielten, auch auf die Erde.

Kommen wir mit diesem Ansatz zu dem, was der Mond während der Nahbegegnung mit der Erdmechanik anstellte. Für den kritischen Abstand 18.000 km haben wir einen geologischen Tidenhub des Erdkörpers von 4,9 km berechnet (Tabelle 3). Eine Ausbeulung der Erde in Richtung Mond um 4,9 km bewegt ein Volumen von $4{,}8 \cdot 10^{14}$ m^3 (bei kugelabschnittförmiger Aufwölbung bei einem Durchmesser von 500 km!). Die gehobene Masse beträgt bei einer Dichte von 1200 kg/m^3 $\sim 6 \cdot 10^{17}$ kg. Die angenommene Dichte – etwas höher als die von Wasser – berücksichtigt, daß neben Wasser auch Krustenmaterial angehoben wird. Der geometrische Kugelabschnitt und in seiner Folge die gehobenen Masse stellen mit der geringen lateralen Ausdehnung eine Abschätzung nach unten dar.

Zur Einordnung: Die allein im Kugelabschnitt angehobene Masse entspricht 0,4 ‰ (0,4 Promille) allen Wassers der Erde ($\sim 1{,}4 \cdot 10^{21}$ kg). Die stark nach unten abgeschätzte Masse gegen die Erdschwerkraft anzuheben, führt auf $5{,}5 \cdot 10^{21}$ J, wobei die Schwerpunktanhebung bei etwa 20 % der Maximalhöhe liegt. Für den gesamten Weg des Mondes um die Erde ergibt sich grob überschlagen eine Energie von $\sim 5 \cdot 10^{23}$ J. Mit hoher Bahngeschwindigkeit die Erde streifend und bei der Annäherung vom Gravitationspotential der Erde beschleunigt, dauert die nächste Nahbegegnung etwa 10 Minuten. Über diese Zeit wächst der Tidenberg zu voller Größe und walzt um die Erde. Bei einer Mondgeschwindigkeit von circa 15 km/s (Differenz der Bahngeschwindigkeit plus Geschwindigkeitszunahme im Schwerefeld der Erde) zieht sich die Spur der engen Nahbegegnung über ein Viertel des Erdumfangs. Auch wenn die Hebung des Tidenbergs allein die Bahngeschwindigkeit des Mondes nicht ausreichend bremst, die kinetische Energie des nachziehenden Wassers und Krustenmaterials bremst additiv. Auch signifikant energieverzehrend bricht die dünne Kruste der Erde infolge der Anhebung in Schollen. Die Schollen folgen, in Zusammenhalt geschwächt, zusammen mit dem aufgetürmten Wasser mit hoher Geschwindigkeit dem wegziehenden Mond. Die unterschiedlichen Schollengrößen, die Scherungen an benachbarten Schollen und der Tidenberg zerren erst am Erdkörper, dann stauchen sich die Schollen bei nachlassendem Zug und schieben sich ineinander. Wo soeben noch flaches Land war, türmen sich himmelhohe Berge.

Das aus der Lage der unterseeischen Canyons abgelesene Überlaufen des Nordmeeres in den Pazifik verlegt die Nahbegegnung über diesen Ozean. Die retardierte Relaxation der angehobenen Erdplatten nach dem Überflug des Mondes staucht insbesondere die südamerikanische Platte. In unserem Modell rammte der Zug des Mondes während seines Schwenkens über den Erdkörper die Nazca-Platte unter die Südamerikanische Platte. Die Anden falten sich und der Altiplano wird auf seine heutige Höhe gehoben. Der Feuerring um den Pazifik wird zur verbliebenen Folge des Zerrens und Stauchens durch den Mond. Die Geophysik und seismischen Aktivitäten im Länderdreieck (Chile, Bolivien, Peru) sind jedenfalls außergewöhnlich[291] und weisen auf eine gewinkelte und steile Subduktionszone hin.

Ist das Vermutung oder sprechen Fakten für eine Anhebung, wie vorgeschlagen? Für einen starken Hinweis, wenn nicht sogar zum Beweis rufen wir den Titicacasee auf.[292, 293] Welches Ereignis wuchtete den See und das seeufernahe, prähistorische Tiahuanaco von Küstenniveau auf 3800 m Höhe?[294] Wir sagen: Der Mondeinfang! Wir können auf ein biologisches Indiz für eine junge Hebung des ganzen Gebietes verweisen. Auch wenn die Ruinen der Stadt nicht mehr am Titicacasee liegt, wie alte Küstenlinien ausweisen, früher war es so. Obwohl nach dem Salzgehalt (0,8 bis 1,2 g/l[295] gegenüber 35 g/l im Meerwasser) mehr Brack- als Meerwasser und schon trinkbar, hat im Titicacasee eine Meeresfauna von Mollusken, Seepferdchen und Krustentiere überlebt. Diese Meeresfauna des Titicacasees spricht dafür, daß der See jung ist und ihn anfangs Meerwasser füllte. Das dem Titicacasee heute fehlende Salz wurde durch den

---

291 http://www.geo.arizona.edu/geo5xx/geo527/Andes/geophysics.html

292 http://www.agrw-netz.de/reload.htm?Tiahuanaco%203.htm

293 Hans-Joachim Zillmer, Die Erde im Umbruch; Herbig Verlagsbuchhandlung, München 2011.

294 Das Alter Tiahuanacos ist Streitpunkt unter den Gelehrten, auch die These einer Hebung wird umfänglich und kontrovers diskutiert. http://www.web-tel.de/html/5__tiahuanaco.html

295 http://www.globalnature.org/19503/Daten-Titicaca-See/02_vorlage.asp

spärlichen aber kontinuierlichen Zustrom von Süßwasser ausgeschwemmt und konzentriert sich im abflußlosen Pooposee und im Salz des Coipasasees, die beide durch den Abfluß des Titicacasees gespeist werden. Daß wir auf eine jüngere geologische Veränderung schauen, belegen auch alte geneigte Uferlinien am See.

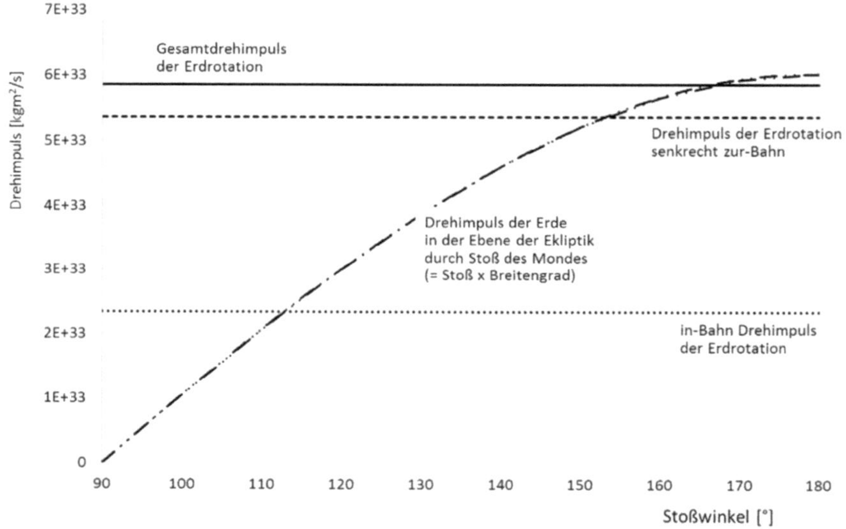

Abbildung 30
Drehimpuls durch externen Stoß und aktuelle Drehimpulsverhältnisse der Erde
Strichpunkt-Linie: Komponente des Rotationsdrehimpulses der Erde in der Bahnebene infolge des Stoßes durch den Mond bei gegebenem Unterschied der Bahngeschwindigkeiten als Funktion des Breitengrades. Annahme: Vor dem Stoß stand der Rotationsdrehimpuls der Erde senkrecht auf ihrer Bahn.
Durchgezogene Linie: Heutiger Gesamtdrehimpuls der Erdrotation.
Gepunktete Linie: Heutiger Rotationsdrehimpuls der Erde in ihrer Bahnebene.
Strichlierte Linie: Heutiger Rotationsdrehimpuls der Erde senkrecht zur Bahnebene.

Hochgewuchtet wurde das Gebiet in einer Zeit, zu der der Mensch die Erde bereits besiedelt hatte. Die bloße Existenz Tiahuanacos stellt neben der Fauna des Titicacasees ein weiteres Indiz eines Hebens zu prähistorischen Zeiten dar. Daß die vegetationsarme Öde des Hochlandes einst dicht besiedelt war und Menschen in dieser Höhe megalithische Bauwerke errichtet haben sollen, ist schwerlich zu glauben. Allein die Ernährung der Arbeiter für derartige Baumaßnahmen, die auch noch allein auf Muskelkraft beruht haben sollen, käme in der Höhe und der kargen Umgebung einem logistischen Wunder gleich. Wäre die Stadt in Meereshöhe entstanden, fällt zumindest dieses Fragezeichen weg.

Der Einfang des Mondes mit seinem Orkan, seinen Überflutungen und Vulkanausbrüchen im Gepäck verursachte ein Massensterben. Am härtesten traf es den Kontinent, der bei nächstem Abstand der beiden Massen unter dem Gebiet lag, wo Mond und Erde einander am nächsten kamen, und der den Stoß der in Bewegung geratenen Schollen auffing. Eine Nahbegegnung, die über dem Pazifik begann, würde die Bewegung der Pazifikplatte und die Hebung der Anden erklären. Erklärt wäre in diesem Szenario außerdem, warum die Großtiere des amerikanischen Kontinents ausstarben und die Fauna und die Menschen dort insgesamt stärker dezimiert wurden als in Afrika. Süd-Amerika war leer gewaschen, dort fingen sie wieder bei null an. Auch wenn die Indizien selten sind und schwer zu finden waren, daß Amerika bereits vor der Sintflut besiedelt war, kann kaum ein Zweifel bestehen.[296]

Die Kraft, die an der Erde zerrte und den Erdberg wachsen ließ, übte bei nichtsymmetrischer (!) Lage zum Äquator und Pol ein Drehmoment auf den Erdkörper aus. Wenn wir den Gradienten der Gravitationskraft ($7{,}3 \cdot 10^{22}$ N) über den Erddurchmesser zwischen Erde und dem nahen Mond als Zug annehmen und den Erdradius als Hebelarm, erhalten wir abhängig vom Winkel zum Äquator maximal ein Drehmoment von $5{,}8 \cdot 10^{29}$ Nm; welches im Betrag um vier Größenordnungen kleiner ist als der Drehimpuls der Erde ($5{,}85 \cdot 10^{33}$ Nms). Unter Wirkung dieses Drehmomentes ändert sich der Drehimpuls bei abgeschätzten 600 Sekunden engster Begegnung maximal um 3,4°. Mithin kann der Gradient der Mondgravitation allein die Erdachse nicht aus senkechter Stellung zur Bahnebene auf 23,5° geneigt haben.

296 http://www.wissenschaft.de/erde-weltall/palaeontologie/-/journal_content/56/12054/2488507

Das statische Drehmoment aufgrund der Gravitationsgradienten des Mondes über dem Erddurchmesser macht jedoch nur den kleineren Teil des Gesamtdrehmoments aus. Um die stärkere Wechselwirkung (die Summe der ausgeübten Kräfte) zu erfassen, wählen wir den Weg über die Impulserhaltung. Der Quasi-Stoß beim Einfang des Mondes berechnet sich gemäß

$$|\Delta p| = m_{Mond} \cdot |\Delta v|$$

aus der Geschwindigkeitsänderung des Mondes beim Einfang. Bei der gewählten Bahn des Ur-Mondes waren wir in der Einfangsituation auf eine Differenzgeschwindigkeit von 6,4 km/s gekommen. Die dieser Impulsänderung von

$$\Delta p = 7{,}351 \cdot 10^{22} kg \cdot 6400 \frac{m}{s} = 4{,}7 \cdot 10^{26} Ns$$

zuordenbare Kraft ($F = \frac{dp}{dt}$) wirkt mit dem Hebelarm zum Erdmittelpunkt als Drehmoment auf die Erde und verändert ihren Drehimpuls.

Dieses durch Impulsänderung des Mondes abgeschätzte Drehmoment liegt in der richtigen Größenordnung, um die Neigung der Erdachse verursacht zu haben. Wir können sogar dezidierter untersuchen, unter welchem Winkel, bei den angenommenen Mechanikdaten (!), der Mond die Erde gestoßen hat, damit sich ihre Achse um 23,5° neigte.

Wie aus Abbildung 30 abzulesen ist, kann bei gegebener Mond-Masse und angenommener Geschwindigkeitsdifferenz der Mond die Erde sogar relativ äquatornah gestreift haben. Traf im angenommenen Szenario der Zug der Mondgravitation die Südhalbkugel der Erde bei -23° südlicher Breite zum Uräquator, wäre die Erdachse auf ihren heutigen Wert gekippt. (Da der Stoß über eine schräg zum Äquator laufende Spur erfolgte, siehe dazu Abb. 31, spezifiziert dieser Wert allerdings lediglich einen mittleren Winkel.) In unserem Modell hätte der Stoß etwa die Breitengrade von Chile überstrichen, mit dem nächsten Abstandspunkt östlich von Südamerika. War die Ersteinbremsung des Mondes kleiner und nahm sein Aphel erst später infolge der Bremsung der Erdrotation auf seinen heutigen Abstand ab, rückt der Ort des Nahbegegnung, die kein Stoß, sondern infolge der Massenanziehung ein Zug war, weiter nach Süden.

Wem diese Argumentation als zu wenig überzeugend erscheint, wir können nachlegen und ein physikalisches Argument heranziehen. Der Einfang des Mondes hat den Drehimpuls der Erde um $2{,}33 \cdot 10^{33}$ kgm²/s zwar nicht im Betrag, aber der Lage nach verändert. Da der Drehimpuls eine vektorielle Erhaltungsgröße ist, sollte im Erde-Mond-System ein gleich großer und entgegengesetzt gerichteter Drehimpuls existieren.

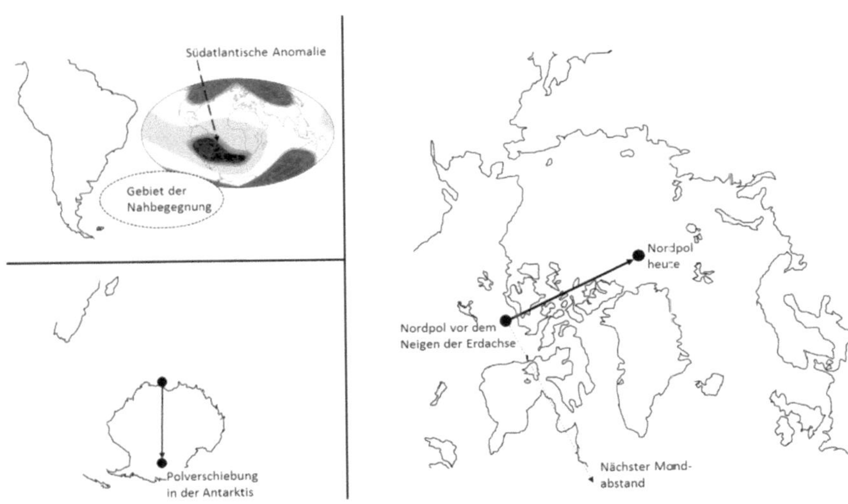

Abbildung 31
Vorgeschlagener Polsprung infolge des Zuges (inverser Stoß), den der Mond beim Einfang auf den auf die Erde ausübt.
Links oben: Aus dem Polsprung abgeleiteter Ort des nächsten Abstands zwischen Erde und Mond und der derzeitigen magnetischen Anomalie mit Schwerpunkt Südamerika und im Südatlantik.[297]
Links unten: Verschiebung des Südpols

Ein Drehimpuls dieses Betrages und dieser Richtung existiert tatsächlich. Die Drehimpulskomponente der Erdrotation in der Ebene der Erdbahn ist betragsmäßig fast gleich dem Bahn-Drehimpuls des Systems aus Erde und Mond um ihr Baryzentrum ($2{,}61 \cdot 10^{33}$ kgm²/s) in der Ebene

297 Skizze nach https://commons.wikimedia.org/wiki/File:June_2014_magnetic_field.jpg

der Ekliptik. Bei 2° größerer Neigung der Erdachse wären die Werte gleich. Diese Abweichung ist leicht erklärlich. Zum einen kann die Bahn des um die Sonne laufenden Prä-Mondes gegenüber der Erdbahnebene geneigt gewesen sein, oder wir ziehen die 1,9° Erdbahnneigung, die wir als Folge des Durchzugs eines massiven Störers bereits abgeleitet hatten, additiv in Betracht. Siehe unten auch für eine alternative Erklärung, die eine beschleunigte Erdrotation als Drehimpulsbeitrag annimmt.

Die geführte Betrachtung wertet die Option, der zufolge die Erdachse im Zuge des Mondeinfangs um 23,5° auf die heutige Neigung ihrer Achse kippte, zu einer veritablen These auf. Das Wort ‚kippen' könnte suggerieren, daß die Erdkugel sich als Ganzes drehte und Pole wie Äquator an gleichem Ort verblieben, indem der Kreisel Erde physisch kippte. Bei dieser Vorstellung sind wir dem Modell eines starren anisotropen Körpers verhaftet. Sie trifft etwa auf einen kegelförmigen Kreisel zu, bei dem die Hauptachse die Rotationsachse festlegt. Anders als ein Kegel hat die Kugel keine bevorzugte Achse. Jede Lage der Rotationsachse ist gleichwertig; der Pol kann an einen anderen Ort auf der Kugeloberfläche springen, ohne die Barriere einer instabilen Rotation um eine Achse, die kein Hauptträgheitsmoment ist, überspringen zu müssen.

Lediglich die rotationsverursachte Abplattung der Erde stört die Symmetrie der Kugel und definiert eine Hauptträgheitsachse. Bei 6370 km Radius sind 22 km Äquatorwulst kein wirkliches Hindernis, um das Neigen zu verhindern, zumal die rotierende, flüssige Erde nach Springen der Pole sofort einen neuen Äquatorwulst ausbilden wird. Einhergehend mit dem Verschieben des Pols wanderte in unserem Szenario der 22 km hohe Äquatorwulst über den Erdkörper. Diese Wanderung des Wulstes überlagerte und verstärkte die Auswirkungen des oben beschriebenen geologischen Tidenhubs. Land- und Wassermassen wurden verschoben, hoben und senkten sich. Die Ozeanbottiche wurden umgerührt, und die Kontinente wurden nicht nur überflutet, sondern leer gewaschen. Im niederviskosen Erdkern änderte sich wenig, mittelfristig bildeten sich im Mantel neue Magmaströmungen aus. Wie die Hebung durch den Mond traf die Polwanderung die dünne und feste Schale hart und nachhaltig. Spannungen und Stauchungen erzeugten Bruchlinien, griffen in die Plattentektonik ein, rissen die Erdkruste nicht allein im Pazifik auf, zerrten und stauchten, schufen rund um den Globus neue Platten und versetzten alte in Bewegung. Ein geologisch unruhiges Zeitalter setzte ein.

Erstaunlicherweise können wir aus geologischen Daten der Erde den Weg des Mondes recht genau bestimmen. Zu dem aus einer Leylinie (Abbildung 33) abgeleiteten Ort der Nahbegegnung gesellt sich – als unterstützendes Argument für die Wahl der Kipplinie – eine veritable geologische Auffälligkeit. Eine klassische unverstandene Anomalie des Erdmagnetfelds könnte den Zug des Mondes abbilden. Ihr Schwerpunkt liegt in dem Gebiet, das wir als Ort des nächsten Abstandes bestimmt haben.[298] Die Fahne dieser Anomalie erstreckt sich über ganz Südamerika und setzt sich abschwächend im Pazifik fort, siehe hierzu Abbildung 31.

Das Modell, eine kilometerhohe Flutwelle für die Umgestaltung der Welt verantwortlich zu machen, erhebt ein historisches Dokument endgültig zur bewiesenen Theorie. Im Lichte dieser Karte sind die bisher betrachteten Canyons der reinste Kindergeburtstag. Das Streifen des Mondes vom Pazifik über Südamerika in den Atlantik beweist die Geographie einer uralten Weltkarte, die als Kopie bis in unsere Zeit gerettet wurde. Das Dokument kennen wir als Piri-Reis-Karte. [299, 300] Die Genauigkeit, mit der die Karte den Mittelmeerraum zeigt, steht nicht hinter modernen Karten zurück.[301] Sie ist weit genauer und nach Westen umfassender als die Karte, die uns Herodot (484 bis 425 v. Chr.) hinterlassen hat.[302] Neben der präzisen Abbildung des Mittelmeers und der Küste Nordwestafrikas überrascht die verwendete Portolan Projektion, zentriert auf Assuan, Agypten. Die Küstenlinien des Mittelmeers in der Piri-Reis-Karte unverändert vorzufinden, überrascht im Rahmen unseres Modells hingegegen nicht. Als Binnenmeer und recht weit entfernt

---

298 http://www.scinexx.de/wissen-aktuell-19134-2015-07-29.html

299 Bei der Karte des Piri Reis handelt es sich um eine osmanische Seekarte, die dem Admiral Piri Reis zugeschrieben wird. Ihre Entstehung wird auf das Jahr 1513 datiert. Die in ihr gezeigte Geographie war damals unbekannt, so daß wir in ihr die Kopie einer älteren, verlorenen Karte vor uns haben.

300 Gisa und Peter Hertel, Ungelöste Rätsel alter Erdkarten, Aulis Verlag (Köln 1984).

301 http://members.tripod.com/~Glove_r/Hapgood.html

302 http://www.atlantis-scout.de/atlantis_herodot_Weltkarte_gross.jpg

vom Gebiet der Nahbegegnung erreichten die Flutwellen dort bei weitem nicht die Höhen wie an den Rändern der Ozeane.

Für unsere Theorie zum Mondeinfang wichtig, ja entscheidend, zeigt die Piri-Reis-Karte auch den Atlantik – vor der Sintflut (!). Aus den Küstenlinien dieser Karte geht der Weg der Flutwelle hervor, die als Schleppe des Mondes Südamerika und die Antarktis verwüstete.

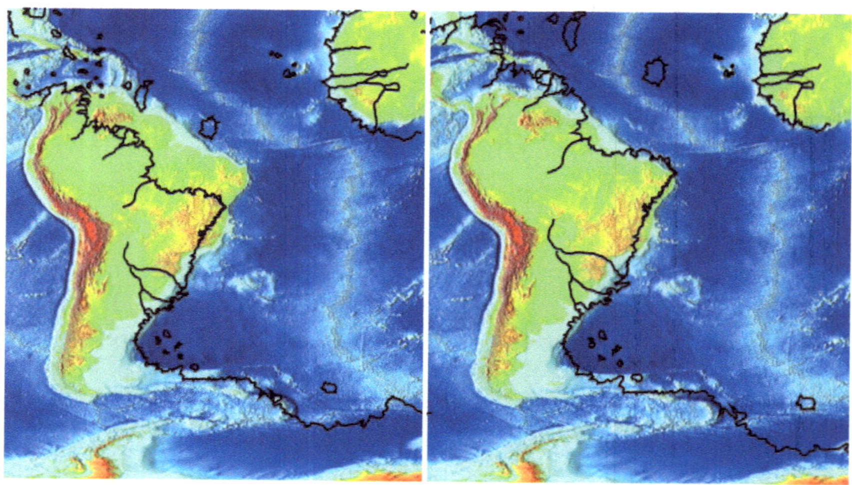

Bild Q
Kontur der Küstenlinien der Karte des Piri Reis (schwarze Linien) über eine moderne geologische Weltkarte[303] gelegt
Bild links: Überlagerung ohne eine Anpassung der Projektion
Bild rechts: Grobe Anpassung der Projektion durch Strecken (Südamerika) und Stauchen (Afrika) der Piri-Reis-Karte. Wir erwarten, eine professionelle Umrechnung der Projektion der Piri-Reis-Karte in die heute verwendete Mercatorprojektion wird eine nochmals bessere Anpassung der Küstenlinien herbeiführen.

Betrachten wir im Vergleich die alte mit einer modernen Karte (Bild Q). Die westliche Küstenlinie Südamerikas zeigt die Piri-Reis-Karte nördlich von Uruguay in heutiger Kontur. Weiter südlich und im Bereich Mittel-

303 https://upload.wikimedia.org/wikipedia/commons/archive/c/ce/20060315020829%21Atlantic_bathymetry.jpg

amerika weist die alte Karte erhebliche Unterschiede zur heutigen Geographie auf. Selbst wenn wir bei maßstabsgerechter Übertragung die Küstenlinie Mittelamerikas nach Westen verschieben, bleiben gravierende Unterschiede zur heutigen Situation. Was wir heute als Karabik bezeichnen, wäre demnach einst Festland gewesen. Das Wasser des Nordatlantik konnte in breiter Strömung und hindernisfrei Richtung Süden fließen. Das auch diesem Vorgang zerstörerische Kraft innewohnte, lehrt der Lorentz-Canyon (Abbildung 29).

In Bild Q ist die Geographie der Piri-Reis-Karte über eine moderne geologische Karte gelegt. Schon eine hilfsweise Anpassung der Projektionen beweist die Qualität und Detailliertheit der alten Karte. Die für unsere Diskussion relevante Botschaft der Piri-Reis-Karte versteckt sich darin, daß Südamerika und Antarktis eine Landbrücke verbindet. Daß diese Landbrücke keine Fiktion ist, beweist eine moderne Karte, wenn sie neben dem Land auch das Profil des Ozeanbodens zeigt. Östlich von Argentinien setzt sich einige hundert Kilometer der Festlandsockel in den Atlantik fort, bevor er in die Tiefsee abbricht. Die Piri-Reis-Karte bildet nicht die heutige Küstenlinie, aber die Kontur dieses Festlandsockels getreu ab. Wir schließen, vor gar nicht so langer Zeit lag dieses Gebiet höher, war Festland. Zu jener Zeit wurde die alte Küste kartographiert. Stimmt die Piri-Reis-Karte, hat die Flut nicht allein die Landbrücke zwischen Südamerika und Antarktis aufgerissen und halb Argentinien versenkt, sondern auch den Großteil Mittelamerikas in den Fluten untergehen lassen. Maya-Legenden, die von einer Flut mit 64 Millionen Toten berichten, könnten wahr sein.

In einem Sekundärliteraturzitat[304], das selbst der Autor als eine nicht sichere Übersetzung einräumt, liest sich die Nachricht so:

> *Im sechsten Jahr Kann und im elften Muluc, Im Monat Zac, ereigneten sich furchtbare Erdbeben, die ohne Unterbrechungen bis zum dreizehnten Chuen andauerten. Das Land der Hügel und des Lehms, „das Land von Mu" wurde geopfert. Nachdem es Zweimal in die Höhe gehoben wurde, verschwand es plötzlich im Laufe der Nacht, während vulkanische Kräfte andauernd das Bassin erschütterten. Abgeschnitten wie es*

[304] Zitat aus dem Mythenweb atlantis.de; http://www.atlantia.de/mythen/untergang/atlantis_maya.htm

war, hob und senkte sich das Land dadurch mehrere Male und an unterschiedlichen Stellen. Schließlich brach die Oberfläche auf, und die zehn Länder wurden in Stücke gerissen. Unfähig, der seismischen Gewalt zu widerstehen, versanken sie mit ihren Vierundsechzig Millionen Bewohnern, achttausendundsechzig Jahre vor der Niederschrift dieses Buches.

Dieses Zitat ist fast schon zu konkret, um wahr zu sein. Das zweifache Heben erklärt sich als Tideneffekt. Auch wenn die enge Nahbegegnung weniger als eine Stunde dauerte, schon vorher griff die Schwerkraft des Mondes zu, so daß ein wachsender Tidenberg um die rotierende Erde lief. Größenordnungsmäßig wurde der Erdkörper über einen halben Tag gestreckt, wobei die Tide auf der gegenüberliegenden wie zugewandten Seite als Heben erschien.

In Verbindung von Bild Q mit der Abbildung 31 erschließt sich uns der Vorgang, der aus der Küstenlinie der Piri-Reis-Karte die heutige Geographie formte. Der kilometerhohe Wasserberg, der dem Mond folgte, siehe Abbildung 31 für den Weg des Mondes um den Globus, überspülte die Landbrücke, die damals Südamerika mit der Antarktis verband. Die Wassermassen eines Ozeans schwemmten den riesigen Sund, der heute die beiden Kontinente trennt, frei und hielten die einmal gefurchte, tausend Kilometer breite Straße auch dann noch offen, als im Westen unter dem Druck der Pazifischen Platte die Anden im Norden und im Süden auf der Antarktische Halbinsel Grahamland hohe Berge wuchsen. Wenn sich heute in Verlängerung des Sunds nach Osten zwischen Südamerikanischer und Antarktischer Platte die Scotiaplatte schiebt,[305] zeigt dies wie tief der Riß in der Erdkruste reichte und welche Gewalt die beiden Kontinente trennte.

Die Strömungslinien, Zufluß- wie Abflußmuster, sind immer noch im Bodenprofil der Meerenge gut zu erkennen. Die gewaltige Flut hat ihre Spur unverkennbar in der Morphologie des Ozeanbodens hinterlassen. Der Fließkanal der Flut mit seinen beiden Uferböschungen mit ihren Verlängerungen in den offenen Ozean springt in der geologischen Karte (Bild Q) unübersehbar ins Auge. Die Anden und der sich nach Osten

---

[305] http://www.lexas.de/erde/plattentektonik.aspx

fortsetzende Kontinentalschelf verhielten sich wie eine Wippe. Im Westen hoben sich die Kordillieren im Osten versank die Pampa.

Ein weiteres geologisches Detail paßt. Wie beim Aleutengraben ausgeführt, hat die Flut dort, wo sie über die Schelfkante in das Tiefseebecken stürzte, den gewaltigen, mehr als 8000 Meter tiefen Süd-Sandwich Graben gespült. Unser Modell wird mit der Anzahl sie stützender Indizien so suggestiv und zugleich so stimmig, daß kaum Platz für Zweifel an seiner Richtigkeit bleiben. Die Ozeanstraße südlich von Kap Horn ist mehr als ein Puzzleteil, die Meerenge wird zum Eckstein unserer Theorie zum Mondeinfang.

Die Piri-Reis-Karte ist in diesem Licht weder Phantasterei noch Seemannsgarn. Sie zeigt uns die Weltkarte so, wie sie vor gar nicht so langer Zeit ausgesehen hat. Auch wenn wieder nur eine Kopie oder sogar nur eine Übersicht zusammengeklaubt aus älteren Karten, beweist die Karte des Piri Reis doch, daß Schriftliches aus der Zeit vor der Sintflut bis in unsere Tage überdauert hat. Dieser Nachweis einer prähistorischen Landkarte schlägt den Bogen zu unserer These, auch in den mexikanischen Codices Vorsintflutliches vor uns zu haben. Selbst unter optimistischen Annahmen wird angesichts unvermeidbarer Wissensverdämmerung die Umwälzung der Erde bei dem Mondeinfang maximal hunderttausend Jahre vor unserer Zeit stattgefunden haben. Wahrscheinlicher sind wenige zehntausend Jahre.

Als Verursacher der Weltumgestaltung kommt einzig der Flutberg beim Mondeinfang in Frage. Jedes andere denkbare geologische Ereignis, selbst der Einschlag eines Asteroiden in einen Ozean, kann das Wegschwemmen eines halben Kontinents nicht bewerkstelligen.

Die Karte der magnetischen Anomalie interpretiert als Spur des Mondes über dem Erdkörper unterstützt unser Modell. Anfangs sog die Gravitation des Mondes das Nordmeer leer, und die Wasser wuschen den Aleutengraben. Der aufgetürmte Wasserberg rollte dann über Südamerika in den Atlantik, riß einen Kanal und schwemmte an der Überkaufkante in den Atlantik den Süd-Sandwichgraben. Alles paßt mal wieder zusammen.

Eine Flut, die Kontinente versinken läßt, wird leicht auch die Küstenlinien Mittelamerikas und der Karibik umgestaltet haben. Vermutlich sind auch die nördlichen Küstenlinien der Piri-Reis-Karte richtiger, als man es ihnen bislang zugesteht. Der Karte eine getreue Abbildung der Realität zuweisend haben wir naheliegend in der großen Insel mitten im Atlantik das Atlantis Platons vor uns. Sie ging unter, als der Mond einen Kontinent teilte.

Wir können – und müssen sogar — feststellen, nicht allein die Kontinental drift hat über geologische Zeiten die Welt verändert, jüngst hat die Sintflut als Begleiterscheinung des Mondeinfangs einen gewaltigen Beitrag geleistet.

Dieser Befund ist mehr als eine Marginalie der vorgeschlagenen alternativen Geschichte. Viel mehr Änderung in der Wissenschaft geht nicht. Das Auftürmen der Anden, der Untergang Südamerikas (und das Verschwinden von Atlantis) werden unzweifelhafte Realität. Die Existenz der Karte des Piri Reis beweist, daß einst die Erde eine hochentwickelte Zivilisation beherbergte. Die Flut hat sie ausgelöscht. Die Mythen haben recht und die Vorgeschichte gehört umgeschrieben!

Fassen wir zusammen: Der Zug des Mondes verschob die Pole. Die Neigung der Bahn des Mondes – relativ zur Bahnebene der Erde – glich über den Bahndrehimpuls die Drehimpulsbilanz zu einer zuvor senkrecht zur Bahn stehenden Rotationsachse aus. Ein Beobachter im Koordinatensystem der Erde erlebte den Polsprung je nach Position als unterschiedlich starkes Heben oder Senken des Himmels.

Der Nordpol verschob sich aus dem hohen Norden des kanadischen Festlandes auf seine heutige Position im Polarmeer. Der Südpol veränderte seine Lage vom Rand in das Innere der Antarktis.[306] Infolge dieser Verschiebung endete die Eiszeit in Nordamerika und Europa, und in Sibirien wurden Mammuts schockgefroren. Die Wasserberge der Tsunami schwemmten Urstromtäler frei und hinterließen in abflußlosen Becken

---

306 Zu meinem nicht geringen Erstaunen mußte ich feststellen, daß Graham Hancock eine fast identische Polverschiebung vermutet hat, wenngleich aus völlig anderem Motiv. Siehe: Graham Hancock; The Fingerprints of the Gods, Three River Press, New York (1995). http://www.megpugh.com/files/Graham_Hancock_FINGERPRINTS_OF_THE_GODS.pdf

Binnenmeere gefüllt mit Meereswasser. Der Polsprung veränderte Klimazonen, Flora und Fauna.

Nachdem die Polkappe im Norden nun nicht mehr über Land lag, stieg der Meeresspiegel mit dem Abschmelzen des Kontinentaleises um 20 Meter. Im Norden des amerikanischen Kontinents füllten die Schmelzwasser des Eisschildes die vier Senken der Großen Seen, die das Bild des amerikanischen Nordkontinents bis heute prägen.

Das Weltklima erlebt das vordem unbekannte Phänomen der Jahreszeiten. Die Sonne steht nun nicht mehr ständig über dem Äquator, sondern pendelt zwischen 23,5° Nord und 23,5° Süd. Neue Großwetterlagen wie Monsun und der Wechsel von Sommer und Winter verändern Tier- und Pflanzenwelt.

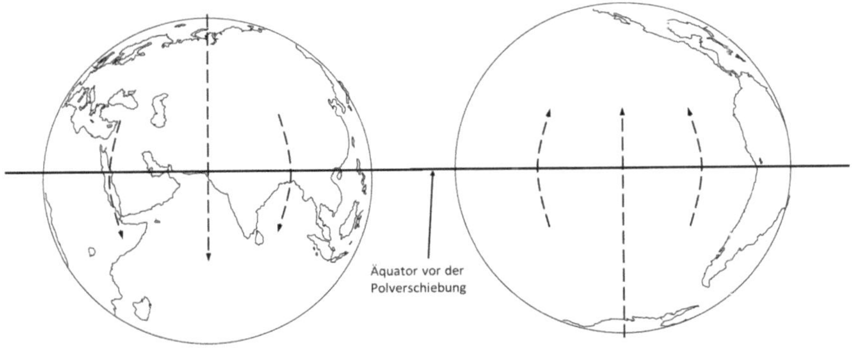

Abbildung 32
Prähistorischer Äquator und Kippachse der Polverschiebung
Die durchgezogene Linie markiert die Lage des Äquators vor dem Einfangen des Mondes. Nach dem Kreiselgesetz erfolgt die Neigung um 90° versetzt zur Nahbegegnung – entweder über dem westlichen oder östlichen Pazifik.

Sowohl der Kalender der Maya mit seinen 360 Normaltagen und der komplizierten Zusatztageregelung[307] wie andere prähistorische Nachrichten[308] suggerieren, daß in früheren Zeiten das Jahr 5,x Tage kürzer war als im derzeitigen Gregorianischen Kalender. 5,2425 Tage weniger

[307] http://www.hores.org/artikel.html?file=tl.../Der_Maya-Kalender_-_falsch_interpretiert.pdf
[308] http://www.informationen-bilder.de/altertumsgeschichte/BAND101.070.html

im Jahr verlängern bei gleicher Umlaufdauer der Erde um die Sonne den Tag um 0,15%. Könnte der Mondeinfang die schnellere Erdrotation herbeigeführt haben? Wie bekannt, verlangsamt die Gezeitenreibung die Erdrotation um etwa 17 µs pro Jahr. Um auf ein 5 Tage längeres Jahr zu kommen, müßten wir eine Milliarde Jahre zurückgehen. Das ist selbst für eine alternative Prähistorie zu lang. Gehen wir den umgekehrten Weg und nehmen an, daß der Drehimpulsübertrag beim Mondeinfang die Erde anschob, können wir berechnen, wie schnell der Mond rotieren mußte, damit der Drehimpulsübertrag aus dieser Bremsung die Erde um 21 Minuten pro Tag hätte schneller drehen lassen. Da aus der Bahnaufweitung durch den Impulseintrag des Mondes das Jahr bereits um 2,7 Tage länger wurde, halbiert dieser Beitrag die Forderung nach einer schnelleren Erdrotation auf etwa 10 Minuten pro Tag. Stammt dieser Drehimpuls wieder allein aus der Rotation des Prämondes, liefert eine einfache Abschätzung nun 4,4 h als einzufordernde Rotationsperiode des Prämondes. Das ist schnell, aber nicht völlig unrealistisch. Das Anhalten einer zehnstündigen Rotationsperiode des Mondes hatte seine Geschwindigkeit beim Einfang um 0,2 km/s verzögert. Die höhere Frequenz der Rotation schlägt sich proportional in der Verzögerung der Mondbewegung nieder, so daß wir nun auf 0,44 km/s als Geschwindigkeitsabnahme kommen.

Von Bedeutung für den Mondeinfang ist die Energie, die der Mondbewegung durch das Anschieben der Erdrotation entzogen wird. Die pro Tag zehnnminütig schnellere Drehung der Erde rechnet sich um in eine Rotationsenergie von $2{,}5 \cdot 10^{27}$ J. Diese Energie der Mondbewegung entzogen, hemmt den Mond um etwa 260 m/s.

In Summe kommen wir infolge der quantifizierbaren Verluste auf eine Geschwindigkeitsabnahme von

$$
\begin{aligned}
&1{,}3\,\frac{km}{s}\,(gravitative\ Mondverformung)\\
&+ 0{,}44\,\frac{km}{s}\,(Anhalten\ der\ 4{,}4stündigen\ Prämondrotation)\\
&+ 0{,}26\,\frac{km}{s}\,(schnellere\ Erdrotation)\\
&\quad = \sim 2\ km/s
\end{aligned}
$$

In Anbetracht der Unsicherheiten beim angenommenen Unterschied der Bahngeschwindigkeiten und den groben Abschätzungen der Bremsenergien erhalten wir einen Wert in der richtigen Größenordnung. Die verbleibende Differenzenergie bleibt dennoch nicht erklärlich, da sie für jede andere Energiesenke – bei Beschränkung auf den Mond – zu groß bleibt. Trotz der gewaltigen Umlagerung von Gestein und der damit verbundenen Reibung wird der Mond diese Wärme nicht aufnehmen können, da es um mehr als eine Größenordnung die Schmelzwärme der Mondmasse überstiege. Die gesamte restliche Bremsenergie in den Mond gestreckt, würde ihn auf Sonnentemperatur heizen - eine unsinnige Schlußfolgerung. Ein Teilschmelzen wäre verträglich mit dem scheinbar weiter flüssigen Mondkern und dem Füllen der Maare mit niederviskosem Material. Um den Mond bei der angenommenen Bahngeschwindigkeit einzufangen, müssen insbesondere dissipative Effekte in der Erde eine weit größere Rolle gespielt haben, als angenommen. Hinweise darauf sind evident. So zeugt die nach weit mehr als zehntausend Jahren erhaltene geomagnetischen Anomalie davon, daß die Gravitation des Mondes weit stärker und tiefer in die Erde eingriff, als unsere einfache Betrachtung zur Massehebung es indiziert. Nicht allein eine Hebung des Erdkörpers bis in den Mantel, sondern insbesondere auch die Beschleunigung der gehobenen Massen in der Schleppe des Mondes plausibilisieren Energien im gesuchten Bereich (~ 10^{29} J). Die Verbreiterung der Spur der Anomalie führen wir auf die abnehmende Geschwindigkeit des Mondes beim Überflug zurück. Schmal in Äquatorhöhe über dem Mittelpazifik beginnend mißt sie fast ein Viertel des Erddurchmessers über Afrika.

Eine triviale Korrektur für eine einfachere Geschwindigkeitsanpassung wäre, vor der Begegnung eine deutlich geringere Differenzgeschwindigkeit zwischen Mond und Erde anzunehmen, allerdings um den fürchterlichen Preis, die Erklärung für die Achsneigung der Erde zu verlieren.

Neben dem Drehimpuls aus der Rotation des Prämondes wird auch der mit dem Impulsübertrag einhergehende Drall einen Beitrag zur Beschleunigung der Erddrehung – und damit zum Erddrehimpuls – leisten. Halten wir die 10 h Rotationsperiode des Prämondes bei, beträgt der Drehimpulsübertrag aus der translatorischen Bewegung des Mondes (L

$\vec{\ } = \vec{r} \times \vec{p}$, mit $\vec{p}$ gleich der Impulsänderung und $\vec{r}$ gleich dem Hebelarm) das 2,3fache des Beitrages aus der Rotation des Prämondes. Die Zuordnung des erhöhten Drehimpulses der Erde auf den Drehimpuls der Rotation des Prämondes beziehungsweise auf den Drallübertrag bei der Nahbegegnung ist recht willkürlich. Der Drehimpulsübertrag wird relevant, wenn wir zurückkommen auf die die fehlenden 2° Erdachsenneigung, die uns fehlten, um die Drehimpulsbilanz von Mondbahn und Erdrotation in der Ekliptik auszugleichen. Wir finden diese fehlenden 2° nun in der erhöhten Rotationsgeschwindigkeit der Erde ($2{,}5 \cdot 10^{32}$ kgm^2/s). Ein Befund, der dem Zufall geschuldet sein kann, aber dennoch aufmerken läßt.

Kaum daß ein Schimmer des Morgens graute,
Stieg schon auf von der Himmelsgründung schwarzes Gewölk.
In ihm drin donnert Adad,
Vor ihm her ziehen Schullat und Chanisch.
Über Berg und Land als Herolde ziehen sie.
Eragal reißt den Schiffspfahl heraus,
Ninurta geht, läßt das Wasserbecken ausströmen,
Die Anunnaki hoben Fackeln empor,
Mit ihrem grausen Glanz das Land zu entflammen.
Die Himmel überfiel wegen Adad Beklommenheit,
Jegliches Helle in Düster verwandelnd;
Das Land, das weite, zerbrach wie ein Topf.
Einen Tag lang wehte der Südsturm...,
Eilte dreinzublasen, die Berge ins Wasser zu tauchen,
Wie ein Kampf zu überkommen die Menschen.
Nicht sieht einer den andern,
Nicht erkennbar sind die Menschen im Regen.
Vor dieser Sintflut erschraken die Götter,
Sie entwichen hinauf zum Himmel des Anu -
Die Götter kauern wie Hunde, sie lagern draußen!

Gilgamesch-Epos[309]

Das Kippen der Erdachse

Nach den Ausführungen im vorigen Kapitel zum Kippen der Erdachse unter physikalischem Aspekt und nach der Diskussion zuordenbarer geologischen Spuren in Mond und Erde könnte der Mondeinfang zwar geologisch kürzlich, aber, trotz Piri Reis Karte, immer noch vor Menschenzeiten stattgefunden haben. Kommen wir zu weiteren historischen Nachrichten, indem wir Berichte des Ereignisses aufspüren und es dadurch als prähistorisch nachweisen. So viel sei vorausgeschickt, so-

309 http://www.gottwissen.de/themen/sintflut/gilgames.htm

wohl in Mythen wie in schriftlichen Zeugnissen sind Nachrichten überkommen, die unsere Hypothese untermauern, im Mondeinfang die Ursache für die Schiefstellung der Erdachse und für die biblische Sintflut gefunden zu haben.

Abbildung 33
Mit dem Polsprung einhergehende Verschiebung des Äquators (Ur-Äquator = sinusförmige Linie) um den heutigen Äquator

Bei 23,5° Neigung beträgt die Breitengrad-Verschiebung eines gegebenen Ortes im Maximum 2540 km. (Die Achse eines Kreisels neigt sich um 90° versetzt zum Stoß!) Wie in Abbildung 33 ausgewiesen, hat das Neigen der Erdachse zwar die Lage früherer Äquatororte verschoben aber ihn als Großkreis erhalten. Nehmen wir eine Äquatorlage für bedeutende prähistorische Orte an, können wir eine Leylinie[310, 311] konstruieren, die die Wahl der Kipplinie sinnvoll erscheinen läßt. Neigen wir nämlich den Globus über den Längengrad wie in Abbildung 32 gezeigt,

[310] http://www.pilger-weg.de/pilgergebiete/leylinien/
[311] Welch absonderlichen Zusammenhänge durch solch ein Vorgehen konstruiert werden können, zeigen die Ausführungen von H. Wrosch in: http://www.agrw-netz.de/reload.htm?Vermaechtnis%20des%20Ra.htm und http://www.efodon.de/html/archiv/vorgeschichte/wrosch/SY9954%20Wrosch%20-%20Baalbek.pdf

(etwa eine Linie von Ost Nowaja Semlja nach Karachi, Pakistan), verlegen wir den Uräquator auf einen Großkreis, der bedeutende prähistorische Stätten verbindet oder in deren Nähe verlegt. Zu nennen sind Tilmun im Persischen Golf nahe dem Irak[312] und damit Sumers, Tiahuanaco in Bolivien, Nan Madol[313] in Mikronesien und Mohenjo-daro in Pakistan.[314] Um die Position all dieser Orte genau auf den Uräquator zu bringen, müßte die Achsen um etwa 2° stärker gekippt sein. Zufällig oder eben nicht, ist das der Betrag der Achsneigung, den wir als Folge des Durchzugs der Roten Sonne berechnet hatten (Tabelle 2). (Die Hebung der Bahnebene hat eine Neigung der Achse relativ zur Bahnebene zur Folge, ohne daß sich der Pol bewegt!)

Die vorgeschlagene Polbewegung deckt sich in etwa mit der letzten von mehreren Polbewegungen, über die Charles Hapgood spekuliert.[315] Nehmen wir hingegen die Mythen über Teotihuacan für bare Münze, die von Seilen, die über Mexiko zu Boden fallen und die Teotihuacan als Stadt der Götter bezeichnen, folgt eine andere Kipplinie. Um Teotihuacan vom Äquator auf seine heutige Breite zu verschieben kippte die Erde über den Längengrad Kapstadt Warschau. Der Nordpol lag statt westlich nun östlich der Hudson Bay und somit deutlich näher an Europa. Diese alternative Polposition ist besser verträglich mit der eiszeitlichen Vergletscherung Nordeuropas und Nordamerikas und einem eisfreien Sibirien als die zuvor vorgeschlagene Lage des Nordpols vor dem Mondeinfang. Teotihuacan liegt in diesem Szenario zwar unter dem Äquator, aber alle anderen historischen Stätten liegen nun weitab. Während in der erstdiskutieren Polverschiebung der Mond der Erde östlich von Argentinien am nächsten kam, liegt der Ort der Nahbegegnung bei dieser alternativen Kipplinie über dem Zentralpazifik. Die geologischen Argumente präferieren die erstgenannte Kipplinie.

Wenn Kulturen dort entstanden, wo die Extraterraner (Venusianer?) landeten, wären unter dem Gesichtspunkt der diskutierten Fahrstuhlanbindung Äquatororte bevorzugte Lagen für Stützpunkte. Hinzu käme

---

312 Heute Bahrein; http://www.crystalinks.com/dilmun.html

313 http://www.interessantes.at/Nan-Madol/Nan-Madol.html

314 Welche antiken Orte bei geeigneter Wahl auf einer Leylinie liegen können, zeigt: http://www.bibliotecapleyades.net/arqueologia/worldwonders/contents.htm

315 http://www.crystalinks.com/crustal.html

für wärmeverwöhnte Besucher von der Venus der Vorteil des Tropenklimas.

Verlegen wir den Mondeinfang in eine jüngere Vergangenheit, hätte ein Raumhafen bei senkrecht stehender Erdachse wegen weit geringerer Bahnstörungen erheblich stabiler im Orbit gestanden als heute. Der Gradient der Sonnengravitation wäre die einzige Störung gewesen, die vergleichsweise unkritisch in der Rotationsebene des Orbiters und der Fahrstuhlseile gelegen hätte. Festes Anbinden am Boden als Lösung gegen unkontrolliertes Schwingen hätte funktioniert. Siehe hierzu das Kapitel: ‚Weltraumfahrstuhl'.

Die Plausibilisierung eines Polsprungs aus einer Ableitung der Leylinie, gezeigt in Abbildung 33, ist ein sehr schwaches Indiz, möglicherweise Zufall und keinesfalls ein Beweis. Höchste Zeit, Mythen als zusätzliche Zeugen für einen neuzeitlichen Mondeinfang aufzurufen. Ihre Nachrichten steuern ein überzeugendes Puzzle-Teil zur Evidenz des vorgeschlagenen Modells bei, das ein kürzliches Neigen der Erdachse einfordert. Die klarste Nachricht über die von uns behauptete Rolle des Mondes überliefert eine Sage der Cibcha-Indianer Kolumbiens [316]. Harold T. Wilkins berichtet von diesem Mythos und verweist ausführlich auf mehrere Quellen. Ihn zitierend berichtet die Sage (übersetzt aus dem englischen Text):

> *... seine Frau, die sehr schön war und Chia hieß, erschien nach ihm. Aber die war eine böse Frau und fand Gefallen daran, die altruistischen Bemühungen ihres Mannes zu durchkreuzen. Da sie aber seiner Macht unterlegen war, setzte sie ihre Hexenkunst ein, um eine große Flut hervorzurufen, in der die Mehrheit der Menschheit umkam. (Ihr Mann) Bochia war sehr zornig und verbannte Chia von der Erde in den Himmel, wo sie zum Mond wurde und die Aufgabe hatte, die Nacht zu erhellen. Er zerstreute die Flut und führte die wenigen Überlebenden aus den Bergen, in denen sie Zuflucht gesucht hatten, zurück. ...*

Die essentiellen Vorkommnisse, die unser Modell mit dem Mondeinfang verbindet, finden wir umfänglich in dieser Sage bestätigt. Im äußersten

---

[316] Harold T. Wilkins; Secret Cities of Old South America, Cosimio Classics, New York (1952); S. 403 und in: Mysteries of Ancient South America, Adventure Unlimited Press (1947); S. 31. (siehe auch: https://archive.org/details/mysteriesofancie035488mbp)

Süden des südamerikanischen Kontinents, einige tausend Kilometer entfernt, erzählt eine Sage der Eingeborenen Yamana auf Feuerland ähnlich detailliert vom gleichen Ereignis:

> *Die Mondfrau verursachte die Flut. Dies geschah zur Zeit der großen Umwälzung … Der Mond war voller Haß auf die Menschen. Damals ertranken alle mit Ausnahme der wenigen, die in der Lage waren, sich auf die Spitze der fünf Berge zu flüchten, die nicht überschwemmt wurden.*

Die Präzisierung, daß nur hohe Berg nicht überschwemmt wurden, ordnet sich perfekt in unser Szenario ein. In Anbetracht des von uns vermuteten wahrscheinlichen Ortes der Nahbegegnung ist die Region, in der sich diese Mythen erhalten haben, sprechend und aufschlußreich, da hypothesenstützend. In unseren Betrachtungen hatten wir aus den zugeordneten Hinweisen die Spur der Nahbegegnung über dem Pazifik beginnend bis Südamerikageschlossen. Damit waren die in Südamerika wohnenden Völker dem prähistorischen Mondeinfang sowohl geographisch wie in seinen Auswirkungen am nächsten. Sie sahen den Mond riesengroß anwachsen und über ihren Köpfen als gigantischen Ball wegziehen, falls sie noch lebten und es wagten, in die Höhe zu blicken.

Für die Hawaiianer bestrafte Gott Kane (Mond) mit einer Flut die Menschen für ihre Sünden. In allen Mythen ist die Flut so hoch, daß nur die Bergspitzen herausragen.[317] Eine lokale Überschwemmung oder heftiger Regen bleibt weit, weit hinter dieser Beschreibung zurück, wenn die Mythen von einem Ansteigen des Ozeans berichten. Unser Modell stützend begleiten in vielen Sintflutmythen heftige Erdbeben das Anschwellen der Wasser und ebenso passend tobt ein alles mitreißender Orkan. Exakt jenes gleichzeitige Auftreten, wie wir es in unserem Modell des Mondeinfangs erwarten. Die Nachricht vom Schwappen des Ozeans haben die Makah-Indianer im Nordwesten der USA festgehalten:

> *Der Ozean stieg über alle Grenzen, danach fiel das Wasser für vier Tage auf eine niedrige Ebbe.*[318]

---

317 http://www.talkorigins.org/faqs/flood-myths.html#Barrere
318 http://www.talkorigins.org/faqs/flood-myths.html#Vitaliano

Eine Sammlung indianischer Legenden, die wiederholt von der Sintflut berichten sowie andere Berichte im Kontext unserer Betrachtungen, findet sich Refrenz[319].

Eine Inschrift im Kreuzrelief des ‚Temple of The Cross' in Palenque berichtet vom Erscheinen der ‚Lady Beastie' als Peakevent.[320] Lady Beastie setzt die klassische Interpretation mit dem Mond gleich. In den Palenque-Inschriften stoßen wir auf eine beachtenswerte Bestätigung unserer Interpretation des Bildes I. Aus ihm hatten wir sowohl die Nachricht von der Weltraumbrücke als auch von der Sintflut herausgelesen. Wenn Erik Velásquez Garcia seine Publikation mit 'The Maya Flood Myth and the Decapitation of the Cosmic Caiman'[321] überschreibt,[322] lesen wir in ihr die bestmögliche Bestätigung unser Bildinterpretation. Zugleich mit der Sintflut wird der Weltraumfahrstuhl und damit die Himmelsbrücke zerstört. Wie wir, erkennt auch Velásquez die Beziehung zwischen den Palenque Inschriften und Reliefs mit dem Codex Dresdensis sowie mit den Nachrichten des Chilam Balam. Ansonsten bleibt seine Interpretation dem klassischen Verständnis verhaftet. In seiner Zusammenfassung weist er auf einen anderen Yukatan Mythos hin, demzufolge während der frühen Zeit der Schöpfung eine Straße im Himmel existierte, die ‚kuaxa an suum' hieß, was „Lebensseil" bedeutet. Das Reißen des Seils geht einher mit der Flut und markiert den Übergang vom ersten zum zweiten Zeitalter.

Den Ort der Nahbegegnung nahe Südamerika gegeben, erwarten wir den stärksten Widerhall der Rolle des Mondes als Verursacher der Sintflut in den Mythen amerikanischer Völker. Wie in einem vorigen Kapitel ‚Brücken zwischen den Welten' bereits angemerkt, haben auch die Maya

---

[319] Hartley Burr Alexander, The Mythology of all Races Volume X, gemeinfrei im Internet: https://archive.org/details/northamericanmy00alexgoog
Siehe auch: The Mythology of all Races, by Gray, Louis Herbert, Moore, George Foot, MacCulloch, John Arnott, gemeinfrei im Internet: https://archive.org/details/mythologyofallra11gray

[320] J. Kathryn Josserand 'The Narrative Structure of Hieroglyphic Texts at Palenque: http://www.mesoweb.com/pari/publications/RT08/NarrativeStructure.pdf

[321] Die Maya-Sintflut und die Enthauptung des kosmischen Kaimans.

[322] PARI Online Publications: http://www.mesoweb.com/pari/publications/journal/701/Flood_e.pdf

Wissen über ein verderbliches Wirken des Mondes bewahrt. Nach unserer Meinung eindeutig, ist die Nachricht in auflösbarer Verschlüsselung konserviert, auf dem letzten Blatt des Codex Dresdensis zu entdecken. Diese Seite des Codex hatten wir bereits im Kapitel ‚Brücke zwischen den Welten' (Bild I) in Zusammenhang mit dem Weltraumfahrstuhl als hinweisstarkes Dokument herangezogen. In unserem übergeordneten Modell der alternativen Prähistorie sind ein wertvoller Bildinhalt dieses Blattes die Darstellungen von Maschinen und Technologie, die wir im Rahmen der Diskussion der Raumfahrstuhl-Hypothese als Indizien für eine interplanetare Zivilisation und Raumfahrt herangezogen hatten.

Wenn unsere Interpretation mit dem Blatt 74 des Codex Dresdensis die symbolhafte Wiedergabe einer Weltraumbrücke vor uns zu haben, völlig verschieden war von dem, was die klassische Deutung als Bildinhalt herausliest, können wir uns nun in einigen Punkten der klassischen Interpretation durchaus anschließen. Die klassische Interpretation erkennt in einem der dargestellten Götter die alte Mondgöttin Ix Chel. Das Ausgießen eines Kruges durch die Mondgöttin verbindet auch die klassische Sicht mit dem Kataklysmus der Sintflut und macht damit, wie wir, den Mond zum Verursacher eben dieser Flut. Weiter als bis zu dieser Bildbeschreibung hat anscheinend noch niemand über die Konsequenzen dieser Interpretation nachgedacht, oder seine eigene Interpretation zwar als richtig, aber dennoch als Märchen und nicht als die Beschreibung eines realen Ereignisses begriffen.

Wenn unter der Mondgöttin der Unterwelts- und Totengott dargestellt ist, fügt sich dieser Gott in eine Kataklysmus-Interpretation sofort und nachvollziehbar ein. Nicht unerwähnt wollen wir lassen, in eine alternativ vorgeschlagene Interpretation. Ihr zufolge gießt Ix Chel lediglich Feuchte für gutes Wachstum aus. Das parallele Auftreten des Unterweltgottes bleibt nun unerklärt, ebenso wie der Adler. Wir können uns der ersten klassischen Bildinterpretation, die Zusammenstellung der Bildelemente als Darstellung einer Flutkatastrophe zu verstehen, vollumfänglich anschließen. Die klassische Interpretation aufgreifend finden wir auf dieser Seite des Codex Dresdensis ein überraschend eindeutiges und unterstützendes Argument für unser Sintflut-Modell. Zu guter Letzt, in dem schreienden Adler (siehe Bild I) könnte der finale Untergang der Raumstation Widerhall gefunden haben. Sollte sich die

Heimstatt der Götter bis dahin gehalten haben, der Mondeinfang machte ihr endgültig den Garaus.

Durchaus erwähnenswert ist die von Aristoteles und Apollonius[323] verbreitete, wenngleich thematisch wenig konkret ausgearbeitete Vorstellung von einer Vorzeit, zu der Proselenen, altgriechisch: Vormondmenschen, die Erde bevölkerten. Offensichtlich hatten beide noch Zugriff auf dunkle Nachricht, daß vormals kein Mond am Himmel stand. Und die Nachricht scheint für ihn und seine Zeitgenossen kein ‚Es war einmal …' gewesen zu sein.

Eine herausgehobene Rolle spielte der Mondgott – und damit der Mond – auch in den alten mesopotamischen Kulturen. Mindestens eine Inschrift legt nahe, daß der Mond zu geschichtlicher Zeit eingefangen wurde.

> *Seit fernen Tagen im Zeitalter Nannaru*[324] *als die Götter den zunehmenden Mond schufen, damit er fortan scheine, um den Monat zu bestimmen, trat der neue Mond majestätisch in der Mitte des Himmels hervor.*[325]

Überraschend rangiert der sumerische Mondgott Nanna (oder Sin) in der Hierarchie der Götter vor dem Sonnengott Utu, der in Umkehrung der Helligkeitsverhältnisse auch noch Sohn des Mondgottes ist. Daß die Völker des mittleren Ostens ihren Kalender nach dem Mond organisierten und durch Einschieben von Schaltmonaten an das Sonnenjahr anpaßten, bekräftigt die uns seltsame anmutende Rangordnung. Sie ist auch kulturhistorisch schwer zu verstehen, da eine primär bäuerlich geprägte Gesellschaft wegen der Pflanz- und Vegetationszyklen am Sonnenjahr hängt. Hat sich in der Rangfolge der Götter und im Mondkalender die Erinnerung erhalten, wie der Mond die Welt umgestaltete?

---

[323] Griechischer Philosoph; 15. bis 100 n. Chr.

[324] Nannaru eine Göttin des Mondes, benannt nach dem Mondgott Nanna.

[325] Inschrift auf der Tafel von Sargon II. 721 – 705 v. Chr. König des neuassyrischen Reiches. http://thelockedgates.blogspot.de/search/label/Moon
Übersetzung des englischen Textes:
Since the distant days of the age of Nannaru when the gods fixed the crescent of the moon, to cause the new moon to shine forth, to create the month, the new moon, which was created in heaven with majesty, in the midst of heaven arose.

War es die Angst vor einer Wiederholung, die den Mond im Götterhimmel so heraushob?

Kommen wir wieder zurück zu der Betrachtung, wie die Menschen den Mondeinfang erlebten Nur wer ein Loch fand und sich tief in der Erde verkroch, überlebte den Sturm, der doch nur Prolog des Weltuntergangs war, wurde nicht vom Orkan mitgerissen. Gleichzeitig schüttelte der Zug des Mondes die Erde und rief in seiner Schleppe das heftigste Erdbeben aller Zeiten hervor. In Südamerika dürften die Erschütterungen und die Flut am heftigsten gewesen sein, über sie zog der Mond hinweg. Wie bei einer Wippe hoben sich im Westen die Anden, während gleichzeitig im Osten die halbe Pampa im Meer versank. Die Bewohner anderer Kontinente erlebten die Begegnung mittelbar. Lebten sie im Norden sahen sie den Himmel stürzen und fühlten den Boden unter den Füßen wanken. Ein Schatten jagte tief im Süden vorbei. Was dann kam war für alle Menschen fast gleich und schlimmer: Die Welt ging unter, wurde weggeschwemmt. Danach stand ein Mond am Himmel. Im Chaos und Kampf ums Überleben eine weniger aufregende Veränderung. Die Flut dominierte Erinnerung und Nachrichten.

In seinem Buch ‚Secret Cities of Old South America' stellt Harold T. Wilkins eine Beziehung unseres Szenarios zum Einfang des Mondes her, indem er eine chinesische Quelle zitiert:

> *Es könnte der schreckliche Kataklysmus gewesen sein, von dem die Chinesen dem gelehrten Jesuitenmissionar und Historiker Martinus berichteten: ‚Zu Beginn des zweiten Himmels (Wortwahl entspricht den aztekischen Mythen, wenn sie Weltzeitalter als Sonne durchzählen) wurde die Erde in ihren Grundfesten erschüttert. Der Himmel senkte sich nach Norden. Die Sonne, Mond und Sterne änderten ihre Bahnen. Die Erde fiel auseinander, und die Wasser der Tiefe bäumten sich mit Gewalt und überfluteten sie. Die Menschheit hatte gegen die Götter rebelliert, und das System des Universums geriet in Unordnung.'*

Wenn wir den Mondeinfang als geologisch junges Ereignis einstufen, nach menschlichem Zeitverständnis muß er dennoch vor sehr langer Zeit erfolgt sein. Kein Bauwerk hat den Einfang mit seinem nachfolgenden Kataklysmus überstanden. Alle Ruinen mit erkennbarer Himmelsausrichtung weisen auf den neuen (!) Pol. Wenn die Sintflut die beschriebenen Ausmaße hatte, können wir allerdings auch keine oder nur bis auf die Grundmauern zerstörte Bauwerke erwarten. Die Nordausrichtung Tiahunacos als hypothetisch proselenes Monument ist ein echter Widerspruch zu unserem Modell. (Über die Nordrichtung sind sich nicht alle Zeichnungen einig. Es scheint eine leichte Abweichung der Bauwerke Richtung Nordost zu bestehen.[326]) War die Stadt mit ihren Bauten[327] vorsintflutlich, können wir außer Zufall für die erhaltene Polausrichtung keine Erklärung anbieten.

Für existierende, modellgemäße Ausnahmen ist der Grund ihrer Mißweisung unbekannt. Unter den uralten Kultstätten verläuft z. B. die Straße der Toten in Teotihuacan in einer Mißweisung von 15° zum Pol.[328] Eine Orientierung, die verträglich wäre mit einer früher anderen Polposition. Spätere Baumeister hätten die Orientierung der Straße entgegen der neuen Nordrichtung beibehalten.

---

326 http://www.viewzone.com/tia.sat.jpg

327 http://www.efodon.de/html/archiv/vorgeschichte/groben/SY7512%20Groben%20-%20Kalasasaya.pdf

328 https://mysteria3000.de/magazin/teotihuacan-die-stadt-der-gotter/

Die Sonne tönt nach alter Weise
In Brudersphären Wettgesang,
Und ihre vorgeschriebne Reise
Vollendet sie mit Donnergang.

Faust, Johann Wolfgang von Goethe[329]

Epilog

Die Geschehnisse der Vergangenheit und ihre Interpretation sind Gegenstand der Geschichtswissenschaften. Ein nur scheinbar fest gefügtes Wissenschaftsgebiet, das zeitgeistbezogenen und hoheitlichen Deutungsbeschränkung unterliegt. Geschichtswissenschaft und Geschichtslehre spiegeln den aktuellen soziopolitischen Hintergrund wider. Unbestreitbar genießen in gegenwärtigen pluralistischen Gesellschaften die Geschichtswissenschaften ein hohes Maß an Arbeits- und Interpretationsfreiheit, entsprechend fragmentiert stellt sich das Gebiet dar, in dem um die richtige Deutung wettbewerbende Schulen meinungsführend häufig genug mehr gegeneinander als miteinander wirken.

Die faktische Einengung und Erklärung von Geschichte nach Vorgabe eines zeitgeistigen Weltbildes ist auch der Tatsache geschuldet, daß Geschichte als Funktion der Zeit auf einer logarithmischen Zeitskala wahrgenommen wird, in der Schlaglichter Jahrhunderte beschreiben und das Gestern den breitesten Raum einnimmt. Die überkommene präzise Einteilung der Geschichte nach Regionen, in Epochen, Kulturen und Zivilisationen erweist sich aus heutiger Rückschau zunehmend als willkürlich und beginnt sich aufzuweichen. Die Erkenntnis greift Platz, daß auch die frühen Kulturen keine Inseln waren, sondern es schon immer zum Austausch von Wissen und Waren kam. Kürzlicher Nachweis für solche

329 * 28. August 1749 in Frankfurt; † 22. März 1832 in Weimar.

Kontakte zwischen entferntesten Regionen ist der Fund von Münzen aus der römischen Kaiserzeit in einer japanischen Burgruine.[330]

Geographisch findet für den Europäer alte Geschichte immer noch zum überwiegenden Teil im Mittelmeerraum statt. Aus dem Blickwinkel der Bedeutung für das eigene Leben und Umfeld ist diese Beschränkung nachvollziehbar und richtig, da die Kultur und die Zivilisation der Europäer, von Irland bis zum Ural, vom Nordkap bis Malta auf Juden, Griechen und Römer, genauer auf dem, was sie gedacht und hinterlassen haben, beruht. Philosophie, Religion, Recht und Staatsverständnis der Europäer gründen auf diesem 3000 Jahre alten Fundament. Kaum Neues in der Philosophie. Alles, was seither gedacht wurde, nur epigonenhafte Detaillierung dessen, was von Moses, Sokrates, Cicero und Paulus auf uns überkam.

Nach dem, was der willige Schüler im Geschichtsunterricht lernt, scheint alles bestens erforscht und in dicken Kompendien ebenso gut dokumentiert. Die eigentliche Frage wird kaum behandelt: Wie hängt alles zusammen. Dicke Wälzer, die spekulieren ‚Was wäre wenn?', füllen Regale und lassen erahnen, wie wenig gefehlt hat, um die Waage der Geschichte zugunsten anderer Völker und anderer Ideologien ausschwingen zu lassen. Völker, Kulturen, Technologien, also die ganze Welt hätte sich leicht in eine völlig andere Richtung entwickeln können. In Geschichte erleben wir Chaostheorie ‚at its best'. Ein verlorenes Hufeisen, ein Ritter fehlt, die Schlacht geht verloren und ein Königreich geht unter.

Aus dem Brei und der Flachheit der Prähistorienwissenschaft ragen geniale Leistungen wie die Entzifferung der Keilschrift oder der Hieroglyphen heraus.[331] Bei der Interpretation der nun übersetzbaren historischen Texte wirken dann wieder die bewährten Reflexe, die im akademischen Zirkus ein stromlinienförmiges Denken und Argumentieren einüben. Löst sich der Blick dann doch einmal von der klassischen Antike und geht weiter zurück, steht die Geschichtswissenschaft vor einem schwarzen Loch. Sinnfreie Sammelleidenschaft für Faustkeile und

[330] http://www.galileo.tv/weltweit/mysterioeser-fund-wie-sind-diese-roemischen-muenzen-nach-japan-gekommen/

[331] Ernst Doblhofer, Die Entzifferung alter Schriften und Sprachen, Reclam Taschenbuch (Stuttgart 2016).

Tonscherben mit abenteuerlichen Erklärungsmustern oder beharrlichem Totschweigen, begleitet – oder richtiger übertüncht – von wichtigtuerischem ‚Fachchinesisch'.

Offen und ausgeblendet bleiben zu viele Fragen. Nur als Beispiele seien erwähnt: welche Steinzeitmenschen haben nicht nur Malta umgestaltet, sondern Alpenberge wie einen Schweizer Käse durchlöchert oder Riesenmonolithe aus gewachsenem Fels geschlagen? Und vor allem: Wie? Wer hinterließ uns rätselhafte, unerklärliche Beweise ungeheurer Anstrengung, am auffälligsten in Form monumentaler Bauwerke? Daß Berge mit Steinwerkzeugen auf der Suche nach seltenen Metallen durchwühlt wurden, ist eher unwahrscheinlich. Daß illiterate Steinzeitmenschen Millionen Tonnen Stein bewegten, um eine astronomische Beobachtungsstation zu bauen, klingt auch nicht wirklich glaubhaft, und jedes Titanen-Bauwerk mit religiösen Erklärungsmustern und Astrologie zu verbinden ebenso wenig. So hatten anscheinend einige Tausend Malteser – mehr ernährt die Insel bei extensiver Landwirtschaft einfach nicht – nichts Wichtigeres zu tun, als ihre Insel mit einem Höhlensystem zu versehen. Da staunt der Laie und der Fachmann windet sich. Der Eindruck entsteht: Fachmann in Sachen Prähistorie zu sein, schadet zwar nicht, nützt aber auch nicht viel.

Was ist von alten Wehranlagen in Spanien und Irland zu halten, von denen man nicht einmal weiß, ob es überhaupt Wehranlagen waren. Die Vorstellung, daß unsere Vorfahren ihre Freizeit mit der Errichtung von Steinkreisen und Monolithen gestaltet haben, bedarf eines festen Glaubens. Völlig absurd ist die Vorstellung, ein jungsteinzeitlicher Bauer richtete sich bei Aussaat und Ernte nach den Sternen. Das tut der Bauer heute nicht und das hat er nie getan. Solch einen Unsinn kann sich nur ein Stubengelehrter ausdenken.

Die plausibelste Erklärung für vieles Unerklärte ist, eine oder mehrere globale Kataklysmen haben hochentwickelte Zivilisationen bis auf wenige unverstandene, geheimnisvolle Relikte komplett ausgelöscht. Szenarien möglicher Kataklysmen auszumalen und als Option zu bewerten, war Zweck und Ziel dieses Buches. Ob Geschichte wirklich so war, ist damit nicht beantwortet.

Beim vorliegenden Buch war es nicht anfängliches Ziel und Ausgangspunkt der Überlegungen, den Zustand des Planetensystems und die Geologie der Erde zu erklären, wenngleich sich das Ergebnis als erfreulicher Nebeneffekt einstellte, sondern ergebnisoffen mit den Methoden der Naturwissenschaft die gelehrte Menschheitsgeschichte zu hinterfragen. Gelandet sind wir bei einem durchziehenden fremden Stern, der das Planetensystem stört, einen der Hauptplaneten zerschlägt und Planeten-Trümmer als überdimensionale Asteroiden auf die Planeten losläßt.

Nicht minder überraschend konnten wir die Hypothese von der Erschaffung des Menschen durch eine konklusive Neuinterpretation alter Dokumente zur veritablen Option aufwerten. Die Neuinterpretation der Maya-Codices bricht mit allem, was bislang in sie hineininterpretiert wurde, und doch ist es von allen potentiell aufgezeigten Revisionen der gelehrten Geschichte die durch Dokumente am besten untermauerte Alternative. Was wir immer schon ahnten, es ist nicht weit her mit der Krone der Schöpfung. Geschaffen und unter der Knute der Schöpfer ist die Idee von der Freiheit des Menschen Fiktion. In seiner Bedeutung ähnlich ist die vorgetragene Erklärung einer geologisch kürzlichen Umgestaltung der Welt. Den Mond als jungen Erdbegleiter einzuordnen, bricht mit der gesamten gelehrten Erdgeschichte. Wir leben nicht in einer alten, sondern in einer extrem jungen Welt - mit dem Mond als Zeitenwender.

Wie wahrscheinlich ist trotz aller Konsistenz diese Erklärung, insbesondere die Zeitskala betreffend? Statistisch gesehen, dürfte ein Sechser im Lotto höherwahrscheinlich sein. Festzuhalten bleibt dennoch, daß das vorgestellte Modell einer Schöpfung, einer alternativen Planetologie und damit verflochten einer alternativen Geschichte der Menschheit die wesentlichen Anforderungen an Wissenschaftlichkeit erfüllt:

1. Es ist widerspruchsfrei.
2. Es ist in wesentlichen Behauptungen überprüfbar ist, und wurde auch überprüft.
3. Es erklärt Fakten und Zusammenhänge umfassender als bisher gelehrte Modelle der Prähistorie, Geologie und Planetologie.

4. Es vereinheitlicht und vereinfacht derzeitige Theorien, indem es bisher separate Erklärungen und Modelle zu einem übergeordneten zusammenführt.

Durch die Erfüllung dieser vier Ansprüche steigt unser Modell von einer Hypothese zur Theorie auf.

Wir bleiben vorsichtig, haben den Umbruch nicht final bewiesen, aber wir mahnen die Prüfung des Weltbildes an, indem wir Argumente für eine alternative Theorie zusammengetragen haben. Ob die Vorgeschichte – in Teilen – so verlief, wie beschrieben, ist trotz vieler Indizien weiterhin Spekulation. Im Unterschied zu früheren Traktaten, die mit dem Titelwort ‚alternativ' hausieren, kann diese alternative Vorgeschichte damit punkten, im Einklang mit der Physik zu stehen. Es existiert kein Naturgesetz, das der vorgestellten alternativen Prähistorie widerspräche oder das gar durch die Neudeutung verletzt wäre. Bewerten wir die vorgestellten Szenarien des Modells – nicht die Kapitel mit Hintergrundinformation – mit einer Wahrscheinlichkeit von 10 % für Wahrheit und mit 20 % gut genug für einen Denkanstoß, würden wir angesichts des gewählten Vorgehensweise bei einem typischen Ergebnis landen.

Überschreitet der Wahrheitsfaktor der vorgeschlagenen Optionen 50 % steht unausweichlich ein Paradigmenwechsel ins Haus. Noch in unserem alten Weltbild könnten wir mit Zuversicht annehmen, daß unsere Technik noch viel Luft nach oben hat. Interplanetare Raumfahrt, Schlaraffenland und ewiges Leben wären zwar nicht in Schlagdistanz aber erreichbar. Als Bewußtsein veränderndes Weltbild liefe das Erreichen dieser Quote auf einen Gottesbeweis hinaus. Nur durch das Eingreifen einer Allmacht ließe sich die gedrängte, kurze Zeit erklären, in der die Rote Sonne erschien, Tiamat zerschlagen wurde, die Gasplaneten zu ihren großen Monden kamen und die Gesteinsplaneten durch Asteroideneinschläge in Mechanik, Oberflächenmorphologie und Klima umgestaltet wurden. Für das Leben auf der Erde und den erreichten ziviliatorischen Stand der Menschheit dramatisch bis vernichtend, fing die Erde den Mond ein, die Planetenachse kippte und eine himmelhohe Flutwelle überrollte die Kontinente.

Wir wären dann Zeitzeugen und Betroffene eines Umbruchs im Weltbild und Selbstverständnis der Menschheit. Geschaffen und nicht Geworden verschiebt dieses Wissen unser Selbstwertgefühl. Als Diener und Sklaven können wir keine Erwartung auf Aufnahme in den Kreis der Ewigen haben. Auf uns wartet niemand, keine Seele, keine Himmelspforte, beim Abgang ertönt weder ein Evoë noch ein Requiem.[332] Die Menschheit, das ganze Universum, wären dann einer Macht ausgeliefert, die die Gravitation beherrscht und die Planeten und Monde – zur Freizeitbeschäftigung – wie Kugeln auf einem Billardtisch stößt. Im Vergleich zur Macht dieser Instanz wäre unser Streben eitel und die Menschheit wäre trotz ihrer Technik auf den Status einer Stubenfliege geschrumpft. Wir sollten uns in diesem Fall hüten, die ultimative Macht zu stören oder ihr gar lästig zu werden. Zu viel Krach im noch ruhigen Krähwinkel und Gott greift zur Fliegenklatsche. Ganz so, wie er es schon einmal tat. Nur dieses Mal wäre das Universum nicht um eine Venuszivilisation ärmer, sondern das Fallbeil der Gottesguillotine würde dieses Mal uns erwischen.

Wer weiß?

---

[332] Zitat nach Gottfried Benn ‚Verlorenes Ich'.

Die Lehrmeinungen der Pythagoreer:

... die Zahlen seien die "Ersten" in der ganzen Natur, nahmen sie an, daß die Elemente der Zahlen die Elemente alles Seienden seien und daß der gesamte Himmel Harmonie und Zahl sei.

Aristoteles in Metaphysik Buch A, 985b 23 – 988a 17[333]

Appendix A: Die Abstandsskala der Physik

Die Planetologie und Astrophysik haben im Verstehen von Fakten und Wechselwirkungen einen Stand erreicht, bei dem wir nicht erwarten können, daß neue grundlegende Effekte zur Gravitation gefunden werden.[334] Der fortschrittlichste Ansatz zur Beschreibung von Langzeiteffekten bei Planetenbahnen und in der Mechanik der Planeten trifft seine Vorhersagen auf Grundlage einer Chaostheorie. Bei diesem Ansatz sind präzise Vorhersagen über das Langzeitverhalten unseres Planetensystems, ja der Glaube an seine Stabilität Historie. Für Zeiträume, länger als einige hundert Millionen Jahre sind in diesem Ansatz Vorhersagen zur Mechanik unmöglich.

Entgegen dem soeben Ausgeführten und überraschend legt die folgende Diskussion nahe, daß eine neue Abstandsformel zu einem tieferen Verständnis, den Aufbau und die Zukunft des Planetensystems betreffend, führen könnte. Die Formel relativiert die Ergebnisse der Chaostheorie, weil sie die Planetenbahnen im jetzigen Abstandsbereich als selbststabilisierend und somit langzeitstabil einstuft.

---

333 http://12koerbe.de/pan/met-pyth.htm

334 Daß Gravitation möglicherweise nicht final verstanden ist, führt etwa aus: Frederic Lassiaill; Journal of Modern Physics, 2012, 3, 388-397.
oder auch: Mikhail L. Gershteyn, Lev I. Gershteyn, Arkady Gershteyn, Oleg V. Karagioz; https://arxiv.org/ftp/physics/papers/0202/0202058.pdf

Dem aktuellen Verständnis nach verteilen sich die Planetenabstände mehr oder weniger zufällig, jedenfalls kann die Physik sie nicht ab initio ableiten. Im 19. Jahrhundert schlug Johann Daniel Titius eine Abstandsformel vor, die später von Johann Elert Bode veröffentlich als Titius-Bode-Abstandsreihe bekannt wurde. Die einfache mathematische Reihe gibt die Abstände der Planeten mit bemerkenswerter Genauigkeit wieder. Beginnend mit dem Laufindex $-\infty$ für Merkur liefert $d = 4 + 3 \cdot 2^n$ $(n = -\infty, 0, 1, 2, \ldots)$ die Planetenabstände zur Sonne in Astronomischen Einheiten.

Die Formel erlangte Beachtung und eine gewisse Berühmtheit, weil sie für die Abstände der Asteroiden und des damals unentdeckten Pluto jeweils einen Planeten vorhersagte. Trotz dieser Erfolge weist die Formel gravierende Mängel auf. Zum einen konnte sie nie theoretisch abgeleitet oder auch nur begründet werden, und zum zweiten fehlt in der Reihe der Planet Neptun gänzlich.

Ableitung einer neuen empirischen Formel

Die im Folgenden vorgestellte eigene Formel verknüpft die Planetenabstände mit Basisphysik, sagt im Abstand des Neptun einen Planeten voraus, erkennt wie die Titius-Bode-Formel den Asteroidengürtel als Planetenabstand und sagt jenseits des Abstandsbereiches von Pluto und des Plutoiden Eris weitere massereiche Objekte voraus.

Die Titius-Bode Reihe mit ihrem Startwert von minus Unendlich spricht dafür, daß sich hinter der Formel ein logarithmisches Abstandsgesetz verbirgt. Übereinstimmend mit dieser Erwartung, nähert eine Gerade die logarithmisch aufgetragenen (Abbildung A1) Planetenabstände einigermaßen gut an. Dieser Befund ist bekannt und wenig aufregend. Physik wird erst erkennbar, wenn wir näher hinschauen.

In mathematischer Formulierung schreibt sich ein exponentielles Gesetz als

$$d = d_0 \cdot e^{b \cdot n} \qquad \text{Gl. 1}$$

oder in der logarithmierten Form als

$$\ln(d) = \ln(d_0) + b \cdot n$$

mit dem Sonnenabstand in [m] und der Zählung der Planeten als Folge der natürlichen Zahlen mit 1 für den Merkurbahnabstand und 11 gleich dem mittleren Abstand des Plutoiden Eris ergibt sich quantitativ die Least-square-Gerade aus Abbildung A1 zu

$\ln(d_0)$ gleich 26.23 ∓ 9.29·10⁻² [m] und b gleich 0.529 ∓ 1.34·10⁻².

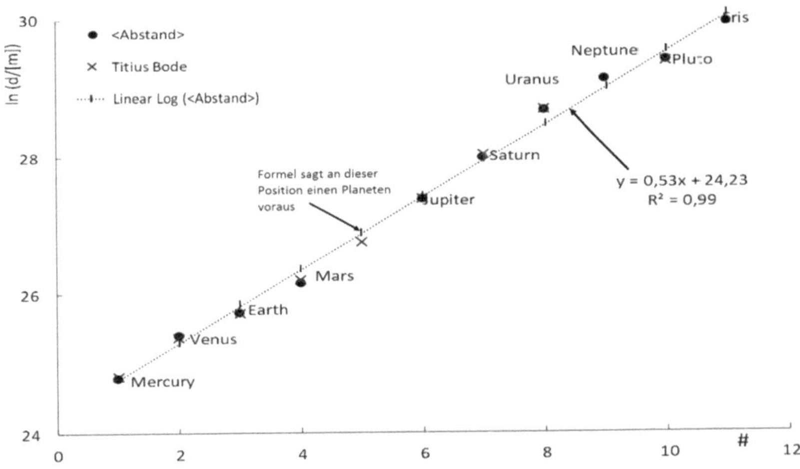

Abbildung A1
Abstand der Planeten von der Sonne aufgetragen in logarithmischer Skala
Punkte: Tatsächlicher Abstand
Kreuze: Titius-Bode-Reihe
Line: Least-square-fit-Ausgleichsgerade der aktuellen Abstände

Die Anwendung von Gl. 1 auf die Abstände der Jupitermonde gibt einen ersten Hinweis auf die physikalische Interpretation des Faktors b im Exponenten der Gl. 1.

In logarithmischer Auftragung liegen die Abstände der vier Galileischen Monde des Jupiter mit geringer Varianz auf der Geraden mit

$\ln(d_0)$ gleich 19.34 ∓ 4.72 10⁻² [m] und

b gleich 0.4955 ∓ 0.172 10⁻².

In ihrem Fall beschreibt das exponentielle Abstandsgesetz die Abfolge der Abstände zum Zentralkörper mit einem Bestimmtheitsmaß sehr nahe an 1. Wir finden somit eine höhere statistische Signifikanz für ein Exponentialgesetz als im Falle der Planetenabstände zur Sonne.

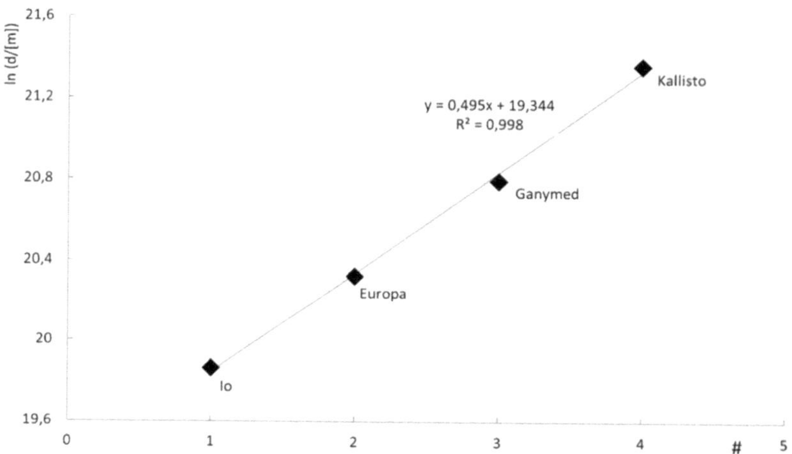

Abbildung A2
Bahnabstände der Galileischen Jupitermonde in logarithmischer Auftragung

Als Ansatz für ein – noch zu begründendes – physikalisches Gesetz wählen wir – im Rahmen des Fehlers der Ausgleichsgeraden – den Faktor im Exponenten der Exponentialfunktion gleich 0,5. Für die großen Jupitermonde formulieren wir unter Verwendung von Naturkonstanten den Exponenten dann:

$$b = \frac{c^2 \cdot l}{G \cdot m_{Jupiter}} = 0.5 \qquad \text{Gl. 2}$$

mit c gleich der Lichtgeschwindigkeit, G der Gravitationskonstante und m gleich der Masse des Jupiters. Offen bleibt hier noch der Wert des Parameters l, den wir als charakteristische Länge einführen. Er trägt die Einheit [m] und macht den Exponenten der Gl. 1, wie einzufordern, dimensionslos. Aus der Steigung der Fitgeraden bestimmen wir durch Einsetzen in Gl. 2 den Wert von l zu 0,69 m.

Die Einführung des Parameters l erscheint nicht mehr willkürlich, wenn wir der rekursiv berechneten Länge eine physikalische Bedeutung zuweisen, die wir in ihrer Beziehung zum Radius eines Schwarzen Lochs finden:

$$r_S = \frac{2 \cdot G \cdot m}{c^2} \qquad \text{Gl. 3}$$

Die charakteristische Länge in der Abstandsformel nach Gl. 2 nach Einsetzen der Gl. 3 gleich einem Viertel des Radius eines statischen (nicht rotierenden) Schwarzen Lochs.

Ein interessanter Zusammenhang folgt, wenn wir Gl. 2 um die Masse m erweitern.

$$\frac{m \cdot c^2 \cdot l}{G \cdot m^2} = 0.5 \;\Rightarrow\; m \cdot c^2 = \frac{1}{2}\frac{G \cdot m^2}{l} \qquad \text{Gl. 4}$$

Gl. 4 können wir physikalisch durch Vergleich mit der Formel der gravitativen Selbstenergie eines Körpers

$$E_{grav} = \frac{3}{5}\frac{G \cdot m^2}{r} \qquad \text{Gl. 5}$$

einordnen. Die Energie der Ruhemasse entspricht demnach ungefähr der Gravitationsenergie, wenn die Masse auf einen Radius der charakteristischen Länge l zusammengepreßt wird.

Indem wir die Gültigkeit von Gl. 2 für natürliche Massegrenzen untersuchen, decken wir eine tiefere physikalische Bedeutung von Gl. 1 auf und plausibilisieren die von ihr gelieferten Zusammenhänge. Als untere Grenze setzen wir die Planckmasse $m = m_p$ und die Plancklänge $l = l_p$ ein.[335] Das obere Ende definieren Masse und Radius des Universums.

Einsetzen der Planckeinheiten in Gl. 2 ergibt als dimensionslosen Zahlenwert 1.

$$\frac{c^2 l_P}{G \cdot m_P} \Longrightarrow \frac{c^2\sqrt{\frac{\hbar G^2}{c^3}}}{G\sqrt{\frac{\hbar c}{G}}} = \frac{c^2}{G}\sqrt{\frac{\hbar G^2}{c^3 \hbar \cdot c}} = 1 \qquad \text{Gl. 6}$$

---

335 Eine tiefschürfende Analyse zur Bedeutung der Planck-Größen und insbesondere zur Bedeutung von $\hbar$ gibt Walther Umstätter in: http://www.ib.hu-berlin.de/~wumsta/infopub/textbook/planckunits06a.pdf

Da wir in den obigen Betrachtungen den Radius statt des Durchmessers als Maß für *l* gewählt hatten, erhalten wir nach Division der Planck-Länge durch 2 den Wert 0,5, wie ihn Gl. 2 auch eingefordert. Am anderen Ende der Längenskala setzen wir den aktuell besten Wert für den Durchmesser des Universums mit 19 Gpc[336] (Ref.[337]) ein, was in Einheit [m] einem Radius von $2{,}93 \cdot 10^{26}$ m entspricht. In diesem Fall das Pferd von hinten aufgezäumt, berechnen wir mit diesem Radius eingesetzt in Gl. 2 die korrespondierende Masse zu $7{,}89 \cdot 10^{53}$ kg. Dieser Wert kommt der aus Messungen abgeschätzten Masse des Universums ($1 \cdot 10^{54}$ kg bei einer abgeschätzten Dichte von $9{,}9 \cdot 10^{-27}$ kg/m^3) bemerkenswert nahe.[338] Wie die experimentell ermittelte Masse, umfaßt demnach auch die nach Gl. 2 berechnete Gesamtmasse die drei Anteile: Sichtbare Materie, dunkle Materie und dunkle Energie. Der Zusammenhang (Gl. 3) zwischen charakteristischer Länge und Schwarzschildradius leitet zu dem Schluß, das Universum, in dem wir leben, ist ein riesiges Schwarzes Loch und seine Masse füllt es nicht einmal bis an den Ereignishorizont. Gl. 4 und die nachfolgende Betrachtung für die Grenzlängen ist als Eddington-Weinberg Beziehung bekannt[339] und Stand des Wissens in Physik und Kosmologie. Mit unserem Ansatz haben wir diesen physikalischen Zusammenhang auf völlig anderem und neuem Weg als bisher abgeleitet und somit irgendwie auch bestätigt.

Wesentlich neu ist die Beschreibung von Trabantenabständen um Zentralmassen durch Gl. 1 mit den Naturkonstanten der Gl. 2 als Exponenten. Falls wir mit der Formel eine physikalische Gesetzmäßigkeit vor uns haben, müssen wir sie nicht nur in unserem Planetensystem, sondern im ganzen Universum antreffen.

---

[336] Die Einheit Parsec (=Parallaxensekunde) stammt aus der Entfernungsmessung von Sternen durch Winkelmessung. 1 pc ist gleich $3{,}0856 \cdot 10^{16}$ m oder gleich 3,26 Lichtjahren.

[337] J. Richard Gott III, Mario Jurić, David Schlegel, Fiona Hoyle, Michael Vogeley, Max Tegmark, Neta Bahcall, Jon Brinkmann; arXiv:astro-ph/0310571

[338] National Aeronautics and Space Administration 2014; http://map.gsfc.nasa.gov/universe/uni_matter.html

[339] Scott Funkhouser, The Planck Length Scale and Einstein Mass-Energy Obtained from the SciamaMach Large Number Relationship, https://arxiv.org/vc/physics/papers/0505/0505175v3.pdf und Jaume Giné http://repositori.udl.cat/bitstream/handle/10459.1/41484/014991.pdf?sequence=7

Die aus einem astronomischen Abstandsgesetz abgeleitete Längenskala verbindet das Allerkleinste mit dem Allergrößten. Bemerkenswerterweise stützt die aus einer einfachen Gleichung gezogene Schlußfolgerung, das Universum in einem Schwarzen Loch zu versenken, eine verbreitete Meinung unter den Kosmologen,[340] die über die Endlichkeit des Universums debattieren. Einen leicht lesbaren Überblick über verschiedene, aktuell diskutierte kosmologische Optionen gibt Umstätter.[341]

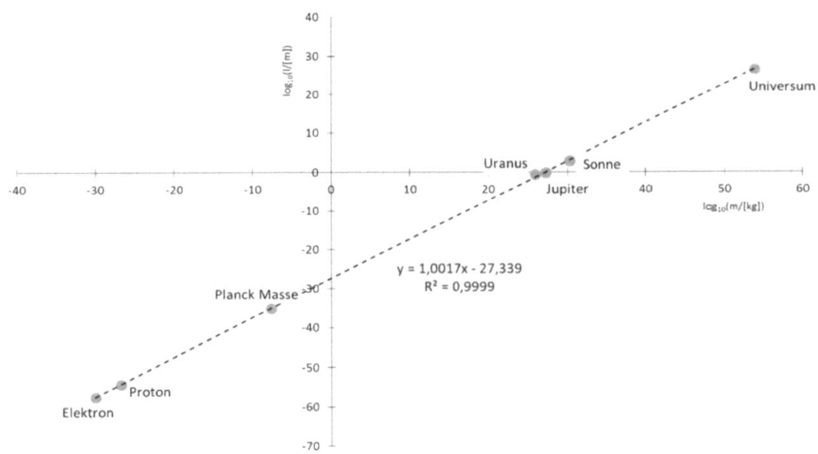

Abbildung A3
Logarithmische Auftragung der charakteristischen Länge[342] als Funktion der Masse

---

[340]Beachte; Je größer die Masse eines Schwarzes Loch desto kleiner die erforderliche Massendichte!

[341] Walther Umstätter in http://www.ib.hu-berlin.de/~wumsta/infopub/Black-Hole14b.pdf

[342] Zu einer physikalischen Zahlenspielerei laden die Massen und zugeordnete charakteristische Längen für das Elektron und das Proton ein. Der numerische Wert der charakteristischen Länge des Elektrons läßt sich ausdrücken als

$\beta_{le} = (\frac{\hbar}{e})^4 \cdot \left(\frac{m_p}{m_e}\right)$ und für das Proton

$\beta_{lp} = (\frac{\hbar}{e})^4 \cdot (\frac{m_p}{m_e})^2$.

Das Einsetzen einer dieser Längen – egal welcher! – in die Abstandsformel liefert für eine ‚Elektronmasse' $\widetilde{m_e}$ als Funktion der experimentellen Protonenmasse

Während der Zusammenhang zwischen Masse und Länge – siehe Abbildung A3 – in seiner physikalischen Gesetzmäßigkeit nahezu als Trivialität gelten kann,[343] ist ihr Auftreten in einer Abstandsregel in Zentralmassensystemen ein neuer und keineswegs offensichtlicher Befund.

Anwendung der neuen Formel auf extrasolare Planetensysteme

Bei Anwendung von Gl. 2 auf unser Planetensystem berechnet sich durch Einsetzen der Sonnenmasse die charakteristische Länge im Planetensystem zu 738 m. Die Steigung der auf logarithmischer Skala angefitteten Geraden (Abbildung A1) weicht um 5,8 % vom Wert unseres Ansatzes, der 0,5 vorhersagt, ab. Diese Abweichung liegt außerhalb des berechneten Fehlers für die Steigung der Geradengleichung. Sie ist andererseits nicht prohibitiv groß und hält sich in einem Rahmen, den vernachlässigte Korrekturen interplanetarer Wechselwirkungen beisteuern könnten. Verwerfen wollen wir die Formel nicht, sondern sie durch eine erweiterte Anwendung prüfen. Wir müssen uns bei der Überprüfung der Gl. 2 nicht mit dem Planetensystem begnügen. Was wir für die Jupitermonde und die Planetenabstände gefunden haben,

---

$$\widetilde{m_e} = \sqrt{\frac{2 \cdot c^2}{k_e \cdot G}\left(\frac{\hbar}{e}\right)^4} \cdot m_p = 9.19556 \times 10^{-31}\ \text{kg}$$

und umgekehrt mit eingesetzter Elektronenmasse die ‚Protonenmasse' zu

$$\widetilde{m_p} = \frac{k_e \cdot G}{2 \cdot c^2}\left(\frac{e}{\hbar}\right)^4 \cdot {m_e}^2 = 1.64142 \times 10^{-27}\ \text{kg}$$

in erstaunlich kleiner Abweichung vom Meßwert. Ein erstaunlicher numerischer Zufall (!), der die sechs wichtigsten Naturkonstanten zueinander ins Verhältnis setzt. Eine um 1,86 % größere Gravitationskonstante würde für Proton und Elektron exakt die experimentellen Massen liefern. So schön der phänomenologische Zusammenhang aussieht, die physikalische Bedeutung ist fragwürdig, schon deshalb, weil die Einheiten durch Einführung einer weiteren Konstanten ($k_e \neq 1$) – die allerdings zugleich die Beibehaltung des Wertes für die Gravitationskonstante erlauben würde – angepaßt werden müßten. Die anhaltende Diskussion um einen genaueren Wert von G und eventuelle entfernungsabhängige Korrekturen erörtert Frederic Lassiaille in Journal of Modern Physics, 2012, 3, 388-397.

[343] In natürlichen Einheiten kann Masse in [E] (Energie) und Länge in 1/[E] gemessen werde. Masse und Länge sind also umgekehrt proportional basisphysikalisch verkoppelt.

sollte auf die Planeten anderer Sterne und andere Mondsysteme übertragen auch für sie gelten.

In rascher Folge entdecken die Astronomen seit einigen Jahren Planeten, die weit entfernte Sonnen umkreisen. Handelt es sich um ganze Systeme, sind sie natürliche Kandidaten für einen unabhängigen Test der Abstandsformel. Abbildung A4 zeigt die logarithmische Auftragung der Planetenabstände analog zur Auftragung der Sonnenplaneten für die Abstände der Planeten des Sterns HR 8799. In hervorragender Übereinstimmung mit der vorgeschlagenen Formel fallen die Planetenabstände auf eine Gerade mit der Steigung 0,5. Diese Analyse wurde für weitere Planetensysteme mit mindestens drei identifizierten Planeten vorgenommen. Schon bei nur drei Planeten wird allerdings die Linearisierung der Planetenabstände auf einer logarithmischen Skala unsicher, insbesondere, weil auch in Exoplanetensystemen analog zum Asteroidengürtel Lücken für fehlende Planeten eingeführt werden (müssen). Unentscheidbar ist bei diesem Ansatz der ad-hoc Einführung von lückenfüllenden Exoplaneten, ob der Planet nicht doch gänzlich fehlt, für eine Entdeckung zu klein ist, oder nur als Gürtel von unauffindbaren Kleinplaneten existiert.

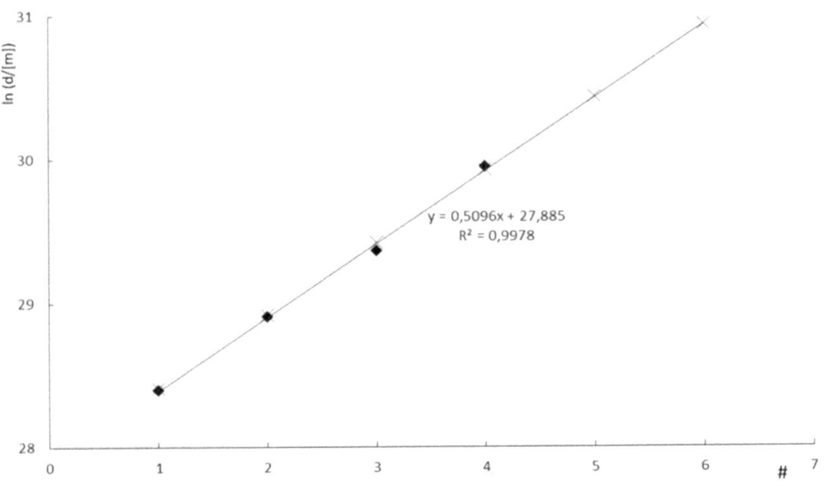

Abbildung A4
Abstandsreihe der Planeten im System des Sterns HR 8799

Als zweites Beispiel für ein extrasolares Planetensystem zeigt Abbildung A5 die Planetenabstände für den Stern Kepler 62, den fünf bekannte Planeten umkreisen. Unsere Abstandsformel prognostiziert einen zusätzlichen, bisher nicht entdeckten Planeten auf Position 4. Die Geradensteigung als Abstandsinkrement liegt mit 0,52 – wie im Falle des heimischen Planetensystems – etwas über dem Wert der Basisformel (Gl. 2), die den Wert 0,5 vorgibt.

Bei der Analyse weiterer Planetensysteme schälen sich zwei Steigungsmaße heraus. In einem Fall schwankt die Steigung um den Wert 0,5; ein zweiter Schwerpunkt liegt bei einem Steigungswert von 0,3. Planetensysteme, die dieser kleinere inkrementelle Abstand charakterisiert, weisen die Gemeinsamkeit auf, daß sich in ihnen Planeten auf engen Bahnen um den Zentralstern drängen. Die extrem kleinen Bahnabstände werfen die Frage auf, ob solche Systeme überhaupt langzeitstabil sind. Die Abweichungen vom Wert 0,5 und die beiden Hauptsteigungsmaße könnten interplanetare Wechselwirkungen als zusätzlich zu berücksichtigenden Abstandsparameter indizieren. Nach dieser Hypothese würden Planeten die Schwerkraft des Zentralkörpers in einer Art Interferenz modulieren.

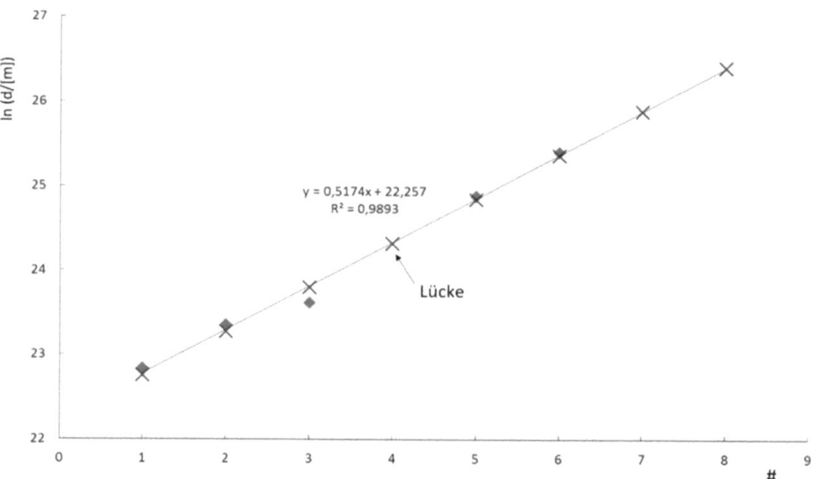

Abbildung A5
Abstandsreihe der Planeten des Sterns Kepler 62

Während im Sonnensystem die Monde Jupiters sich perfekt gemäß der Abstandsformel reihen, zeigen die Monde des Saturn keine vergleichbare Linearisierung ihrer Abstandsfolge. Mögliche Ursache kann sein, daß zum einen das Mondsystem nicht so klar in große und kleine Monde unterschieden ist wie beim Jupiter und zudem der Riesenmond Titan die Mondmassen dominiert.

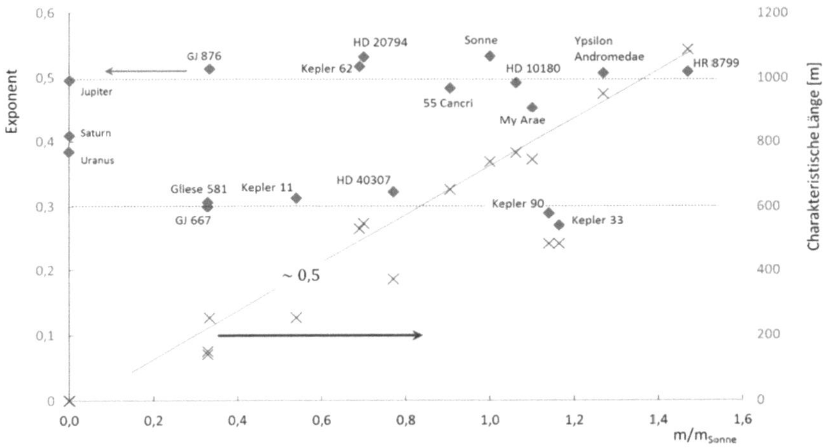

Abbildung A6
Exponenten (linke Achse) und charakteristischen Längen (rechte Achse) im vorgeschlagenen Abstandsgesetz für die Planetensysteme der benannten Sterne und die Monde von drei Gasplaneten des Sonnensystems

Auch könnte eine kürzliche Störung das Mondsystem des Saturn durcheinandergewirbelt haben. Der gewaltige, intakte Ring des Saturn ist nur erklärbar als Begleiterscheinung eines jüngst erfolgten, großen Einschlags. Langfristig wird er sich ausdünnen und schließlich auflösen, indem sein Material sukzessive auf den Saturn stürzt. Die Lage des Rings in der Äquatorebene verbindet ihn mit der Achsneigung des Planeten. Die Größe Saturns gegeben, muß dieser Riesenplanet von einem gigantischen Asteroiden getroffen worden sein, der die Achse kippte und den Ring hinterließ. Dieser Einschlag dürfte das Mondsystem des Saturn um neue Monde ergänzt und insgesamt heftig durchgerüttelt haben. Bei aller Unsicherheit finden wir als beste Näherung für das Abstandsinkrement der Monde das logarithmische Steigungsmaß von 0,41.

Wie aus dem Ring und der Achsneigung des Saturn schließen wir aus der äquatorialen Bahnebene der Uranusmonde, daß die Uranusachse infolge der Kollision einer planetenschweren Masse geneigt ist. Die Trümmer des Einschlags oder überlebende Komponenten eines Zwergplanetensystems (siehe hierzu Appendix B) wurden zu Monden. Wie die Monde Jupiters reihen sich die großen Uranusmonde (Ariel, Umbriel, Titania und Oberon) mit geringer Varianz auf einer logarithmisch linearen Abstandsskala ein, mit 0,38 als Steigung. Wie bereits bei dicht liegenden Umlaufbahnen in Exoplanetensystemen festgestellt, legt die geringe Steigung der Geraden, die einen engen Abstand der Monde untereinander widerspiegelt, eine Modifizierung unseres Modells nahe. Um den Riesen Uranus drängeln sich vier große und zehn kleine Monde in einem Abstand geringer als die Entfernung des Mondes zur Erde. Wie bereits bei den Planetensystemen der Sterne beobachtet, scheint die charakteristische Länge abzunehmen, wenn mehrere gravitativ ausstrahlende Körper auf engen Bahnen umlaufen.

Die Konsequenzen, die unser Modell für die Physik nach sich zieht, sind erheblich. Sowohl unser Modell wie die Existenz von Staubringen um den Äquator machen die Monde zu geologisch jungen Objekten. Wenn die Monde nicht parallel zur Bildung des Planeten und in der Umgebung entstanden, sondern eingefangene Objekte sind, wird die Ordnung ihrer Abstände nur erklärlich, wenn eine Wechselwirkung diese Positionen stabilisiert und die Wechselwirkung zudem hinreichend groß ist, um innerhalb kurzer Zeit die Abstandsfolge einzuloggen.

Eine Wechselwirkungs-basierte Stabilisierung von Massen auf gesetzmäßige Abständen steht im Widerspruch zum chaostheoretischen Modell. Ein universelles Abstandsgesetz indiziert vielmehr eine bisher nicht berücksichtigte gravitative Wechselwirkung. Unerwartet und spannend, aber für die klassische Physik nicht schön!

Generell bleibt anzumerken, daß hypermoderne physikalische Theorien wie Superstringtheorie, aber eben auch Chaostheorie, viel versprechen und noch weniger halten.[344] Bevorzugt werden nicht meßbare Effekte in immer komplexere Theorien verpackt. Da ist Einiges in der Wissenschaftsentwicklung schiefgelaufen, denn eigentlich war es mal genau umgekehrt gedacht.

344 Bert Schroer, String theory, the crisis in particle physics and the ascent of metaphoric arguments; https://arxiv.org/pdf/physics/0603112v5.pdf

Laßt uns Ungeheuer schaffen.
... die Götter inmitten der himmlischen Wohnung.
... Laßt uns die Götter bekämpfen.

Enuma Elish

Appendix B: Bahnkreuzer und Planetenkollidierer

Unserem Modell zufolge hat die Rote Sonne mit ihrer Schwerkraft aus der Oortschen Wolke und dem Kuipergürtel neue Kometen ins Planetensystem gelenkt und die Plutoidenbahnen durcheinandergewirbelt. Unter den abgelenkten Plutoiden finden wir die eingeforderten Riesen, die als Bahnkreuzer den beiden äußeren Gasplaneten Neptun und Uranus in die Quere kamen. In Pluto und seinem Mond Charon sehen wir den letzten seiner Art. Die frühere Existenz riesiger, bahnkreuzender Plutoiden beweisen, wie in früheren Kapiteln diskutiert, nicht allein die gekippten Achsen der Gasplaneten, sondern auch deren Mondsysteme mit ihren physikalischen Auffälligkeiten.

In einem Beispielszenario werden wir uns das Neptunsystem[345] vornehmen, um herauszuarbeiten, wie sein heutiger Zustand aus einem primordialen, symmetrischen Zustand durch Plutoideneinschlag hervorgehen konnte. Für unsere Simulation wählen wir keinen Einzelplutoiden, sondern eine bahnkreuzende Plutoidengruppe mit den Bahndaten der Tabelle B1 und damit eine Konstellation, wie sie das Doppelsystem aus Pluto und Charon – plus weitere kleine Begleiter – nahelegt. Die beiden Komponenten des Pärchens bezeichnen wir im Folgenden als Triton bzw. als Plutoid 1. Die Masse von Plutoid 1 nehmen wir mit $4{,}3 \cdot 10^{22}$ kg doppelt so groß an wie die Masse seines Begleiters, des heutigen Neptunmondes Triton.

[345] http://universal_lexikon.deacademic.com/277326/Neptun%3A_Noch_ein_blauer_Planet

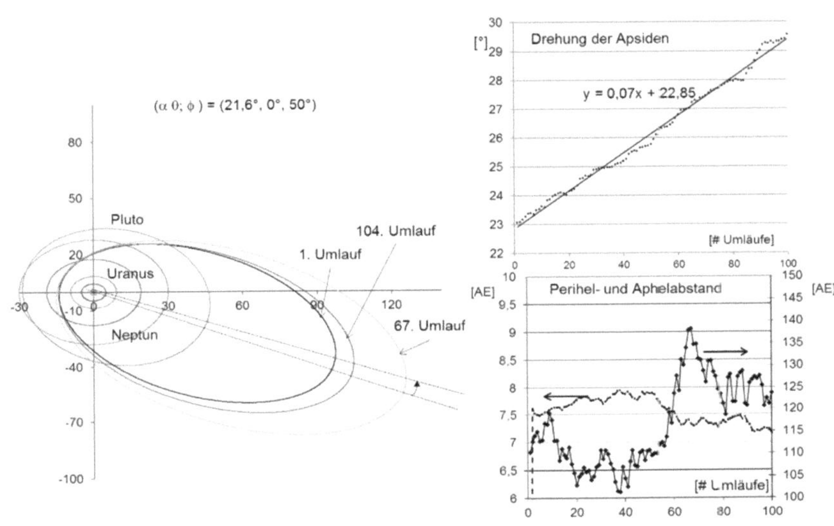

Abbildung B1
Bahn- und Bahndynamik der Triton-Plutoidengruppe
Links: Drei Bahnkurven aus einer Langzeitsimulation der Bahn. Die Geraden verdeutlichen die Drehung der Apsiden.
Rechts oben: Winkellage der Apsidenlinie als Funktion der Umläufe.
Rechts unten: Änderung der Aphel- und Perihelabstände.
Man beachte, wie Nahbegegnungen die Bahn weiten aber durchaus auch einengen.

Bahn		Inklination	aufsteigender Bahnknoten	Umlaufdauer	Rotation der Apsidenachse
Aphel [m]	Perihel [m]	[°]	[°]	[Jahr]	[°/Jahrhdt.]
1,62 10^{13}	2,17 10^{12}	19,3	22,8	495	-0,01
110,8 [AE]	14,5 [AE]				

Tabelle B1
Bahndaten der Triton Plutoidengruppe

Die von uns angenommene und aus einer Störung der Roten Sonne hervorgehende, bahnkreuzende Bahn durchstößt – wie derzeit Pluto – die Ekliptik anfänglich zwischen Neptun und Uranus. Erst bei Drehung der Bahnellipse stellt sich eine echte Schnittpunktkonstellation mit Einschlagchance ein. Im betrachteten Szenario wurde die Knotenlinie der Bahn gedreht, bis der Knoten der Plutoidenbahn im Neptun-Abstand von 30,06 AE die Ekliptik durchstieß. (Problemvereinfachend wurde in dieser Simulation die Neptunbahn ohne Inklination und kreisförmig angenommen).

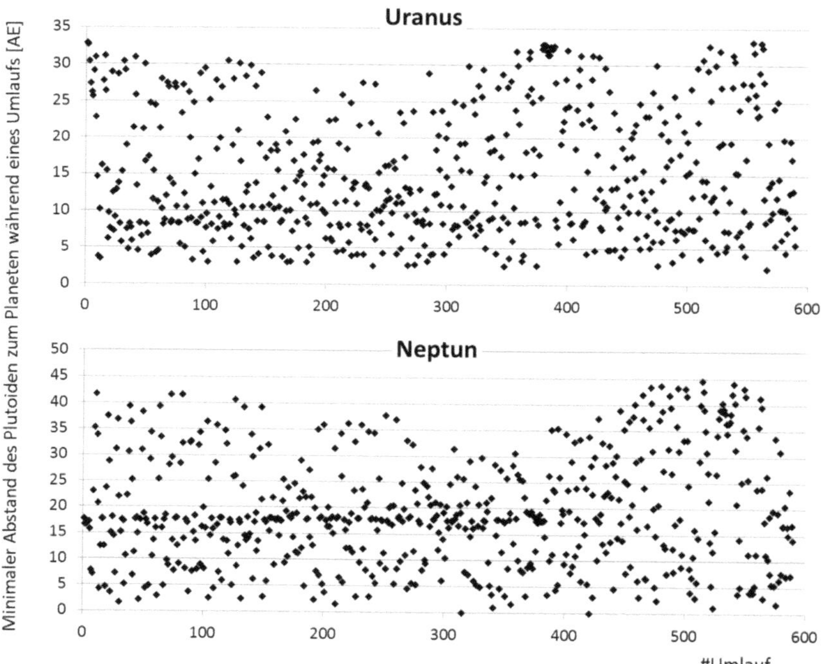

Abbildung B2
Muster der kürzesten Abstände zwischen Plutoid und Planet während eines vollen Plutoidenumlaufs

Beachte: Die Bahnneigung der Tritongruppe ist eine Konstante, wohingegen der Winkel des Geschwindigkeitsvektors eine Funktion der Position ist. An den Scheitelpunkten der Bahn (maximale Höhe über bzw. Tiefe unter der Ekliptik) ist die Geschwindigkeitskomponente senkrecht zur Ekliptik Null. Im Bahnabstand des Neptun liegt der Geschwindigkeitsvektor der Tritongruppe um 6° gegen die Ekliptik geneigt, siehe die Daten in Tabelle B2.

		Masse	x-Komponente	y-Komponente	z-Komponente	Betrag		Simulation [°] Winkel zur Ekliptik
	Bahnschnittpunkt		28,1	10,6	0,0	30,1	[AE]	
Neptun	v_{impact}	1,024 10^{26} kg	-1934,9	5126,0	0,0	5479	[m/s]	
Plutoid1	v_{impact}	4,3 10^{22} kg	-2837,5	6023,0	-699,5	6694,6	[m/s]	-6,0
	Bahn-Geschwindigkeitsdifferenz		-902,6	897,0	-699,5	1452,1	[m/s]	-28,8
	Impuls (Δp) bei Einschlag		-3,88E+25	3,86E+25	-3,01E+25	6,24E+25	[kg m/s]	-28,8
	Innerer Drehimpuls					9,99E+34	[kg m²/s]	
	Drall (Drehimpuls) aus Bahnbewegung					1,54E+33	[kg m²/s]	
	Bahndrehimpuls		-4,78E+37	-1,27E+38	1,28E+39	1,29E+39	[kg m²/s]	
	Neptuns Rotationsdrehimpuls (heute)	Θ: homogene Kugel *0,7		9,16E+35	1,67E+36	1,90E+36	[kg m²/s]	28,8
Triton		2,147 10^{22} kg					[kg m²/s]	121,1

Tabelle B2
Einschlagrelevante Mechanikdaten (Bahndaten des Plutoiden wie in Tabelle B1)
Die Geschwindigkeitsdifferenz zwischen Tritongruppe und Neptun führt zu einem Einschlagwinkel von 28,8°.

Die Begegnung des Plutoidenpärchens mit dem Planeten eröffnet abhängig von der Lage der Plutoiden zur Bahn Neptuns und der Orbitalbahn umeinander einen Strauß an Möglichkeiten, wie die Begegnung der Massen erfolgen kann. Ausgehend vom heutigen Neptunsystem suchen wir eine Lösung, bei der ein Plutoid (Plutoid 1) in den Neptun einschlägt und sein Partner (Triton) zum Mond eingefangen wird. (In allen Berechnungen werden wir die heutigen Daten Neptuns zugrunde legen.) Vor einem Aufschlagen beschleunigt der Planet den einschlagenden Plutoiden um die volle Fluchtgeschwindigkeit Neptuns, wodurch die 1,45 km/s Bahngeschwindigkeitsdifferenz (Tabelle B2) auf 25 km/s Kollisionsgeschwindigkeit anwächst. Die Beschleunigung durch den Gasplaneten verleiht dem Einschlag eine Gewalt, die um das Dreihundertfache heftiger ausfällt als ein fiktiver Einschlag, der allein aus dem Unterschied der Bahngeschwindigkeiten resultierte.

Der Einschlag des Plutoiden setzt $1{,}3 \cdot 10^{31}$ Joule frei, d. h., kinetische Energie wandelt sich in andere Energieformen um. Der Energie-Eintrag entspricht 10 % der Rotationsenergie des riesigen Planeten

$$E_{rot} = \frac{1}{2}\Theta \cdot \omega^2 = 1{,}1 \cdot 10^{32}\ J.$$

Übertragen auf die Sonne, strahlt sie diese Energie in 8,7 Stunden ab.

Neptun ist zwar im Vergleich zur Sonne ein Fliegengewicht (0,005 % der Sonnenmasse), aber so schnell und lokal, wie die Energie des Einschlags freigesetzt wird, können sich die $1{,}02 \cdot 10^{26}$ kg des Neptun nicht aufheizen. Das Energieäquivalent von fast drei Billiarden ($2{,}9 \cdot 10^{15}$) Wasserstoffbomben – jede mit einer Sprengkraft von einer Megatonne TNT[346] – muß dennoch irgendwo hin. Nur Verteilung auf mehrere Senken kann diese Energiemenge absorbieren.

Die kinetische Energie, die Plutoid 1 einträgt, verteilt sich auf:

- Strahlung
- Gasaufheizung
- Verdampfen von Plutoiden- und Planetenmaterial
- Chemische Reaktionen von Plutoidenmaterial mit dem Gas des Präneptun
- Massehebung (Aufblähen des Planeten) gegen seine Schwerkraft
- Materialauswürfe in den Weltraum
- Anschieben der Rotation des Planeten durch Impulsübertrag auf Atmosphäre, Mantel und Kern

---

[346] 1 Megatonne TNT entspricht einer Energie von $4{,}18 \cdot 10^{15}$ J. (Das thermisches Energieäquivalent ist definiert als 1 Kilogramm TNT = 1000 $kcal_{th}$ = 4184 kJ). Die Hiroshima-Atombombe wird angegeben mit einer Sprengkraft von 15 kT oder 1,5 % einer Megatonne.

- Druck- / Schallwellen, die am Ende in Wärme münden
- Der Plutoid durchschlägt mit einem erheblichen Rest kinetischer Energie den Planeten

Am Einschlagort gleißt ein ultrahelles Feuer. Auf 10.000 Grad und punktuell noch höher aufgeheiztes Gas verwandelt den Einschlagort in eine Nova, deren Strahlung das Planetensystem erhellt.

Der beim Eintauchen in die Planetenatmosphäre sich kontinuierlich weiterfragmentierende Trümmerhaufen zieht leuchtende Kanäle ionisierten Gases hinter sich her. Die überschallschnelle Ausdehnung des überhitzten Gases erschüttert die Atmosphäre mit krachendem Donner und erzeugt an der Stoßfront zusätzliche zur Hitze extreme Drücke (>> 1 GPa). Der Feuersturm steigert sich als der Plutoid die flüssige Neptunoberfläche erreicht. Nun dehnt sich flüssiges Gas vieltausendfach aus. Noch ist die Kraft der potentiellen Energie nicht erschöpft. Die Geschwindigkeit der eingetauchten Fragmente nimmt beim immer tieferen Eintauchen in den Gravitationstrichter Neptuns sogar noch zu. Würde – im rein theoretischen Fall – die ganze Plutoidenmasse den Kern Neptuns erreichen, setzte dies zusätzlich die Hälfte an Energie frei (~$5{,}6 \cdot 10^{30}$ J), die der Einschlag in die Oberfläche eintrug.

In der mehrere tausend Grad heißen Plasma-Spur der Boliden und dem hohen Druck an den Stoßfronten reagiert das verdampfende Plutoidenmaterial mit dem Gas Neptuns zu einem Spektrum chemischer Verbindungen. Der hohe Kohlenstoffanteil des einschlagenden Plutoiden treibt die Umgestaltung der Atmosphärenchemie. Im Plasmafeuer und in den durch Verdichtung erhitzten Stoßwellen der Explosionen reagiert Kohlenstoff mit Wasserstoff zu Methan und in abnehmenden Anteilen zu längerkettigen Kohlenwasserstoffen. Die außerdem erfolgende Methanisierung von eingeschlepptem CO_2 durch Wasserstoff erklärt die aktuell hohe Methankonzentration in der Atmosphäre des Neptun und als deren Folge die tiefblaue Farbe des Planeten. Der nicht ausgefrorene, überproportional hohe Methangehalt (Schmelzpunkt von Methan: 90.7 K) der Atmosphäre spricht für einen jüngst umgestalteten Neptun.[347]

---

[347] Dem Planeten Uranus verleiht ein geringerer Methananteil in der Atmosphäre seine blaßere, grüne Farbe. Wir vermuten, die Umgestaltung des Uranus liegt länger zurück und der anfänglich höhere Methangehalt ist inzwischen ausgefroren.

Nach diesem Exkurs zurück zum Einschlag. Noch sind die Fragmente in Bewegung. Eingetaucht in den Mantel, umrunden die Bestandteile des Plutoiden den Kern des Planeten und rühren den Mantel des Gasriesen um. Druckwellen schieben Energie einerseits in das Innere und drängen andererseits Gas nach außen. Erreicht das Gas die Oberfläche, platzen gewaltige Blasen, schießen Gas- und Staubfackeln in den Weltraum. Der Großteil des ausgeworfenen Materials fällt zurück auf den Planeten, wo es in breiter Spur Atmosphäre und Mantel anschiebt. Faserige Reste in hoher Umlaufbahn bilden einen Ring.

Der Reibungswiderstand des verflüssigten Mantelgases ist zu klein, um den Plutoiden vollständig abzubremsen und am Wiederaustritt zu hindern. Ein Großteil der Plutoidenmasse durchschlägt den Planeten. Eine Wolke aus Gas und Staub taucht aus dem Planetenkörper wieder auf, reißt ein gewaltiges Loch, gewinnt, vergleichbar einer Protuberanz der Sonne, Höhe über dem Planeten, um sodann auf ihn zurück zu stürzen.

Eine Modellrechnung bespiegelt diesen Effekt des Eintauchens, Austretens und Rücksturzes. Wählen wir für die Simulation, beispielgebend und extrem vereinfachend, einen 1 Meter messenden unzerstörbaren (!) Boliden, der mit Kollisionsgeschwindigkeit in den Planeten eindringt. Die Abbremsung wollen wir vereinfachend in der Näherung des Gesetzes von Stokes[348] (Reibungskraft eines sphärischen Körpers in laminarer Umströmung) betrachten. (Der Energieverzehr an einer Stoßfront liegt deutlich höher als bei laminarer Umströmung!) Begnügen wir uns mit der Vereinfachung, gilt die Stokes-Formel der Reibungskraft (Kugelform):

$$\vec{F}_R = m \cdot \vec{a} = 6\pi \cdot \eta \cdot r \cdot \vec{v}$$

mit η gleich der Viskosität des umgebenden Mediums, r dem Radius der Kugel und $\vec{v}$ ihrer Geschwindigkeit.

Die Abbremsung in Stokes'scher Näherung verringert sich bei gleicher Dichte quadratisch mit dem Radius des Körpers. Ändert sich der Durchmesser um eine Größenordnung, wird eine Änderung der Viskosität um

348 http://lp.uni-goettingen.de/get/text/4978

zwei Größenordnungen auf die gleiche Bahnkurve führen. Anschaulich: Bremst die Viskosität von Lebertran einen 1-m-Boliden so weit ab, daß er ohne wieder auszutreten in den Planetenkörper einsinkt, bedarf es der Viskosität von Zahnpasta, damit ein 10-m-Brocken die gleiche Trajektorie durchläuft. Diese Abhängigkeit vom Durchmesser bremst vor allem sehr kleine Objekte instantan ab.

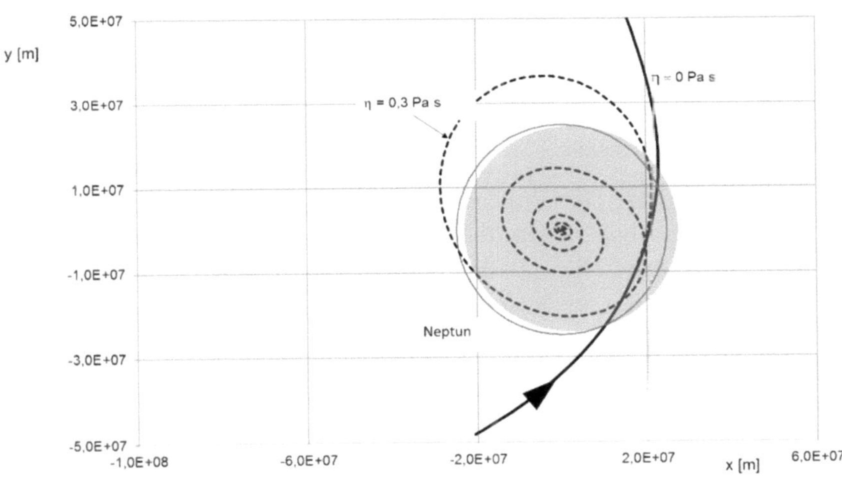

Abbildung B3
Bahnsimulation für ein ,hartes' Objekt (unzerstörbarer 1-m-Asteroid)
Bahnsimulation (rote Spirale) einer 1-Meter-Kugel, die mechanisch intakt im Neptun abgebremst wird (η = 0,03 Pas[349], r = 0,5 m, v = 24,6 km/s). Als durchgezogene Linie eingezeichnet die Bahnkurve ohne Reibungsbremsung, d. h. für η= 0 Pas.

Die neue Sonne auf Zeit entsteht in Stunden, die Abkühlung dauert. Mit fallender Oberflächentemperatur wird die Strahlung langwelliger und verdimmt, als das Spektrum ins Infrarote wandert. Dieses optische Nachglühen vergeht rasch. Bis der Planet seine alte Kälte wieder er-

349 Die Viskosität entspricht in etwa der von Lebertran. Grob in der Mitte zwischen Wasser (1 mPa s) und Olivenöl (100 mPa s).

reicht, wird der Temperaturschock über Jahrhunderte in der Wärmebilanz des Planeten sichtbar bleiben. (Je kälter der Planet wird, umso langsamer kühlt er ab.)

In den Weltraum getragener Staub bildet noch während des Einschlags eine Akkretionsscheibe, und das Ringsystem Neptuns entsteht. Die Übereinstimmung der Ringlage mit der Äquatorebene indiziert – wie bei Saturn – den Zusammenhang zwischen Einschlag und Ring. Anfangs bilden Gas und Staub einen Ring. Das Gas verdampft in der Hitze des nun heißen Planeten und wird vom Sonnenwind weggetragen, zurück bleibt der Staub. Dieser kohlige Rest des Plutoiden hat dunkle Ringe mit so geringer Reflektivität herausgebildet, daß es einer Raumsonde bedurfte, sie zu entdecken.

Eine merkwürdige Dynamik im Ring ist bis heute nicht zum Erliegen gekommen und belegt wie die blaue Farbe einen Einschlag, der nicht Äonen zurückliegt. Die anhaltenden Veränderungen in den Ringen des Neptun beobachten wir in seinen langzeitinstabilen Ringverdickungen. Solche Knoten, die sich über einige Grad weite Bögen erstrecken und die dichter sind als der Rest des Ringes, würden sich bei einem hohen Alter der Ringe längst verschmiert und aufgelöst haben.

Deutlichstes Zeichen anhaltender energiedissipativer Prozesse im Planeten und somit zusätzlicher Hinweis auf einen jungen Energieeintrag ist das Ungleichgewicht in der Bilanz von eingestrahlter Sonnenenergie zu abgestrahlter Energie.[350]

Die Geschwindigkeitsänderung des Neptunsystems gegenüber dem Präneptun infolge der Verschmelzung der drei Massen (primordialer Neptun, eingeschlagener Plutoid 1 und Mond Triton) zu einem neuen System bleibt marginal. Verschmelzung und Einfang des Mondes Triton erhöhen die Geschwindigkeit um magere 1 m/s gegenüber der vorigen Bahngeschwindigkeit Neptuns. Bei den angenommenen Daten und bei einem idealen plastischen Stoß hätte der Einschlag die Bahnebene Neptuns um maximal 60 Bogensekunden neigen können. Ein Wert von unter 1 % der heutigen Bahnneigung Neptuns (1,77°) gegen die Ekliptik. Wir

[350] http://solarviews.com/eng/vgrnep.htm

stellen fest, ein Plutoideneinschlag kann einen Gasriesen nicht um 2° aus seiner Bahnebene drücken.

Der Übertrag des vom Plutoiden eingetragenen Drehimpulses auf den strukturell weichen Planetenkörper erfolgt im Zuge der vorgestellten wiederholten Einschläge. Jeder Einschlag parallelisiert Planetenmaterial mit seiner Bewegungsrichtung.

Aufgebaut durch die Anziehung der beiden Massen bauten Plutoid 1 und Planet einen inneren Drehimpuls auf, der aus dem Impulsaufbau im wechselseitigen Gravitationsfeld und dem Stoßparameter folgte. Zu diesem Wechselwirkungs-generierten Drehimpuls kam der Drallbeitrag, der gleich der Bahndifferenzgeschwindigkeit mal Stoßparameter ist, siehe zu den Daten Tabelle B2.

Beide Drehimpulsbeiträge erreichen ein Maximum, wenn der Einschlag des Plutoiden am Rand des Planeten erfolgt. Wie in Tabelle B2 angegeben, beträgt dann der in Summe eingetragene Drehimpuls – bei den gewählten Plutoiden- und Bahndaten – $1 \cdot 10^{34}$ kgm^2/s. Wie die Daten ausweisen, ist der Rotationsdrehimpuls des Neptun[351] um mehr als eine Größenordnung größer als der Drehimpuls, den Plutoid 1 maximal eintragen kann. Unser hypothetische Plutoid 1 konnte nicht die Achse des ganzen Planeten kippen. Um das zu bewerkstelligen, hätte Neptun von einem Plutoiden mit einem Viertel der Erdmasse getroffen werden müssen. Die heute bekannten Plutoiden geben solch einen Giganten nicht her. Eris, der schwerste der bekannten Plutoiden ist deutlich kleiner (~ 1/3) als der Erdmond und bringt es mit ~$1{,}7 \cdot 10^{22}$ kg nicht einmal auf 0,3 % der Erdmasse. Die angenommenen Massen der beiden Plutoiden liegen in der Größenordnung der Masse von Eris. Triton ist etwas schwerer als Eris und Plutoid 1 wurde mit der etwa 2,5facher Masse von Eris bereits relativ schwer angenommen.

Der Bahndrehimpuls des Plutoiden spielt für die Rotationsänderung des Neptun keine Rolle. Bei einem Einfang zum Mond wie auch bei einem plastischen Einschlag geht er zusammen mit dem Impuls vollständig auf

---

351 William Lowrie in: Fundamentals of Geophysics, Cambridge University Press (2007), Seite 14 (Internet: http://elibrary.bsu.az/azad/new/2194.pdf); Das Trägheitsmoment des Neptun wurde analog zum Uranus (obige Referenz) um den Faktor 0,75 gegenüber dem Trägheitsmoment einer homogenen Kugel korrigiert.

die Bahnbewegung der verschmolzenen Masse über. Einzig das Anhalten der Rotation von Triton wie Plutoid 1 hätte jeweils einen kleinen Beitrag zur Achsneigung Neptuns beisteuern können.

Lassen wir eine differentielle Rotation zu, ändert sich das Bild. Wenn auch der Plutoid zu klein und zu langsam war, um die Achse des ganzen Planeten zu neigen, reichte der eingetragene Drehimpuls, um bei heutiger Rotationsperiode eine Mantelschale bis etwa 200 km Tiefe in die Einschlagsrichtung zu drehen. Die spezifisch leichteren oberen Schichten könnten wegen ihres relativ kleineren Beitrags zum Gesamtträgheitsmoment bestenfalls noch Drehungen etwas tieferer Mantelregionen zugelassen haben. Für ein Neigen des ganzen Planeten reichte es in keinem Fall. Die Weichheit des Planeten, der bis auf einen kleinen Kern aus Gas und Flüssigkeit besteht, erlaubt die vorgeschlagene komplizierte Planentenmechanik. Extern aufgeprägte Störungen der Mechanik mußten nicht den ganzen Planeten erfassen; lokale Unterschiede über Breitengrade und in Mantelschalen könnten den Planeten über lange Zeiträume von einem homogenen in einen Zustand differentieller Rotation versetzen. Das beste Beispiel für eine differentielle Rotation ist unsere Sonne, die über die Breitengrade eine differentielle Rotation aufweist. (31 Tage am Pol gegen 25 Tage am Äquator. Die verdrillten Sonnen-Magnetfelder beweisen außerdem, daß die Sonne im Inneren schneller rotiert als außen.)

Das Anschieben des Planetenmaterials beim Abbremsen des Plutoiden beschleunigte die Rotation des oberen Mantels. Hätte Neptun sich vor dem Einschlag langsamer gedreht, wäre sein Drehimpuls kleiner und der Einschlag hätte dann einen dickeren Mantel kippen können. Diese Spekulation bleibt in ihren Auswirkungen für die aktuelle Neptunrotation und Achsstellung marginal.

In einem differentiellen Rotationsmodell nehmen wir an, der Einschlag hat den vordem homogen rotierenden Planeten in unterschiedlich rotierende Schalen zerlegt. Im oberen Mantel rotiert der Planet mit einer Neigung, die den Einschlagswinkel von Plutoid 1 widerspiegelt. Der Rest des Planeten rotiert weiterhin um die ursprüngliche Achse, d. h. in unserem Modell senkrecht zur Ekliptik. Im Planeteninneren existiert eine Übergangszone, in der die frühere und neue Rotationsachse ineinander übergehen. In dieser Zwischenzone gleiten die Schichtungen gegeneinander ab, und es bilden sich Wirbel mit dissipativer Reibung. Diese Reibung gleicht langfristig die Rotation von Mantel und Kern – nach Periode und Achsstellung – an, und sie setzt beständig die Energie frei, die das thermische Gleichgewicht zwischen Sonneneinstrahlung und Wärmeabstrahlung des Planeten aus der Balance bringt.

Das Ausmaß des thermischen Ungleichgewichtes von Energieeinstrahlung und -abstrahlung quantifiziert der Vergleich mit der Temperatur des Neptunmondes Triton (–237,5 °C oder 35,6 K). Um fast 30 Kelvin liegt die Oberflächentemperatur des Mondes unter der des Neptun (–210 °C oder 62 K). Die 30 K Temperaturunterschied existieren, obwohl sich Triton nah an seinen warmen Mutterplanetenkuschelt. Ohne die Wärmestrahlung seines Mutterplaneten wäre Triton nochmals kälter.

Neptun strahlt bei der momentanen Temperaturdifferenz pro Fläche doppelt so viel Energie ab, wie er von der Sonne empfängt. Die orthodoxe Planetologie favorisiert einen 7000 °C heißen Neptunkern[352] als Heizquelle für die zu hohe Oberflächentemperatur. Diese Erklärung ist ohne experimentelle Basis mindestens so fragwürdig wie unser Modell. Allein schon deshalb, weil Neptuns Kern – bei angenommenem Erddurchmesser – von radioaktiven Atomen nur so strotzen muß, um die angenommene 7000 °C Kerntemperatur über einige Milliarden Jahre aufrecht zu erhalten. Der Erdkern bringt es nicht einmal auf 3000 °C. Neben der Anomalie der Oberflächentemperatur können wir andere atypische Wetterphänomene Neptuns auf innere Reibung als Heizung zurückführen. In der tief liegenden, dissipativen Rotationszone überhitzt flüssiges Gas, bis es in sporadischen Siedeverzügen oder in instabilen Wärmekaminen an die Oberfläche drängt. Auf dem Weg nach oben verdrillen Coriolis-Beschleunigungen des rotierenden Planeten das aufsteigende Material zu rasenden Wirbeln, die in der Atmosphäre Neptuns als dunkle Flecken (*dark spot*) sichtbar werden. Die Flecken sind die optischen Merkmale gewaltiger Orkane, deren Windgeschwindigkeiten mit bis zu 2000 km/h im Sonnensystem ungeschlagen sind und die so gar nicht zur matten Kraft der entfernten Sonne als Treiber passen wollen.

---

[352] http://de.wikipedia.org/wiki/Neptun_(Planet)

Auch das verwirbelte und zur Achse geneigt stehende Magnetfeld des Neptun könnte die Schrägstellung eines magnetfelderzeugenden Kerns gegen die Mantelschale widerspiegeln.[353]

Der vorgeschlagene Neptunaufbau mit einer Verkippung zwischen Mantel und Kern kann experimentell verifiziert werden, indem Neptuns Achsneigung und Rotationsperiode einer Langzeitbeobachtung unterzogen werden. Ist die vorgeschlagene Hypothese des Schalenaufbaus richtig, wird die Achse Neptuns sich langsam aufrichten und eventuell wird auch seine Rotation langsamer werden.

Nachdem wir das Szenario des direkten Einschlags durchgespielt haben, wenden wir uns dem Partner des Plutoiden 1, also dem heutigen Neptunmond Triton und seinem Einfang zu. Wir stellen einige grundlegende Betrachtungen voran. Dissipative Prozesse während der Nahbegegnung müssen ausreichend groß sein, damit ein Geschwindigkeitsabbau eintritt, der groß genug ist, um ein Objekt zum Mond einzufangen.

Mehrere Effekte können bei einer Nahbegegnung zwischen Plutoiden (Asteroiden) und einem Planeten die Geschwindigkeit abbauen.

1. Der Plutoid passiert hinter der Bewegungsrichtung des Planeten, so daß Swing-by ihn verlangsamt.

2. Die Begegnung ist so nah, daß der Gradient des Schwerkraftfeldes des Planeten den Plutoiden verformt und ihm dadurch Bewegungsenergie entzieht.

3. Die Rotation des Plutoiden wird durch die Bildung eines Tidenberges, der während der Nahbegegnung über den Plutoiden wandert, gebremst. Wieder geschieht dies auf Kosten der kinetischen Energie.

4. Doppelplutoiden werden im Schwerefeld des Planeten gegen ihre gravitative Bindungsenergie getrennt; die dafür aufzubringende Arbeit verzehrt kinetische Energie beider Partner.

Kommen wir vom Qualitativen zum Quantitativen. Die Bewegung der beiden Plutoiden kann nicht in Einkörpernäherung, d. h. als Bewegung

---

[353] http://www.astronews.com/news/artikel/2004/03/0403-016.shtml

einer kleinen Masse um eine dominierende Masse beschrieben werden. Wir treffen im Plutoidenpärchen auf ein echtes Zweikörperproblem, bei dem zwei Massen ihren gemeinsamen Masseschwerpunkt umschwingen. Um die Bewegungen innerhalb der Tritongruppe zu beschreiben, wird ein kurzer Ausflug in Theoretische Mechanik eingeschoben.

Die theoretische Mechanik vereinfacht durch Einführung einer sogenannten reduzierten Masse[354] das Zweikörperproblem auf zwei Einkörpergleichungen,[355] so daß auch Zweikörperprobleme exakt gelöst werden können. Hinter dem Formalismus verbirgt sich der Trick, mit Hilfe der Einführung einer reduzierten Masse μ die relativen Bewegungen um den gemeinsamen Schwerpunkt von der Schwerpunktbewegung separieren zu können.

Die reduzierte Masse ist gleich

$$\mu = \frac{m_A \cdot m_B}{m_A + m_B}$$

Der Abstand beider Massen zum Schwerpunkt berechnet sich nach dem Hebelgesetz zu

$$d_A = \frac{m_B \cdot d}{m_A + m_B} \qquad \text{und} \quad d_B = \frac{m_A . d}{m_A + m_B}$$

$d_{A,B}$ gleich dem Abstand der Masse m_A bzw. m_B zum Schwerpunkt und mit d gleich dem Abstand der Körper.

Beachte: μ ist keine Masse, sondern ein mathematisches Konstrukt, das betragsmäßig bei der leichteren der beiden Massen liegt. Die reduzierte Masse ist dann einzusetzen, wenn der Formelterm Bewegung beschreibt, während bei einer Kraftwirkung wie der Gravitation, die auf und zwischen den realen Massen wirkt, unverändert die effektive Masse einzusetzen ist.

Mit der reduzierten Masse schreibt sich die Kraftgleichheit von Zentrifugal- und Gravitationskraft dann als

---

354 https://lp.uni-goettingen.de/get/text/5176; http://e1.physik.uni-dortmund.de/Physik1/physikscript/node34.html

355 Das iterative Computermodell löst die Gleichungen numerisch richtig und liefert ohne den Umweg über die reduzierte Masse korrekte Daten. Die wechselseitige Beschleunigung ist inhärenter Bestandteil der Simulation.

$$\mu \cdot \omega^2 \cdot d = \frac{G \cdot m_A m_B}{d^2}$$

Mit $\omega = \frac{v_{A,B}}{d_{A,B}}$ und μ in die obige Gleichung eingesetzt, folgt die Geschwindigkeit

$$v_{A,B} = d_{A,B} \sqrt{\frac{G \cdot (m_A + m_B)}{d^3}}$$

Zur Veranschaulichung eine Betrachtung des Erde-Mond-Systems. Das oben formulierte Hebelgesetz für die Berechnung des Massenschwerpunktes von Erde und Mond angewandt, verlagert das Schwerezentrum um 4672 km aus dem Mittelpunkt der Erde, rund 1700 km unter ihre Oberfläche. Der Schwerpunkt der beiden Körper liegt damit noch innerhalb der Erdkugel. Bezogen auf diesen Schwerpunkt bewegt sich der Mond nach der obigen Gleichung mit 1012 m/s, während die Erde sich lediglich mit 12,5 m/s um das Baryzentrum schwenkt. Die Addition der beiden Geschwindigkeiten ergibt den Summenwert von 1023 m/s. Diese Geschwindigkeit wird (fälschlich) als mittlere Orbitalgeschwindigkeit des Mondes angegeben.

Nach diesem Exkurs zurück zur hypothetischen Tritiongruppe. Der Abstand der Partner dieses Systems wurde Plutoiden-typisch mit 100.000 km gewählt. Bei diesem Abstand und den gewählten Massen umschwingt Plutoid 1 den Schwerpunkt mit 69 m/s, während sein halb so schwerer Partner Triton den Schwerpunkt mit der doppelten Geschwindigkeit umkreist. Der Drehimpuls des Systems beträgt $3{,}0 \cdot 10^{32}$ Nms und liegt somit vier Größenordnungen unter dem Drehimpuls, der sich mit der Rotation des Neptun verbindet. Für die Drehimpulsbilanz des Einschlags und für die Rotationsänderung des Neptun spielt er keine Bedeutung.

Das Neptunsystem zeichnet sowohl die enge, retrograde Umlaufbahn des Mondes Triton als auch dessen Bahnebene aus, die weitab von der Äquatorebene bei 156,9° liegt. Diese Bahn mit dem Einschlag seines Partners in den Neptun in Verbindung zu bringen, würde unserem Modell des Doppelplutoiden eine hohe Wahrscheinlichkeit geben. Um die Einbeziehung des Neptunmondes Triton in das Einschlagszenario zu plausibilisieren, seien einige Überlegungen zur Mechanik und zum Zusammenhalt des Pärchens vorausgeschickt. Das Auseinanderdriften der Plutoiden während der Annäherung an den Neptun verschiebt die Energiebilanz. Das Lösen der gravitativen Bindung zwischen den beiden Massen wird der Bewegungsenergie entzogen. Diese Geschwindigkeitsabnahme und die damit einhergehende Störung der Symmetrie der Begegnung bilden einen Baustein des Einfangs.

Die für die Trennung aufzubringende Arbeit übersteigt die in der Orbitalgeschwindigkeit gespeicherte kinetische Energie um das Doppelte (Virialsatz). Siehe auch das Kapitel ‚Mars – der Wüstenplanet' mit den Betrachtungen zu den beiden Marsmonden.

Zur Berechnung der Nahbegegnung der Plutoidengruppe mit Neptun wurde auf dem Computer eine vereinfachte Konstellation simuliert, in der der Doppelplutoid auf einen ruhend angenommen Planeten Neptun trifft. Die Simulation berücksichtigte nur die Schwerkräfte des Neptun und der Plutoiden. Die Sonnengravitation wurde als flacher Gravitationshintergrund ausgeblendet.

Iterativ wurden die Anfangsbedingungen so lange variiert, bis der Einschlag auf das heutige Neptunsystem führte. Das kritikwürdige Vorgehen, die Anfangsbedingungen vom Ergebnis her festzulegen, findet seine Berechtigung im Beweis, daß überhaupt eine geeignete Konstellation gefunden werden konnte. Im geeignet präparierten Simulationsmodell lauteten die Anfangsdaten des Schwerpunktvektors relativ zum Neptun (Ort und Geschwindigkeit):

$$\vec{r_0} = \left(-2{,}2 \cdot 10^{10};\ -4{,}2 \cdot 10^{8};\ -1{,}19 \cdot 10^{10}\right) [m]$$

$$\vec{v_0} = \left(1272 \cdot;\ 0;\ 699\right) [m/s]$$

Eine wichtige Rolle für das Auseinanderdriften und für die nachfolgenden Bahnen der getrennten Körper spielen die Eigengeschwindigkeiten und die Winkellage ihrer Bahnebene zum zerrenden Planetenfeld. Diese Konstellation legt fest, bei welchem Abstand zum Neptun der Zusammenhalt aufbricht und ab wann die Bewegung unsymmetrisch wird. Unsymmetrie in Annäherung und Entfernen ist Voraussetzung für einen Mondeinfang.

Da die Abstände in der Plutoidengruppe klein sind, nähern sich die Mitglieder der Gruppe dem Planeten bis auf einen geringen Abstand unter ähnlichem Winkel. Nach der Trennung bleibt die Bewegung des Schwerpunktes zwar erhalten, aber abhängig von ihrer Position relativ zum Schwerpunkt des Planeten und ihren Geschwindigkeiten bei der Trennung schlagen die beiden Plutoiden gänzlich andere Wege ein.

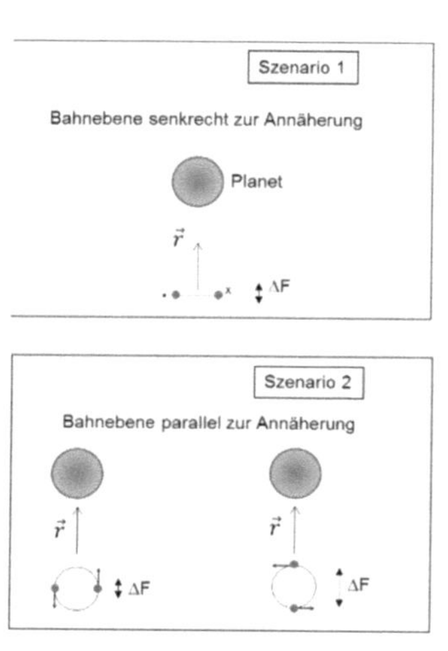

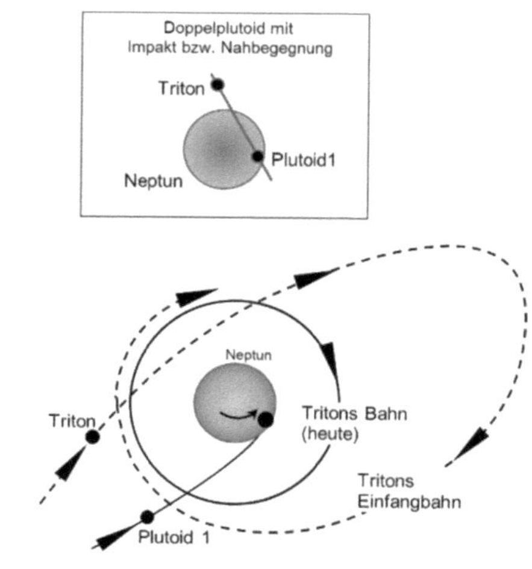

Abbildung B4
Doppelplutoidenmodell
Linkes Teilbild: Die beiden Grenzlagen des Plutoidenorbitals bei der Annäherung an den Neptun. In Konstellation 1 liegt die Orbitalebene der Plutoidenbahnen in der Bahnebene der Annäherung. In Konstellation 2 steht sie senkrecht dazu.
Rechtes Teilbild: Skizze, wie und in welcher Position der Einschlag beziehungsweise die Nahpassage erfolgen, um die heutige Situation zu erklären. Wie graphisch dargestellt, schlägt Plutoid 1 in Rotationsrichtung in den Planeten ein, während die Bahn seines Begleiters in eine retrograde Mond-Umlaufbahn zurückgebogen wird.

Die Abbildung B4 skizziert die zwei Grenzfälle der möglichen Lage der Orbitalebene der beiden Plutoiden vor der Nahbegegnung. Im ersten

Fall steht die Orbitalebene senkrecht (y-Komponente der Orbitalgeschwindigkeit gleich Null) zur Annäherung, im zweiten Fall steht sie parallel (z-Komponente gleich Null) zur Annäherungsbahn.

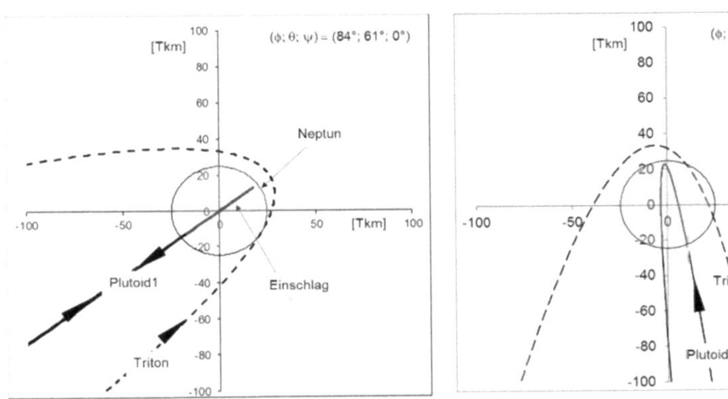

Abbildung B5
Bahnen der Plutoiden Plutoid 1 und Triton nach der Trennung im Nah-Planetenbereich
In der linken Graphik wurde das Koordinatensystem so gedreht, daß die hin- und rücklaufenden Bahnen von Plutoid 1 sich decken. Während die Drehung des Koordinatensystems die Bahn von Plutoid 1 in eine Ebene zwingt, bleibt die Bahn von Triton bei dieser Sicht auf die Bahn parabelförmig offen. Dieser Unterschied der Öffnung der beiden Bahnkurven indiziert die unterschiedliche Neigung, mit der die Plutoiden den Neptun umrunden. Daß Plutoid 1 in den Neptun einschlägt, ist in dieser Simulation, die die Körper als Massepunkte betrachtet, nicht sichtbar. Rechte Graphik: Andere Drehung des Koordinatensystems, das beide Kurven offen zeigt. Da Neptun in der Simulation auf einem Massepunkt konzentriert punktförmig angenommen wurde, fehlt der Einschlag!

Im Fall einer parallel zur Annäherung orientierten Orbitalebene (Szenario 2 in Abb. B4) konnte keine Nahbegegnungskonstellation gefunden werden, bei der ein Plutoid prograd in den Planeten einschlug, während der zweite auf eine retrograde Bahn gelangte. Bei senkrecht zur Annäherung stehender Orbitalbahn (Szenario 1 in Abb. B6) führte die Simulation bei den gewählten Anfangsbedingungen zur Beschreibung des heutigen Neptunsystems. In dieser Konstellation bleibt der Gravitationsgradient über den Plutoidenbahnen so klein, daß die Gravitation des Planeten die Bindung der beiden Plutoiden erst in der Endphase der Annäherung aufbricht. In der Simulation der Annäherungsszenarien schrumpft der Abstand der Trennung von 4 Millionen Kilometer (Orbitalebene parallel zur Annäherung) auf unter 600.000 km oder 12 Neptundurchmesser bei der Orbitalbahnebene senkrecht zur Annäherung.

Die Geschwindigkeitsänderung verteilt sich phasenabhängig auf die beiden Partner. Wenn, wie im relevanten Beispiel, Plutoid 1 schneller wird, unterstützt dies den Einfang von Triton, da dieser umso langsamer wird.

Triton war als Zeuge für die Berechtigung unseres Modells aufgerufen, indem wir es schaffen, die Mechanik des Neptunsystems auf einen Doppelplutoiden zurückzuführen. In Abbildung B5 wird das relevante Simulationsergebnis gezeigt, in dem die Plutoiden den Planeten in entgegengesetztem Drehsinn umschwingen. Die Simulation ergibt, Neptun fängt Triton bereits allein infolge der Bremsung durch den Verlust seines Partners auf eine elliptische Umlaufbahn ein. Weitere, nicht quantifizierte dissipative Prozesse engen diese weite Ellipse auf die heutige nahezu kreisförmige Umlaufbahn ein.

Die Bahnneigungen nach dem Umrunden des Neptun durch Triton und einer hypothetisch fortgesetzten Bahn von Plutoid 1 kann leicht aus den Vektoren der Bahn berechnet werden.
Für die Bahnebene gilt:

$$\vec{x} = \vec{a} + \lambda \vec{b} + \mu \vec{c}$$

Die Richtungsvektoren $\vec{b}_i$ und $\vec{c}_i$ können als Differenzvektoren von zwei linear unabhängigen Datenpunkten relativ zu einem Aufpunkt $\vec{a}_i$ bestimmt werden. Die Lage der Bahnebene wird durch drei Punkte auf der Bahn vollständig bestimmt. Der Winkel zwischen den Bahnebenen $\vec{x}_1$ (Plutoid 1 = Neptunäquator) sowie $\vec{x}_2$ (Mondbahn von Triton) zur Ekliptik berechnet sich aus dem Skalarprodukt der beiden Normalenvektoren $\vec{n}_i$

$$\vec{n}_1 \cdot \vec{n}_2 = \left|\vec{n}_1\right| \cdot \left|\vec{n}_2\right| \cos\alpha \quad \Rightarrow$$

Aufgelöst nach dem Winkel folgt

$$\cos\alpha = \frac{\vec{n}_1 \bullet \vec{n}_2}{\left|\vec{n}_1\right| \cdot \left|\vec{n}_2\right|}$$

Für eine graphische Veranschaulichung der Winkellagen siehe Abbildung B6. Die Bahnsimulation liefert den Einschlag und eine Winkeldifferenz zwischen der Bahn von Triton und der durch Plutoid 1 gekippten Äquatorebene Neptuns, die fast genau den tatsächlichen Neigungen entspricht.

Um die Übereinstimmung mit dem Neptunsystem herzustellen, müßten beide Bahnen um 11° relativ zum Annäherungswinkel gedreht werden. Eine mathematisch triviale Manipulation.

Die Simulation des Doppelplutoidenmodells erklärt weitere Besonderheiten des Neptunsystems. Als der Einschlag von Plutoid 1 den Neptun in eine Sonne verwandelte, war Triton auf seiner engen Bahn extrem hohen Temperaturen ausgesetzt, so daß flüchtige Bestandteile Tritons aus dem oberen Mantelbereich verdampften. Umgekehrt sammelte Triton nach dem Abkühlen des Planeten auf seiner engen Umlaufbahn Material aus den Eruptionen des Einschlags ein. Nach dem Einschlag bewegt sich Triton durch eine abgestoßene Gasblase, die den Planeten einhüllt. Kühlt die Gasblase ab, schlagen sich die Nebel aus Methan, Kohlendioxid und Eis auf seiner Oberfläche nieder, alles bedeckend, was früher einmal die Oberfläche eines schwarzen Plutoiden war. Diese Kondensation erklärt die eisige Oberfläche des großen Neptunmondes. Die helle Oberfläche reflektiert das Sonnenlicht außergewöhnlich gut, so daß eine hohe Albedo von 0,76 den Mond glänzen läßt.

Die für das Neptun-System ausgeführten Rechnungen sind leicht auf die anderen Gasplaneten übertragbar. Insbesondere das Uranus-System erfährt so eine Erklärung seiner Mechanik. Abbildung B7 zeigt die Simulation der Annäherung eines Doppelplutoiden bis zur Nahbegegnung.

Nehmen wir einen heftigen Einschlag an, könnte die im Zuge des gewaltigen Einschlags abgesprengte Masse erklären, warum Uranus in der Abfolge der Massen der Gasplaneten zu leicht erscheint.

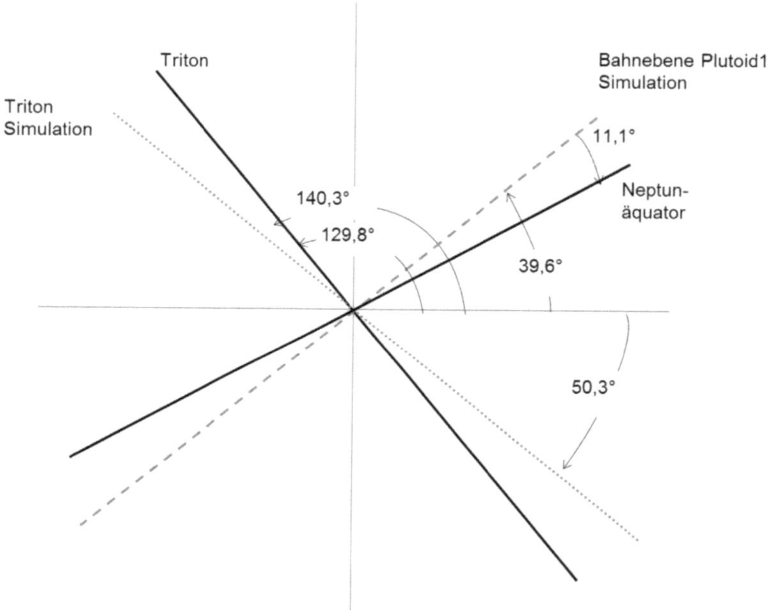

Abbildung B6
Vergleich der Winkellagen des Neptunsystems mit den Ergebnissen der Computersimulation
Eine nahezu perfekte Übereinstimmung zwischen Simulation und den tatsächlichen Verhältnissen im Neptunsystem erhalten wir nach einer Drehung der berechneten Neigungen um 11°. Die Neigung der Bahn von Plutoid 1 fällt dann mit der Äquatorebene Neptuns zusammen. Nach gleicher Drehung deckt sich die Neigung der realen Bahn mit der berechneten Bahnneigung Tritons.

Für seine Position zwischen dem Riesen Saturn und dem schwereren Neptun ist seine Masse zu klein. Für Uranus gilt mit Gewißheit, ein – oder mehrere – Klein(?)planet(en) haben durch Einschlag seine Achse gekippt und als Nebenwirkung einen erheblichen Teil seiner ursprünglichen Masse in den Weltraum geblasen. Für diese These spricht auch das spezifische Gewicht des Planeten, das auf einen recht großen Kern hindeutet.

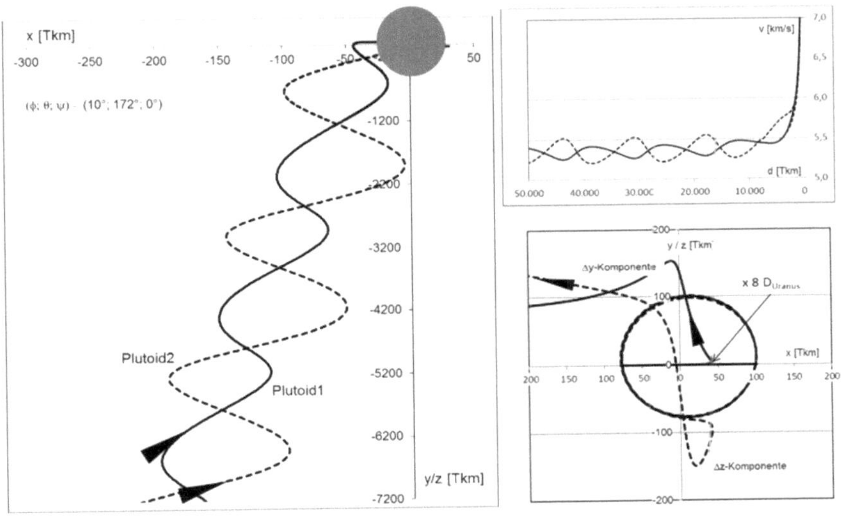

Abbildung B7
Simulation eines Doppelplutoideneinschlags in den Uranus
Gezeigt sind die Bahnkurven bei Annäherung eines Doppelplutoiden (Massen: $2{,}15 \cdot 10^{22}$ kg bzw. $1{,}1 \cdot 10^{22}$ kg) an den Uranus. (Die Masse der vereinigten Uranusmonde beträgt circa $9{,}1 \cdot 10^{21}$ kg.) Aphel des Plutoidenpärchens: 100 AE, Perihel: 17 AE, Bahnneigung: 33,2°, Einschlagwinkel: 82,2° im heutigen Bahnabstand des Uranus, Bahndifferenzgeschwindigkeit am Ort des Einschlages 5,3 km/s mit der Hauptkomponente (86 %) senkrecht zur Ekliptik. Die Schwerkraft des Planeten trennt die beiden Massen, die sich in 100.000 km umkreisen, als sie sich bis auf den achtfachen Uranus-Durchmesser ~400.000 km (heutige Uranus-Daten angenommen) dem Planeten genähert haben.

Daß in ferner Vergangenheit ein Einschlag die Achse kippte, schließen wir auch aus der grünen Farbe des Uranus, die im Vergleich zu Neptun auf einen deutlich geringeren Methan-Gehalt zurückzuführen ist. Kälte hat Methan inzwischen ausgefroren und im Planeten verschwinden lassen. Da auch das Uranusmagnetfeld schief zur Rotationsachse steht (~ 60°), könnte, wie von uns für Neptun angenommen, wieder nur der

Mantel des Uranus gekippt sein und der Kern in anderer Neigung rotieren. Nachgewiesen ist für Uranus eine differentielle Rotation, die die Oberfläche langsamer (16,9 h) rotieren läßt als das Innere (17,24 h).[356] Wie alle Gasplaneten weist auch Uranus eine unausgeglichene Wärmebilanz aus, wenn auch weniger ausgeprägt als Neptun.[357] Am größten ist das Ungleichgewicht für Saturn, dem wir in der Tat mit seinem Riesenring einen kürzlichen Rieseneinschlag zuordnen. (Die beiden Riesenplaneten Jupiter und Saturn gewinnen allerdings auch Energie aus ihrem gravitativen Schrumpfen.)

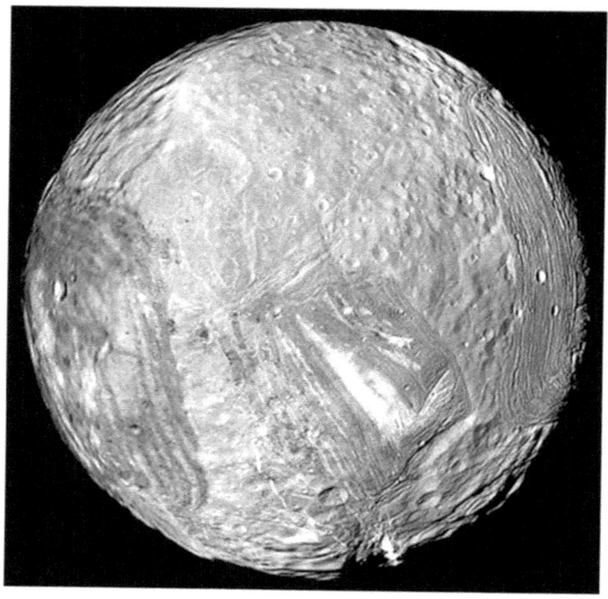

Bild B1
Aufnahme des Uranus-Mondes Miranda durch Voyager 2[358]
Die Masse des Mondes (Durchmesser 472 km; Masse $6{,}6 \cdot 10^{19}$ kg) ist zu klein, um durch Eigengravitation die Kugelform zu erzwingen.

---

[356] http://www.astronomie.de/uploads/media/Kleines_Lehrbuch_der_Astronomie_und_Astrophysik_Band_5.pdf
[357] Christoph Clauser; Einführung in die Geophysik, Spinger-Verlag; Berlin 2016.
[358] https://commons.wikimedia.org/wiki/File:Miranda.jpg

Nachweis für den streifenden Einschlag eines riesigen Zwerg(?)planeten führt die Morphologie des Uranusmondes Miranda, der seine Entstehung aus einzelnen Fragmenten sichtbar konserviert hat.

Die Folgen einer Kollision – in seinem Fall war es eher eine extreme Nahbegegnung – prägt heute noch das Gesicht des Uranus-Mondes Miranda. Die unzweifelhafte Erklärung für sein Aussehen lautet, Miranda hat in ihrer Morphologie einen Beinahe-Einschlag in den Uranus konserviert. Demnach wurde ein innerhalb der Roche-Grenze streifender Kleinplanet von der Schwerkraft des Uranus zerrissen und große Trümmer vereinigten sich nach der Nahpassage wieder. Es entstand der Mond Miranda, den die Eigengravitation wieder zur Kugel gepreßt hat. Die Oberfläche des Mondes zeugt in seinen kreuz und quer liegenden geologischen Schichtungen, seinen Gräben, Falten und Brüchen von der Entstehung durch das Zusammenfinden von Bruchstücken, die ihrem Schichtaufbau nach zuvor Bestandteile eines schalenförmig strukturierten Asteroiden oder Zwergplaneten waren. Auch der Saturnmond Japetus trägt die Spuren extremer Verformung, indem ein umlaufender Höhenrücken ihm die Gestalt einer überdimensionalen Walnuß verleiht.

Wir hatten den Ring des Saturn als Beispiel für die Planarität einer Akkretionsscheibe herangezogen. Die Ringe des Saturn kennzeichnet aber noch etwas völlig anderes: Sie sind sehr jung. Sie bewegen sich nämlich in so enger Bahn um den Saturn und sie sind so dicht, daß sie instabil sind und aus ihnen beständig Material auf den Saturn niedergeht. Langfristig werden sie sich extrem verdünnen.

Können wir die Physik der Planeten in unser Modell integrieren? Hat die Rote Sonne uns die tödlichen Geschosse hinterlassen oder sie eingeschleppt? Da mehrere Zustände auf ein geologisch junges Ereignis hindeuten, liegt der Verdacht nahe.

Das größte Fragezeichen hinterläßt die einzufordernde Masse von Objekten, die die Achse eines Riesenplaneten kippen können. Um die Achse des ganzen Planeten zu neigen, bedarf es mehr als eines Zwergplaneten. Selbst wenn wir annehmen, daß nur eine obere Schale geneigt rotiert, müssen wir zu den größten der bekannten Plutoiden greifen. Davon gibt es aber nur wenige und die Einschlagwahrscheinlichkeit liegt im Bereich vieler Milliarden Jahre.

In der Planetologie bleibt viel zu tun. Und nicht nur in ihr. Wie Einstein gegen Ende seines Lebens feststellte:

> *Wenn ich in den Grübeleien eines langen Lebens etwas gelernt habe, so ist es dies, daß wir von einer tiefen Einsicht in die elementaren Vorgänge viel weiter entfernt sind als die meisten Zeitgenossen glauben.*

Einstein war ein sehr kluger Mann, und wie in in fast allen Fällen ist seine Einsicht immer noch wahr. Zu den elementaren Vorgängen konnten wir wenig beitragen, aber hoffentlich doch ein Gefühl dafür wecken, in welcher Schattenwelt wir leben. Manches ist völlig anders oder kann völlig anders sein, als man es uns verkauft.

Physikalische Daten

Naturkonstante		Wert	Einheit
Lichtgeschwindigkeit	c	$2{,}99792458 \cdot 10^{8}$	m
Planck'sches Wirkungsquantum	h	$6{,}62606896(33) \cdot 10^{-34}$	J s
Gravitationskonstante	G	$6{,}6726(9) \cdot 10^{-11}$	$m^3\ kg^{-1}\ s^{-2}$
Ladung Elektron	e	$1{,}602176487(40) \cdot 10^{-19}$	C
Masse Elektron	m_e	$9{,}109\ 382\ 91(40) \cdot 10^{-31}$	kg
Masse Proton	m_p	$1{,}672621777(74) \cdot 10^{-27}$	kg
Boltzmann Konstante	k_B	$1{,}3806504(24) \cdot 10^{-23}$	$J\ K^{-1}$
Avogadro'sche Zahl	N_A	$6{,}02214179(30) \cdot 10^{23}$	mol^{-1}

Daten im Sonnensystem

Masse der Sonne	M	$1{,}989 \cdot 10^{30}$	kg
Luminosität der Sonne	L_o	$3{,}826(8) \cdot 10^{26}$	W
Oberflächentemperatur der Sonne	T_{eff}	$5{,}777 \cdot 10^{3}$	K
Absolute Helligkeit der Sonne	α	$+4^{M}{,}83$	
Solarkonstante (Erde)	E_0	$1{,}367 \cdot 10^{3}$	$W\ m^{-2}$
Astronomische Einheit	AE	149.597.870.700	m
Masse der Erde	m	$5{,}9722 \cdot 10^{24}$	kg
Erdradius	r	$6{,}378137 \cdot 10^{6}$	m
Rotationsperiode Erde	P	86164,099	s
Masse des Erdmondes	m	$7{,}349 \cdot 10^{22}$	kg

Literaturempfehlungen

Die folgende Literaturliste umfaßt eine Sammlung von Büchern, die dem Leser eine Einführung und ergänzende Information zu den naturwissenschaftlichen Themen geben, oder die die schon klassische ‚alternative Prähistorie' propagieren'.

Autor	Titel	Verlag
Alexander Unzicker	Auf dem Holzweg durchs Universum	Carl Hanser Verlag
Alexander Unzicker	Vom Urknall zum Durchknall	Springer Verlag
Helge Kragh	Higher Speculations	Oxford Univ. Press
Michio Kaku	Im Hyperraum	rororo, Rowolth
Roger Penrose	The Road to Reality	Alfred A. Knopf
Rüdiger Vaas	Vom Gottesteilchen zur Weltformel	Kosmos Verlag
Brian Greene	Das elegante Universum	Siedler
Arnold J. Toynbee	Der Gang der Weltgeschichte	Zweitausendeins
Arnold Wadler	Der Turm von Babel	Fourier Verlag
C. W. Ceram	Götter, Gräber und Gelehrte	Verlag Buch und Welt
Douglas R. Hofstadter	Gödel, Escher, Bach	Klett-Cotta
Daron Acemoglu / James A. Robonson	Warum Nationen scheitern	S. Fischer
John Casti	Der plötzliche Kollaps von allem	Piper
Edward Gibbon	The Decline and Fall of the Roman Empire	Wordsworth Classics
Hans Giffhorn	Wurde Amerika in der Antike entdeckt?	C.H. Beck
Bernd Ingma Gutberlet	Irrtum 50 Mal Geschichte richtiggestellt	Lübbe

Heribert Illig	Die veraltete Vorzeit	Mantis Verlag
Lucio Russo	Die vergessene Revolution	Springer Verlag
Nicholas Ostler	Empires of the World	Harper Perennial
Nigel Calder	Chronik des Kosmos	Umschau Verlag
Robert Cowley (Editor)	What If?	Berkley Books
Samuel P. Huntington	Kampf der Kulturen	Europaverlag
Richard Dawkins	The Greatest Show on Earth	Free Press
Benjamin Lewin	Genes V	Oxford Univ. Press
Bernard R. Glick, Jack J. Pasternak	Molekulare Biotechnologie	Spektrum Akademischer Verlag
Albrecht Unsöld, Bodo Baschek	Der neue Kosmos	Springer Verlag
Iain Nicolson, Patrick Moore	Das Universum	Mosaik Verlag
Derek S. Allan und J. Bernard Delair	Cataclysm!	Bear & Company
Erdogan Ercivan	Verbotene Ägyptologie	Kopp Verlag
Erich von Däniken	Erinnerungen an die Zukunft	Droemer Knaur
Lars A. Fischinger	Die Götter waren hier	Boheimer Verlag
Graham Hancock	Die Spur der Götter	Gustav Lübbe Verlag
Brian Haughton	Verlorenes Wissen, verbotene Wahrheit	Heyne
Heinrich und Inrid Kusch	Tore zur Unterwelt	V.F. Sammler
Michael Tellinger	Slave Species of the Gods	Bear & Company
Hans-Joachim Zillmer	Die Erde im Umbruch	Herbig Verlagsbuchhandlung
J. Dougkas Kenyon (Hrsg.)	Die Archäologie-Verschwörung	Kopp Verlag
Michael A. Cremo, Richard L. Thompson	Verbotene Archäologie	Kopp Verlag

Verzeichnis der Bildtafeln

Danksagung

Zu besonderem Dank verpflichtet bin ich meinem Freund und dem Herausgeber, Klaus Lerch, der das Erscheinen dieses Buches erst möglich gemacht hat und der mit Professionalität bei der Abfassung des Textes und der Gestaltung von Text und Graphik mitgewirkt hat. Meiner Schwester Christa mit der ganzen Familie Nolden danke ich für das Engagement und die Geduld bei der wiederholten Durchsicht des Textes, ihren Korrekturen, ihrer Kritik und für so manche Anregung. Durch kritische Kommentare und hilfreiche Hinweise hat auch Robert Piorr zum Gelingen des Buches beigetragen. Dank gebührt ebenfalls meinem Freund, Monrad Joseph, der mich seit dem ersten Rohentwurf stets mit positiven Kommentaren und motivierendem Optimismus ermutigt hat, nicht aufzugeben.

VERLAGSPROGRAMM

Couperus, Louis
Japanische Streifzüge
182 Seiten
ISBN 978-3-945058-00-8

Dauthendey, Max
Den Abendschnee am Hirayama sehen
69 Seiten
ISBN 978-3-945058-13-8

Doblhoff, Josef von
Chillonius in Japan
148 Seiten
ISBN 978-3-945058-10-7

Eiling, Aloys
Mythen, Götter und Gelehrtes
415 Seiten
ISBN 978-3-945058-12-1

Hearn, Lafcadio
Die Versöhnung des Samurai
112 Seiten
ISBN 978-3-945058-05-3

Hearn, Lafcadio
Die Geisterkaskade
128 Seiten
ISBN 978-3-945058-09-1

Hearn, Lafcadio
Japan - ein Deutungsversuch
303 Seiten
ISBN 978-3-945058-07-7

Hearn, Lafcadio
Kwaidan
125 Seiten
ISBN 978-3-945058-04-6

Lerch, Klaus
Das Atelier des Kusakabe Kimbei
97 Seiten
ISBN 978-3-945058-01-5

Lerch, Klaus (Hrsg.)
Unheimliche Geschichten aus Japan
99 Seiten
ISBN 978-3-945058-03-9

Mohl, Ottmar von
Am japanischen Hofe
213 Seiten
ISBN 978-3-945058-02-2

Müller, Igor; Akiyama, Reruhi
Kyōto – Tanka
92 Seiten
ISBN 978-3-945058-06-0

Müller, Igor; Akiyama, Reruhi
Nara – Haiku
91 Seiten
ISBN 978-3-945058-08-4

Stuckenschmidt, Dierk
Todai-ji oder: Des Alexios von Dor lange Reise nach China und Japan
383 Seiten
ISBN 978-3-945058-11-4

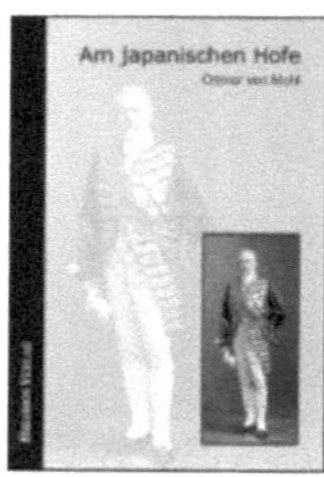

HIBARIOS VERLAG
Königstraße 110, 41564 Kaarst
www.hibarios-verlag.de, Info@hibarios-verlag.de